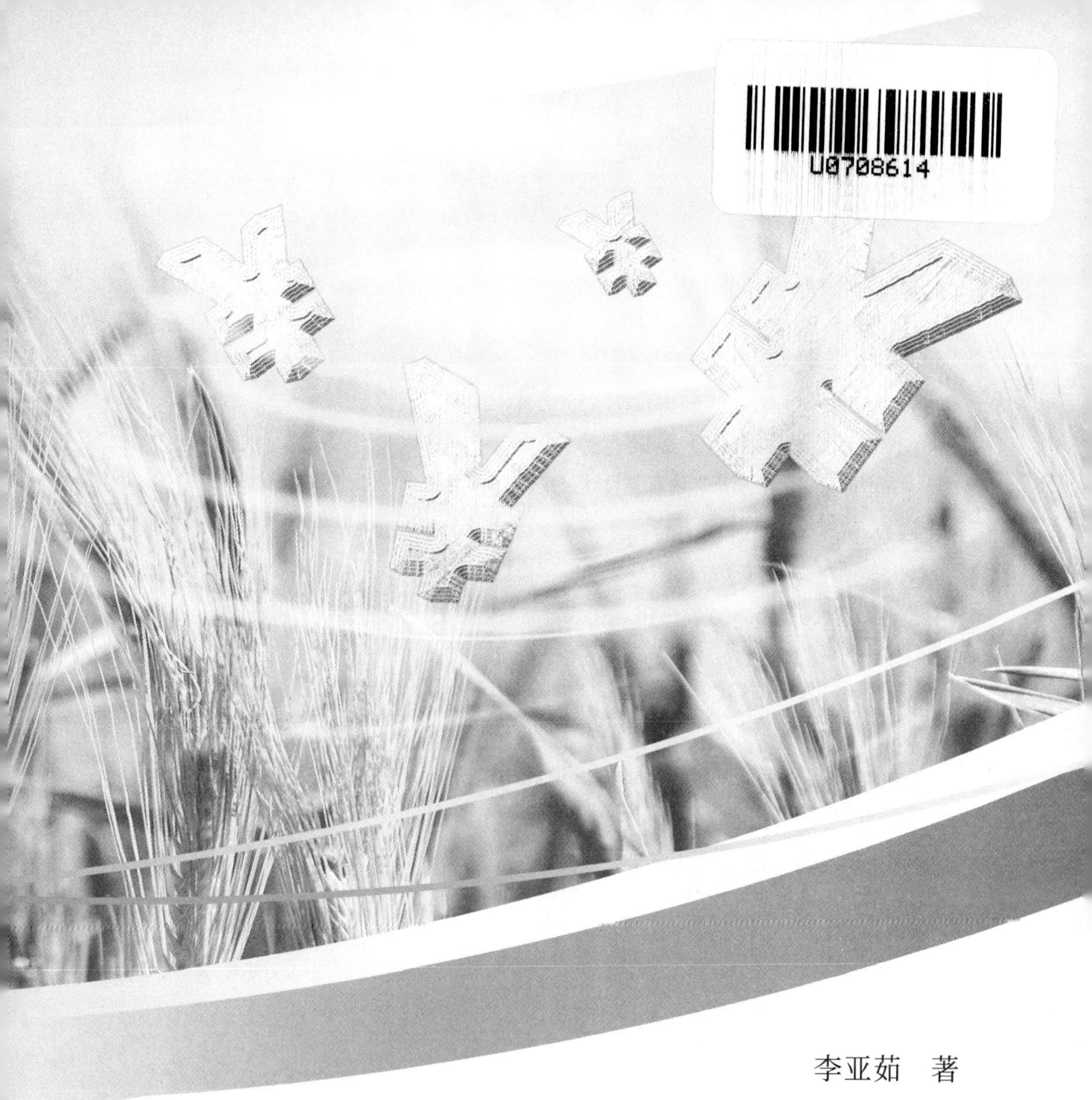

李亚茹 著

农产品"保险+期货"的方案设计与定价
——基于农产品价格调控机制

NONGCHANPIN "BAOXIAN+QIHUO" DE FANGAN SHEJI YU DINGJIA
— JIYU NONGCHANPIN JIAGE TIAOKONG JIZHI

项目策划：梁　平
责任编辑：梁　平
责任校对：傅　奕
封面设计：璞信文化
责任印制：王　炜

图书在版编目（CIP）数据

农产品"保险+期货"的方案设计与定价：基于农产品价格调控机制 / 李亚茹著. — 成都：四川大学出版社，2022.1
　ISBN 978-7-5690-5274-9

Ⅰ．①农… Ⅱ．①李… Ⅲ．①农产品－期货交易－研究－中国　Ⅳ．① F832.5

中国版本图书馆 CIP 数据核字（2022）第 001057 号

书　名	农产品"保险+期货"的方案设计与定价——基于农产品价格调控机制
著　者	李亚茹
出　版	四川大学出版社
地　址	成都市一环路南一段24号（610065）
发　行	四川大学出版社
书　号	ISBN 978-7-5690-5274-9
印前制作	四川胜翔数码印务设计有限公司
印　刷	郫县犀浦印刷厂
成品尺寸	170mm×240mm
印　张	19
字　数	394千字
版　次	2022年2月第1版
印　次	2022年2月第1次印刷
定　价	98.00元

◆ 版权所有 ◆ 侵权必究 ◆

◆ 读者邮购本书，请与本社发行科联系。
　电话：(028)85408408/(028)85401670/
　(028)86408023　邮政编码：610065
◆ 本社图书如有印装质量问题，请寄回出版社调换。
◆ 网址：http://press.scu.edu.cn

四川大学出版社
微信公众号

序

与亚茹的相识，是在博士生入学面试时。她在广西大学读硕不到两年就已在期刊上公开发表了6篇论文，这么丰硕的成果让我对这个"农村孩子"刮目相看，一个刻苦学习、钻研的形象跃然而出，一块读博的璞玉就这样进入了"榕树下"，我们师生由此结缘。

读博伊始，她就与师兄们一起跟着我参与到国家社科基金重大项目"农业灾害风险评估与粮食安全对策研究"子项目"农业灾害管理制度演进与工具创新研究：基于农业保险视角"和大连市保险学会2016年度重点课题"农产品期货价格保险理论与实践"研究中，那时的农产品期货价格保险是一个全新的名词。我在和她商量博士论文研究方向时，问她有没有可能来研究这一全新的几乎无参考文献的农产品期货价格保险，在当时这明显是一个研究难度太大、跳起来都很难够着的选题，只要她说一句做不出来，作为导师的我就准备放弃这个很有意义但挑战性极高的选题了。然而，她在认真思考后答应试一试，这一试如同一块试金石，试出了一个潜心治学的优秀学子，她至今仍然在此领域辛勤耕耘并已然成为农产品期货价格保险研究的领跑者。

在读博的三年半期间，她和我一起完成并公开发表了《农产品期货价格保险及其在国家粮食安全中的保险功效》（《农村经济》2016年第6期）、《农产品期货价格保险及其在价格机制改革中的作用》（《保险研究》2017年第11期）和《农产品期货价格保险险种设计与定价》（《财经科学》2018年第3期）等论文；作为主研参加了我主持的国家社科基金重大项目子项目"农业灾害管理制度演进与工具创新研究：基于农业保险视角"和四川省科技厅课题"农业指数保险与农户参保行为：理论模型及政策分析"的相关研究工作及其专著的撰写工作；在我主编的《新中国保险制度变迁》中，她参阅了280多篇文献，并以5万余字的篇幅撰写了基础理论章节"文献综述与理论基础"。毫不夸张地说，她的每一项成果都凝聚了她的大量阅读及深入思考。真的好欣赏甚至敬佩她的刻苦努力及勤于思考、善于思考！

亚茹是一个耐得住寂寞，始终如一潜心做学问的人。博士毕业仅三年，她就成功申请到国家社科基金课题"中国生猪保险应对重大疫情冲击的效应评估与政策优化"及四川省科技厅农产品期货价格保险相关课题,并已成为西南石油大学的副教授。

"农产品'保险+期货'的方案设计与定价——基于农产品价格调控机制"的选题,在当时无疑是最难的,然而,她不仅完成了,还完成得很好。犹记得,不少保险公司得悉她的博士论文题目后,都希望能看到她的论文全文,觉得很有现实意义;而她发表的相关论文,引用率也高,显示出其理论价值及社会影响。

农业作为国民经济的基础产业,尤其是在中国这样的人口大国,其生产经营状况不仅直接制约着其他行业的生存和发展,还关系到社会稳定及国家安全。20世纪80年代中期以来,我国农产品流通体制市场化改革逐步推进,到2004年农产品流通体制市场化改革基本完成,市场在农业资源配置中开始发挥基础性作用。此后,国家逐步实行主要农产品最低收购价和临时收储制度。国家于2014年推出农产品价格形成与政府补贴相脱钩的价格机制改革。政策实施几年,虽已取得一定成效,但仍面临面积核实成本较高、财政压力巨大、难以调整种植结构和确定补贴标准等问题,故市场化的农产品价格调控政策需求迫在眉睫。

农产品"保险+期货"作为保险与期货的跨界融合,弥补了价格保险的两大内生缺陷,是农产品价格调控的重要市场化工具,自推出之日起国家便高度重视。与大宗农产品现代价格补贴政策相比,农产品"保险+期货"具有相似的运作机制,但农产品"保险+期货"的财政资金压力相对较小,保险公司完善的农业保险服务体系可显著提高运行效率。

亚茹的这本专著从农产品价格调控机制视角研究农产品"保险+期货"的方案设计与定价,既具有挑战性,也抓住了农产品价格机制改革的现实需求。研究内容主要包括以下几个方面:农产品"保险+期货"的可行性分析,农产品"保险+期货"在价格调控机制中的作用与政策定位,农产品"保险+期货"的方案设计,农产品"保险+期货"的期权定价法、参数与非参数定价法等。

该书拓展了农产品价格调控机制的研究内容,从国家、农产品市场、消费者及相关企业等方面,分析农产品"保险+期货"在价格调控机制中的作用,并通过比较农产品"保险+期货"与价格支持政策的实施效果,给出其在农产品价格调控机制中的政策定位。该书丰富了农产品"保险+期货"的相关研究,从运行机制、方案设计与农产品适用范围三个方面,构建了我国农产

"保险+期货"的总体框架；根据农产品价格波动风险地区差异的评估结果，探讨了分地区承保农产品的价格波动风险；运用随机波动率跳跃扩散 Bates 模型的期权定价法厘定了农产品"价格保险+期货"的费率是可行的。

该书创新性很强，采用规范分析与实证分析相结合，理论与政策、现实相结合，国际经验与中国实践相结合的研究范式，系统性与逻辑性较强，具有重要的理论意义、应用价值与政策启示作用。该书的研究成果大大丰富了国内关于农产品"保险+期货"与农产品价格调控机制的研究内容，具有重要的参考价值。相信此书的出版，可以为农业灾害管理制度及农业保险制度提供一个较为系统的创新研究的理论思路，也期待它为农业保险政策制定及保险公司的产品创新乃至农业保险在国计民生中发挥更大效用提供有理论意义及实践价值的参考。

西南财经大学保险学院教授、博士生导师　孙　蓉
2022 年 1 月于光华园

前　　言

最低收购价与临时收储政策连续实施多年，我国粮食和重要农产品的价格调控机制面临国内外价格倒挂、进口量与库存量齐增、仓容压力巨大及种植结构失衡等问题。我国政府于2014年进行农产品价格形成与政府补贴相脱钩的价格机制改革，改革的重点是农产品价格调控政策，包括目标价格补贴与生产者补贴政策。目标价格补贴与生产者补贴政策实施几年，虽已取得一定成效，但仍面临着农产品面积核实成本较高、难以调整种植结构及政府财政资金压力较大等问题。随着农产品市场化定价的形成，价格风险已成为影响农户收入的重要因素。

农产品"保险＋期货"主要包括"价格保险＋期货"和"收入保险＋期货"两种形式，作为保险与期货的跨界融合，既克服了农民难以进入期货、期权市场的困难，又弥补了农产品价格保险目标价格厘定困难和缺乏系统性价格风险转移机制的两大内生缺陷，其自推出之日起便受到国家高度重视，2016年、2017年与2018年中央一号文件均提出稳步扩大"保险＋期货"模式。与目标价格补贴、生产者补贴政策相比，农产品"保险＋期货"具有相似的运作机制，但国家财政资金压力相对较小，保险公司完善的农业保险服务体系可显著提高运行效率，且属于世界贸易组织（WTO）绿箱政策，比较优势明显，故其在农产品价格调控机制中的政策定位值得探讨。

尽管农产品"保险＋期货"发展如火如荼，但现行试点方案采用"保险＋场外看跌期权＋场内期货"单一的运作模式，存在农户承担较大基差风险、保险公司"中介"地位尴尬、期货公司对冲压力较大等问题。鉴于农产品"保险＋期货"试点方案的现存问题，特别是基于方案设计与定价在"保险＋期货"中的缺失及重要意义，本书尝试基于价格调控机制视角研究农产品"保险＋期货"的方案设计与定价问题。

本书首先从农产品价格风险波动的特征与影响因素入手，通过梳理农产品价格风险管理工具的演进历程，引出农产品"保险＋期货"，并运用可保理论说明农产品"保险＋期货"利用现有技术可将赔付风险控制在合理范围之内，可行性强。

其次,从基本运作模式、参与主体、产品内容与市场环境四个方面比较中美农产品"保险+期货"的实践方案,发现国内现行试点方案存在农户承担较大基差风险、保险公司"中介"地位尴尬、期货公司对冲风险压力大等诸多问题,进而得出我国需加大力度推进农产品期货与期权发展、完善农业保险巨灾风险分散体系、重构"保险+期货"运行机制的启示。

再次,通过梳理我国现行农产品价格调控机制的演进历程与现状,分析其存在的问题,进而阐述农产品"保险+期货"作用于价格调控机制的理论逻辑,并从国家、农产品市场、农产品生产者与消费者、相关企业四个方面分析农产品"保险+期货"在价格调控机制中的可能作用。通过比较农产品"保险+期货"与价格支持政策的实施效果,得出其可作为大宗农产品传统价格支持政策的重要补充、现代价格补贴政策的替代与鲜活农产品调控目录制度重要工具的政策定位。由此,从运行机制、方案设计与农产品适用范围三个方面初步构建了我国农产品"保险+期货"的总体方案。

最后,根据农产品"保险+期货"在价格调控机制中的政策定位与总体方案,设计保障农户基本收益、符合市场需求的"价格保险+期货"与"收入保险+期货"的具体方案。采用随机波动率跳跃扩散 Bates 期权模型与方差减少技术的 Monte Carlo 方法厘定"价格保险+期货"方案的费率。以区域收入保险形式向农户提供"收入保险+期货"的方案,并运用 Copula 函数与 Monte Carlo 方法进行费率厘定。

目 录

第一章 概 论 …………………………………………………（1）
  第一节 研究背景及意义 ……………………………………（1）
  第二节 基本概念界定 ………………………………………（5）
  第三节 研究思路、主要内容及技术路线 …………………（13）
  第四节 研究方法 ……………………………………………（18）
  第五节 研究的创新点与不足之处 …………………………（19）

第二章 文献综述与理论基础 ……………………………（22）
  第一节 文献综述 ……………………………………………（22）
  第二节 相关理论基础 ………………………………………（43）
  第三节 本章小结 ……………………………………………（56）

第三章 农产品价格风险及"保险+期货"的引出 ………（57）
  第一节 农产品价格风险的特征及影响因素 ………………（57）
  第二节 农产品价格风险地区差异的VaR度量：以玉米和鸡蛋为例
    ………………………………………………………………（76）
  第三节 中国农产品价格风险管理工具的演进 ……………（84）
  第四节 农产品"保险+期货"的引出：比较优势及可行性 …（100）
  第五节 本章小结 ……………………………………………（102）

第四章 中美农产品"保险+期货"的实践方案及比较借鉴 …（104）
  第一节 美国农产品"保险+期货"实践方案及启示 …………（104）
  第二节 中国农产品"保险+期货"的试点方案与问题 ………（125）
  第三节 农产品"保险+期货"实践方案的中美比较及借鉴 …（137）
  第四节 本章小结 ……………………………………………（140）

第五章 农产品"保险+期货"在价格调控机制中的政策定位与总体方案
  ………………………………………………………………（142）
  第一节 中国农产品价格调控机制的现状及困境 …………（142）

第二节　农产品"保险+期货"在价格调控机制中的作用分析……… (155)
　第三节　农产品"保险+期货"在价格调控机制中的政策定位……… (159)
　第四节　农产品"保险+期货"的总体方案……………………………… (168)
　第五节　本章小结…………………………………………………………… (186)

第六章　农产品"价格保险+期货"的方案设计与定价……………………… (188)
　第一节　农产品"价格保险+期货"的方案设计……………………… (188)
　第二节　农产品"价格保险+期货"的期权定价方法………………… (193)
　第三节　农产品"价格保险+期货"期权定价法的实证研究：以鸡蛋
　　　　　为例…………………………………………………………… (204)
　第四节　农产品"价格保险+期货"期权定价法的稳健性检验：基于
　　　　　参数法与非参数法…………………………………………… (217)
　第五节　本章小结…………………………………………………………… (234)

第七章　农产品"收入保险+期货"的方案设计与定价……………………… (236)
　第一节　农产品"收入保险+期货"的方案设计……………………… (236)
　第二节　农产品"收入保险+期货"的定价模型……………………… (240)
　第三节　农产品"收入保险+期货"定价的实证研究：以玉米为例
　　　　　………………………………………………………………… (247)
　第四节　本章小结…………………………………………………………… (260)

第八章　研究结论、政策建议及展望………………………………………… (262)
　第一节　主要研究结论……………………………………………………… (262)
　第二节　政策建议…………………………………………………………… (267)
　第三节　研究展望…………………………………………………………… (269)

参考文献…………………………………………………………………………… (270)

第一章 概 论

第一节 研究背景及意义

一、研究背景

农业是国民经济的基础产业，尤其在中国这样的人口大国，农业生产经营状况不仅直接制约着其他行业的生存和发展，还关系到社会稳定及国家安全。我国农产品价格机制改革经历过统购统销（1953—1977）、扩大市场调节（1978—1984）、计划与市场双轨制（1985—1991）、逐步完全市场化（1992—2002）及国家调控下的大宗农产品价格机制（2003年至今）五个演进阶段，形成国家调控与市场调节并行的农产品价格形成机制。自2004年起实施粮食[①]最低收购价政策，连续多年托市收购政策，使国内粮食价格高于国际价格、进口量与库存量齐增、仓容压力巨大。国家于2014年进行农产品价格形成与政府补贴相脱钩的价格机制改革，推出农产品价格调控政策，即大宗农产品现代价格补贴政策。大宗农产品现代价格补贴政策包括目标价格补贴与生产者补贴政策，二者实施几年虽已取得国内外差价缩小、保障农民基本种植收益及促进下游相关产业发展的成效，但仍面临面积核实成本较高、财政压力巨大、难以调整种植结构和确定补贴标准等问题。

随着农产品市场化定价、农业规模化经营及贸易自由化的推进，市场价格风险成为农业生产经营中影响农户收入的重要因素，已被世界很多国家纳入农业保险的保障范围之内。截至2017年底，我国农产品期货上市品种已有21种，成交量为8.1亿手，成交总额达到近40.87万亿元，小麦、大豆、玉米、

[①] 粮食包括小麦、早籼稻、晚籼稻与粳稻。

农产品"保险＋期货"的方案设计与定价
——基于农产品价格调控机制

棉花与鸡蛋等多个农产品期货市场已具备有效性[①]。截至2018年6月底，农产品期权仅有豆粕与白糖两个上市品种，累积成交量和成交总额分别达到1245.14万手与89.52亿元。但由于农业分散化经营与期货、期权规模化交易不相符及农民文化素质普遍较低与期货、期权交易专业化操作要求较高的矛盾，期货、期权均难以成为农户管理价格风险的有效工具。我国从2010年开始试点农产品价格保险，到2016年底，相关试点已推广至全国31个省份，试点农产品种类扩展至粮食作物、蔬菜、生猪与地方特色农产品4大类共50种，保费收入超过10亿元，提供风险保障近155亿元[②]。由于其存在目标价格厘定困难和缺乏系统性价格风险转移机制两大内生缺陷，难以大规模推广。

2015年8月，玉米"保险＋期货"模式首次试点成功，作为保险与期货的跨界融合，其弥补了价格保险的两大内生缺陷，自推出之日起便受到国家高度重视。2016年、2017年与2018年中央一号文件均提出稳步扩大"保险＋期货"模式[③]。2016年大连商品交易所与7家保险公司、12家期货公司联合在黑龙江、辽宁等五省开展了12个"保险＋期货"项目，承保玉米16.32万吨、大豆3.5万吨[④]。郑州商品交易所在云南、湖北等8省推出10个棉花和白糖"保险＋期货"项目[⑤]。2017年大连商品交易所提供7000万元支持8家保险公司、25家期货公司联合在河北、重庆、黑龙江等7个省（区、市）开展32个"保险＋期货"试点项目，承保玉米67.83万吨、大豆11.40万吨[⑥]。郑州商品交易所提供2000万元资金支持24个"保险＋期货"项目，16个白糖与8个棉花项目共覆盖14个国家级贫困县和5个省区[⑦]。上海期货交易所提供3960万

[①] 中国证券监督管理委员会、中国期货业协会：《中国期货市场年鉴（2018）》，中国财政经济出版社，2018年，第2～5页。

[②] 中华人民共和国农业农村部：《"农产品价格指数保险"模式》，http://www.moa.gov.cn/ztzl/jrfwnyxdhgflt/sdms_a1012/201710/t20171012_5838724.htm。

[③] 中共中央、国务院：《中共中央 国务院关于落实发展新理念加快农业现代化 实现全面小康目标的若干意见》，2016。中共中央、国务院：《中共中央 国务院关于深入推进农业供给侧结构性改革 加快培育农业农村发展新动能的若干意见》，2017。中共中央、国务院：《中共中央 国务院关于实施乡村振兴战略的意见》，2018。

[④] 郑皓月：《大连商品交易所：贯彻落实"一号文件"精神 提升服务"三农"能力》，http://news.cnr.cn/native/city/20170207/t20170207_523566581.shtml。

[⑤] 蔡情：《郑商所将支持8省区开展"保险＋期货"试点》，http://finance.ce.cn/rolling/201609/27/t20160927_16301939.shtml。

[⑥] 张勤峰：《大商所2017年32个"保险＋期货"试点项目全部通过评审》，http://www.xinhuanet.com/fortune/2018-02/12/c_1122407212.htm。

[⑦] 何川：《郑州商品交易所白糖"保险＋期货"试点运行情况调研》，http://www.ce.cn/xwzx/gnsz/gdxw/201712/13/t20171213_27237508.shtml。

元资金支持23个天然橡胶"保险+期货"项目，覆盖海南、云南的14个贫困县，承保面积达40万亩①。2017年三大交易所共开展79个农产品"保险+期货"项目，试点农产品包括玉米、大豆、鸡蛋、棉花、白糖与天然橡胶共6种农产品，试点规模达到80万吨，补贴金额共计1.3亿元②。虽然农产品"保险+期货"试点规模逐年扩大，但其却面临国内期货上市品种有限、缺乏场内期权工具、场外期权成本较高等多重困境，且采用"基于期货市场的价格保险+场外看跌期权+场内期货"单一运作模式，存在农户承担较大基差风险、保险公司"中介"角色尴尬与期货公司对冲压力较大等诸多问题。

农产品"保险+期货"与大宗农产品现代价格补贴政策的运作机制相似，二者对农产品市场供应、农产品价格、消费者福利与农产品销售问题的实施效果一致，不同仅在于政府财政资金压力与消费者是否支付保费方面。对于大宗农产品现代价格补贴政策，农民不需要承担任何费用，但政府支出不确定，财政压力较大。对于农产品"价格保险+期货"，虽然农户需承担一定的费用，但在项目实施初期，农户与政府支出就已确定，保险公司作为专业的风险管理机构承担了价格降低导致农户收入变动的风险。可见，与大宗农产品现代价格补贴政策相比，农产品"保险+期货"的财政资金压力相对较小，保险公司完善的农业保险服务体系可显著提高运行效率，且属于WTO绿箱政策，比较优势明显，其在农产品价格调控机制中的政策定位值得探讨。鉴于农产品"保险+期货"试点方案的现存问题，特别是基于方案设计与定价在"保险+期货"中的缺失及重要意义，本书基于价格调控机制视角研究农产品"保险+期货"的方案设计与定价。

二、研究意义

本书的研究既具有理论意义，从农产品价格调控机制视角丰富了农产品"保险+期货"方案设计与定价的研究，在一定程度上填补了现有研究的一些空白；又具有实践意义，对保险公司经营农产品"保险+期货"业务具有较为重要的参考价值。

---

① 何安：《上期所与23家期货公司启动"保险+期货"精准扶贫试点》，http://finance.sina.com.cn/roll/2017-05-26/doc-ifyfqvmh9161932.shtml。

② 魏书光：《期货业备战新一轮"保险+期货"资金投入将创新纪录》，《证券时报》，2018年1月16日第A005版。

(一)理论意义:有利于学术界对农产品"保险+期货"方案设计与定价研究的系统和深入

国外农产品"保险+期货"的现有研究包括运作模式、优缺点(与期货、期权合约相比)、基差风险、购买决策及实施效果评估五个方面。国内相关研究仍处于起步阶段,现有研究主要探讨试点实践、比较优势(与价格保险相比)、发展困境、产品作用等,一些学者还分析了政策定位、国内外模式差别与亚式期权定价模型的运用,但尚未有学者研究我国现有农产品"保险+期货"在价格调控机制中的政策定位、方案设计及费率厘定等问题。本书首先初步界定农产品"保险+期货"概念,运用可保风险理论明确该模式的可行性,比较分析国内外具体实践方案与优劣势,发现我国农产品"保险+期货"实践存在业务推广难、保费来源匮乏、农户承担较大的基差风险、保险公司"中介"地位尴尬、期货公司对冲风险压力大、保险与期货公司沟通不畅等问题,丰富了农产品"保险+期货"的相关理论研究。其次阐述我国农产品价格调控机制面临的困境,从国家、农产品市场、农产品生产者与消费者及相关企业四个方面初步探讨农产品"保险+期货"在价格调控机制中的作用,进而给出其在农产品价格调控机制中的政策定位,完善了价格调控机制的相关理论。最后设计符合农户或者种、养殖企业实际需求的农产品"保险+期货"方案,并运用随机波动率跳跃扩散的欧亚期权模型与 Copula 函数厘定设计方案费率,拓展了农业保险定价方法,丰富了非寿险精算理论。

(二)实践意义:从农产品价格调控机制视角设计了可行的农产品"保险+期货"方案,有助于深化农产品价格机制改革

本书对国内外农产品"保险+期货"实践方案及其优劣势的研究,丰富了农产品价格风险管理的市场化工具,有助于分散农户或者种、养殖企业的价格风险,提高其生产积极性,保障国家粮食安全。分析农产品"保险+期货"在我国农产品价格调控机制中的作用与政策定位,有助于深化我国农产品价格机制改革。初步设计的农产品"保险+期货"方案,弥补了原有运作模式的不足,有助于保险公司创新"保险+期货"产品,以切实保障农户或者种、养殖企业的农产品价格风险。尝试运用基于 Bates 模型的欧亚期权方法对农产品"保险+期货"进行定价,有助于保险公司合理、精确厘定该产品费率,稳定保险公司经营。

第二节 基本概念界定

一、农产品"保险＋期货"的相关概念

农业保险从涉及的范围来看,有广义与狭义之分。广义的农业保险是指农村保险,包括农村两业保险、农村财产保险和农村人身保险;狭义的农业保险仅指两业保险,即种植业和养殖业保险[1]。在国外,特别是很多发达国家,一般使用广义农业保险概念;而我国一般使用狭义的农业保险概念。依据《农业保险条例》,农业保险是指保险机构根据农业保险合同,对被保险人在种植业、林业、畜牧业和渔业生产中因保险标的遭受约定的自然灾害、意外事故、疫病、疾病等保险事故所造成的财产损失,承担赔偿保险金责任的保险活动[2]。但近年来,随着我国农业保险的不断发展,农业保险概念也开始向农村保险延伸。本书中农业保险作为农产品价格风险管理的一种市场化工具,主要是防范农产品价格过度下跌给农户收入造成的损失,属于狭义的农业保险。

随着我国农产品价格保险试点实践的不断丰富,部分学者已给出农产品价格保险的相关概念(王克、张峭和肖宇谷等,2014[3];李亚茹和孙蓉,2017[4];高传华,2017[5])。学者们定义农产品价格保险概念时使用名词不统一,包括农产品价格指数保险、农产品目标价格保险与农产品价格保险,三个名词表示意义相同,本书均称为农产品价格保险。农产品价格保险指基于农产品现货或期货市场,为农户提供农产品价格下跌或投入品价格上涨风险的保障,只要实际价格(价差)低于预期价格(价差),农户即可获得差额赔偿的保险。农产品现货价格保险是指基于农产品现货市场,为农户提供价格下降风险的保障,只要农产品实际现货市场价格低于保险合同约定的目标价格,农户便可获得差

---

[1] 孙蓉、兰虹:《保险学原理》,西南财经大学出版社,2015年,第106页。
[2] 中共中央、国务院:《农业保险条例》,2012年。
[3] 王克、张峭、肖宇谷等:《农产品价格指数保险的可行性》,《保险研究》,2014年第1期,第40~45页。
[4] 李亚茹、孙蓉:《农产品期货价格保险及其在价格机制改革中的作用》,《保险研究》,2017年第3期,第90~102页。
[5] 高传华:《我国农产品目标价格保险面临的困境与对策》,《价格理论与实践》,2017年第5期,第113~116页。

额赔偿的保险。农产品利润（收益）保险是指实际农产品价格与投入品价格差额低于目标农产品价格与投入品价格差额时，农户可获得差额赔偿的保险。农产品利润保险承保产出或投入品的价格风险，而不涉及产出或投入品的产量风险，故其属于农产品价格保险范畴。

美国农业保险产品形态以收入保险为主，我国农业保险起步较晚，目前仍以产量保险为主，部分地区已有收入保险相关试点，受到农业保险研究学者的普遍关注。谢凤杰、王尔大和朱阳（2011）认为作物收入保险综合考虑作物产量风险与价格风险，以农作物的毛收入（产量×价格）为保险对象，保险金额根据农户所选择的保障水平、地区平均产量和保险合同事先规定的价格来确定，保险人按保险合同约定，对所承保的作物收入因合同规定原因低于保险金额时按规定进行赔付[1]。夏益国、刘艳华和傅佳（2013）指出收入保险以农作物收入为保险标的，承保被保险人因灾害而致的产量下降或因收获价格（Harvest Price）偏离预测价格而致的收入损失风险[2]。叶明华和丁越（2015）将农作物收入保险定义为以农场主的收入为保险标的，当保险责任范围内的风险事故导致农作物产量减少、价格波动或二者共同导致的农场主实际收入低于保障收入水平时保险公司给予赔付[3]。庹国柱和朱俊生（2016）指出农业收入保险以某种作物或者某地域的多种作物，或者生产多种农产品的农场作为保险对象，以一季作物的收入或者整个农场经营的年收入为保险标的，当其收入因为约定灾害或者（和）市场价格下跌造成损失，由保险人为其补偿低于保障水平的收入损失[4]。收入保险起源于美国，美国收入保险适用于种植业，故又称为农作物收入保险，但国内收入保险不一定仅限于种植业，故本书称其为农产品收入保险。基于收入保险现有定义及本书具体研究内容，农产品收入保险（以下简称收入保险）是指以农产品收入为保险标的，同时承保农产品产量或价格风险，当农产品产量下降、价格下跌或二者共同导致农户实际收入低于预期收入时，保险公司给予其收入差额补偿的保险。

---

[1] 谢凤杰、王尔大、朱阳：《基于Copula方法的作物收入保险定价研究——以安徽省阜阳市为例》，《农业技术经济》，2011年第4期，第41~49页。

[2] 夏益国、刘艳华、傅佳：《美国联邦农作物保险产品：体系、运行机制及启示》，《农业经济问题》，2014年第4期，第101~109页。

[3] 叶明华、丁越：《农作物保险的他国镜鉴与启示》，《改革》，2015年第12期，第94~103页。

[4] 庹国柱、朱俊生：《论收入保险对完善农产品价格形成机制改革的重要性》，《保险研究》，2016年第6期，第3~11页。

结合以上概念，本书将农产品"保险＋期货"初步界定为借助于农产品期货市场的价格发现或风险对冲功能，将保险与期货相结合，共同为农户提供价格或收入风险保障的一种农业保险制度。农产品"保险＋期货"主要包括农产品"价格保险＋期货"和"收入保险＋期货"。

农产品"价格保险＋期货"是指借助于农产品期货市场价格发现或者风险对冲功能，为农户提供价格下降风险的保障，只要农产品价格（价差）低于保险合同约定的目标价格（价差），农户便可获得差额赔偿的保险。农产品"价格保险＋期货"包括两类：一是农产品期货价格保险，又分为直接承保期货市场价格风险的保险（以期货价格为价格指数的价格保险）和利用期货市场对冲功能的价格保险（也就是运用农产品期货市场对冲农产品价格保险的风险）。二是"利润保险＋期货"，也可分为利润保险中产出与投入品价格均依据期货市场价格确定和利用期货市场的风险对冲功能分散利润保险承保的价格风险两种。

由本书中界定的农产品收入保险概念可知，农产品"收入保险＋期货"是指借助于农产品期货市场的价格发现或者风险对冲功能，为农户提供收入下降的风险保障，只要农产品实际收入低于目标收入，农户即可获得差额赔偿的农业保险。其包括两类：一是收入保险中的价格指数依据期货市场价格确定，二是利用期货市场的风险对冲功能分散收入保险承保的价格风险。

可见，农产品价格保险包括农产品现货价格保险、基于现货市场价格的利润保险、农产品"利润保险＋期货"与农产品期货价格保险，大于农产品"价格保险＋期货"的范围。农产品收入保险除包括农产品"收入保险＋期货"之外，还包括基于现货市场价格的农产品收入保险。农产品收入保险、价格保险与"保险＋期货"之间关系如图1-1所示。

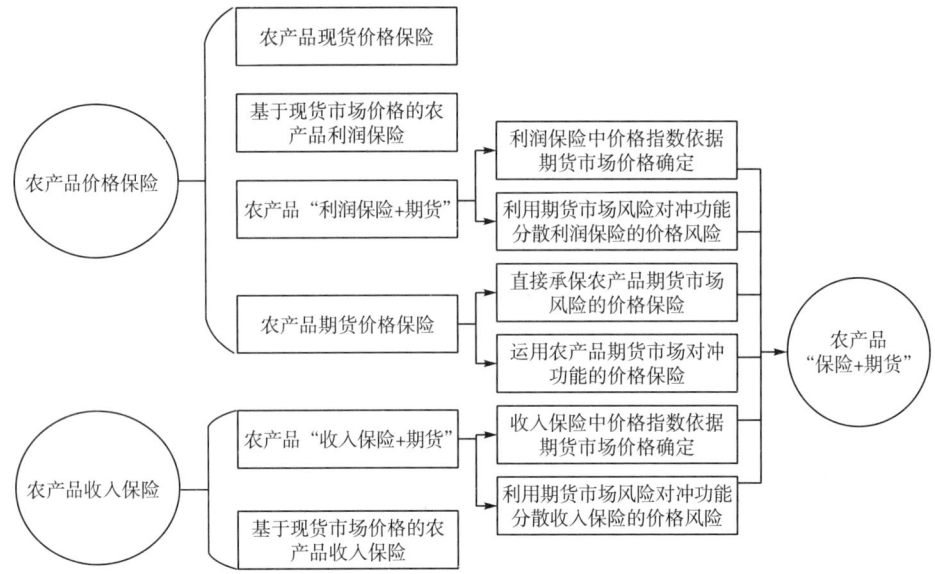

图 1-1　农产品价格保险、收入保险与"保险＋期货"之间的关系

注：作者基于本书中界定的农产品价格保险、收入保险与"保险＋期货"相关概念绘制此图。

二、农产品价格调控机制的相关概念

（一）价格与价格机制

价格通常指市场价格，是商品价值的货币表现，是单位商品与货币交换的比例[①]。前者反映价格质的内在规定性，后者反映价格量的外在性。价值是凝结于商品中的人类一般劳动，不能由商品本身反映，需由两种商品使用价值相互交换的数量关系体现，货币出现以后，各商品价值均可用货币表现，此即是商品价格。可见，价格本质上反映的是人与人之间的交换关系，代表商品交换中经济主体之间的利益关系，属于交换范畴。价格的职能是价格本身固有的功能，其是客观存在的，不因社会经济条件改变而变化，基本职能包括表价与调节职能，派生职能包括综合计量、核算、信息与分配职能。表价职能指商品所具有的价值由货币数量表示。调节职能是指价格作为国民经济（宏观与微观）的综合反映，其既是经济活动与信息的传递器，又是经济利益的调节器，可调

---

① 张卓元：《政治经济学大辞典》，经济科学出版社，1998年，第43页。

节社会经济再生产过程。实际生活中，价格的变化直接关系到生产者、经营者与消费者的利益变化，故其是调节国民经济运行的基本手段。

经济学中的"机制"来源于工程学与生物学，工程学中的机制是指机器的构造与其工作原理，生物学中的机制是指生物机体结构各组成部分之间的相互关系。价格机制是指价格在市场经济中所具有的使经济体系达到均衡的机理和调节功能[1]。供给、需求与价格在市场经济中相互作用，供给与需求的数量对比决定了市场价格的变化，同时市场价格的变化反过来又影响市场的供给与需求。供给小于需求时，市场价格较高，使得生产者增加供给、消费者减少需求，直至市场供求趋于平衡；供给大于需求时，市场价格较低，使得生产者减少供给、消费者增加需求，直至市场供求趋于平衡。自由企业制度下，价格机制决定了生产什么、怎样生产与为谁生产的问题[2]。价格机制在完全市场条件下得以充分发挥，现实经济中由于多种制约因素的存在，价格机制难以得到有效发挥。价格机制是市场经济运行的基本调节机制，具有高效率地传递信息、刺激经济主体追求效用最大化、竞争性地分配收益的作用。价格机制可调节社会生产过程，具体表现在价格与生产、消费、分配、交换之间的关系上：一是生产决定价格，价格反过来影响生产；二是分配对价格产生影响，价格变化又引起国民收入的再分配；三是商品交换中的供求关系直接决定价格，价格变动也影响商品交换；四是价格是消费得以实现的手段，消费需求又影响价格变化。

（二）农产品价格调控机制

农产品价格是指农产品价值的货币表现，是单位农产品与货币交换的比例，属于一般商品价格，具有价格的特性与职能。农产品价格调控机制是指运用各种手段、措施和方法作用于农产品价格运行过程，使得农产品价格波动保持合理化、科学化与基本稳定状态的内在机理。农产品价格调控的目的是保持农产品价格波动的合理性，以维护生产者与消费者的合理利益，手段包括经济手段、行政手段与法律手段三种，对象包括经济环境（市场供求的总和）、市场环境（统一、公开与公平竞争）、参与主体行为与农产品价格本身（特殊时期）。经济手段是指调节农产品供求关系所使用的财政、投资、货币、工资、物质与税收等政策工具和经济措施，具有间接性、滞后性、利益诱导性与组合

---

[1] 赵林如：《市场经济学大辞典》，经济科学出版社，1999年，第326页。
[2] 赵林如：《市场经济学大辞典》，经济科学出版社，1999年，第326页。

性特征。法律手段是指国家通过价格立法、司法及其他相关经济法规以规范农产品价格关系的方法。行政手段是指各级物价部门及其他相关部门制定的行政管理制度、程序、法规及措施等,包括行政法规、措施、监督与处罚等内容,具有直接性、国家权力性、强制性与局部性特征。

三、农产品价格风险及其管理的相关概念

学者们从不同角度给出了农业风险的概念(刘金霞,2004[1];龙文军,2009[2];张峭和王克,2015[3])。基于本书研究内容,本书采用张峭和王克的农业风险定义,即指生产经营者在生产经营过程中,由于自身无法控制的外在不确定因素的影响,最终获得的经济收益低于预期收益的可能性。农业风险依据风险来源可分为生产风险、市场(价格)风险、财务风险、政策与法律风险。农产品市场风险也称为价格风险,其定义可分为以下两类:一是农产品价格波动引起的农业生产者实际收益低于预期收益的可能性(王勇,1992[4];刘金霞,2004[5]),二是由于农产品价格波动或农产品投入资料价格波动导致的农业实际收入低于预期水平的可能性(祁民,2008[6];张峭和王克,2015[7])。本书中农产品价格风险是指农产品价格下降所导致的农户实际收入低于预期收入的可能性,即采用 VaR 模型测度的左尾风险。

国内已有多个学者给出了农业风险管理的定义。孙蓉和杨立旺(1994)认为农业风险管理是指利用各种自然资源和各种技术手段对各种农业风险及其损失予以管理的行为过程[8]。刘金霞(2004)将农业风险管理定义为风险管理主体通过对风险的认识、衡量和分析,优化组合最佳风险管理技术,以最小成本使农业生产经营者获得最大安全保障的一系列经济管理活动[9]。龙文军(2009)认为农业风险管理包括农业灾害损失控制与受灾补偿两方面的内容。张峭和王克(2015)[10]认为农业风险管理并不是消除风险,而是农业风险管理

---

[1] 刘金霞:《农业风险管理理论方法及其应用研究》,天津大学,2004年,第11页。
[2] 龙文军:《农业风险管理与农业保险》,中国农业出版社,2009年,第14页。
[3] 张峭、王克:《中国农业风险综合管理》,中国农业科学技术出版社,2015年,第8页。
[4] 王勇:《农产品价格风险的调控机制》,《价格月刊》,1992年第12期,第8~9页。
[5] 刘金霞:《农业风险管理理论方法及其应用研究》,天津大学,2004年,第24页。
[6] 祁民:《国际视野下的农产品价格风险管理研究》,华东师范大学,2008年,第9页。
[7] 张峭、王克:《中国农业风险综合管理》,中国农业科学技术出版社,2015年,第9页。
[8] 孙蓉、杨立旺:《农业保险新论》,西南财经大学出版社,1994年,第20~26页。
[9] 刘金霞:《农业风险管理理论方法及其应用研究》,天津大学,2004年,第15页。
[10] 张峭、王克:《中国农业风险综合管理》,中国农业科学技术出版社,2015年,第14页。

主体基于自身的风险管理目标，在对风险环境进行识别、评估和分析的基础上，运用一系列风险管理工具和手段，寻求投入成本、承担风险和未来收益之间的平衡和最佳组合[①]。基于风险管理、农业风险管理的概念及本书的研究内容，农业风险管理是指在充分识别与评估农业风险的基础上，事前综合运用多种技术控制农业灾害、事后给予受灾补偿，以最小的成本使农业生产者获得最大的安全保障。

随着2014年我国农产品目标价格制度的推出，农产品价格风险才逐渐成为影响农户收入的重要因素，部分学者给出了农产品价格风险管理的定义。祁民（2008）认为农产品价格风险管理就是运用适当的手段对引发农产品价格风险的各种风险源进行有效的控制，以减少农产品价格的波动[②]。基于农业风险管理、现有农产品价格风险管理及本书的研究内容，农产品价格风险管理是指分析农产品价格波动的特征与影响因素，综合运用多种技术评估价格波动风险，以最小的成本使农业生产者在农产品价格下跌时获得最大的安全保障，进而稳定农产品市场供应，减少价格波动。其具体过程可以分为以下五个步骤：一是制定农产品价格风险管理的目标，即保障农民收入，稳定农产品市场供应。二是农产品价格风险识别。分析农产品价格波动的周期性、季节性与随机性等特征，识别影响农产品价格波动的因素。三是农产品价格风险评估。运用VaR等多种模型评估价格风险。四是实施农产品价格风险管理措施。综合运用期货、期权与农业保险等工具管理农产品价格风险。五是农产品价格风险管理的评价，判断是否达到农产品价格风险管理的目标。具体流程如图1-2所示。

[①] 龙文军：《农业风险管理与农业保险》，中国农业出版社，2009年，第15页。
[②] 祁民：《国际视野下的农产品价格风险管理研究》，华东师范大学，2008年，第16页。

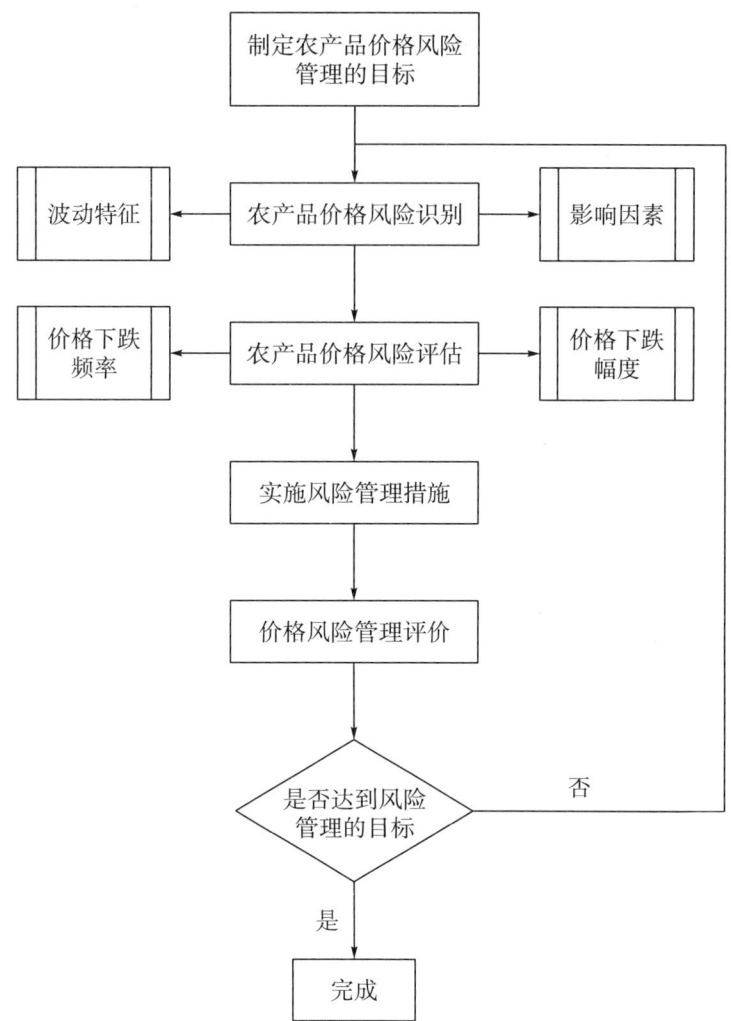

图1－2 农产品价格风险管理流程图

注：作者依据农产品价格风险管理步骤绘制。

第一章 概 论

第三节 研究思路、主要内容及技术路线

一、研究思路及主要内容

本书首先从农产品价格风险及其管理入手，引出农产品"保险＋期货"，并运用可保风险理论明确了其可行性。其次，通过对比分析中美农产品"保险＋期货"的实践方案，发现国内现行试点方案存在农户承担较大基差风险、保险公司"中介"地位尴尬与期货公司对冲风险压力大等问题。再次，阐述我国农产品价格调控机制面临的困境，从国家、农产品市场、农产品生产者与消费者及相关企业四个方面分析农产品"保险＋期货"在价格调控机制中的可能作用；再通过比较农产品"保险＋期货"与价格支持政策的实施效果，得出其可作为大宗农产品传统价格支持政策的重要补充、现代价格补贴政策的替代与鲜活农产品调控目录制度的重要工具的政策定位。最后，基于政策定位设计保障农户基本收益、符合市场需求的"价格保险＋期货"与"收入保险＋期货"方案，并分别运用随机波动率跳跃扩散 Bates 模型与 Copula 函数厘定方案费率。全书共分为八个章节，主要研究内容如下：

第一章，概论。本章首先分析本书的研究背景与意义；其次初步界定了农产品价格保险、农产品收入保险、农产品"保险＋期货"（含"价格保险＋期货"与"收入保险＋期货"）、农产品价格调控机制及价格风险管理的相关概念；最后给出本书的基本研究思路、主要研究内容、采用的研究方法、创新点及不足之处。

第二章，文献综述与理论基础。本章首先分别梳理和评述农产品价格风险管理、价格调控政策、"保险＋期货"及农业保险定价的相关文献，确定了本书的研究范围；其次阐述了农产品价格波动、农产品风险管理、价格调控及"保险＋期货"的相关理论，如市场失灵理论、农业保护理论与农业保险理论等。既引出本书的主要研究内容，又奠定了后续研究的理论基础。

第三章，农产品价格风险及"保险＋期货"的引出。本章首先以玉米和鸡蛋为例，分析农产品价格波动的特征与影响因素。农产品价格波动具有周期性、季节性、地区差异性、金融化、集聚性与非对称性等特征，影响农产品价格波动的四大类因素为供给、需求、政策与国际市场因素。其次，采用基于历史模拟、极值理论 POT 模型的 VaR 法，评估全国七大玉米主产区与六大鸡蛋

主产区的价格波动风险。结果发现，玉米与鸡蛋价格波动风险均存在明显的地区差异，需分地区向农户提供价格风险保障。最后，通过梳理国内农产品价格风险管理工具的演进历程引出农产品"保险+期货"。农产品"保险+期货"作为保险与期货的跨界融合，既克服了农户难以进入期货、期权市场的困难，又弥补了价格保险的两大内生缺陷，比较优势明显，但仍面临基差风险、制度风险、违约风险与定价风险。尽管农产品价格风险是不可保风险，但保险人通过不断改进自身的技术条件可将不可保风险转化为可保风险，农产品"保险+期货"利用现有技术能将赔付风险控制在合理范围之内，可行性强。

第四章，中美农产品"保险+期货"的实践方案及比较借鉴。本章首先以育肥母牛风险保护保险（LRP）、生猪毛利润保险（LGM）为例，分析美国农产品"价格保险+期货"的具体实践方案，得出有益于我国"价格保险+期货"方案设计的经验启示，如完善的再保险体系是推行农产品"保险+期货"的前提、较短的理赔款计算周期可有效保障农户实际损失等；以玉米（排除收货价格）收入保障保险（RP（HPH））与大豆（排除收货价）区域收入保障保险（ARP（HP））为例，介绍"收入保险+期货"实践方案，得出多种保险补贴政策分别是经营"收入保险+期货"的基础和前提等经验启示；以奶牛利润保障项目（MPP-Dairy）为例，介绍运用保险运作机制代替传统牲畜价格支持政策的实践，得出基于保险机制的价格支持政策，可显著提高财政资金使用效率的启示。其次，详细分析了国内具有典型代表意义的"大连"方案、"北票与法库"方案、"桦川"方案及"重庆"方案四个农产品"保险+期货"试点方案。尽管四个试点方案各具特色，但具有"保险+场外看跌期权+场内期货"三个环节的操作流程、交易所与期货公司占据主导地位及完全基于期货市场价格设计产品的共同特点；面临农户承担较大基差风险、保险公司"中介"地位尴尬与期货公司对冲风险压力大等问题。最后，从基本运作模式、参与主体、产品内容与市场环境四个方面比较中美农产品"保险+期货"的实践方案，得出我国需加大力度推进农产品期货与期权发展、加快农业生产规模化经营步伐、完善农业保险巨灾风险分散体系与重构"保险+期货"运行机制的启示。

第五章，农产品"保险+期货"在价格调控机制中的政策定位与总体方案。本章首先梳理了我国现行农产品价格调控机制的现状及困境，发现其主要面临国内外价格倒挂、进口量与库存量齐增、仓容压力巨大、农产品种植结构难以调整与种植面积核实成本高等困境。其次，阐述了农产品"保险+期货"作用于价格调控机制的理论逻辑，即价格调控政策通过作用于调控对象以达到政策目标。若农产品"保险+期货"是一种价格调控政策,那么其调控对象包括国家、农产品市场、农产品生产者、消费者及保险公司、期货公司等,故从国家、农产品市场、农产品生产者与消费者、相关企业四个方面分析农产品"保险+期货"在价格调控机制中的可能作用。再次,通过比较农产品"保险+期货"与价格支持政策的实施效果,得出其可作为大宗农产品传统价格支持政策的重要补充、现代价格补贴政策的替代与鲜活农产品调控目录制度重要工具的政策定位。最后,从运行机制、方案设计与农产品适用范围三个方面,初步构建我国农产品"保险+期货"的总体方案。在运行机制上,中央财政给予资金补贴,财政部与农业农村部主导,银保监会监督指导,商业保险公司运作,期货公司提供技术支持,农业农村部与银保监会牵头设立专门的农业保险再保险管理机构提供再保险。在方案设计上,坚持可复制、可持续与简单易懂的原则,短期方案仍采用与现有试点相似的三个环节的运作模式,长期方案采用两个环节的运作模式。在农产品适用规则与范围上,养殖业适用于"价格保险+期货"方案,种植业适用于"收入保险+期货"方案;农产品"保险+期货"适用于稻谷、小麦、棉花、玉米、大豆、鸡蛋等农产品。

第六章,农产品"价格保险+期货"的方案设计与定价。本章设计的农产品"价格保险+期货"方案仍采用与现有试点类似的三环节模式,但每个环节的具体内容与现有模式不同,此方案具有显著降低农户基差风险与保险公司的风险承保主体地位两大特色。设计方案中农产品现货价格保险与场外看跌期权的本质是固定执行价格离散算术平均欧亚期权,本章主要运用期权定价模型厘定其费率。农产品价格波动呈现出明显的随机波动与跳跃特征,故采用随机波动率跳跃扩散 Bates 模型拟合其价格波动路径。首先运用基于 M-H 算法的贝叶斯马尔科夫链蒙特卡洛模拟(MCMC)方法估计 Bates 模型的参数,然后运用方差减少技术的 Monte Carlo 方法模拟农产品价格波动路径;最后基于固定执行价格离散算术平均欧亚期权定价公式计算得出保费。选取河南、山东、河北、江苏、湖北、四川六大鸡蛋主产区厘定鸡蛋"价格保险+期货"方案的费率,实证结果发现:基于期货市场价格的鸡蛋价格保险不能满足养殖户价格下跌风险保障的需求;基于现货市场为农户提供价格保险,运用场外看跌期权为保险公司提供的再保险保障非常有限,不能满足保险公司分散风险的需求,尤其是不能满足保险公司分散极端风险的需要;设计的鸡蛋"价格保险+期货"方案中保险公司承担的场外期权对冲风险比现行"价格保险+期货"试点中养殖户承担的基差风险要小。为确保期权定价法费率厘定结果的准确性,本章分别运用农业保险定价的参数法与非参数法厘定设计方案的费率。由实证结果可知，期权定价法的费率厘定结果均略高于非参数核密度估计法的费率厘定结果，但都小于0.01，可见，本书运用随机波动率跳跃扩散Bates模型厘定鸡蛋"价格保险+期货"方案的费率是可行的。

第七章，农产品"收入保险+期货"的方案设计与定价。本章首先设计保险公司向农户提供的收入保险，且采用区域收入保险的形式，价格指数与产量指数分别是农产品省级现货价格与亩均产量；保险公司向期货公司购买分散部分价格风险的场外看跌期权产品；期货公司通过复制场内期权分散场外看跌期权的价格风险三个环节的基本运作模式。选取国内玉米七大主产区，包括河北、内蒙古自治区、辽宁、吉林、黑龙江、山东与河南，进行"收入保险+期货"方案定价的实证研究。首先选择 Weibull（3P）、Burr（4P）、Log-Logistic（3P）、Logistic、Lognormal（3P）、Normal 与 Gamma（3P）七类分布分别模拟玉米七大主产区的价格对数收益率与产量波动率数据，以 K-S、A-D 与卡方检验三类方法选取七大主产区价格与单产风险的合适分布。其次以欧式距离最小为选择标准，在五种 Copula 函数中选出最优相关函数。最后依据收入保险费率厘定公式计算保费。由费率厘定结果，我们发现同一保障水平下，不同地区的区域收入保险费率差异较大，全国玉米七大主产区费率高低的排序与各地区价格、产量风险的相关性并不直接相关；同一地区不同保障水平下，区域收入保险的费率差异较大。

第八章，研究结论、政策建议及展望。本章对全书进行总结，归纳出本书研究得出的七大基本结论，并对该领域未来的研究方向进行了展望。

二、技术路线图

本研究的技术路线图见图1-3。

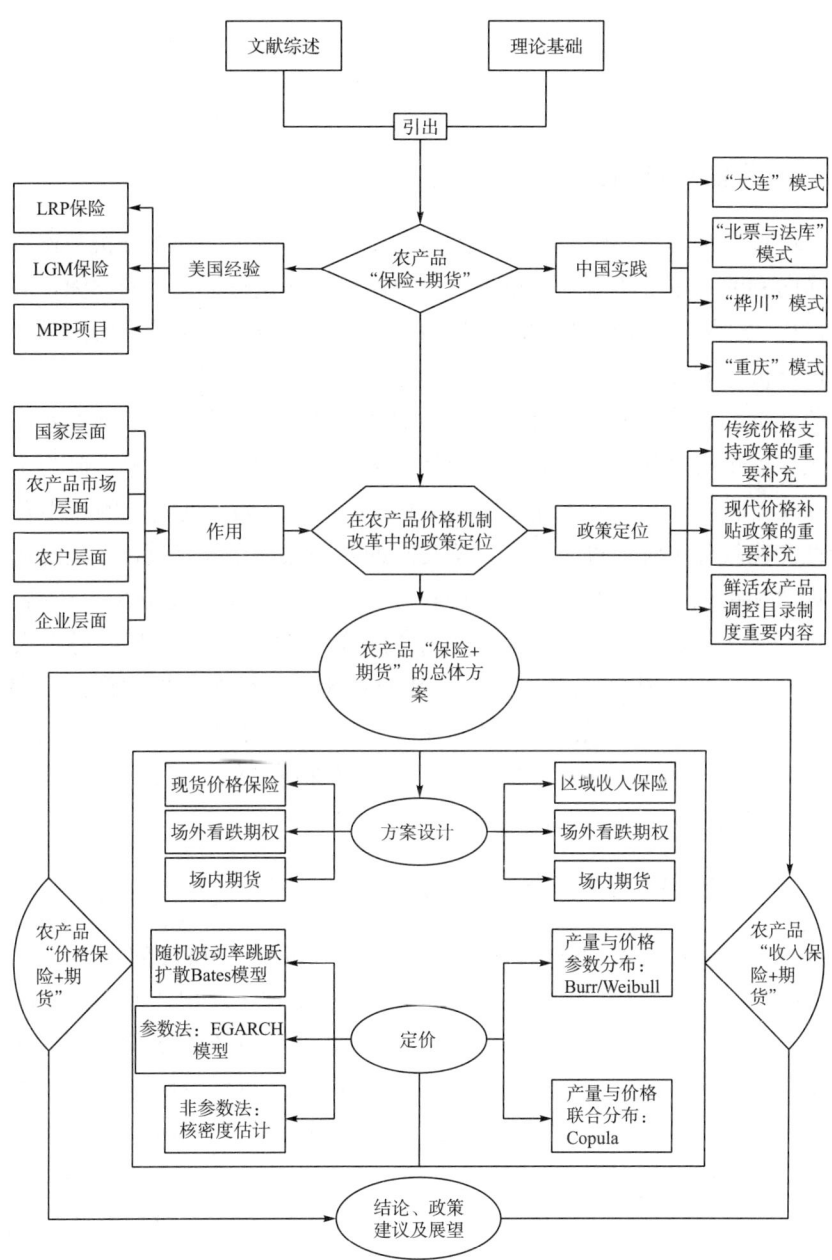

图1-3 本研究的技术路线图

第四节 研究方法

一、历史研究与比较研究相结合

经济现象是经济科学研究的起点。历史视野下的纵向动态分析与比较视野下的横向实践方案分析有利于挖掘历史规律和差异化特征产生的原因,故本书研究过程中非常注重历史与比较研究的结合运用。通过系统梳理农产品价格风险管理与价格调控机制、农产品"保险+期货"、农业保险费率厘定三个方面的相关文献,总结前人已有研究成果,找到本书研究的突破口。通过系统梳理国内农产品价格风险管理工具从农产品期货、期权到农产品价格保险再到农产品"保险+期货"的历史演进过程,说明农产品"保险+期货"的产生背景及可行性。比较分析法通过对研究对象之间的共同点与差异点进行比较分析得出相关规律和结论。本书有三处运用比较分析方法:一是对比分析农产品期货、期权、价格保险及期货价格保险四种市场化价格风险管理工具,得出农产品"保险+期货"的内生优点及不足;二是通过比较美国与中国农产品"保险+期货"的实践方案,给我国农产品"保险+期货"试点以启示;三是比较分析农产品"保险+期货"与大宗农产品传统价格支持政策、现代价格补贴政策,进而得出其在农产品价格调控机制中的政策定位。

二、规范研究与实证研究相结合

规范分析是以一定的价值判断为基础,对经济规律进行推理和演绎,解决"应该是什么"的问题。实证研究是从经验事实出发,发现经济变量之间的相互关系,解决"是什么"的问题。通过规范分析与实证分析相结合阐述了本书研究的两个关键问题:一是通过分析农产品价格波动的影响因素,得出农产品价格波动具有地区差异性的特点,再运用基于历史模拟法与极值理论 POT 模型的 VaR 实证测度全国玉米七大主产区与鸡蛋六大主产区价格波动风险的地区差异;二是理论分析了农产品"价格/收入保险+期货"设计方案和定价模型的可行性,并分别以鸡蛋和玉米为例,实证检验设计方案的比较优势(相对于现行试点方案)与定价方法的准确性。

三、随机模拟与仿真研究相结合

随机模拟方法也称为蒙特卡洛方法,指采用生成的随机数模拟现有问题的方法。仿真研究是指建立与已有的系统或事务特征与功能相似的模型,以模拟现有系统的关键特征。大量的样本数据是准确厘定农产品"保险+期货"费率的前提,而本书农产品价格路径数有限,需在仿真真实农产品价格路径的条件下,随机模拟生成大量的价格路径。为厘定农产品"价格保险+期货"设计方案的费率,本书首先选用随机波动率跳跃扩散 Bates 模型拟合鸡蛋的价格波动特征,然后运用 Monte Carlo 法随机模拟农产品价格波动路径 20 万次,得出定价结果。为厘定农产品"收入保险+期货"的费率,首先选用多种参数方法模拟农产品价格与产量的波动特征,其次以 Copula 函数连接价格与产量的分布,再次运用 Monte Carlo 法随机模拟价格与产量波动数据各 10000 个,最后基于收入保险定价公式计算保费。

第五节 研究的创新点与不足之处

一、研究的创新点

本书基于农产品价格调控机制视角研究了"保险+期货"的方案设计与定价。具体来说,创新之处在于以下四个方面:

第一,尝试探讨了农产品"保险+期货"在价格调控机制中的作用及政策定位。基于我国农产品价格调控机制面临的困境,分析农产品"保险+期货"作用于价格调控机制的理论逻辑,即价格调控政策通过作用于调控对象以达到政策目标。农产品"保险+期货"作为价格调控政策的调控对象包括国家、农产品市场、农产品生产者、消费者及保险公司、期货公司等,故从国家、农产品市场、农产品生产者与消费者及相关企业四个方面初步分析农产品"保险+期货"在价格调控机制中的可能作用。通过比较农产品"保险+期货"与价格支持政策的实施效果,得出其可作为大宗农产品传统价格支持政策的重要补充、现代价格补贴政策的替代与鲜活农产品调控目录制度重要工具的政策定位。

第二,从运行机制、方案设计、农产品适用范围三个方面,初步构建我国农产品"保险+期货"的总体方案。从运行机制来看,本书认为需由中央财政给予资金补贴、财政部与农业农村部主导、银保监会监督指导、商业保险公司运作、期货公司提供技术支持、农业农村部与银保监会牵头设立专门的农业保险再保险管理机构提供再保险。就方案设计而言，本书认为应坚持可复制、可持续与简单易懂的原则。短期方案可采用与现有试点相似的三个环节的运作模式，但每个环节的具体内容较现行试点方案有所改进；长期方案则采用两个环节（保险公司提供农产品价格或收入保险，再保险机构向保险人提供相应的再保险方案）的运作模式。从农产品适用规则与范围来看，本书研究认为养殖业适用于"价格保险＋期货"方案，种植业适用于"收入保险＋期货"方案；具体而言，农产品"保险＋期货"适用于稻谷、小麦、棉花、玉米、大豆、鸡蛋等农产品。

第三，基于农产品价格波动风险地区差异的评估结果，尝试探讨分地区承保农产品的价格波动风险。本书分别采用基于历史模拟和极值理论POT模型的VaR法，评估全国七大玉米主产区与六大鸡蛋主产区的价格波动风险，结果发现，玉米与鸡蛋价格波动风险均存在明显的地区差异，需分地区向农户提供价格风险保障。故设计的农产品"价格保险＋期货"与"收入保险＋期货"方案中价格保险与收入保险的农产品价格指数不再是现行试点方案的农产品期货价格，而是农产品的省级现货价格。省级现货价格与农户实际售卖价格的差异小于农产品期货价格与农户实际售卖价格的差异，可见，本书探讨的分地区承保农产品价格波动风险的农产品"保险＋期货"方案，可显著降低农户承担的基差风险。

第四，尝试运用期权定价法，厘定农产品"价格保险＋期货"方案的费率。本书初步设计的"基于现货市场的价格保险＋对冲部分风险的场外期权＋场内期货"的方案中，农产品现货价格保险与场外看跌期权的本质是固定执行价格离散算术平均欧亚期权，故尝试运用期权定价法厘定其费率。农产品价格波动呈现出明显的随机波动与跳跃特征，采用随机波动率跳跃扩散Bates模型拟合其价格波动路径。且分别运用农业保险定价的参数法与非参数法厘定设计方案的费率，以确保期权定价法费率厘定结果的准确性。由实证结果可知，期权定价法的费率厘定结果与非参数核密度估计法的费率厘定结果差异均较小，可见，农产品"价格保险＋期货"期权定价法是可行的。

二、研究的不足之处

由于研究目标、研究范围与研究条件的限制，虽然作者已尽力去完善现有研究，但本书仍存在一些不足之处，具体如下：

第一，囿于农产品价格与产量数据量有限，仅用参数法对"收入保险＋期货"方案进行定价。农产品"收入保险＋期货"定价需要用到一一对应的农产品价格与单产数据，但单产数据仅是年度数据，故一一对应的农产品价格与单产数据量十分有限，属于小样本数据，而农业保险费率厘定的非参数方法仅在大样本条件下有效，故本书仅用参数法对"收入保险＋期货"方案进行定价。

第二，农产品"保险＋期货"对农户的作用有待时间及实践的检验。农产品"保险＋期货"试点于 2015 年 8 月首次推出，相关理论研究仍十分匮乏，以"保险＋期货"为检索关键词，中国知网共有 31 篇文献（截至 2018 年 9 月 5 日），核心期刊文章仅有 15 篇，其中 3 篇是作者本人的研究成果。农产品"保险＋期货"产生的主要原因是农产品价格保险的局限与农产品期货的进入门槛较高，由于作者时间与精力有限，本书仅从理论角度分析农产品"保险＋期货"对农户的作用，其在现实中的实际作用还有待时间及实践的进一步检验。

第二章 文献综述与理论基础

第一节 文献综述

一、农产品价格风险管理与价格调控政策的相关文献

(一) 农产品价格风险度量

农产品价格风险的影响因素众多,包括供给需求的价格弹性、生物能源、气候条件变化、人口数量动态变化、土地环境恶化、农业公共政策、货币供给政策、宏观经济因素(Alexandratos,2008[①];Trostle,2008[②];Mitra 和 Boussard,2012[③])及国际贸易等。农产品价格风险的有效度量是价格风险管理的前提,国外相关度量方法较为成熟。一是条件方差法:波兰小麦采购价的条件方差,罗马农作物市场价格的条件方差(Figiel 和 Hamulczuk,2010[④])。二是向量误差修正模型:部分 SAFEX 的农产品价格风险(Jordaan、Grové 和

---

① Nikos Alexandratos: Food price surges: possible causes, past experience, and longer term relevance, Population and development review, 2008 (4): 663-697.

② Ronald Trostle: Global agricultural supply and demand: factors contributing to the recent increase in food commodity prices, https://www.ers.usda.gov/webdocs/outlooks/40463/12274_wrs0801_1_.pdf?v=9372.5.

③ Sophie Mitra, Jean Marc Boussard: A simple model of endogenous agricultural commodity price fluctuations with storage, Agricultural economics, 2012 (1): 1-15.

④ Szczepan Figiel, Mariusz Hamulczuk: Measuring price risk in commodity markets, Olsztyn economic journal, 2010 (2): 380-394.

Jooste 等，2007①），希腊农产品价格风险（Apergis 和 Rezitis，2011②），罗马和国际市场小麦的价格波动风险（Pop 和 Ban，2011③），9 个欧盟国家小麦价格波动风险，大豆、玉米等农产品期货市场减少了现货市场的价格风险（Ramadas、Kar 和 Mathur 等，2014④）。三是极值理论：玉米和大豆的厚尾风险（Morgan、Cotter 和 Dowd，2012⑤），农民遭遇较大价格风险的大小和可能性，CBOT 大豆粉期货及波兰大豆粉价格风险（Małgorzata 和 Magdalena，2015⑥）。

价格风险已与自然风险并列成为影响我国农业生产的重要因素。农产品价格风险成因分析是管理价格风险的基础（刘晶、葛颜祥和王爱丽等，2004⑦），可从内、外因方面（陈海霞，2010⑧；于光，2014⑨）及生产、销售和配套服务整体流程方面（廖杉杉和鲁钊阳，2013⑩）进行分类。尽管分类依据不同，但成因基本包括生产资料价格、生产技术进步、价格预期、农业政策、配套服务及法律法规等（刘总理和李养生，2007⑪；中国农业经济学会委托课题组和

---

① Henry Jordaan, Bennie Grove, Andre Jooste, et al：Measuring the price volatility of certain field crops in South Africa using the ARCH/GARCH approach, Agrekon, 2007 (3)：306—322.

② Nicholas Apergis, Anthony Rezitis：Food price volatility and macroeconomic factors：evidence from GARCH and GARCH-X estimates, Journal of agricultural and applied economics, 2011 (1)：95—110.

③ Larisa N Pop, Irina M Ban：Comparative approach of measuring price risk on Romanian and international wheat market, International journal of economics and management engineering, 2011 (5)：536—541.

④ Sendhil Ramadas, Amit Kar, V C Mathur, et al：Price volatility in agricultural commodity futures——an application of GARCH model, Journal of the Indian society of agricultural statistics, 2014 (3)：365—375.

⑤ Wyn Morgan, John Cotter, Kevin Dowd：Extreme measures of agricultural financial risk, Journal of agricultural economics, 2012 (1)：65—82.

⑥ Just Małgorzata, Śmiglak Krajewska Magdalena：Extreme price risk on the market of soybean meal, Problems of world agriculture, 2015 (30)：80—88.

⑦ 刘晶、葛颜祥、王爱丽等：《我国农产品价格风险及其防范研究》，《农业现代化研究》，2004 年第 6 期，第 438~441 页。

⑧ 陈海霞：《农产品价格风险成因及其规避分析》，《江苏商论》，2010 年第 9 期，第 35~36 页。

⑨ 于光：《农产品价格风险及其规避策略研究》，《价格月刊》，2014 年第 10 期，第 28~30 页。

⑩ 廖杉杉、鲁钊阳：《农产品价格风险的成因及规避机制研究》，《农村经济》，2013 年第 3 期，第 27~30 页。

⑪ 刘总理、李养生：《农产品价格风险及其防范》，《理论导刊》，2007 年第 4 期，第 76~78 页。

宋洪远，2102[①]；孟扬，2013[②]）。农产品价格风险的国际影响因素也不断凸显。王锐和陈倬（2011）运用协整理论和VECM模型分析国际农产品价格波动对我国农产品价格风险的影响[③]。温施童和叶明华（2015）依据大豆贸易的定价公式，分析我国进口大豆价格风险的影响因素[④]。我国小宗农产品价格基本完全由市场供求形成，价格风险具有波动幅度大及非对称的特征[⑤]。农产品价格风险的度量方法呈现多样性。一是基于参数及非参数法的VAR模型。熊巍和祁春节（2013）运用参数分布模拟八种经济作物的价格分布，并用VAR法测度价格风险[⑥]。现有参数分布不能较好地拟合价格波动特征，赵玉和祁春节（2014）基于小波神经网络与Bootstrap抽样结合的VAR法度量主要粮食作物的价格风险[⑦]。二是自回归模型。邬松涛和杨红强（2014）运用Copular函数的自回归模型度量大豆、豆油和豆粕期货价格风险[⑧]。三是从农产品价格风险的影响因素着手构建价格风险度量模型，运用模糊层次法度量价格风险（李志博、王寒笑和安玉发，2013[⑨]；付宗平，2014[⑩]）。

（二）农产品市场化价格风险管理与价格调控政策

国外农产品价格风险管理工具包括市场化风险管理工具和政府调控政策两类。一是农产品价格风险管理的市场化工具。尽管远期合约是最早的农产品价

[①] 中国农业经济学会委托课题组、宋洪远：《农产品价格波动：形成机理与市场调控》，《经济研究参考》，2012年第28期，第28~37页。

[②] 孟扬：《我国主要农产品价格的波动分析与对策思考》，《价格月刊》，2013年第12期，第41~44页。

[③] 王锐、陈倬：《"十一五"期间我国农产品价格波动的影响因素分析——基于协整和向量自回归模型的实证研究》，《财经论丛》，2011年第3期，第8~13页。

[④] 温施童、叶明华：《中国农产品进口的价格风险与应对策略——以大豆进口为例》，《价格月刊》，2015年第5期，第70~75页。

[⑤] 彭美秀：《小宗农产品价格风险的成因及防范》，《价格理论与实践》，2010年第9期，第13~14页。

[⑥] 熊巍、祁春节：《基于VaR的果蔬农产品价格的风险度量》，《统计与决策》，2013年第21期，第126~130页。

[⑦] 赵玉、祁春节：《大宗农产品价格风险评估——基于小波神经网络-Bootstrap方法的实证研究》，《技术经济》，2014年第3期，第75~79页。

[⑧] 邬松涛、杨红强：《标准仓单质押组合的价格风险——基于中国农产品期货规范市场的实证研究》，《技术经济》，2014年第10期，第98~105页。

[⑨] 李志博、王寒笑、安玉发：《大宗农产品销地价格波动影响因素的模糊综合评价——基于农产品批发市场经销商视角》，《价格理论与实践》，2013年第4期，第73~74页。

[⑩] 付宗平：《农产品价格风险的评价模型及应用》，《统计与决策》，2014年第3期，第70~72页。

格风险管理工具,世界各国农民却很少采用(Asplund、Forster 和 Stout,1989[1];Goodwin 和 Schroeder,1994[2];Musser、Patrick 和 Eckman,1996[3];Sartwelle、Brien 和 Tieney,2000[4])。Brown、Ortmann 和 Darroch(2000)及 Jordaan 和 Grové(2007)先后调查南非玉米生产者远期合约的使用情况,结果发现受访者中远期合约的使用比例由 47.1% 下降到 44%[5][6]。Shapiro 和 Brorsen(1998)运用 Tobit 模型检验农户远期合约的使用决策[7]。随后期货合约逐渐成为农户管理价格风险的重要金融工具。农产品期货交易可显著增加粮食价格波动的观点证据不足,但期货市场帮助农户对冲价格风险、进行套期保值,降低了价格风险,相关定价研究也不断丰富(Irwin 和 Sanders,2011[8])。二是农产品市场调控的政策工具。由于农产品价格风险直接威胁国家粮食安全(Dawe 和 Timmer,2012[9])、减缓农业现代化速度(Barrett,1996[10])、易引起国家动荡(Bush,2010[11];Bellemare,2014[12])、影响收入分配和社会福利

---

[1] Nathan M Asplund, D Lynn Forster, Thomas T Stout: Farmers' use of forward contracting and hedging, Review of futures markets, 1989 (1): 24—37.

[2] Barry K Goodwin, Ted C Schroeder: Human capital, producer education programs, and the adoption of forward-pricing methods, American journal of agricultural economics, 1994 (4): 936—947.

[3] Wesley N Musser, George F Patrick, David T Eckman: Risk and grain marketing behavior of large-scale farmers, Review of agricultural economics, 1996 (1): 65—77.

[4] James Sartwelle, Daniel O'Brien, William Tierney, et al: The effect of personal and farm characteristics upon grain marketing practices, Journal of agricultural and applied economics, 2000 (1): 95—111.

[5] A Brown, Gerald F Ortmann, Mark Darroch: Factors affecting the use of price risk management tools by large commercial maize producers in South Africa, South African journal of economic and management sciences, 2000 (1): 75—96.

[6] Henry Jordaan, Bennie Grové: Factors affecting maize producers adoption of forward pricing in price risk management: the case of aalharts, Agrekon, 2007 (4): 548—565.

[7] B I Shapiro, B Wade Brorsen: Factors affecting farmers' hedging decisions, North central journal of agricultural economics, 1988 (2): 145—153.

[8] Scott H Irwin, Dwight R Sanders: Index funds, financialization, and commodity futures markets, Applied economic perspectives and policy, 2011 (1): 1—31.

[9] David Dawe, C Peter Timmer: Why stable food prices are a good thing: lessons from stabilizing rice prices in Asia, Global food security, 2012 (2): 127—133.

[10] Christopher Barrett: On price risk and the inverse farm size-productivity relationship, Journal of development economics, 1996 (2): 193—215.

[11] Ray Bush: Food riots: poverty, power and protest, Journal of agrarian change, 2010 (1): 119—129.

[12] Marc F Bellemare: Rising food prices, food price volatility, and social unrest, American journal of agricultural economics, 2015 (1): 1—21.

农产品"保险+期货"的方案设计与定价
——基于农产品价格调控机制

均等化(Anderson,2013[①])等原因,国外政府部门非常重视农产品价格调控。不同国家运用不同的价格风险管理工具。政府直接采用行政政策会错误引导市场生产行为,故应采用保险、期货及期权等市场化工具进行调控。世界发展中国家通常认为市场化工具管理农产品价格剧烈波动的效果有限。2008年国际粮食危机在农产品完全市场化的国家显得尤为突出,而在政府干预较强的中国、印度得到有效控制,故政策性农产品价格干预受到重视(Headey,2013[②])。

农产品价格风险管理势在必行(古宏玲,1992[③]),应以最小的价格风险获得最大化价格均衡稳定,减少对农业生产的破坏为目标(王勇,1992[④];刘树杰,1997[⑤])。我国农民较早使用市场化工具管理农产品价格风险。远期合约没有降低农产品价格风险,仅将其由农户转移到经营者,故需发展农产品期货市场(许经勇,1992[⑥])。农产品期货市场的价格发现和风险对冲机制,有利于稳定现货市场价格(徐程兴,2002[⑦];刘金霞和顾培亮,2003[⑧];张璋,2005[⑨];曹冰玉,2009[⑩]),由于我国农业生产的分散化经营,农户难以直接进入期货市场,间接利用期货市场存在可行性(贾月梅和张翠翠,2008[⑪])。美国农产品期货市场发展成熟,其合作组织完善等经验值得借鉴(刘岩和于左,

---

[①] Kym Anderson: Agricultural price distortions: trends and volatility, past, and prospective, Agricultural economics, 2013 (S1): 163-171.

[②] Derek D Headey: The impact of the global food crisis on self-assessed food security, The world bank economic review, 2013 (1): 1-27.

[③] 古宏玲:《论农产品价格风险调控》,《中国农村经济》,1992年第7期,第53~55页。

[④] 王勇:《农产品价格风险的调控机制》,《价格月刊》,1992年第12期,第8~9页。

[⑤] 刘树杰:《农产品价格调控:政策目标与目标价格》,《中国物价》,1997年第10期,第24~25页。

[⑥] 许经勇:《论农产品价格风险与农产品期货交易》,《学习与探索》,1992年第6期,第71~75页。

[⑦] 徐程兴:《关于运用金融衍生工具规避农产品价格风险的探讨》,《价格理论与实践》,2002年第5期,第32~33页。

[⑧] 刘金霞、顾培亮:《利用农产品期货市场防范农产品价格风险》,《价格理论与实践》,2003年第9期,第46~47页。

[⑨] 张璋:《论期货市场在规避农产品价格风险中的作用》,《安徽农业科学》,2005年第7期,第1308~1309页。

[⑩] 曹冰玉:《我国农产品期货与农村金融工程建设》,《商业研究》,2009年第4期,第192~196页。

[⑪] 贾月梅、张翠翠:《间接广泛利用期货市场:农民增收的有效途径》,《现代财经》,2008年第6期,第18~21页。

2008[①]；杨芳，2010[②]）。我国农产品期货品种仍然有限，部分具有地方特色的小农品种多采用准期货交易模式管理价格风险（金雪军和王利刚，2004[③]），订单农业的应用也较普遍（郑玉秀，2013[④]）。还有学者提出从产业链视角管理大宗农产品（李杰义和白庆华，2006[⑤]）、鲜活农产品（孙金文和王常健，2015[⑥]）的价格风险及建立价格预警机制（赵瑞莹和杨学成，2008[⑦]）。我国从2004年起实行最低收购价和临时收储政策保护重要农产品价格。2007年之后大宗农产品价格不断上涨，原因包括生产成本上升、货币供应量增加、国际农产品价格上涨等（薛淑珍和王保忠，2008[⑧]；王超和鲍锋，2011[⑨]；周林洁和徐丽艳，2011[⑩]；周敏丹和金建华，2011[⑪]；赵文琦和于璐，2012[⑫]）。近几年小宗农产品价格大起大落，政府需采用行政调控措施以稳定价格（只升敏和周智高，2010[⑬]；邸玉玺和崔永红，2012[⑭]），却难以通过提高农产品市场价格同

[①] 刘岩、于左：《美国利用期货市场进行农产品价格风险管理的经验及借鉴》，《中国农村经济》，2008年第5期，第65～72页。

[②] 杨芳：《美国农产品价格风险管理的经验及借鉴》，《农村经济》，2010年第2期，第125～129页。

[③] 金雪军、王利刚：《地区专产性小品种农产品价格风险规避机制的演变——基于浙贝交易模式的案例分析》，《农业经济问题》，2004年第12期，第50～54页。

[④] 郑玉秀：《美国订单农业发展经验及借鉴》，《世界农业》，2013年第5期，第23～26、154页。

[⑤] 李杰义、白庆华：《农业产业链管理对农产品价格风险规避效应的分析》，《价格理论与实践》，2006年第6期，第33～34页。

[⑥] 孙金文、王常健：《鲜活农产品供应链价格风险生成机理与管理机制研究》，《商业经济研究》，2015年第21期，第24～26页。

[⑦] 赵瑞莹、杨学成：《农产品价格风险预警模型的建立与应用——基于BP人工神经网络》，《农业现代化研究》，2008年第2期，第172～175页。

[⑧] 薛淑珍、王保忠：《当前我国农产品价格上涨原因及对策分析》，《价格理论与实践》，2008年第8期，第30～31页。

[⑨] 王超、鲍锋：《新一轮农产品价格波动的成因及对策》，《经济纵横》，2011年第4期，第38～41页。

[⑩] 周林洁、徐丽艳：《农产品价格的基本构成及其控制主体》，《农村经济》，2011年第12期，第58～62页。

[⑪] 周敏丹、金建华：《新形势下我国农产品价格上涨原因探析和对策建议》，《湖南社会科学》，2011年第4期，第134～136页。

[⑫] 赵文琦、于璐：《当前我国农产品价格波动的原因与对策》，《西安财经学院学报》，2012年第3期，第88～91页。

[⑬] 只升敏、周智高：《关于加强小品种农产品价格调控监管的思考》，《价格理论与实践》，2010年第8期，第10～11页。

[⑭] 邸玉玺、崔永红：《对产区附近农产品价格的波动分析——以杨凌农业示范区大蒜价格为例》，《农业经济》，2012年第6期，第125～126页。

农产品"保险+期货"的方案设计与定价
——基于农产品价格调控机制

时达到稳定价格和保障农户收入目的（钱克明，2010①；徐振宇和沈友东，2013②），且给农产品市场带来调控主体不明确、国内外大宗农产品价格倒挂、鲜活农产品价格波幅较大等多重困境（于冷和吕新业，2012③；王佳元、蓝海涛和涂圣伟，2012④；涂圣伟和蓝海涛，2013⑤；张立中，2013⑥；钟卫稼，2016⑦）。2014年起国家实行农产品目标价格制度改革（刘武兵和刘艺卓，2014⑧），现已推出棉花、大豆目标价格补贴（徐雪高、沈贵银和翟雪玲，2013⑨；卢凌霄、刘慧和秦富等，2015⑩；翟雪玲和李冉，2015⑪）及玉米生产者补贴政策（李国祥，2016⑫）。国外农业发达国家（欧盟、美国、日本、印度）的价格调控政策给我国以经验借鉴（陶群山，2010⑬；刘中显，2013⑭；

---

① 钱克明：《进一步加强和完善农产品价格调控体系》，《中国经贸导刊》，2010年第6期，第9~10页。
② 徐振宇、沈友东：《我国农产品价格调控难点分析兼析政策运行逻辑》，《商业时代》，2013年第23期，第20~22页。
③ 于冷、吕新业：《大宗农产品价格调控的目标与措施研究》，《农业经济问题》，2012年第9期，第32~36页。
④ 王佳元、蓝海涛、涂圣伟：《部分省份对重要农产品价格波动的调控实践及建议》，《宏观经济管理》，2012年第11期，第48~51页。
⑤ 涂圣伟、蓝海涛：《重要农产品价格调控机制亟待完善》，《中国发展观察》，2013年第9期，第50~53页。
⑥ 张立中：《完善我国农产品价格调控政策的对策》，《经济纵横》，2013年第9期，第32~35页。
⑦ 钟卫稼：《我国农产品价格波动、调控体系改进与调控研究》，《价格月刊》，2016年第7期，第33~37页。
⑧ 刘武兵、刘艺卓：《农产品价格形成机制：欧盟的经验教训》，《中国党政干部论坛》，2014年第5期，第90~93页。
⑨ 徐雪高、沈贵银、翟雪玲：《我国大豆目标价格补贴研究》，《价格理论与实践》，2013年第3期，第34~35页。
⑩ 卢凌霄、刘慧、秦富等：《我国农产品目标价格补贴试点研究》，《农业经济问题》，2015年第7期，第46~51，111页。
⑪ 翟雪玲、李冉：《价格补贴试点与政策匹配：例证棉花产业》，《改革》，2015年第10期，第89~100页。
⑫ 李国祥：《玉米价格与生产者收益关系的研究——基于我国玉米收储制度改革背景下的思考》，《价格理论与实践》，2016年第4期，第53~58页。
⑬ 陶群山：《欧盟农业保护政策的演变及启示》，《经济纵横》，2010年第5期，第110~113页。
⑭ 刘中显：《国际农产品价格调控的新动向及其启示》，《价格理论与实践》，2013年第4期，第49~50页。

廖杉杉，2013[①]；王志刚、李腾飞和孙云曼，2013[②]；薛绯，2013[③]；彭超，2013[④]；刘慧和赵一夫，2014[⑤]；孙凯，2014[⑥]；谭砚文和曾华盛，2015[⑦]；孙凯，2014[⑧]；王文涛和张秋龙，2015[⑨]；毛学峰和曾寅初，2014[⑩]；牟爱州，2016[⑪]；齐皓天、徐雪高和王兴华，2016[⑫]；田聪颖和肖海峰，2016[⑬]）。学者们还评估了我国临时收储、进出口政策（涂圣伟和蓝海涛，2013[⑭]；吕建兴和曾寅初，2015[⑮]）及目标价格补贴政策（王文涛、张秋龙和聂挺，2015[⑯]；张杰和杜珉，2016[⑰]）的效应。

[①] 廖杉杉：《国外农产品价格调控的经验及其对我国的启示》，《广东农业科学》，2013年第12期，第219~222页。

[②] 王志刚、李腾飞、孙云曼：《日本蔬菜价格稳定制度探析》，《现代日本经济》，2013年第5期，第20~26页。

[③] 薛绯：《美国农产品价格管理机制研究》，《世界农业》，2013年第4期，第55~57、159页。

[④] 彭超：《美国农业目标价格补贴：操作方式及其对中国的借鉴》，《世界农业》，2013年第11期，第68~73页。

[⑤] 刘慧、赵一夫：《农产品价格调控的国际借鉴及启示》，《经济纵横》，2014年第7期，第105~108页。

[⑥] 孙凯：《跷跷板难题与钉状震荡：美国农产品价格调控机制及借鉴》，《农村经济》，2014年第2期，第121~124页。

[⑦] 谭砚文、曾华盛：《美国农业目标价格补贴政策的演变及对中国的启示》，《农村经济》，2015年第9期，第125~129页。

[⑧] 孙凯：《印度农产品价格调控机制评介》，《农业经济》，2014年第4期，第113~114页。

[⑨] 王文涛、张秋龙：《美国农产品目标价格补贴政策及其对我国的借鉴》，《价格理论与实践》，2015年第1期，第70~72页。

[⑩] 毛学峰、曾寅初：《中国农产品价格政策干预的边界确定——基于产品属性与价格变动特征的分析》，《江汉论坛》，2014年第11期，第52~57页。

[⑪] 牟爱州：《美国、日本农产品价格调控机制分析及经验借鉴》，《世界农业》，2016年第5期，第110~114、158页。

[⑫] 齐皓天、徐雪高、王兴华：《美国农产品目标价格补贴政策演化路径分析》，《中国农村经济》，2016年第10期，第82~93页。

[⑬] 田聪颖、肖海峰：《农产品目标价格补贴政策的国际比较与启示》，《经济纵横》，2016年第1期，第123~128页。

[⑭] 涂圣伟、蓝海涛：《我国重要农产品价格波动、价格调控及其政策效果》，《改革》，2013年第12期，第41~51页。

[⑮] 吕建兴、曾寅初：《我国大宗农产品进口价差变动与调控空间》，《农业现代化研究》，2015年第4期，第528~533页。

[⑯] 王文涛、张秋龙、聂挺：《大豆目标价格补贴试点政策评价及完善措施》，《价格理论与实践》，2015年第7期，第28~30页。

[⑰] 张杰、杜珉：《新疆棉花目标价格补贴实施效果调查研究》，《农业经济问题》，2016年第2期，第9~16、110页。

二、农产品"保险+期货"的相关文献

国外农产品价格保险的相关研究起步较早,首先是美国牲畜风险保护保险(LRP)。LRP 保险类似于看跌期权,为生猪、羔羊、育肥母牛、肉牛养殖户提供最低价格保障,目标价格与到期实际价格均依据美国芝加哥期货交易所(CME)的期货价格指数确定,由联邦农作物保险公司提供保费补贴和再保险协议(Larson、Mark 和 Jose,2003[①];Peña、Thompson 和 Bevers,2008[②];Griffith,2014[③])。与期货、期权合约相比,LRP 保险既有优势,也有不足。Mark、Prosch 和 Smith(2005)认为 LRP 保险具有无须支付经纪人佣金和追加保证金的优点,且期货价格预期影响生产商对三种工具的选择。预期期货价格上升时,期权及 LRP 保险比较合适;预期期货价格下降时,期货合约较好。通过比较期货、期权合约及 LRP 保险的预期净收益和收益稳定性,得出此三者均可降低收益的不稳定性,LRP 保险是期权产品的较好替代品[④]。Milhollin、Massey 和 Bock(2014)认为 LRP 保险具有购买手续简单、没有最小承保数量限制的优势,但保单缺乏流动性,且有时不可得[⑤]。与农产品期货及期权合约一样,LRP 保险也存在基差风险。期货、期权合约的基差为当地市场价格与期货价格之差,LRP 保险的基差为生产者销售价格与期货价格指数之差。Smith、Mark 和 Prosch(2006)实证研究发现美国内布拉斯加州肉牛 LRP 保险的基差比期货、期权合约基差减少了 1/3 到 1/2;育肥母牛 LRP 保险的基差比期货、期权合约基差稍微减少一点。市场因素包括屠杀水平、玉米价格、肉牛出口,是肉牛 LRP 保险、期货及期权合约基差的影响因

---

① Matthew M Larson, Darrell R Mark, H Douglas Jose: Livestock Risk Protection insurance for cattle: a new price-risk management tool, https://digitalcommons.unl.edu/cgi/viewcontent.cgi?article=1082&context=extensionhist.

② Jose G Peña, William J Thompson, Stan Bevers, et al: Livestock Risk Protection-Lamb: new insurance program to help ranchers manage lamb price risk, http://oaktrust.library.tamu.edu/bitstream/handle/1969.1/87541/pdf_2588.pdf?sequence=1&isAllowed=y.

③ Andrew P Griffith: Livestock Risk Protection insurance (LRP): how it works for feeder cattle, https://utbeef.tennessee.edu/wp-content/uploads/sites/127/2020/11/W312-LRP.pdf.

④ Darrell R Mark, Allen L Prosch, Rik R Smith: EC05-839 Livestock Risk Protection insurance: a self-study guide, https://digitalcommons.unl.edu/cgi/viewcontent.cgi?article=5790&context=extensionhist.

⑤ Ryan Milhollin, Ray Massey, Bryce Bock: Livestock Risk Protection (LRP) insurance in Missouri, https://mospace.umsystem.edu/xmlui/bitstream/handle/10355/69146/g00459-2018NovReviewed.pdf?sequence=1&isAllowed=y.

素，不同地区各影响因素的作用大小不同[1]。价格、保险费和折扣是 LRP 保险购买决策的重要影响因素（Fields 和 Gillespie，2008[2]）。

美国牲畜毛利润保险（LGM）和利润保障项目（MPP）为牲畜养殖户及企业的毛利润提供保障，养殖牲畜及饲料数量由合同双方事先确定，其本质是保障养殖户的产出和投入品价格，故将其纳入价格保险范畴。LGM 保险中牲畜产出及饲料价格均依据期货市场确定，只要到期时养殖户的毛利润低于约定利润，即可获得赔付（Waterbury、Small 和 Mark，2007[3]）。与 LGM 保险基本内容类似，MPP 项目由 2014 年农业法案推出，其产出和投入品数量依据地区指标设定，但这两类保险的保障水平、售卖时间、赔款支付、费率及政府补贴均存有所不同（Newton 和 Thraen，2014[4]）。与期货、期权合约相比，LGM 保险具有承保灵活、没有数量限制、基差风险小及成本较低等优势。价格风险具有系统性特征，逆向选择和道德风险防范对价格保险的推行至关重要。Bozic、Newton 和 Thraen（2012）发现奶牛 LGM 保险承保的毛利润呈现均值回复特征，而非可预测的周期性特征，故以保险方式管理毛利润是合理的[5]。Newton、Thraen 和 Bozic（2013）运用仿真和结构建模法预测奶牛的毛利润，研究信息不对称怎样促进产业联合、产量增加和奶牛 LGM 保险赔付的不确定，发现产品设计及准确定价可有效规避道德风险和逆向选择问题[6]。LGM 保险合同费率厘定的基础假设严重影响费率结果的准确性。奶牛 LGM 保险厘定费率时假设边际价格分布的隐含波动率是平坦的，但大量证据表明农产品期货期权的隐含波动率是向上弯曲的。Bozic、Newton 和 Thraen 等（2012）研究发现奶牛 LGM 保险基于 Copula 模型的非参数费率厘定结果比线

---

[1] Rik R Smith, Darrell R Mark, Allen L Prosch: Livestock Risk Protection insurance vs. futures hedging: basis risk implications, https://digitalcommons.unl.edu/cgi/viewcontent.cgi?article=1131&context=animalscinbcr.

[2] Deacue Fields, Jeffrey Gillespie: Beef producer preferences and purchase decisions for livestock price insurance, Journal of agricultural and applied economics, 2008 (3): 789-803.

[3] Waterbury Josie A, Small Rebecca M, Mark Darrell R: Livestock Gross Margin insurance for swine, https://ageconsearch.umn.edu/record/306513/files/7-18-07.pdf.

[4] John Newton, Cameron Thraen: Livestock Gross Margin insurance for dairy: the other dairy safety net solution, Farmdoc daily, 2014 (4): 110.

[5] Marin Bozic, John Newton, Cameron S Thraen, et al: Mean-reversion in income over feed cost margins: evidence and implications for managing margin risk by US dairy producers, Journal of dairy science, 2012 (12): 7417-7428.

[6] John Newton, Cameron Thraen, Marin Bozic: Actuarially Fair or Fall? Asymmetric Information Problems in Dairy Margin Insurance, https://legacy.farmdoc.illinois.edu/nccc134/conf_2013/pdf/Newton_Thaven_Bozic_NCCC-134_2013.pdf.

性相关的费率低了很多①。Bozic、Newton 和 Thraen 等（2014）发现基于 Copula 函数的牛奶和饲料价格尾部相关费率的套期保值效果最佳，提高了奶牛 LGM 保险的风险对冲效率。养殖户的 LGM 及 MPP 保险购买决策，与保险认知程度、风险态度、价格预期、养殖规模、教育水平等相关②。Valvekar、Chavas 和 Gould 等（2011）运用期望效用理论、非线性最佳模型研究奶牛 LGM 保险的生产者风险偏好、合同设计与保费补贴之间关系③。Valvekar、Cabrera 和 Gould（2010）研究了 LGM 保险每一关键要素的最佳组合策略对农场净收入波动的影响④。LGM 保险已实施多年，对养殖户的毛利润风险管理效果逐步显现（Burdine、Kusunose 和 Maynard，2014⑤）。尽管 MPP 保险运行只有几年，但对地区平均利润风险的降低有显著效应（Driver、Neibergs 和 Nelson，2014⑥）。Wolf、Novakovic 和 Stephenson（2013）研究发现 MPP 赔款与农场盈利能力高度相关，与奶牛－饲料价格比例无关⑦。Mark、Burdine 和 Halich（2014）研究了 MPP 保险赔款支付的频率、大小和敏感性⑧。

国内农产品价格指数保险自 2010 年推出便受到社会各界高度关注。农产品价格风险的系统性特征本不符合商业保险的可保性条件，但可通过政府保费

---

① Marin Bozic, John Newton, Cameron S Thraen, et al: Exploring underlying distributional assumptions of Livestock Gross Margin insurance for dairy, https://legacy.farmdoc.illinois.edu/nccc134/conf_2012/pdf/confp17-12.pdf.

② Marin Bozic, John Newton, Cameron S Thraen, et al: Tails curtailed: accounting for nonlinear dependence in pricing margin insurance for dairy farmers, American journal of agricultural economics, 2014 (4): 1117−1135.

③ Mayuri Valvekar, Jean P Chavas, Brian W Gould, et al: Revenue risk management, risk aversion and the use of Livestock Gross Margin for dairy cattle insurance, Agricultural systems, 2011 (9): 671−678.

④ M Valvekar, V E Cabrera, B W Gould: Identifying cost-minimizing strategies for guaranteeing target dairy income over feed cost via use of the Livestock Gross Margin dairy insurance program, Journal of dairy science, 2010 (7): 3350−3357.

⑤ Kenneth H Burdine, Yoko Kusunose, Leigh J Maynard, et al: Livestock Gross Margin−Dairy: an assessment of its effectiveness as a risk management tool and its potential to induce supply expansion, Journal of agricultural and applied economics, 2014 (2): 245−256.

⑥ Jon Paul Driver, Shannon Neibergs, John Nelson: Overview of the Agricultural Act of 2014: Dairy Margin Protection Program and its implications for Washington dairy farmers, https://research.libraries.wsu.edu:8443/xmlui/bitstream/handle/2376/5151/EM052E.pdf?sequence=2&isAllowed=y.

⑦ Christopher A Wolf, Andrew M Novakovic, Mark W Stephenson, et al: Indicators of dairy farm financial condition as policy triggers, Journal of agribusiness, 2014 (2): 127−144.

⑧ Tyler B Mark, Kenneth H Burdine, Greg Halich: How sensitive are the frequencies and magnitudes of MPP−Dairy indemnities, Journal of agribusiness, 2014 (2): 145−164.

补贴、科学厘定费率及建立价格巨灾分散制度等六种途径分散系统性风险，使价格指数保险具有可行性（王克、张峭和肖宇谷等，2014[①]；张峭、汪必旺和王克，2015[②]）。马骏川（2015）从农业风险管理的视角入手，指出传统农业保险不能满足价格风险保障需求，价格指数保险具有必要性及可行性[③]。黄尧和高志强（2015）从理论和国内外实践两个方面分析价格指数保险的可行性[④]。温燕（2013）构建了农产品价格、保险公司保险及农户生产行为的理论模型，分析价格指数保险中农户的道德风险，认为公平费率下，农产品价格越高，农户的道德风险较小，故价格指数保险具有可行性[⑤]。王克、张峭和张旭光等（2016）认为可通过"设定随时间变化的目标价格"及"合理选择承保期间"的方式克服价格指数保险的逆向选择问题[⑥]。郭静（2016）基于CVM法的调研数据建立COX比例风险模型，发现农户收入及大蒜收入占比是大蒜价格指数保险购买决策的重要影响因素，且90%以上的农户具有支付意愿，农户的高需求进一步验证了价格指数保险的可行性[⑦]。农产品价格指数保险具有信息透明、交易及理赔方便、道德风险较低等优势（彭建林和徐学荣，2014[⑧]），与农产品托市收购的价格支持政策一脉相承，但更能发挥市场资源配置作用，可作为价格支持政策的重要补充（叶明华，2015[⑨]；李耀跃，2016[⑩]）。基于此，农产品价格指数保险试点迅速在全国铺开，如上海市蔬菜

[①] 王克、张峭、肖宇谷等：《农产品价格指数保险的可行性》，《保险研究》，2014年第1期，第40~45页。

[②] 张峭、汪必旺、王克：《我国生猪价格保险可行性分析与方案设计要点》，《保险研究》，2015年第1期，第54~61页。

[③] 马骏川：《我国推广特色农产品价格指数保险可行性研究》，山东大学，2015年，第8~10页。

[④] 黄尧、高志强：《湖南省农产品目标价格保险的可行性分析与建议》，《湖南农业科学》，2015年第6期，第120~124页。

[⑤] 温燕：《农产品价格对农业保险投保及道德风险的影响：一个理论框架及政策建议》，《保险研究》，2013年第9期，第18~30页。

[⑥] 王克、张峭、张旭光等：《猪周期、逆选择和我国生猪价格指数保险的发展》，《中国食物与营养》，2016年第11期，第42~45页。

[⑦] 郭静：《基于COX模型的农户大蒜价格保险支付意愿研究——以金乡县为例》，东北财经大学，2016年，第27~36页。

[⑧] 彭建林、徐学荣：《我国农业指数保险的探索研究——兼论对美国的经验借鉴》，《价格理论与实践》，2014年第7期，第92~94页。

[⑨] 叶明华：《农产品目标价格保险的政策定位与发展策略》，《中州学刊》，2015年第12期，第45~49页。

[⑩] 李耀跃：《我国农产品价格保险的地方实践与制度完善》，《价格理论与实践》，2016年第8期，第137~140页。

农产品"保险+期货"的方案设计与定价
——基于农产品价格调控机制

价格指数保险（孙占刚，2012[①]；李聃和查贵勇，2013[②]；龙文军，2014[③]；廖楚晖和温燕，2012[④]；吉瑞，2013[⑤]；唐甜、单树峰和胡德雄，2015[⑥]）、广东蔬菜价格指数保险（张雯丽和龙文军，2014[⑦]）、山东蔬菜价格指数保险（马静，2016)[⑧] 及水稻价格指数保险（李福忠、张彪和王玉梅，2015[⑨]；晁娜娜、原瑞玲和张莹等，2016[⑩]）等。但农产品价格指数保险推行中目标价格厘定不科学、缺乏系统性价格风险分散途径、同一产品试点区域有限等问题也逐渐凸显（谢杰和李鹏，2015[⑪]；庹国柱和朱俊生，2016[⑫]；田辉，2016[⑬]；郭静和葛梦瑶，2015[⑭]），可用期货、债券、财政补贴及再保险等工具分散价格保险的系统性风险（卓志和王禹，2016[⑮]）。美国及加拿大牲畜期货价格保险实施方案中基于期货市场设定目标价格、完善的再保险体系及费率厘定科学的经验给我国农产品价格保险试点以启示（王克、张旭光和张峭，2014[⑯]；彭建林、徐

[①] 孙占刚：《2011年上海蔬菜价格保险的调查及思考》，《中国蔬菜》，2012年第1期，第5~7页。

[②] 李聃、查贵勇：《上海市淡季绿叶菜成本价格保险效应分析》，《现代农业科技》，2013年第10期，第346~348页。

[③] 龙文军：《上海的绿叶菜成本价格保险》，《中国保险》，2014年第7期，第42~44页。

[④] 廖楚晖、温燕：《农产品价格保险对农产品市场的影响及财政政策研究——以上海市蔬菜价格保险为例》，《财政研究》，2012年第11期，第16~19页。

[⑤] 吉瑞：《农产品价格保险对农产品价格风险调控的影响及启示——以上海市蔬菜价格保险为例》，《中国财政》，2013年第12期，第48~50页。

[⑥] 唐甜、单树峰、胡德雄：《价格保险在农产品风险管理中的应用研究——以上海蔬菜价格保险为例》，《上海保险》，2015年第6期，第18~22页。

[⑦] 张雯丽、龙文军：《蔬菜价格保险和生产保险的探索与思考》，《农业经济问题》，2014年第1期，第66~71、111页。

[⑧] 马静：《蔬菜价格风险及其指数保险探究——以山东省为例》，西南财经大学，2016年，第22~27页。

[⑨] 李福忠、张彪、王玉梅：《水稻目标价格保险试点效果分析》，《上海保险》，2015年第7期，第51~53页。

[⑩] 晁娜娜、原瑞玲、张莹等：《促进粮食目标价格保险发展的思考——基于庆阳农场、二九零农场的调研》，《农业展望》，2016年第5期，第20~24页。

[⑪] 谢杰、李鹏：《我国生猪目标价格保险试点经验回溯与政策思考》，《中国畜牧杂志》，2015年第12期，第21~24页。

[⑫] 庹国、朱俊生：《关于农产品价格保险几个问题的初步探讨》，《保险职业学院学报》，2016年第4期，第26~31页。

[⑬] 田辉：《我国发展农产品价格保险的难点及原则》，《经济纵横》，2016年第6期，第62~69页。

[⑭] 郭静、葛梦瑶：《中国蔬菜价格保险试点工作分析》，《农业展望》，2015年第10期，第25~28页。

[⑮] 卓志、王禹：《生猪价格保险及其风险分散机制》，《保险研究》，2016年第5期，第109~119页。

[⑯] 王克、张旭光、张峭：《生猪价格指数保险的国际经验及其启示》，《中国猪业》，2014年第10期，第17~21页。

学荣，2014①；马改艳和周磊，2016②；俎文红，2016③）。部分学者评估了价格指数保险的实施效果，发现其具有扩大种、养殖规模，转移市场价格风险及科学指导种、养殖规划的作用（鞠光伟、王慧敏和陈艳丽等，2016④），但也造成化肥、农药投入过度，种、养殖结构单一化的问题（伏虎，2016⑤）。目前国内学者采用蛋料比（张峭、汪必旺和宋淑婷，2013⑥；宋淑婷，2013⑦）或期货价格数据（康萌和李金璐，2017）⑧ 作为价格保险的指数，并运用非参数信息扩散模型厘定价格指数保险的费率。

基于我国分散化的小农经营及农户文化水平普遍不高的现实，马龙龙（2010）首次提出保险公司将成为农户进入农产品期货市场的有效"中介"组织，需建立"农户＋保险公司＋期货市场"的运作模式⑨。自2015年8月"大连"模式推出之后，农产品"保险＋期货"发展如火如荼。农产品"保险＋期货"克服了价格指数保险目标价格厘定不科学和缺乏系统性价格风险分散途径的两大缺陷，可实现大规模承保（张峭，2015⑩；张峭，2016⑪；任柏桐，2017⑫）。其作为农产品价格风险管理的重要市场化工具，可深化农产品目标

---

① 彭建林、徐学荣：《我国农业指数保险的探索研究——兼论对美国的经验借鉴》，《价格理论与实践》，2014年第7期，第92～94页。

② 马改艳、周磊：《美国生猪价格保险的经验及对中国的启示》，《世界农业》，2016年第12期，第32～37页。

③ 俎文红：《发达国家稳定猪肉价格的主要经验及其启示》，《价格理论与实践》，2016年第9期，第101～103页。

④ 鞠光伟、王慧敏、陈艳丽等：《我国生猪目标价格保险实践的效果评价及可行性研究——以北京、四川、山东为例》，《农业技术经济》，2016年第5期，第102～109页。

⑤ 伏虎：《农产品目标价格保险对农户技术决策行为的影响——基于倾向评分匹配的研究》，《财会月刊》，2016年第20期，第113～116页。

⑥ 张峭、汪必旺、宋淑婷：《北京市鸡蛋价格保险产品设计研究》，《农业展望》，2013年第11期，第46～50、57页。

⑦ 宋淑婷：《北京市鸡蛋价格风险及价格保险研究》，中国农业科学院，2013年，第32～37页。

⑧ 康萌、李金璐：《基于期货价格的鸡蛋保险费率厘定研究》，《河北企业》，2017年第2期，第25～26页。

⑨ 马龙龙：《中国农民利用期货市场影响因素研究：理论、实证与政策》，《管理世界》，2010年第5期，第1～16页。

⑩ 张峭：《双管齐下分散农产品价格风险》，《金融时报》，2015年12月16日第9版。

⑪ 张峭：《基于期货市场的农产品价格保险产品设计与风险分散》，《农业展望》，2016年第4期，第64～66、80页。

⑫ 任柏桐：《从"保险＋期货"看我国保险业服务三农新模式》，《上海保险》，2017年第2期，第34～37页。

农产品"保险+期货"的方案设计与定价
——基于农产品价格调控机制

价格制度改革,推进现代农业综合服务升级(王玉刚,2016①),具有减轻国家财政压力、为农户或企业保价(李华,2015②)及保障国家粮食安全的作用(孙蓉和李亚茹,2016③)。基于此,余方平和王玉刚(2016)提出农产品"保险+期货"在价格机制改革中的两种政策定位模式:一是商业性农产品"保险+期货"作为目标价格补贴制度的重要补充,二是政策性和商业性农产品"保险+期货"相辅相成④。美国及加拿大农产品"保险+期货"产品体系完善、试点经验丰富,值得国内借鉴(杨洋,2017⑤)。与美国农产品"保险+期货"相比,我国农产品"保险+期货"在运行模式、目标价格厘定、四方参与主体(政府、保险公司、期货公司和农户)关系及风险对冲方式等方面具有自身特征(安毅和方蕊,2016⑥)。国内农产品"保险+期货"的试点产品逐渐增多、地域范围不断扩大,但都采用"价格指数保险+场外期权+场内期货"的单一试点模式(李华和张琳,2016⑦;王玉刚和余方平,2016⑧;吴婉茹和陈盛伟,2017⑨),且面临国内期货上市品种有限、缺乏场内期权工具、场外期权成本较高等多重问题(刘小微,2016⑩;张竞怡,2016⑪)。曾嵘(2016)以小麦期货价格保险为例,拟定农产品"保险+期货"的定价公式⑫。宁威(2016)指

---

① 王玉刚:《黑龙江省开展农产品期货价格保险政策研究》,《农场经济管理》,2016年第8期,第25~26页。
② 李华:《"保险+期货"与中国农产品价格市场化改革》,《中国保险报》,2016年2月2日第8版。
③ 孙蓉、李亚茹:《农产品期货价格保险及其在国家粮食安全中的保障功效》,《农村经济》,2016年第6期,第89~94页。
④ 余方平、王玉刚:《浅谈农产品期货价格保险(上)》,《中国保险报》,2016年3月15日第6版。
⑤ 杨洋:《基于期货市场的农产品价格保险机制研究》,《吉林金融研究》,2017年第1期,第16~19页。
⑥ 安毅、方蕊:《我国农业价格保险与农产品期货的结合模式和政策建议》,《经济纵横》,2016年第7期,第64~69页。
⑦ 李华、张琳:《"保险+期货":一种服务国家农业现代化的新模式》,《中国保险》,2016年第7期,第33~36页。
⑧ 王玉刚、余方平:《推广农业"保险+期货"试点 落实农村金融改革政策》,《吉林农业》,2016年第10期,第52页。
⑨ 吴婉茹、陈盛伟:《"农产品价格保险+期货"运作机制分析——基于对新湖瑞丰等案例的研究》,《金融教育研究》,2017年第1期,第63~69页。
⑩ 刘小微:《"保险+期货"扩大试点须先解决好外部问题》,《金融时报》,2016年4月13号第10版。
⑪ 张竞怡:《"期货+保险"服务"三农"新模式》,《国际金融报》,2016年2月1日第10版。
⑫ 曾嵘:《农产品期货价格保险研究——以南阳小麦市场为例》,西南财经大学,2016年,第22~28页。

出农产品"保险+期货"模式的本质是亚式期权，可采用期权模型定价①。

三、农业保险定价的相关文献②

（一）农作物产量保险的费率厘定

国外农作物产量保险费率厘定的研究主要基于农作物单产的概率密度函数，包括参数法、半参数法和非参数法三种。参数法依据先验信息选择农作物产量分布，常用的分布函数包括正态分布（Botts 和 Boles，1958③）、Gamma 分布（Gallagher，1987④）和 Beta 分布（Nelson 和 Preckel，1989⑤）等。还有一些标准分布的转换，如正态变量的双曲线正切（Taylor，1990⑥）、反双曲线正弦变换（Moss 和 Shonkwiler，1993⑦；Wang、Hanson 和 Myers，1998⑧）。Remirez、McDonald 和 Carpio（2010）提出了一个反映全部 MVSK 空间的综合农作物产量分布模型⑨。在技术和产量风险不断变化的条件下，Zhu、Goodwin 和 Ghosh（2011）估计了时间效应和产量分布的参数⑩。参数法通常适用于小样本费率厘定，参数分布选择不当会导致费率厘定偏差。非参

---

① 宁威：《农业保险定价方式创新研究——农产品价格保险期权定价方法探析》，《价格理论与实践》，2016 年第 10 期，第 38~41 页。

② 农产品价格保险定价的相关研究较少，糅合在农产品"保险+期货"的相关文献之中，这里就不再重复介绍。

③ Ralph R Botts, James N Boles：Use of Normal-Curve theory in crop insurance ratemaking, Journal of farm economics, 1958 (3)：733—740.

④ Paul Gallagher：U. S. soybean yields：estimation and forecasting with nonsymmetric disturbances, American journal of agricultural economics, 1987 (4)：796—803.

⑤ Carl H Nelson, Paul V Preckel：The conditional beta distribution as a stochastic production function, American journal of agricultural economics, 1989 (2)：370—378.

⑥ C Robert Taylor：Two practical procedures for estimating multivariate nonnormal probability density functions, American journal of agricultural economics, 1990 (1)：210—217.

⑦ Charles B Moss, J S Shonkwiler：Estimating yield distributions with a stochastic trend and nonnormal errors, American journal of agricultural economics, 1993 (4)：1056—1062.

⑧ H Holly Wang, Steven D Hanson, Robert J Myers, et al：The effects of crop yield insurance designs on farmer participation and welfare, American journal of agricultural economics, 1998 (4)：806—820.

⑨ Octavio A Ramirez, Tanya U McDonald, Carlos E Carpio：A flexible parametric family for the modeling and simulation of yield distributions, Journal of agricultural and applied economics, 2010 (2)：303—319.

⑩ Ying Zhu, Barry K Goodwin, Sujit K Ghosh：Modeling yield risk under technological change：dynamic yield distributions and the U. S. crop insurance program, Journal of agricultural and resource economics, 2011 (1)：192—210.

数法无须利用先验信息假设具体分布，能更好地估计产量的密度函数，效率高于参数法，故应用更为广泛（Goodwin 和 Ker，1998[1]；Ozaki、Goodwin 和 Shirota，2008[2]）。实证贝叶斯非参数核密度估计能够减轻农作物产量保险费率厘定中的数据缺失问题（Ker 和 Goodwin，2000[3]）。结合参数法与非参数法优势的半参数法（Ker 和 Coble，2003[4]；Norwood、Roberts 和 Lusk，2004[5]）及空间分布模型（Ozaki，2009[6]）也逐渐得到应用。此外损失成本率法也被用于厘定农作物产量保险的费率（Woodard、Sherrick 和 Schnitkey，2011[7]；Borman、Goodwin 和 Coble，2013[8]）。

国内农业保险费率厘定有经验费率法、实际历史损失法（APH）及产量分布模型三种方法。丁少群（1997）首次从技术和理论两方面探讨农作物产量保险费率厘定的经验费率和正态分布法[9]。国内产量分布模型费率厘定包括两大类：一是参数法。常用 ADF 检验从正态、对数正态、Logistic、Weibull 及 Beta 等多种分布中选择合适的分布厘定费率（王克和张峭，2010[10]；刘锐金、

---

[1] Barry K Goodwin, Alan P Ker：Nonparametric estimation of crop yield distributions: implications for rating group-risk crop insurance contracts, American journal of agricultural economics, 1998（1）：139-153.

[2] Vitor A Ozaki, Barry K Goodwin, Ricardo Shirota：Parametric and nonparametric statistical modelling of crop yield: implications for pricing crop insurance contracts, Applied economics, 2008（9）：1151-1164.

[3] Alan P Ker, Barry K Goodwin：Nonparametric estimation of crop insurance rates revisited, American journal of agricultural economics, 2000（2）：463-478.

[4] Alan P Ker, Keith Coble：Modeling conditional yield densities, American journal of agricultural economics, 2003（2）：291-304.

[5] Bailey Norwood, Matthew C Roberts, Jayson L Lusk：Ranking crop yield models using out-of-sample likelihood functions, American journal of agricultural economics, 2004（4）：1032-1043.

[6] Vitor Augusto Ozaki：Pricing farm-level agricultural insurance: a Bayesian approach, Empirical economics, 2009（2）：231-242.

[7] Joshua D Woodard, Bruce J Sherrick, Gary D Schnitkey：Actuarial impacts of loss cost ratio ratemaking in U.S. crop insurance programs, Journal of agricultural and resource economics, 2011（1）：211-228.

[8] Julia I Borman, Barry K Goodwin, Keith H Coble, et al：Accounting for short samples and heterogeneous experience in rating crop insurance, Agricultural finance review, 2013（1）：88-101.

[9] 丁少群：《农作物保险费率厘订问题的探讨》，《西北农业大学学报》，1997 年第 S1 期，第 104～108 页。

[10] 王克、张峭：《农作物单产风险分布对保险费率厘定的影响——以新疆 3 县（市）棉花单产保险为例》，《中国农业大学学报》，2010 年第 2 期，第 114～120 页。

凌远云和王成丽，2010[①]；杨晓煜、鞠荣华和杨汭华等，2012[②]）。二是非参数法。具体包括非参数核密度方法（谷政、江惠坤和褚保金，2008[③]；梁来存，2009[④]；李永、孙越芹和夏敏，2011[⑤]）、信息扩散模型（杨汭华、王丽红和鲜祖德，2009[⑥]）、最小叉熵优化模型（丰雪和吕杰，2013[⑦]）、最大熵优化模型（丰雪和吕杰，2013[⑧]；丰雪、吕杰和刘宪敏，2014[⑨]）及基于分层贝叶斯模型的 MCMC 估计法（李文芳、刘锐金和方伶俐，2009[⑩]）。大样本条件下，非参数法比参数法费率厘定有效（郭兴旭、陶建平和曾小艳，2010[⑪]；聂建亮、叶涛和王俊等，2012[⑫]；于洋，2013[⑬]），参数法费率厘定在小样本条件下更准确（吴银毫，2014[⑭]）。刘锐金、凌远运、李文芳（2012）构建 23 个时空模型，厘定湖北省县级水稻产量保险费率[⑮]。肖宇谷、王克和王晔（2014）以黑龙江

---

① 刘锐金、凌远云、王成丽：《不同产量分布下湖北省县级水稻产量保险的纯费率厘定》，《统计与决策》，2010 年第 13 期，第 75~78 页。

② 杨晓煜、鞠荣华、杨汭华等：《河南省小麦保险费率厘定研究》，《中国农业大学学报》，2012 年第 3 期，第 171~177 页。

③ 谷政、江惠坤、褚保金：《农业保险费率厘定的小波——非参数统计方法及其实证分析》，《系统工程》，2009 年第 8 期，第 39~43 页。

④ 梁来存：《核密度法厘定我国粮食保险纯费率的实证研究》，《南京农业大学学报（社会科学版）》，2009 年第 4 期，第 28~34 页。

⑤ 李永、孙越芹、夏敏：《小麦保险费率厘定：基于小波分析与非参数估计法》，《预测》，2011 年第 4 期，第 55~59 页。

⑥ 杨汭华、王丽红、鲜祖德：《农作物产量损失风险水平实证及影响因素分析——基于第二次全国农业普查数据的探讨》，《保险研究》，2009 年第 10 期，第 102~108 页。

⑦ 丰雪、吕杰：《作物保险非参数纯费率的调整及实证研究》，《系统工程》，2013 年第 4 期，第 84~89 页。

⑧ 丰雪、吕杰：《基于信息熵方法的作物产量保险定价研究——以辽宁省新民市为例》，《农业技术经济》，2013 年第 4 期，第 77~82 页。

⑨ 丰雪、吕杰、刘宪敏：《农作物单产的最大熵分布及在费率厘定上的应用》，《运筹与管理》，2014 年第 3 期，第 197~201 页。

⑩ 李文芳、刘锐金、方伶俐：《基于分层贝叶斯模型的农作物区域产量保险费率厘定研究》，《生态经济》，2009 年第 7 期，第 40~42 页。

⑪ 郭兴旭、陶建平、曾小艳：《湖北省油菜保险纯费率比较研究——基于不同单产分布下的实证研究》，《保险研究》，2010 年第 1 期，第 65~72 页。

⑫ 聂建亮、叶涛、王俊等：《基于双尺度产量统计模型的农作物多灾种产量险费率厘定研究》，《保险研究》，2012 年第 10 期，第 47~55 页。

⑬ 于洋：《我国政策性农业保险差别化费率厘定的可行性分析——基于辽宁省盘锦市水稻保险的实证》，《江苏农业科学》，2013 年第 12 期，第 413~416 页。

⑭ 吴银毫：《农作物保险费率精算模型的比较及选择——来自阿克苏市棉花保险的证据》，新疆财经大学，2013 年，第 32~37 页。

⑮ 刘锐金、凌远运、李文芳：《运用时空模型厘定湖北省县级水稻产量保险的纯费率》，《数理统计与管理》，2012 年第 3 期，第 546~555 页。

14 个县市的玉米产量保险为例，运用 Bootstrap 抽样法给出费率的估计区间[①]。赵建军、蒋远胜（2016）分离出四川水稻旱灾风险的单产时间序列，运用 APH 法计算水稻旱灾纯费率[②]。

（二）收入保险的费率厘定

自 2015 年起，美国收入保险保费收入占比已超过农业保险的 80%，费率厘定研究不断完善，均先采用 Copula 模型联合价格和产量分布，再运用 Monte Carlo 模拟厘定收入保险费率，发现同时承保产量和价格风险的收入保险保费低于分别承保产量和价格的保险保费之和（Ahmed 和 Serra，2015[③]）。Copula 函数包括 Clayton-Copula、Gumbel-Copula、Gaussian-Copula、t-Copula、vine-Copula、混合 Copula 等多种类型。Copula 函数选择对保费有显著影响，混合 Copula 模型比单个 Copula 函数厘定费率更精确（Woodard、Paulson 和 Vedenov，2011[④]；Goodwin 和 Hungerford，2015[⑤]）。

收入保险同时为产量和价格提供保障，既提高保障水平，又降低价格系统性风险，国内运用 Copula 函数的定价研究不断涌现。收入保险定价的相关文献按农作物品种分为两大类：一是稻谷、小麦、玉米和大豆四种主要粮食作物（谢凤杰、王尔大和朱阳，2011[⑥]；张峭、王克和李越等，2015[⑦]；温施童，

---

① 肖宇谷、王克、王晔：《Bootstrap 方法在农业产量保险费率厘定中的应用》，《保险补充》，2014 年第 9 期，第 21~28 页。

② 赵建军、蒋远胜：《基于 APH 法的水稻区域产量旱灾保险费率厘定研究——以四川省为例》，《保险研究》，2012 年第 6 期，第 64~69 页。

③ Osama Ahmed, Teresa Serra: Economic analysis of the introduction of agricultural revenue insurance contracts in Spain using statistical copulas, Agricultural economics, 2015（1）：69-79.

④ Joshua D Woodard, Nicholas D Paulson, Dmitry Vedenov, et al: Impact of copula choice on the modeling of crop yield basis risk, Agricultural economics, 2011（s1）：101-112.

⑤ Barry K Goodwin, Ashley Hungerford: Copula-Based models of systemic risk in U. S. agriculture: implications for crop insurance and reinsurance contracts, American journal of agricultural economics, 2015（3）：879-896.

⑥ 谢凤杰、王尔大、朱阳：《基于 Copula 方法的作物收入保险定价研究——以安徽省阜阳市为例》，《农业技术经济》，2011 年第 4 期，第 41~49 页。

⑦ 张峭、王克、李越等：《中国主粮作物收入保险试点的必要性及可行方案——以河北省小麦为例》，《农业展望》，2015 年第 7 期，第 18~24 页。

2016①；袁祥州，2016②；谢凤杰、吴东立和赵思喆，2017③），二是经济作物棉花（吴银毫，2016④）。其中，谢凤杰、吴东立和赵思喆（2017）⑤分别测算大连市和其辖区内4个县的大豆收入保险费率，发现县域之间及县与市之间的费率存在明显差异，基于期货价格的收入保险无法有效保障农户收入。

四、国内外研究简评

（一）农产品价格风险管理与价格调控政策的研究述评

国内外关于农产品价格风险的研究主要包括以下两个方面：①农产品价格风险的成因，分为内因、外因：内因主要是生产资料价格的变化、供给需求及价格弹性等，外因是气候条件变化、政策环境及国际农产品价格波动等。②农产品价格风险度量。国内农产品价格风险度量多运用基于参数及非参数法的VAR模型及向量误差修正模型，国外常用条件方差、向量误差修正模型和极值理论等方法测度农产品价格风险。国内外农产品价格风险管理工具均分为市场化及政策性工具两大类：市场化风险管理工具包括远期合约、期货、期权及农业保险等；政策性工具是各国实施的各不相同的农产品价格保护政策，如最低价格保护、收储调节政策等。

（二）农产品"保险+期货"的研究述评

国外发达国家种植业大多开展收入保险，价格保险主要适用于养殖业，包括牲畜风险保护保险（LRP）、牲畜毛利润保险（LGM）及牲畜利润保障项目（MPP）。相关研究主要包括：三种价格保险操作模式及运作细节的介绍，价格保险相比于期货、期权及远期合约的优劣势，牲畜生产商购买价格保险的偏好和影响因素，评估价格保险对养殖户和农产品市场的效应，支付与价格变化之间的关系以及价格保险购买的合适时间等。由于我国农业生产分散化经营，

---

① 温施童：《中国农产品收入保险及定价研究——以黑龙江省大豆为例》，华东师范大学，2016年，第45～47页。
② 袁祥州：《中国粮农风险管理与收入保险制度研究》，华中农业大学，2016年，第38～47页。
③ 谢凤杰、吴东立、赵思喆：《基于Copula方法的大豆收入保险费率测定：理论与实证》，《农业技术经济》，2017年第2期，第111～121页。
④ 吴银毫：《我国经济作物收入保险定价研究——以阿克苏棉花为例》，《金融理论与实践》，2017年第1期，第102～106页。
⑤ 谢凤杰、吴东立、赵思喆：《基于Copula方法的大豆收入保险费率测定：理论与实证》，《农业技术经济》，2017年第2期，第111～121页。

暂不具备开展收入保险的条件,农产品价格指数保险的探索不断加大,已有研究主要包括价格指数保险的必要性、可行性、试点经验借鉴、比较优势(相对于传统农业保险)、现存问题、购买意愿影响因素、试点效果评价及作用等。虽然价格指数保险发展如火如荼,但由于目标价格厘定难及系统性风险无法分散,难以大规模发展。农产品"保险+期货"弥补了价格保险的两大缺陷,实质是利用场外期权转移价格保险系统性风险,目前国内相关研究仍处于起步阶段,包括试点模式介绍、政策定位、作用及面临困境等。

(三) 农业保险定价的研究述评

由于经验费率法需运用长期历史数据,故县域产量保险的费率厘定很难应用这种方法;由于层次分析法(APH)不仅假设农作物产量服从正态分布,且忽视趋势产量的缺点,故产量保险定价多运用产量分布模型。虽然本书根据农业保险的分类,即产量保险与收入保险,分别梳理已有研究成果,但农业保险费率厘定均采用参数法、非参数法及半参数法模拟产量分布。产量保险运用此三种方法模拟期望产量进而厘定费率,研究成果较多,且由于参数法的局限性,非参数法成为主流;农产品收入保险同时承保农作物产量与价格风险,由于产量与价格之间的负相关关系,费率小于产量保险与价格保险费率之和,目前仍常用参数法分别模拟价格与产量的分布,仅有少数学者尝试采用非参数法模拟价格和产量的分布,然后应用多种Copular函数联合产量及价格分布进而计算费率。

(四) 进一步的研究方向

综上,农产品"保险+期货"的相关研究还极其匮乏,目前概念界定尚不统一,运作模式仍处于探索之中。现行农产品"保险+期货"的试点实践存在一系列问题,如试点实践中目标价格与理赔价格均依据期货价格设定,但期货、现货市场的基差风险导致农户损失与实际赔付脱节;保险公司在"农产品+期货"中仅是"中介"角色,但又不得不承担期货公司的违约风险。故可从以下几个方面做进一步的研究:

(1) 农产品"保险+期货"的方案设计。基于现行模式存在的问题,可设计依托于农产品现货市场的价格保险,以保险公司作为承保主体,仅利用期货市场分散价格巨灾风险的保险产品。

(2) 农产品"保险+期货"的定价。无论是依托于现货还是期货市场,保险公司均是对农产品价格过度下跌风险进行赔付,农产品"保险+期货"的本质是离散算术平均欧亚期权,故可考虑用期权模型对农产品"保险+期货"进行定价。

(3)农产品"保险+期货"在价格调控机制中的政策定位。2014年起国家推出农产品价格机制改革,包括目标价格补贴、生产者补贴政策与鲜活农产品调控目录制度。农产品"保险+期货"与目标价格补贴、生产者补贴政策的实施效果相似,其在价格调控机制中的政策地位值得探讨。

以上这些进一步研究的方向,正是本书试图研究解决的问题。

第二节 相关理论基础

一、农产品价格波动的蛛网理论

(一)经济学中价格波动的蛛网定理

蛛网定理于1930年由美国学者舒尔茨、荷兰学者丁伯根和意大利学者里奇提出,是指商品价格与产量变动之间的相互影响,形成价格与产量的规律性变动,破坏了经济系统自动恢复均衡状态的理论。古典经济学理论认为若产品产量与价格的均衡被破坏,在市场竞争条件下系统会自动恢复均衡状态。但蛛网理论却认为在古典经济学完全竞争假设下,商品产量与价格之间的均衡一旦被打破,无法自动恢复均衡状态。蛛网理论的基本假设包括:一是市场处于完全竞争状态,单个生产者不会影响市场价格;二是供给量由上期市场价格决定,当期价格由当期供给量决定;三是商品是非耐用商品。根据供给价格弹性与需求价格弹性的对比关系,此理论可以分为收敛型蛛网、发散型蛛网与封闭型蛛网三种类型。

如图2-1所示,P、Q、D与S分别表示价格、产量、需求函数与供给函数,则蛛网模型的基本运作模式是:第一时期的供给量Q_1决定价格P_1,生产者依据这个价格决定他们在第二期的产量Q_2,Q_2又决定了第二期的价格P_2,P_2决定第三期的产量Q_3,第三期的价格P_3又由第三期的产量决定,以此类推。依据需求价格弹性与供给价格弹性之间的对比关系不同,价格和供给量之间的变化可以分为以下三种情况。

当需求价格弹性大于供给价格弹性时,价格变动对供给量的影响小于对需求量的影响,价格与产量的波动将逐渐减弱,商品供求不断趋于均衡状态,蛛网向内收敛，此即收敛型蛛网模型（见图2—1）。

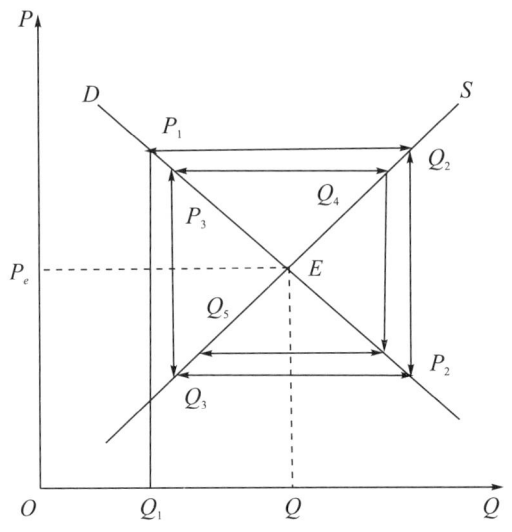

图2—1 经济学中的收敛型蛛网模型

当需求价格弹性小于供给价格弹性时，价格对供给量的影响大于对需求量的影响，波动逐步加剧，离均衡点的距离越来越远，无法恢复平衡，此即发散型蛛网模型（见图2—2）。

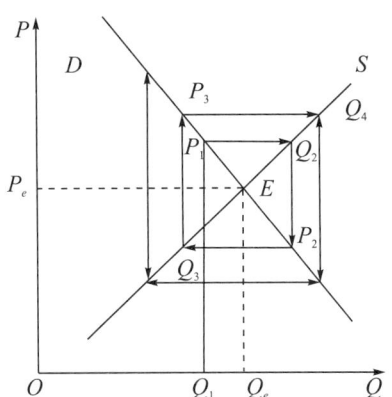

图2—2 经济学中的发散型蛛网模型

当供给价格弹性等于需求价格弹性时，价格对供给量的影响等于对需求量的影响，波动不会远离均衡点，也不会靠近均衡点，将一直循环下去，此即封闭型蛛网模型（见图2—3）。

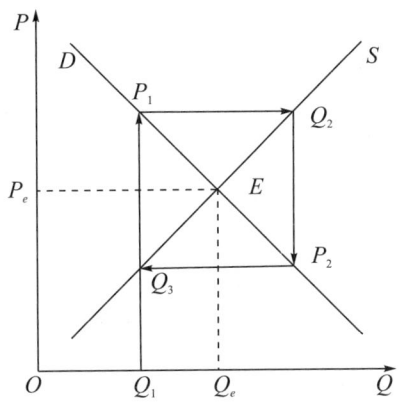

图2-3 经济学中的封闭型蛛网模型

(二) 农产品价格波动的蛛网现象

现实世界中蛛网理论的假设是客观存在的,其重要应有便是农产品价格的变化,尤其在农产品价格形成机制中存在典型的蛛网现象。我国农业生产以分散化经营为主,农产品市场是完全竞争市场,农产品的供给与需求价格弹性存在较大差异。农产品的生产周期较长,且多数农产品的存储保鲜困难、成本较高,故农产品的供给量主要由上期价格决定。农产品的供给调节需要的时间较长,但消费者可根据农产品的市场价格瞬间完成农产品的需求调节,可见农产品生产者在市场中处于弱势地位。正是由于农产品市场供求存在典型的蛛网现象,农产品市场失灵现象普遍,其价格波动风险相对较大,为保障农业生产的顺利进行,农产品生产者需要市场化与行政性等多种风险管理政策。

二、农产品风险管理与价格调控的相关理论

由前文农产品价格调控机制的概念界定可知,农产品价格调控机制是我国农产品价格机制改革的核心环节,厘清其相关理论基础有助于合理推进我国农产品价格机制改革。农产品风险管理与价格调控机制的理论基础包括市场失灵与农业保护理论两大部分。

(一) 市场失灵理论

市场失灵(Market Failure)首次出现于1958年美国《经济学季刊》的《市场失灵剖析》一文中。贝特(Bator)教授将公共物品、不完全竞争与外部

性统称为市场失灵①。此后，学者们以是否实现帕累托最优资源配置效率的微观经济学领域研究市场失灵。20世纪70年代后期，"市场失灵"内涵拓展至宏观经济领域。1977年美国经济学家加尔布雷思（Galbraith）在《不确定的年代》一书中称市场缺陷的三个主要特点是宏观经济不稳定、微观经济无效率与社会不公平②。1985年萨缪尔森和诺德豪斯（Samuelson and Nordhaus③）认为市场经济会产生收入不公平与经济增长缓慢等宏观经济问题。综上，本书中市场失灵包括两层含义：一是完全竞争的市场机制不能达到帕累托最优的资源配置现象，包括公共物品、外部性与信息不完全等微观层面的市场失灵；二是完全竞争的市场机制不能达到国家的宏观经济要求，如国家粮食安全、农产品市场供应不稳定等宏观层面的市场失灵。下面基于本书的具体研究内容，阐述公共物品和信息不充分两种市场失灵理论④。

1. 公共产品理论

公共产品理论思想最早可以追溯到18世纪英国大卫·休谟⑤在《人性论》一书中对草地排水问题的讨论，涉及公共产品理论中的"搭便车"问题，并且阐述了政府可以有效解决此问题。1776年，亚当·斯密从政府职能角度研究公共产品，认为在市场经济条件下政府只需充当"守夜人"，政府具有保护社会、社会上的每一个人及维护公共事业或设施的职能⑥。1883年，意大利经济学家潘塔莱尼奥在《公共支出分配理论》中比较了不同公共支出项目的边际效用。1890年意大利经济学家马佐拉在《论财政科学》一书中阐述了公共产品的价格形成问题，指出公共产品具有效用不可分割与非排斥性。马尔科认为公民缴纳税收与政府提供公共物品之间是相互交换的关系。基于瑞典经济学家威克塞尔（Wicksell）的已有研究，其学生林尔达于1919年首次给予公共产品

---

① Francis M Bator：The anatomy of market failure，The quarterly journal of economics，1958 (3)：351-379.
② [美] 约翰·肯尼思·加尔布雷思：《不确定的时代》，刘颖、胡莹译，江苏人民出版社，2009年，第35～47页。
③ [美] 萨缪尔森、诺德豪斯：《经济学（第12版）》，萧琛译，中国发展出版社，1992年，第78～92页。
④ 多数学者提出外部性理论是市场失灵理论的重要内容，但外部性理论受到多数著名经济学家的严重质疑。如在市场交易成本为零的条件下，科斯证明庇古的外部性理论是完全错误的；张五常认为外部性概念是没有意义的，外部性的实质是交易费用，即节省界定产权的外生交易费用与节省因产权界定不清而引起的外部性之间的两难冲突问题。故本书的市场失灵理论不包括外部性理论。
⑤ [英] 休谟：《人性论》，关文运译，商务印书馆，2016年，第336～352页。
⑥ [英] 亚当·斯密：《国民财富的性质和原因的研究（下）》，郭大力、王亚南译，商务印书馆，1974年，第152～197页。

供给过程以实证分析（王洪会、张肃和林杰等，2015①）。基于税收自愿论，美国经济学家萨缪尔森（Samuelson，1954）认为公共物品具有非排他性与非竞争性特征，并运用数学模型阐述了公共与私人物品的不同②。萨缪尔森还在林尔达现有模型的基础上，综合运用效用理论、无差异曲线及帕累托效率建立最佳效率的一般均衡分析，称为"萨缪尔森条件"③。至此，公共产品理论已初步形成。萨缪尔森的公共物品概念指的是纯公共物品，现实生活中多数产品介于纯公共物品与纯私人物品之间，故布坎南提出"俱乐部产品"，即同时具有纯公共物品与私人物品特征的"准公共物品"或"混合产品"。至此，公共产品理论已趋于成熟。

现代公共产品理论的两个核心概念是：非排他性是指产品是集体消费的，一些人对产品的消费，不会影响其他人对该产品的消费；非竞争性是指随着消费者的增加，原有消费者的消费水平不会受到影响。可见，公共物品是指同时具有非排他性与非竞争性特征的产品，私人物品是指不具有非排他性与非竞争性特征的产品，准公共物品介于二者之间。由于纯公共物品的非排他性与非竞争性特征，"搭便车"现象难以避免，理性经济人不会提供此类产品，反而希望别人提供，自己免费享用，故需完全由政府出资提供。如果准公共物品完全由政府提供，易出现过度使用现象，拥挤成本较高；若完全由私人提供，"搭便车"现象仍然存在，阻止"搭便车"行为会造成一定的资源浪费，故可由市场机制提供，政府给予适当补贴。

农业是国民经济的基础产业，部分农产品具有有限非排他性或有限非竞争性，属于准公共产品，如粮食。随着生活水平的不断上升，居民对粮食需求具有平等的权利，可见粮食消费具有有限非竞争性。从2004年至2015年我国粮食实现十二连增，2016年粮食仅小幅下降，粮食总体已处于供过于求的水平，正常年份不会出现一部分人多消费粮食，另一部分人就少消费粮食的现象，故粮食消费具有有限非排他性。因此，粮食具有准公共产品属性。

2. 信息不完全理论

早在1927年帕累托就已经涉及信息不完全概念，他认为查到我们所需要

---

① 王洪会、张肃、林杰：《市场失灵视角下的美国农业保护与支持政策》，东北师范大学出版社，2015年，第22页。

② Paul A Samuelson：The pure theory of public expenditure, The review of economics and statistics, 1954（4）：387-389.

③ Paul A Samuelson：Diagrammatic exposition of a theory of public expenditure, The review of economics and statistics, 1955（4）：350-356.

农产品"保险+期货"的方案设计与定价
——基于农产品价格调控机制

的一切数据资料是荒谬的,但他并未深入讨论相关内容(王洪会和张肃等,2015①)。哈耶克(Hayek,1945)认为经济活动中我们需要的信息多以分散形式出现,被不同的市场参与者拥有,任何一个参与者不可能获得完全信息。这是首次运用不完全信息研究市场经济问题②。乔治·斯蒂格勒(1961)研究了价格、广告与劳动力市场的不完全信息,且首次提出信息搜寻成本概念,即获得信息是需要成本的,包括信息搜寻的时间与脑力成本等③。20世纪70年代,学者们开始关注信息不完全的重要表现形式即信息不对称,且相关理论逐渐趋于成熟。乔治·阿克洛夫(1970)研究了二手车市场信息不对称导致的逆向选择问题,二手车车主对汽车质量的信息多于买方,买方无法有效识别汽车质量导致卖方以次充好,最终较高质量的二手车被较低质量的二手车驱逐出市场④。迈克尔·斯彭斯(1973)研究劳动力市场上雇主与雇员之间的信息不对称,提出运用教育程度作为劳动力质量的信号以解决其信息不对称问题⑤。由于保险人与被保险人之间的信息不对称,车主购买保险之后粗心大意程度增加大大提高了保险公司的赔付率,并提出运用高、低差别费率解决此道德风险问题。至此,信息不完全理论已发展成熟且得到广泛应用。

综上,不完全信息理论是指市场参与各方不可能获得相关事物的全部信息。信息不对称是信息不完全的典型代表形式,是指信息掌握较多的一方通过信息贫乏的一方而获得额外收益,可通过市场信号显示得以解决。信息经济学认为信息不完全是市场风险产生的重要原因,可见农产品市场的信息不对称现象是其价格波动风险的原因之一。农产品市场的信息不完全表现在以下几个方面:一是市场供求信息不完全。农民文化素质普遍不高,获得农产品市场信息有限,难以基于市场实际需求及时调整种植结构,加大了价格波动风险。二是产品质量信息不对称。由于小规模农业生产者信息局限,难以获得整体农产品市场质量,故难以合理界定自己生产农产品的质量级别,在市场买卖中缺乏讨

---

① 王洪会、张肃、林杰:《市场失灵视角下的美国农业保护与支持政策》,东北师范大学出版社,2015年,第23页。
② Hayek F A: The use of knowledge in society, The American economic review, 1945 (4): 519-530.
③ Stigler G J: The economics of information, Jourral of political economy, 1961, 69 (3): 213-225.
④ George A Akerlof: The market for "lemons": quality uncertainty and the market mechanism, The quarterly journal of economics, 1970 (3): 488-500.
⑤ 迈克尔·斯彭斯:《劳动力市场的信号发送》,乔治·阿克洛夫、迈克尔·斯彭斯、约瑟夫·斯蒂格利茨:《阿克洛夫、斯彭斯和斯蒂格利茨论文精选》,商务印书馆,2010年,第19~42页。

价还价能力。

(二) 农业保护理论

1. 农业弱质产业理论

农业弱质产业理论认为农业生产在市场经济中无法与其他产业公平竞争，天生具有弱质性（郑大豪，1995[①]；施虹，1997[②]；姜太碧、郑景骥和杨武云，2002[③]；高帆，2006[④]）。农业生产的弱质性表现在以下三个方面：一是农业风险较大，同时面临自然与市场风险。与其他产业不同，农业生产依靠特定的自然资源，冰雹、暴雨、干旱等自然风险对农业生产影响较大；农产品是居民生活必不可缺的食物，需求弹性较小，且生产周期较长，遭到外部冲击之后，价格呈蛛网模型波动，尤其是发散性蛛网，面临的价格风险较大。二是鉴于我国农业生产分散化经营的现实情况，生产者数量众多且分散，生产的农产品基本同质，市场机构趋近完全竞争机制，农户没有定价权。三是农业生产的时间与空间要求严格，故呈现出较强的季节性与地域性。

2. 农业多功能性理论

农业多功能性概念最早出现在 20 世纪 80 年代末日本文化与水稻种植相关的"稻米文化"之中。1992 年 6 月，联合国环境与发展大会通过的《21 世纪议程》[⑤] 文件正式采用了农业多功能性的提法。1996 年 11 月，世界粮食首脑会议出台的《世界粮食安全罗马宣言》和《世界粮食首脑会议行动计划》[⑥] 文件明确了农业多功能性可促进农业可持续发展。1999 年 9 月，国际粮农组织召开了主题为"国际农业与土地多功能性"的会议，提出农业除提供食物与工业原材料功能外，还具有保护环境、维护食品安全与减轻贫困等多种功能。同年，日本颁布的《粮食·农业·农村基本法》强调农业具有社会、政治和生态

[①] 郑大豪：《农业弱质性的成因、影响和对策》，《农业技术经济》，1995 年第 4 期，第 2~6 页。
[②] 施虹：《论农业的弱质性》，《农业经济》，1997 年第 5 期，第 20~21 页。
[③] 姜太碧、郑景骥、杨武云：《论农业的弱质性》，《经济论坛》，2002 年第 23 期，第 22~23 页。
[④] 高帆：《中国农业弱质性的依据、内涵和改变途径》，《云南社会科学》，2006 年第 3 期，第 49~53 页。
[⑤] 《21 世纪议程》是 1992 年 6 月 3 日至 14 日在巴西里约热内卢召开的联合国环境与发展大会通过的重要文件之一，是"世界范围内可持续发展行动计划"。
[⑥] 联合国粮农组织发起组织的世界粮食首脑会议（World Food Summit）于 1996 年 11 月 13 日至 17 日在意大利罗马联合国粮农组织总部举行，会议通过了《世界粮食安全罗马宣言》和《世界粮食首脑会议行动议划》两个正式文件。

等多种功能①。可见,农业多功能性理论是指农业具有经济、政治、社会、文化、生态与国家安全的功能。

三、农产品"保险+期货"的相关理论

(一)农业保险理论

农业保险的准公共物品属性与市场的信息不对称是农业保险市场失灵的原因,亦是政府介入农业保险市场的理论基础。这里我们分别运用公共产品理论与信息不对理论分析农业保险的公共产品属性及该市场的信息不对称问题。

1. 农业保险的准公共产品属性

准公共产品是具有有限非排他性或有限非竞争性的一类产品。农业保险在消费上具有有限排他性。从农业保险直接消费的角度看,农业保险购买者才能获得保险保障,不购买农业保险的农业生产者无法获得相应保障,可知农业保险具有排他性。但在农业保险经营过程中,签订保险合同之后,为降低农业保险事故发生率,保险公司统一执行防灾防损措施,如防雹高炮射、防疫处理等,不购买农业保险的农业生产者存在"搭便车"行为,可见农业保险在消费上具有有限排他性。农业保险产品是一种提供服务的合约产品,没有具体实物形态,只要消费者有需求,保险公司即可投入适当的物力、财力为农户提供保障,外加保险经营的风险大量原则,保单售卖越多,保险公司经营越稳定,其在消费上具有有限非竞争性。故农业保险属于一种准公共产品,不能完全基于市场机制提供,需由政府与保险公司共同经营。

2. 农业保险市场中的信息不对称

保险市场是典型的信息不对称市场。阿罗(Arrow,1953)认为信息不对称问题是保险市场正常运行的重要障碍②。罗斯查尔德和斯蒂格利茨指出保险人事先无法获得投保人风险程度的准确信息,保险保障水平无法达到完全信息条件下的最优水平③。保险市场的信息不对称包括逆向选择和道德风险。逆向

---

① Kentaro Yoshida: Economic valuation of multifunetional roles of agriculture in hilly and mountainous areas in Japan, https://www.fftc.org.tw/htmlarea_file/library/20110728162058/tb154.pdf.
② [美]肯尼恩·阿罗:《信息经济学》,何宝玉、姜忠孝、刘永强译,北京经济学院出版社,1989年,第88~97页。
③ 罗斯查尔德、斯蒂格利茨:《竞争性保险市场的均衡:论不完备信息经济学》,乔治·阿克洛夫、迈克尔·斯彭斯、约瑟夫·斯蒂格利茨:《阿克里洛夫、斯彭斯和斯蒂格利茨论文精选》,谢康、乌家培译,商务印书馆,2010年,第58~85页。

选择是指由于保险人无法获得投保人准确风险程度的信息，低风险的参与者逐渐退出保险市场，高风险的参与者继续参与保险保障；道德风险是指保险合同签订之后，保险人无法监督投保人的行为，投保人做出使保险事故率上升的行为。由于保险标的与风险性质的特殊性，农业保险中的信息不对称问题更为突出，其逆向选择与道德风险问题如下。

农业保险市场中的逆向选择问题。尽管农业生产者面临的农业风险大小不同，但由于投保人与保险人之间的信息不对称，投保人无法区分低风险与高风险的农业生产者，收取统一的保险费率，该费率位于低风险费率与高风险费率之间。投保人拥有更多关于土地、气候与保险标的信息，知道保险标的的风险的大小，高风险农业生产者通过缴纳统一保费可获得收益，将会购买全额保险；低风险农业生产者通过缴纳统一保费福利反而受到损失，退出保险市场。故购买农业保险的生产者均是高风险群体，会导致费率进一步上升，以此循环往复，农业保险市场失灵。

农业保险中的道德风险问题主要表现在三个方面：一是投保人会减少防损投入。农业保险的保险标的多是活的动植物，其收入与农民的种植投入息息相关。农民投保农业保险之后，种植或养殖收入获得一定程度的保障，可能会疏于管理，农药、化肥及疾病防疫投入力度会适当减少，而这会减少了农业生产者的收入，增加保险公司的理赔率。二是投保人会减少止损投入。农业保险的保险标的具有自身调节和再生产能力，恰当的照料可减轻农业生产损失，但农业保险给予农户收入以保障，降低农户灾后减损的投入力度，会提高保险公司的赔付率。三是投保人及被保险人的故意行为。我国农业生产以分散化经营为主，投保之后保险公司查勘与定损难度较高，为骗取理赔款，部分农户甚至故意损害保险标的。

（二）非寿险精算理论

精算学起源于人寿保险保费的计算，寿险精算最早可以追溯到1693年英国天文学家哈雷编制的首个完整的人口死亡表，可运用概率论与数理统计工具计算各个年龄的死亡和生存率。第二次世界大战之后，随着风险理论内容的不断发展与丰富，非寿险精算理论与方法于20世纪70年代初步形成。非寿险精算以风险理论为基础，运用现代数学和数理统计学工具，综合经济学、金融学与保险学等知识，预测损失分布、计算保费与提取责任准备金等活动[①]。可见

---

① 肖芸茹：《精算数学与实务：非寿险精算部分》，南开大学出版社，2007年，第8~12页。

非寿险精算是数学与概率统计在非寿险数量分析中的应用,其定价理论基础包括概率论与数理统计和效用理论等。

1. 基于概率论与数理统计的定价原理

非寿险保费的计算原理均以概率论与数理统计为基础,定价原理包括等价、均值、方差与标准差原理等。设保险公司承保的风险为 S,其分布为 $F(S)$,均值为 $E(S)$,方差为 $\mathrm{Var}(S)$,标准差为 $\sigma(S)$,保费为 P。

基于等价原理,保费为 $P=E(S)$。

基于均值原理,保费为 $P=(1+\lambda)E(S)$,其中 λ 是常数,为安全系数。

基于方差原理,保费 $P=E(S)+\alpha\mathrm{Var}(S)$,其中 α 为常数,且大于零,$\alpha\mathrm{Var}(S)$ 是安全附加费用。

基于标准差原理,保费 $P=E(S)+\beta\sigma(S)$,其中 β 为常数,且大于零,$\beta\sigma(S)$ 为安全附加费用。

2. 基于效用理论的定价原理

效用在经济学中的含义是指对于消费者通过消费商品和享受闲暇所获得的满足感[①]。非寿险精算中的效用定价理论认为人们是否购买保险为的是从投资收益或保险赔偿中获得财富增加的最大满足,而不仅是获得最大的货币量。

从投保人的角度分析,设投保人的财产为 W,平均损失为 X,则其购买保险的条件是购买保险后的效用 $U(W-P)$ 大于不购买保险的效用 $E(U(W-X))$,则

$$U(W-P) \geqslant E(U(W-X)) \tag{2.1}$$

对于投保人,保费 P 越小越好,可知保费方程为

$$U(W-P) = E(U(W-X)) \tag{2.2}$$

从保险人的角度分析,其资产为 V,承保风险等于投保人的平均损失 X,则承保时的效用函数为 $E(U(V+P-X))$,不承保时的效用函数为 $U(V)$。对于保险人保费越高越好,承保需满足的条件是

$$E(U(V+P-X)) = U(V) \tag{2.3}$$

方程(2.2)与(2.3)连立组成方程组,方程组的解即是双方认可的保险费率。

---

① [英]马歇尔:《经济学原理(第1册)》,朱志泰译,商务印书馆,1964年,第33~37页。

四、新制度经济学的制度变迁理论

新制度经济学将制度纳入新古典经济学之中,保留资源稀缺与竞争性的新古典经济学假设,修正完全理性假设与时间维度问题,以科斯的交易费用理论(Coase,1937[1])与诺斯的制度概念为基础,构建一个不完全产权、正交易成本与制度的理论分析框架。新制度经济学认为制度决定经济绩效中交易成本的水平,运用产权和交易费用理论,分析制度变迁对经济绩效的促进和抑制作用(Williamson,2000[2];North,2005[3];张林,1999[4];左金隆,2005[5])。道格拉斯·诺斯(Douglass North)的制度变迁理论是新制度经济学制度变迁理论的典型代表,故本书以此作为分析问题的主要制度变迁理论基础。诺斯制度变迁理论的三大理论基石是产权理论、国家理论与意识形态理论,其制度变迁理论的具体内容包括制度变迁的动因、一般过程与路径依赖等。此外还介绍了林毅夫的诱致性制度变迁与强制性制度变迁理论。

(一)制度与制度变迁的内涵

由于人类的认知能力有限,且总是在有限信息条件下做出选择,为避免自身净福利遭受损失,人们之间便缔约合同,制度由此产生。制度是指社会规则与强制安排,包括正式规则(如法律和宪法)与非正式规则(如惯例与规范)。

诺斯等人认为制度变迁是指"制度的创立、变更以及随着时间的变化而被打破的方式"[6],即由制度非均衡向制度均衡的转化过程。制度在均衡状态下不会发生变迁,但制度均衡不是永久的,制度需求或供给发生变化会导致制度失衡,制度供给与需求的影响因素是制度供给与需求变化的原因。诺斯认为制度需求的影响因素包括:市场规模、技术进步、各利益集团的预期收入、产品与要素的相对价格及宪法秩序。诺斯等人也给出了制度供给的影响因素:一些

---

[1] R H Coase: The nature of the firm, Economica, 1937(16): 386—405.

[2] Oliver E Williamson: The new institutional economics: taking stock, looking ahead, Journal of economic literature, 2000(3): 595—613.

[3] Douglass C North: Understanding the process of economic change, https://www.jstor.org/stable/j.ctt7zvbxt.

[4] 张林:《诺思的制度经济思想评析》,《思想战线》,1999年第5期,第15~19页。

[5] 左金隆:《诺斯制度变迁理论方法论探析:修正的新古典经济学范式》,《经济经纬》,2005年第6期,第7~9页。

[6] 1993年诺斯获诺贝尔经济学奖之后,在北京大学中国经济研究中心成立大会上的演讲中对制度变迁的解释。

社会组织可能承担组织的成本、技术进步降低了当前制度的操作成本、知识点积累和教育体制的改革可降低现有制度的成本及政府权力的稳固减少了政府制度安排的成本等。

（二）制度变迁的理论基石

产权理论、国家理论与意识形态理论是制度变迁的三大理论基础。诺斯等人并没有专门研究产权理论，其制度变迁理论是以科斯的产权理论为基础的。1967年德姆塞茨的《关于产权的理论》一文是关于产权理论的经典作品：产权是一种社会工具，产权所有者拥有他的同事同意他以特定的方式行事的权利；重要的是产权包括一个人或其他人收益、受损的权利；产权是界定人们如何受益及受损，因而谁必须向谁提供补偿以使他修正人们所采取的行动[①]。诺斯的国家理论主要包括国家的起源、特征及"诺斯悖论"三方面的内容。诺斯意识形态理论的主要内容包括意识形态的概念、功能、成功与否的判断标准及变迁原因等。意识形态由世界观组成，包括社会主导与个人的世界观。意识形态是人们行为方式的约束，具有影响人们决策的作用，可使人们在复杂社会现实中依据惯例给出选择，节约个人成本。诺斯认为国家常大量投资意识形态，提高公民对当前体制的认同感，以减少维持成本。关于世界公平与否的道德与伦理观念与意识形态相互融合，人们一旦发现意识形态违背世界公平的道德与伦理观念，便会试图改变现有意识形态，此即是意识形态变迁的原因。

（三）制度变迁的动因与方式

诺斯等人认为制度变迁的原因包括外部动力论与内部动力论两个方面。外部动理论认为制度变迁由组织发动，关键在于制度与组织的相互作用（North，1955[②]）。内部动力论从共享心智模型与学习能力方面解释制度变迁的发生。诺斯等人认为人类的学习能力使得社会从蛮荒、落后的远古时代走向文明化、科技化的现代。人们对于世界的感知是独一无二的，不同文化背景的人们之间的交流能收敛成具有共同特征的心智模型，称为共享心智模型。共享心智模型使得意识形态与制度在不断进化中被创造出来，此即是制度变迁的内部动力论。

---

① 德姆塞茨：《关于产权的理论》，罗纳德·科斯：《财产权利与制度变迁：产权学派与新制度学派译文集》，刘守英译，格致出版社，2014年，第96～113页。

② Douglass C North：Location theory and regional economic growth，Journal of political economy，1955（3）：243－258.

制度变迁依据其主体可分为诱致性制度变迁与强制性制度变迁（林毅夫，1994[①]；拉坦，1994[②]）。诱致性制度变迁是指现行制度安排的变更或更替，或者是新制度安排的创造，它由个人或一群人，在响应获利机会时自发倡导、组织和实行。林毅夫认为诱致性制度变迁的发生必须由原有制度安排下无法得到的获利机会或来自制度非均衡的获利机会引起（林毅夫，1994[③]）。强制性制度变迁的主体是国家，可以纯粹因在不同选民集团之间对现有收入进行再分配而发生。诱致性与强制性制度变迁的不同表现在以下几个方面：①主体不同。诱致性制度变迁的主体是个人或一群人，强制性制度变迁的主体是国家。②优势不同。诱致性制度变迁依据一致性同意和经济原则，效率较高；强制性制度变迁的优势是可以在短时间内推行制度变迁，以自己的"暴力潜能"降低制度变迁成本。③问题不同。诱致性制度变迁主要面临外部性和"搭便车"问题，强制性制度变迁主要面临政府有限理性、效率不高等问题。

（四）制度变迁的一般过程与路径依赖

诺斯等人总结了制度变迁的一般过程，具体分为五个步骤：第一，由于技术进步、产品及要素价格变动等，若干个人或团体预见现有制度中的潜在利润，形成制度变迁的"初级行动团体"。第二，初级行动团体依据潜在利润及现有制度安排具体情况，提出制度变迁方案。第三，初级行动团体测算多种制度变迁方案的预期收益，并进行比较，依据利润最大化原则选出最优制度变迁方案。第四，形成"次级行动团体"，其是帮助初级行动团体获取最优制度变迁方案的组织。第五，初级与次级行动团体共同努力使最优制度变迁方案通过并得以实施。

诺斯认为，与技术变迁过程相同，制度变迁过程存在报酬递增与自我强化机制，此种机制使得制度变迁朝着某一路径不断自我强化。在既定路径下，制度变迁可能进入良性轨道，也可能进入错误路径。诺斯的路径依赖存在两个极端情况：一是一旦制度沿着一条路径进行，组织的学习、系统的外部性就会增强这一路径进程；二是起始阶段报酬递增的制度阻碍了生产活动，相关利益集

[①] 林毅夫：《关于制度变迁的经济学理论》，[美]罗纳德·科斯：《财产权利与制度变迁：产权学派与新制度学派译文集》，刘守英译，格致出版社，2014年，第260～287页。

[②] 拉坦：《诱致性制度变迁理论》，[美]罗纳德·科斯：《财产权利与制度变迁：产权学派与新制度学派译文集》，刘守英译，格致出版社，2014年，第229页。

[③] 林毅夫：《关于制度变迁的经济学理论》，[美]罗纳德·科斯：《财产权利与制度变迁：产权学派与新制度学派译文集》，刘守英译，格致出版社，2014年，第261页。

团只会加强现有制度，不会发生制度变迁。

本书中第三章农产品"保险+期货"的产生用到制度变迁理论。在农产品价格指数保险系统性风险难以分散与目标价格厘定不科学、农户难以直接进入期货市场的现实困境下，农产品"保险+期货"在商品交易所与期货公司的主导下得以产生，且在部分地区推出试点模式，属于典型的诱致性制度变迁。

第三节　本章小结

本章介绍农产品"保险+期货"、价格调控政策及农业保险定价相关的文献综述与理论基础。首先分别梳理了农产品价格风险与价格调控政策、农产品"保险+期货"的相关文献；其次介绍了相关的理论基础，包括农产品"保险+期货"相关的农业保险与非寿险精算理论、价格调控政策相关的农产品价格管制理论与农产品风险管理理论、农产品价格波动的蛛网理论及新制度经济学的制度变迁理论。基本概念界定与相关理论基础的介绍奠定了本书的研究基础。

第三章 农产品价格风险及"保险+期货"的引出

第一节 农产品价格风险的特征及影响因素

一、农产品价格风险的特征

农产品价格风险的表现形式是农产品价格的波动,农产品价格波动是一种经济现象,适度波动是农产品市场有效性的体现,通过价格波动实现资源有效配置。但过度的农产品价格波动不仅影响农户的生产决策,威胁国家粮食安全,还会降低消费者的福利。价格波动在为农产品市场带来效率的同时,也带来了市场风险与危机,故正确认识和把握农产品价格波动特征有助于政府制定适宜的宏观策略调控农产品市场。国内外大量文献已对此进行研究,总体来说农产品价格波动特征包括周期性、季节性、地区差异性、金融化、集聚性与非对称性等。本章选择具有代表性的玉米和鸡蛋两种农产品作为研究对象,2000年1月到2015年12月的集贸市场价格数据来源于国家统计局农村社会经济调查司2000—2016年的《中国农产品价格调查年鉴》。

(一)农产品价格波动的周期性

1. Hodrick-Prescott filter 模型

趋势分解法可将经济时间序列分解为趋势与循环两个部分,既能较好反映序列的长期趋势,又能清晰地观察序列的周期性波动。具体包括回归分析法、移动与阶段平均法、Hodrick-Prescott filter 法(H-P 滤波法)以及 Frequency filter 法(B-P 滤波法),本书采用广泛应用的 H-P 滤波法。

20 世纪 80 年代,Hodrick and Prescott 首次使用 H-P 滤波法研究第二次

世界大战后美国的经济周期问题。此方法假设时间序列$\{Y_t\}$包括趋势部分和波动部分，其中$\{Y_t^T\}$表示趋势部分，$\{Y_t^C\}$表示波动部分，则

$$Y_t = Y_t^T + Y_t^C \tag{3.1}$$

$H-P$滤波法就是从$\{Y_t\}$中分离出$\{Y_t^T\}$部分，其中$\{Y_t^T\}$就是式（3.2）最小化问题的解。

$$\min \sum_{t=1}^{T} \{(Y_t - Y_t^T)^2 + \lambda [c(L)Y_t]^2\} \tag{3.2}$$

其中，$c(L)$是延迟算子多项式

$$c(L) = (L^{-1} - 1) - (1 - L) \tag{3.3}$$

将式（3.3）带入（3.2），故$H-P$滤波问题即是式（3.4）的最小化问题，则

$$\min\{\sum_{t=1}^{T}(Y_t - Y_t^T)^2 + \lambda \sum_{t=1}^{T}[(Y_{t+1}^T - Y_t^T) - (Y_t^T - Y_{t-1}^T)]^2\} \tag{3.4}$$

由$\lambda[c(L)Y_t]^2$调整式（3.4）最小化问题的趋势变化，且λ越大趋势部分越大。根据一般经验，使用月度数据时λ取14400。

2. 农产品价格周期波动测度结果与分析

采用$H-P$滤波法，运用EVIEWS7.2分别对玉米与鸡蛋两个时间序列进行分解，以分析其周期性波动特征，结果如图3-1所示。图3-1中，曲线CORN和EGG分别表示玉米与鸡蛋的价格序列，曲线Trend表示各农产品价格序列的趋势部分，曲线Cycle表示玉米和鸡蛋价格序列的循环序列，清楚地表明了玉米与鸡蛋价格的波动周期。

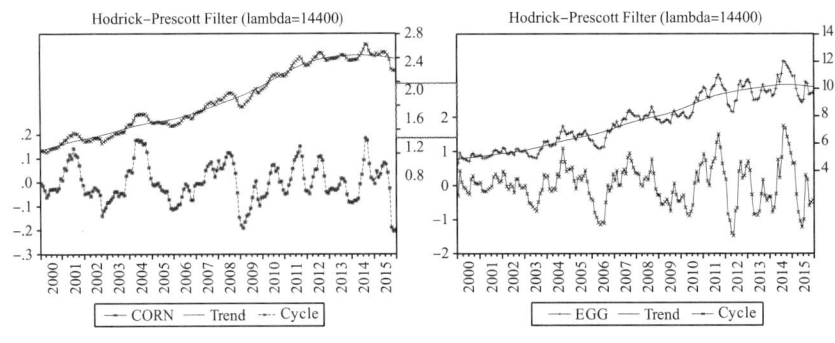

图3-1 国内玉米与鸡蛋价格序列的H-P滤波分解

由图 3-1 所示，玉米价格的运行共经历 6 个周期，波动周期相对较长，随着价格机制改革的相对成功，其价格波动周期明显缩短；鸡蛋价格完全市场化，周期较短、价格波动较大。

(二) 农产品价格波动的季节性

农产品生产与消费季节性引起的农产品供求的季节性错配，外加季节性错配产生的成本费用，导致农产品价格波动的季节性显著。

1. X-12-ARIMA 季节调整法

季节调整就是剔除原始月度或季度时间序列中的受自然或社会历史因素影响的季节影响的部分，季节调整可估计季节性变化以制定科学的生产计划及控制合理存货量[1]，故本书运用季节调整方法处理农产品价格序列，以获得农产品价格序列的季节变动特点。美国普查局研发的 X-12-ARIMA 与西班牙银行开发、欧盟统计中心改进的 TRAMO-SEATS 方法是目前国际主流的季节调整方法（刘建平和王雨琴，2015[2]）。与 TRAMO-SEATS 相比，X-12-ARIMA 方法的优越性体现在：①regARIMA 模块可适用于各种事件序列的预调整，且效果较好；②提供模型质量、稳定性、历史修正、谱分解检验等完整的诊断方法；③X-12-ARIMA 处理较短的数据序列仍能取得较好效果。

X-12-ARIMA 方法是在 X-11 方法的基础上发展而来的，基本包含 X-11 方法的所有特征。X-11 季节调整法基于多次迭代的移动平均方法进行成分分解，将 $\{Y_t\}$ 分解为趋势-循环部分 $\{C_t\}$、季节部分 $\{S_t\}$ 与不规则部分 $\{I_t\}$，包括加法模型 $Y_t=C_t+S_t+I_t$ 与乘法模型 $Y_t=C_t\times S_t\times I_t$。一般各时间序列同方差、分解的各部分相互独立适用于加法模型，时间序列异方差、分解的各部分相互关联适用于乘法模型，且社会、经济序列主要使用乘法模型。X-12-ARIMA 方法从四个方面对 X-11 方法加以改善：①用户自主选择交易日、节假日等季节效应调整，设置趋势、季节与不规则部分的分解结果选项卡；②提供新的模型稳定性与质量诊断方法；③实际分解之前的预调整 regARIMA 模块增加了 ARIMA 模型选择功能；④提供分批处理较长时间序列的用户界面。农产品价格序列属于经济序列、各分解部分相互关联，且由于

---

[1] 中国人民银行调查统计司：《时间序列 X-12-ARIMA 季节调整——原理与方法》，中国金融出版社，2006 年，第 123~126 页。

[2] 刘建平、王雨琴：《季节调整方法的历史演变及发展新趋势》，《统计研究》，2015 年第 8 期，第 90~98 页。

通货膨胀与农产品价格调控政策的变动呈现异方差性，故本书运用 X-12-ARIMA 的乘法模型分析农产品价格波动的季节性特征，结果如图 3-2 所示。

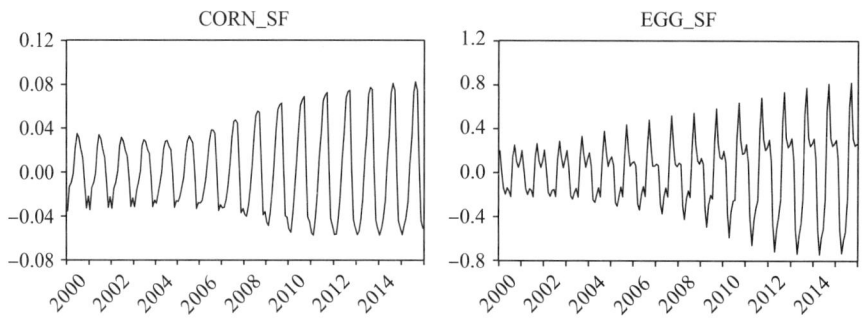

图 3-2　国内玉米与鸡蛋价格季节序列

2. 农产品价格季节波动测度结果与分析

由图 3-2 可知，玉米与鸡蛋价格波动季节性明显。玉米价格季节序列每年 6 至 7 月份最高，之后一直下降到 11 月，随后先上升后下降，于次年 1 月价格达到最低，15 年间季节性价格波动无显著变化。鸡蛋价格季节序列每年 1 月份开始下降直到 4 月份，随后上升到 5 月份，再一直下降到 7 月份，后又一直上升，9 月份达到最高，之后开始下降直到 11 月份，再开始上升直到次年 1 月份。从 2000 年到 2015 年季节性波动逐渐增大。

（三）农产品价格波动的地区差异性

同一品种、时间与流通环节的农产品在不同地区的价格存在差异即为农产品价格波动的地区差异性。地区之间的自然与社会经济条件不同导致同种农产品的生产与流通成本不同。农产品生长需要特定的自然条件，生产常局限于部分地区，由主产区运往主销区的过程中产生的流通费用和税金等均会导致农产品价格波动的地区差异，故农产品价格的地区差异是不同的自然环境、区域经济及社会分工引起的。

1. 变异系数法（CV）

变异系数又称为"标准差率"，是衡量各观测序列变异程度的一个统计量。当比较两个或多个序列的变异程度时，若均值相同，可直接用标准差表示；若均值不同，可用变异系数即标准差与均值的比值即 CV（Coefficient of Variance）表示。

第三章 农产品价格风险及"保险＋期货"的引出

$$CV = \frac{\sigma}{\mu} = \frac{\sqrt{\frac{1}{N}\sum_{1}^{N}(x_i - \mu)^2}}{\frac{1}{N}\sum_{1}^{N}x_i} \tag{3.5}$$

其中，μ 为 x_1, x_2, $\cdots$, x_N 的均值，$\mu = \frac{1}{N}\sum_{1}^{N}x_i$；$\sigma$ 为标准差，$\sigma = \sqrt{\frac{1}{N}\sum_{1}^{N}(x_i - \mu)^2}$；$N$ 表示观测序列数。

2. 农产品价格地区差异波动测度结果与分析

选取北京、天津、河北、山西、内蒙古、辽宁、济南、黑龙江、上海、江苏、浙江、安徽、福建、江西、山东、河南、湖北、湖南、广东、广西、海南、重庆、四川、贵州、云南、陕西、甘肃、青海、宁夏、新疆 30 个地区 2000 年 1 月到 2017 年 6 月的玉米和鸡蛋月度价格数据，变异系数计算结果如表 3-1 所示。各地区之间的玉米价格变异系数从 0.2415 变化到 0.3932，价格变异系数较低的六个省份是福建、广东、海南、江苏、四川与新疆，价格变异系数较高的五个省份是宁夏、黑龙江、辽宁、济南、陕西。鸡蛋各地区之间的变异系数从 0.2054 变化到 0.3793，价格变异系数较低的六个省份是安徽、江西、重庆、四川、贵州与云南，价格变异系数较高的五个省份是天津、黑龙江、宁夏、新疆、陕西。可见，玉米与鸡蛋价格波动的地区差异均较大。

表 3-1 玉米、鸡蛋全国各地区价格变异系数

地区	玉米			鸡蛋		
	μ	σ	CV	μ	σ	CV
北京	1.6444	0.5071	0.3084	6.7368	2.1568	0.3202
天津	1.5951	0.5560	0.3486	6.4816	2.1775	0.3360
河北	1.5606	0.5423	0.3475	6.3946	2.0234	0.3164
山西	1.5547	0.5296	0.3407	6.4712	1.9948	0.3083
内蒙古	1.5742	0.5546	0.3523	7.0511	2.1495	0.3048
辽宁	1.5601	0.5717	0.3665	6.2756	1.9901	0.3171
济南	1.5137	0.5489	0.3626	6.4350	1.9499	0.3030
黑龙江	1.4515	0.5591	0.3852	6.1754	2.0591	0.3334
上海	1.8063	0.6081	0.3367	7.6996	2.3473	0.3049

续表3-1

地区	玉米			鸡蛋		
	μ	σ	CV	μ	σ	CV
江苏	1.7387	0.5364	0.3085	6.7555	1.9681	0.2913
浙江	1.8410	0.5710	0.3101	7.6460	2.3542	0.3079
安徽	1.7272	0.5648	0.3270	7.2401	1.8841	0.2602
福建	1.8944	0.5562	0.2936	7.8025	2.1579	0.2766
江西	1.9260	0.6187	0.3212	8.7934	2.3102	0.2627
山东	1.6109	0.5334	0.3311	6.3794	1.9640	0.3079
河南	1.5880	0.5505	0.3467	6.3813	1.9289	0.3023
湖北	1.7813	0.6043	0.3393	7.9807	1.8366	0.2301
湖南	1.8781	0.6123	0.3260	8.9985	2.1478	0.2387
广东	1.9466	0.5441	0.2795	8.6844	2.5254	0.2908
广西	1.9117	0.6462	0.3380	9.1543	3.0401	0.3321
海南	2.0906	0.5049	0.2415	10.4330	2.7421	0.2628
重庆	1.7460	0.6040	0.3459	8.5247	2.0917	0.2454
四川	1.8400	0.5625	0.3057	9.3575	2.2305	0.2384
贵州	1.8244	0.6047	0.3315	10.4710	2.2299	0.2130
云南	1.7890	0.5684	0.3177	8.7404	1.7950	0.2054
陕西	1.5148	0.5598	0.3696	6.6567	2.2055	0.3313
甘肃	1.5940	0.5760	0.3614	7.1842	2.2064	0.3071
青海	1.7607	0.5883	0.3341	7.5583	2.3960	0.3170
宁夏	1.5360	0.6040	0.3932	6.6481	2.5219	0.3793
新疆	1.5172	0.5919	0.3901	6.7884	2.4062	0.3545

（四）农产品价格波动的聚集性

农产品价格波动的集聚性（Volatility-Clustering）是指较大的农产品价格波动，后面往往跟随着较大的价格波动，较小的价格波动也常常伴随着较小的价格波动。下面我们用GARCH类模型进行实证分析。

1. 数据来源与描述性统计

由上文中玉米与鸡蛋 2000 年 1 月到 2015 年 12 月的集贸市场价格数据 P_t，依据公式 $R_t = \ln(P_t) - \ln(P_{t-1})$ 计算可得玉米与鸡蛋 2000 年 2 月到 2015 年 12 月的月收益率数据。由图 3-3 的玉米与鸡蛋的月价格收益率序列图可知，二者价格波动均呈现明显的集聚性特征。

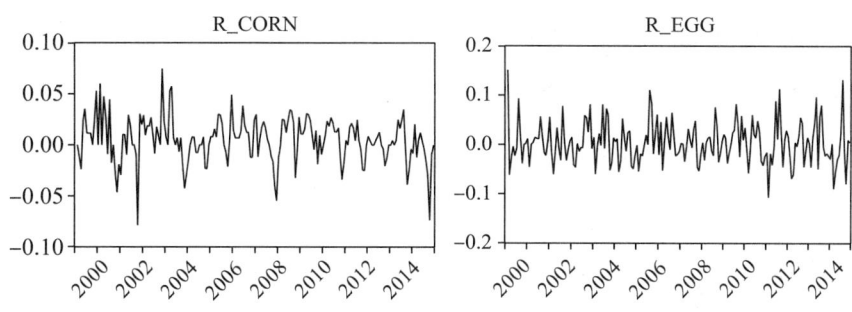

图 3-3　国内玉米和鸡蛋价格月对数收益率序列图

2. GARCH 模型

1982 年 Engle 提出自回归条件异方差模型（ARCH），由均值方程与条件方差方程组成，具体如下：

均值方程为：

$$Y_t = aX' + \varepsilon_t \qquad (3.6)$$

方差方程为：

$$\sigma_t^{\,2} = a_0 + \sum_{i=1}^{p} \alpha_i \varepsilon_{t-i}^{\,2} \qquad (3.7)$$

均值方程中 Y_t 为被解释变量，在此表示农产品价格的收益率；X' 为解释变量，文中指 Y_t 的滞后项；残差项 ε_t 一般有正态分布、学生 t 分布与广义误差 GED 分布三种假设。方差方程中 $\sigma_t^{\,2}$ 为 ε_t 在 t 时刻的条件方差，表示残差滞后项的加权平方和；$\sum_{i=1}^{p} \alpha_i \varepsilon_{t-i}^{\,2}$ 表示 ARCH 项，若此项系数显著不为 0，则表明被解释变量的波动具有集聚性。

若 ARCH 模型滞后项较多时，需估计多个参数，为克服此问题，Bollerslev 提出广义自回归条件异方差模型（GARCH），均值方程与 ARCH 模型相同，方差方程如下：

$$\sigma_t^2 = a_0 + \sum_{i=1}^{p}\alpha_i\varepsilon_{t-i}^2 + \sum_{j=1}^{q}\beta_j\sigma_{t-j}^2 \tag{3.8}$$

其中，σ_{t-i}^2 为 σ_t^2 的滞后项。

金融理论认为较高的预期风险会带来高收益，故在均值方程中加入条件方差或者标准差，表示预期风险，即 ARCH(p)－M 或者 GARCH(p，q)－M 模型。具体如下：

均值方程中加入条件方差：

$$Y_t = aX' + \rho\sigma_t + \varepsilon_t \tag{3.9}$$

均值方程中加入标准差：

$$Y_t = aX' + \rho\sigma_t^2 + \varepsilon_t \tag{3.10}$$

3. 模型结果与分析

运用 ADF 检验玉米与鸡蛋价格收益率序列的平稳性，二者的收益率序列在 1% 的显著性水平上均平稳，避免了 GARCH 模型的"伪回归"问题。分别做玉米与鸡蛋价格月收益率序列的自相关检验，确定其均值方程的具体形式，经过多次尝试选择 AIC 与 SC 最小的回归方程，得出玉米的均值方程滞后一阶，且带常数项；鸡蛋的均值方程同时含有滞后一阶与二阶项，但不含常数项。分别对玉米和鸡蛋价格月收益率序列构建 ARCH(p) 或者 GARCH(p，q)，根据模型回归结果系数的显著性、拟合优度、AIC 与 SC 规则选择 GARCH(2，2) 与 GARCH(1，1) 模型。构建玉米和鸡蛋价格月收益率序列均值方程中分别加入条件方差或者条件标准差的 ARCH(p)－M 或者 GARCH(p，q)－M 模型，回归结果中条件方差或者条件标准差的系数均不显著，故不应选择 ARCH(p)－M 或者 GARCH(p，q)－M 模型作为均值方程。由描述性统计结果可知玉米和鸡蛋价格月收益率序列均是尖峰后尾分布，故检验正态分布、t 分布与 GED 分布三者的适用性，结果如表 3－2 所示。

表 3-2 玉米和鸡蛋月价格收益率 GARCH 模型的三种分布

方程类型及拟合结果			正态分布	t 分布	GED 分布
玉米	均值方程	C (1)	0.004113*** (0.0042)	0.003632*** (0.0039)	0.004241*** (0.0003)
		R (-1)	0.473365*** (0.0000)	0.451949*** (0.0000)	0.434135*** (0.0000)
	方差方程	C	0.000278*** (0.0000)	0.000270*** (0.0001)	0.000261*** (0.0000)
		RESID $(-1)^2$	0.379876** (0.0151)	0.505171* (0.0505)	0.460832* (0.0625)
	拟合结果	R-squared	0.140740	0.146772	0.146133
		Log likelihood	477.6615	486.5587	486.9366
		AIC	-4.985911	-5.069039	-5.073017
		SC	-4.917552	-4.983591	-4.987569
鸡蛋	均值方程	R (-1)	0.203963** (0.0101)	0.295433*** (0.0000)	0.216295*** (0.0005)
		R (-2)	-0.164289*** (0.0091)	-0.211480*** (0.0000)	-0.191091*** (0.0005)
	方差方程	C	1.83E-05 (0.4352)	0.002852*** (0.0000)	2.03E-05 (0.4375)
		RESID $(-1)^2$	-0.058892** (0.0107)	0.044530*** (0.0006)	-0.034279 (0.1619)
		GARCH (-1)	1.053283*** (0.0000)	-1.055207*** (0.0000)	1.024718*** (0.0000)
	拟合结果	R-squared	0.052530	0.043846	0.050894
		Log likelihood	355.6623	355.3339	354.3597
		AIC	-3.710713	-3.696655	-3.686346
		SC	-3.624952	-3.593742	-3.583433

注：括号内为 p 值；***表示在 1%水平下显著，**表示在 5%的水平下显著，*表示在 10%的水平下显著。

通过比较各系数的显著性检验、拟合优度检验、AIC 与 SC 结果的大小可知，玉米月价格收益率序列更适合 GED 分布，鸡蛋月价格收益率序列更适合 t 分布。对于玉米与鸡蛋，方差方程中 α_1 与 β_1 的系数显著不为 0，且 ($\alpha_1 + \beta_1$) <1，说明二者的价格波动具有明显的集聚性，过去的波动对下期的影响会逐渐消失。

(五) 农产品价格波动的非对称性

农产品价格波动的非对称性是指价格下跌（上涨）信息引发的波动和等量价格上涨（下跌）信息引发的波动不一样大。本书采用指数异方差自回归模型（EGARCH）验证农产品价格波动的非对称性。

指数自回归异方差模型（EGARCH）于1991年由Nelson提出，常用来说明波动率模型的非对称效应，均值方程与上文中的（G）ARCH模型一致，方差方程具体如下：

$$\ln(\sigma_t^2) = a_0 + \sum_{i=1}^{p}\left(\alpha_i \left|\frac{\varepsilon_{t-i}}{\sigma_{t-i}}\right| + \gamma_i \frac{\varepsilon_{t-i}}{\sigma_{t-i}}\right) + \sum_{j=1}^{q}\beta_j \ln(\sigma_{t-j}^2) \quad (3.11)$$

方程左边是条件方差的对数，故非对称效应的影响是指数的。好消息（$\varepsilon_t > 0$）与坏消息（$\varepsilon_t < 0$）对条件方差对数的影响不同。好消息时，有 $\alpha + \gamma$ 冲击；坏消息时，有 $\alpha - \gamma$ 的冲击。若 $\gamma \neq 0$，则存在非对称效应。$\gamma > 0$ 时，非对称效应加大波动；$\gamma < 0$ 时，非对称效应减小波动。基于上文中ARCH（p）或者GARCH（p，q）模型的 p 与 q 的选择结果，检验指数自回归异方差模型（EGARCH）中正态分布、t 分布与GED分布三者的适用性，回归结果如表3-3所示。

表3-3 国内玉米和鸡蛋月价格收益率的EGARCH模型的三种分布

		方程类型及拟合结果	正态分布	t 分布	GED 分布
玉米	均值方程	C（1）	0.003421** (0.0171)	0.003153** (0.0209)	0.004023*** (0.0017)
		R（-1）	0.396720*** (0.0000)	0.416153*** (0.0000)	0.395122*** (0.0000)
	方差方程	C	-8.366854*** (0.0000)	-8.382157*** (0.0000)	-8.415517*** (0.0000)
		ABS（RESID（-1））/@SQRT（GARCH（-1））	0.565111*** (0.0033)	0.651534*** (0.0090)	0.623238** (0.0195)
		RESID（-1）/@SQRT（GARCH（-1））	-0.372639*** (0.0004)	-0.317145** (0.0216)	-0.322108** (0.0294)
玉米	拟合结果	R-squared	0.151873	0.151479	0.150128
		Log likelihood	484.5359	490.2606	490.7299
		AIC	-5.047747	-5.097480	-5.102420
		SC	-4.962299	-4.994942	-4.999882

续表3-3

	方程类型及拟合结果		正态分布	t 分布	GED 分布
鸡蛋	均值方程	$R(-1)$	0.191928*** (0.0007)	0.216603*** (0.0011)	0.205478*** (0.0001)
		$R(-2)$	-0.155379** (0.0413)	-0.169204*** (0.0038)	-0.232825*** (0.0003)
	方差方程	C	-11.36268*** (0.0000)	-4.227234* (0.0958)	-11.47818*** (0.0000)
		RESID$(-1)^2$	-0.321949** (0.0378)	-0.151668 (0.4545)	-0.314450 (0.1287)
		RESID$(-1)^2$*(RESID(-1)<0)	0.150923* (0.0709)	0.246912 (0.1244)	0.194955* (0.0938)
		GARCH(-1)	-0.775595*** (0.0000)	0.328203 (0.3945)	-0.796144*** (0.0000)
	拟合结果	R-squared	0.052339	0.052551	0.044385
		Log likelihood	348.7741	349.3635	353.3299
		AIC	-3.627239	-3.622894	-3.664866
		SC	-3.524326	-3.502829	-3.544801

注：括号内为 p 值；***表示在1%水平下显著，**表示在5%的水平下显著，*表示在10%的水平下显著。

由表3-3可知，鸡蛋价格收益率序列的 EGARCH 模型选择正态分布，γ_i 系数显著不为零，说明波动具有非对称性，$\gamma_i > 0$ 说明好消息加大了波动；玉米价格收益率序列的 EGARCH 模型选择 GED 分布，γ_i 系数显著不为零，说明波动具有非对称性，$\gamma_i < 0$ 说明坏消息加大了波动。

（六）农产品价格波动的金融化

农产品价格波动的金融化是指农产品的价格形成机制除受供给与需求因素的影响外，更多地受货币政策、汇率水平、全球流动性水平、国际能源价格及大宗农产品期货价格波动等金融因素的影响（翟雪玲、徐雪高和谭智心等，2013[1]；吕惠明和蒋晓燕，2013[2]）。农产品价格波动金融化的原因是多方面的，具体如下：

---

[1] 翟雪玲、徐雪高、谭智心等：《农产品金融化概念、形成机理及对农产品价格的影响》，《中国农村经济》，2013年第2期，第83~95页。

[2] 吕惠明、蒋晓燕：《我国大宗农产品价格波动的金融化因素探析——基于SVAR模型的实证研究》，《农业技术经济》，2013年第2期，第51~58页。

(1) 农产品金融衍生品的多样化加大了农产品市场与资本市场的联系。农产品期货交易品种不断增多,2000 年仅有小麦、大豆、绿豆与橡胶 4 种农产品,到 2017 年底已覆盖小麦、玉米、大豆、绿豆、稻米、棉花、白糖、油菜籽、棕榈油、天然橡胶、鸡蛋与苹果共 12 种农产品;农产品期货交易规模不断攀升,成交总量从 2000 年的 0.48 亿手增加到 2017 年的 16.25 亿手,成交总额从 2000 年的 7333.66 亿元增加到 2017 年的 817000.39 亿元[①]。目前国内已推出白糖和豆粕两种期权,豆粕期权自 2017 年 3 月底上市以来,成交量逐渐上升,2018 年 5 月份豆粕期权成交量达到 97.6325 万手,成交额达 7.08 亿元;白糖期权自 2017 年 4 月 19 日上市,2018 年 5 月份成交量为 24.9502 万手,成交额 1.52 亿元[②]。此外还有银行推出的一些与农产品相关的理财产品,多样化的农产品金融衍生产品开辟了资本进入农产品市场的渠道。

(2) 不断提高的国内外农产品市场一体化程度助推了农产品价格波动的金融化。2001 年中国加入世界贸易组织以来,中国农产品进出口总额不断增加,2005 年农产品进出口总额仅为 286.5 亿美元,2017 年农产品进出口总额已增加到 2013.90 亿美元[③]。目前中国已成为世界前三大农产品贸易国,棉花、植物油与动物生毛皮进口量多年世界第一,农产品贸易在国际市场占有举足轻重的地位[④]。此外,大宗农产品期货市场的国际化交易逐渐攀升,这些都加剧了农产品价格波动的金融化程度。

(3) 生物质能源等农产品工业用途的快速发展促进了农产品价格波动的金融化。在农产品加工技术的提升助推其工业化用途不断增加、国际能源价格较高与全球可持续发展战略的背景下,生物质能源飞速发展,已成为仅次于煤炭、石油与天然气而位居世界能源消费总量第四的人类赖以生存的重要能源,故农产品需求急剧上升。全球燃料乙醇的总产量由 2000 年的 170 亿升提高到 2016 年的 986 亿升,年均复合增长率高达 11.6%,2016 年我国生产的燃料乙

[①] 中国证券监督管理委员会、中国期货业协会:《中国期货市场年鉴(2018)》,中国财政经济出版社,2018 年,第 10 页。

[②] 中国证券监督管理委员会、中国期货业协会:《中国期货市场年鉴(2018)》,中国财政经济出版社,2018 年,第 11~12 页。

[③] 数据来源于中华人民共和国商务部,http://wms.mofcom.gov.cn/article/zt_ncp/table/2017_12.pdf,http://images.mofcom.gov.cn/wms/table/2005_12.pdf。

[④] 农业部农产品贸易办公室、农业部农业贸易促进中心:《中国农产品贸易发展报告(2016)》,中国农业出版社,2016 年,第 11 页。

醇也达到 32 亿升①。全球生物柴油的总产量从 2000 年的 70.40 万吨增长到 2016 年的 2910 万吨，年均复合增长率为 27.36%，2016 年我国生物柴油产量超过 110 万吨②。生物质能源的快速发展改变了农产品市场已有的供求均衡，建立了能源市场与农产品市场的联系，使得更多的投资资金涌入农产品市场，其价格波动的金融化特征明显。

（4）宽松的货币政策为农产品价格波动的金融化提供了货币基础。农产品价格金融化的本质是过多的资本投资于农产品市场。宽松货币政策下，超量货币供给是资本投资于农产品的必要条件。从国内农产品与货币政策关系看，农产品价格历次较大幅度的上涨均与宽松的货币政策息息相关。2003 年我国货币与准货币供应量（M2）的增长率约为 20%，超过国内生产总值增长率近 10%。2003 年下半年开始农产品价格自 1996 年来首次大幅度上涨，到年底重要农产品的价格在部分地区上涨甚至超过 50%，2004 年的农产品生产价格指数上涨了 13.10%。为应对国际金融危机，国内推出 4 万亿元的投资计划，货币供给量增长速度超过国民生产总值增速近 19%，2011 年生产者价格指数上涨了近 17%③。多年连续超量的货币供给不仅大幅度提高了农产品的价格，也使得大量资金流入农产品市场。

二、农产品价格风险的影响因素

由前文可知我国农产品价格波动可分为周期性波动、季节性波动与随机性波动。季节性波动由农产品生产的季节性因素决定；周期性波动与随机性波动的影响因素众多，既包括价格决定机制的供给与需求因素，也包括政策因素、国际市场因素与金融化因素的冲击。

（一）供给因素

农产品的供给与需求直接决定了农产品的价格水平，在需求水平不变的情况下，供给水平的变化直接导致了农产品的价格波动，农产品供给水平的影响因素包括生产成本、技术进步、自然灾害与要素投入。

---

① 智研咨询：《2018—2024 年中国燃料乙醇市场全景调查与市场供需预测报告》，http://www.ibaogao.com/baogao/042H3N1H018.html。

② 智研咨询：《2018—2024 年中国生物柴油市场前景研究与投资风险报告》，http://www.ibaogao.com/baogao/032R352502018.html。

③ 货币与准货币供应量（M2）、国民生产总值与生产者价格指数的增长率由国家统计局提供的货币与准货币供应量（M2）、国民生产总值与生产者价格指数计算得到。

农产品"保险+期货"的方案设计与定价
——基于农产品价格调控机制

1. 生产成本

随着工业化与城镇化的快速发展，城乡之间的要素流动性不断加大，农产品价格的波动已由物质成本变动引起转变为物质与服务、人工与土地等要素共同决定。生产成本变化的主要原因包括：一是劳动力成本的大幅度上涨，二是化肥、农药与农机等物质与服务方面的费用逐渐上升，三是土地成本不断提高。近些年我国农产品生产成本不断增长（见表3－4），2006年到2016年玉米与蛋鸡的总生产成本年均增长率分别为10.22%和5.74%[①]。农产品生产成本上涨受人工、土地、物质与服务三项成本上涨的影响，如2007年到2016年玉米的人工、土地、物质与服务费用的年均增长率分别为12.65%、7.23%和12.38%[②]。

表3－4 2006—2016年玉米与蛋鸡的总生产成本情况

时间	玉米					蛋鸡				
	总成本	生产成本	土地成本	物质与服务费用	人工成本	总成本	生产成本	土地成本	物质与服务费用	人工成本
2006年	411.77	338.32	73.45	188.38	149.94	8534.30	8508.38	25.92	8139.64	368.74
2007年	449.70	358.52	91.18	198.74	159.78	9814.87	9786.32	28.55	9420.18	366.14
2008年	523.45	420.29	103.16	243.31	176.98	10719.90	10691.80	28.02	10270.40	421.41
2009年	551.10	433.66	117.44	241.05	192.61	11707.30	11683.20	24.12	11227.20	456.00
2010年	632.59	495.64	136.95	260.54	235.10	12715.10	12692.10	22.93	12112.60	579.57
2011年	764.23	603.94	160.29	308.45	295.49	14165.40	14140.90	24.53	13465.20	675.69
2012年	924.22	742.98	181.24	344.58	398.40	15320.30	15288.00	32.31	14386.70	901.32
2013年	1012.04	815.08	196.96	359.71	455.37	16013.70	15989.00	24.70	14974.30	1014.60
2014年	1063.89	839.48	224.41	364.80	474.68	16665.10	16639.80	25.27	15528.70	1111.10
2015年	1083.72	844.94	238.78	376.22	468.72	15377.50	15356.10	21.38	14231.90	1124.20
2016年	1065.59	827.65	237.94	369.55	458.10	14600.70	14578.80	21.87	13427.60	1151.19

注：玉米各种生产成本的单位为元/亩；蛋鸡的生产成本指中等规模蛋鸡的生产成本，各生产成本的单位为元/百只。数据来源于国家发展和改革委员会价格司的2006—2017年《全国农产品成本收益资料摘要》。

---

① 作者根据表3－4的数据计算得出。
② 作者根据表3－4的数据计算得出。

2. 技术进步

随着农业生产现代化的推进，农药、化肥、种子、农机以及灌溉技术等的应用均体现了我国农业生产的技术进步，农业技术的运用一方面直接提高了农产品生产的物质与服务费用，另一方面通过提高农业生产的效率以降低农产品生产成本，两者的相互作用影响了农产品价格的波动。我国耕地的有效灌溉面积从2000年的53820.33千公顷增加到2016年的67140.62千公顷，增长了24.75%；农用化肥量从2000年的4146.41万吨增加到2016年的5984.1万吨，增长了44.32%；农药使用量从2000年127.95万吨增加到2016年的186万吨，增长了40.68%；农业机械总动力从2000年的52573.61万千瓦增加到2016年的97245.57万千瓦，增长了84.97%。具体见表3-5。

表3-5 2000—2016年农药、化肥、农机以及灌溉技术的应用

时间	有效灌溉面积（千公顷）	农用化肥施用折纯量（万吨）	农药使用量（万吨）	农业机械总动力（万千瓦）
2000年	53820.33	4146.41	127.95	52573.61
2001年	54249.39	4253.76	127.48	55172.10
2002年	54355.00	4339.39	131.13	57929.85
2003年	54014.00	4411.60	132.52	60386.54
2004年	54478.00	4636.60	138.60	64027.91
2005年	55029.34	4766.22	145.99	68397.85
2006年	55750.50	4927.69	153.71	72522.12
2007年	56518.34	5107.83	162.28	76589.56
2008年	58471.68	5239.02	167.23	82190.41
2009年	59261.40	5404.40	170.90	87496.10
2010年	60347.70	5561.68	175.82	92780.48
2011年	61681.56	5704.24	178.70	97734.66
2012年	62490.52	5838.85	180.61	102558.96
2013年	63473.30	5911.86	180.19	103906.75
2014年	64539.53	5995.94	180.69	108056.58
2015年	65872.64	6022.60	178.30	111728.07
2016年	67140.62	5984.10	186.00	97245.57

注：数据来源于国家统计局，http://www.stats.gov.cn/。

3. 自然灾害与疫病

在全球气候变暖与环境污染不断严重（如洪涝、雪灾、台风等的自然灾害天气）和频繁发生重大突发性事件的趋势下（如重大动物疫情、病虫害等），农产品产量较大幅度地波动。农产品供给的较大起伏与农产品需求弹性的刚性，引起农产品价格的剧烈波动。2010 年东北低温雨雪、南方洪涝等自然灾害频发导致我国夏粮大幅度减产，外加俄罗斯、巴西等国际产粮大国遭受自然灾害，部分国家甚至禁止粮食出口，国际与国内粮食价格均大幅度提高。2016 年的暴雨与洪涝灾害（1951 年来平均降雨量最多）使得农作物受灾面积超过 8500 千公顷，绝收面积近 1300 千公顷；极端强对流天气全年发生 59 次，造成 2908 千公顷农作物受灾，绝收近 270 千公顷，自然灾害的爆发减少了农产品的供给，推动农产品价格上涨[①]。表 3-6 给出了我国 2000 年到 2016 年的农作物受灾面积，可见随着农业生产与气象技术现代化水平的不断提高，农作物的受灾情况整体呈减轻趋势。

表 3-6 我国 2000—2016 年的农作物各种灾害受灾面积

时间	受灾面积（千公顷）	水灾受灾面积（千公顷）	旱灾受灾面积（千公顷）	风雹灾受灾面积（千公顷）	冷冻灾受灾面积（千公顷）
2000 年	54688	7323	40541	2307	2795
2001 年	52215	6042	38472	3627	2978
2002 年	46946	12288	22124	7477	4212
2003 年	54506	19208	24852	4791	4483
2004 年	37106	7314	17253	5797	3711
2005 年	38818	10932	16028	2977	4428
2006 年	41091	8003	20738	4387	4913
2007 年	48992	10463	29386	2986	4072
2008 年	39990	6477	12137	4180	14696
2009 年	47214	7613	29259	5493	3673
2010 年	37426	17525	13259	2180	4121
2011 年	32471	6863	16304	3309	4447

---

① 民政部国家减灾办：《2016 年全国自然灾害基本情况》，http://www.jianzai.gov.cn/DRpublish/jzdt/0000000000021771.html。

续表3—6

时间	受灾面积（千公顷）	水灾受灾面积（千公顷）	旱灾受灾面积（千公顷）	风雹灾受灾面积（千公顷）	冷冻灾受灾面积（千公顷）
2012年	24962	7730	9340	2781	1618
2013年	31350	8760	14100	3387	2320
2014年	24891	4718	12272	3225	2133
2015年	21770	5620	10610	2918	900
2016年	26221	8531	9873	2908	2885

数据来源：国家统计局，http://www.stats.gov.cn/；民政部国家减灾办：《2016年全国自然灾害基本情况》，http://www.jianzai.gov.cn/DRpublish/jzdt/0000000000021771.html。

（二）需求因素

农产品消费结构的变动引起农产品需求的改变，进而导致农产品市场价格的波动，以调节农产品供给结构重新达到供需平衡。影响农产品需求的因素包括居民收入、人口增长与替代品的价格。

1. 居民收入与人口增长

根据经济学原理，若农产品是正常商品，其需求收入弹性大于0，随着收入的增加，农产品的需求量逐渐上升；若农产品是吉芬商品，其需求收入弹性小于0，居民收入的增加反而导致农产品需求量的下降。2000年到2016年城镇与农村居民的人均可支配收入分别从6280元、2253.4元增加到33616元、12363元，各提高了435.29%和448.64%[1]。

居民收入达到一定水平之后，粮食类农产品的人均需求量趋于稳定，生猪、鸡蛋、水果与蔬菜等非粮食类农产品的人均需求量不断提高，而人口的增长直接推动粮食类与非粮食类农产品需求量的增加。2000年到2016年我国总人口由126743万人一直逐渐增加到138271万人，其中城镇人口逐渐增加，而农村人口逐渐下降[2]。且我国城镇居民的人均可支配收入高于农村居民，此二者共同推动农产品需求的增加，进而推高农产品价格。

---

[1] 数据来源于国家统计局，https://data.stats.gov.cn/easyquery.htm?cn=C01。农村与城镇居民人均可支配收入的统计口径于2013年改变，2002—2012年的农村居民可支配收入由农村居民家庭人均纯收入表示。

[2] 数据来源于国家统计局，https://data.stats.gov.cn/easyquery.htm?cn=C01。

2. 替代品价格

农产品的替代品种较多，如小麦、稻谷、玉米等粮食类产品，猪肉、牛肉、羊肉等肉类食品之间均存在一定的可替代性。当小麦的替代品稻谷、玉米等的价格较高时，小麦的需求就会增加；当其替代品价格较低时，小麦的需求会下降。生产企业追求利润最大化，用于工业原料的农产品的替代品之间的相对价格发生变化时，替代品之间的需求量会发生较大变化。

（三）政策因素

农产品市场的调控政策是农产品价格波动的重要原因之一。为稳定我国农业生产，国家出台了如价格支持、农业补贴、贸易调控和市场流通等一系列政策，这些政策会直接或间接影响农产品的价格波动。

1. 农业补贴政策

农业补贴政策包括种粮农民直接补贴、良种补贴、农机具购置补贴、农资综合补贴、畜禽良种补贴、能繁母猪补贴与渔业柴油补贴等生产性补贴，关键技术补助、农民培训补助与动物防疫补助等技术与服务补贴，农业保险保费补贴等灾害救助补贴。这些补贴直接降低了农产品的生产成本，增加农产品的有效供给，进而影响农产品的价格波动。2015年，我国农民粮食直接补贴、良种补贴、农资综合补贴与农机具购置补贴四项合计达到1683.4亿元，动物防疫补贴60.1亿元，渔业油价补贴250.7亿元，中央财政农业保险补贴金额为144.67亿元[①]。

2. 价格支持政策

除了支持农业生产的补贴，为稳定农产品价格、保障国家粮食安全，国家出台了一系列大宗农产品市场调控政策，具体包括最低收购价格、临时收储政策、目标价格补贴政策和生产者补贴政策等[②]。最低收购价格的实施使得小麦、水稻价格多年来平稳上升，市场波动较小，增加了农民的种粮积极性；粮食、白糖临时收储政策有效保障了相关农户的收入，但生猪临时收储政策不仅没有起到稳定生猪价格的作用，反而加大了市场波动；目标价格补贴、玉米生产者补贴政策的实施在保障农户收入方面的作用已初显成效。

---

① 中华人民共和国农业部：《中国农业年鉴（2016）》，商务印书馆，2017年，第159~161页。
② 尽管目标价格补贴政策与生产者定额补贴政策已不直接影响市场价格，但其作为价格支持政策改革的替代，仍将其视为价格支持政策。

3. 贸易调控政策

农产品贸易政策的实施有助于稳定国内农产品价格，自我国加入WTO以来，国家出台了一系列的相关农产品贸易政策。为保障国家粮食安全，多年连续出台了限制小麦、大米等粮食作物出口的政策，如2007年不再给玉米、大豆与小麦等粮食作物的出口退税，2008年暂时征收玉米、大豆与小麦等粮食作物的出口关税，2008年粮食作物出口实施配额管理制度。为鼓励经济作物出口，2004年取消了企业绿茶与乌龙茶出口经营资格的审批管理制度，合格的进出口企业均可出口茶叶。

4. 市场流通政策

农产品由生产者到消费者往往经过多个流通环节，从田间地头的收购到批发市场再到集贸市场，消费者购买的农产品价格远高于生产者的出售价格，流通费用较高，尤其是鲜活农产品需要冷冻运输，流通费用更高。国家出台的农产品市场流通政策直接减少了农产品的运输成本，进而降低了农产品的市场价格。如所有收费公路免收装载鲜活农产品的合格装载车的过路费，降低集贸市场的摊位费与超市的进场费等措施。

（四）国际市场因素

我国加入WTO以后，农产品国际化程度不断加深，国内与国外农产品的价格波动联系紧密，尤其是国内外成熟农产品期货市场的相互连接更进一步加大了农产品价格波动的国际化。国内外农产品期货价格具有同向的联动波动趋势（陆刚，2015[①]）。还有学者研究了国际与国内农产品价格之间的关系，发现国际农产品价格波动对国内农产品价格波动具有显著影响，但不同农产品价格波动影响程度不同（Carol and John，1994[②]；González Rivera and Helfand，

[①] 陆刚：《农产品期货价格联动性实证研究——基于中美玉米期货日收盘价数据》，《系统科学与数学》，2015年第2期，第181~192页。

[②] Alexander Carol, Wyeth John：Cointegration and market integration：an application to the Indonesian rice market, The journal of development studies，1994（2）：303-334.

2001[①];李国祥,2008[②];罗锋和牛宝俊,2009[③];王孝松和谢申祥,2012[④])。国际能源市场通过影响农产品的生产成本提高农产品市场价格。

第二节 农产品价格风险地区差异的 VaR 度量:以玉米和鸡蛋为例

我国地域广阔,各地区自然环境、生产条件差异较大,外加农产品价格波动受供给、需求、政策等多方面的影响,农产品价格波动呈现出地区差异性。国内外农产品价格风险评估的方法相对成熟,包括条件方差法、基于参数法等。国外学者注重评估农产品价格波动风险的地区差异,国内学者侧重多种农产品价格风险测度的对比研究。由于本书的研究主题是农产品"保险+期货",其本质是农业保险,主要为农户、种植或养殖企业提供风险保障,故选取河北、内蒙古、辽宁、吉林、黑龙江、山东、河南七大玉米主产区与河北、江苏、山东、河南、湖北、四川六大鸡蛋主产区评估农产品价格风险的地区差异。鸡蛋市场几乎完全市场化,价格波动大起大落,极端价格波动风险较大,故本书还评估了鸡蛋价格的极端波动风险。我国已连续多年实施玉米临时收储政策,其价格波动相对平稳,少有的极端价格波动风险多由政策调整引起,这里不再考虑其极端价格波动风险情况。

一、农产品价格风险评估模型:历史模拟法与极值理论 POT 模型

(一)风险价值(VaR)与条件风险价值(CVaR)模型

风险价值 VaR 是指在正常市场条件下,一定时期内置信水平 $1-\alpha$ 下,某

[①] Gloria González – Rivera, Steven M Helfand: The extent, pattern, and degree of market integration: a multivariate approach for the Brazilian rice market, American journal of agricultural economics, 2001 (3): 576—592.

[②] 李国祥:《全球农产品价格上涨及其对中国农产品价格的影响》,《农业展望》,2008 年第 7 期,第 32~35 页。

[③] 罗锋、牛宝俊:《国际农产品价格波动对国内农产品价格的传递效应——基于 VAR 模型的实证研究》,《国际贸易问题》,2009 年第 6 期,第 16~22 页。

[④] 王孝松、谢申祥:《国际农产品价格如何影响了中国农产品价格》,《经济研究》,2012 年第 3 期,第 141~153 页。

种资产面临的最大损失，即

$$\text{Prob}(\Delta p \leqslant \text{VaR}) = 1 - \alpha \tag{3.12}$$

由此可得，

$$\text{VaR}(\alpha) = -F_r^{-1}(1-\alpha) \tag{3.13}$$

Δp 表示一定时期内的损失，VaR 表示此段时期内的最大损失，$F_r(\cdot)$ 是收益率的累积分布函数。

VaR 模型用于评估正常市场环境下的市场风险，市场出现极端风险时，其风险价值失去参考价值。资产收益率分布的厚尾性违反了正态分布的对称性，VaR 模型的风险值不是一致性风险度量，故引入条件风险价值 CVaR 模型对其修正，指资产损失超过给定的 VaR 时资产损失的期望。具体公式如下：

$$\text{CVaR}(\alpha) = E\{-r \mid -r \leqslant \text{VaR}_\alpha(x)\} = -\frac{\int_{-\infty}^{-\text{VaR}} z f_r(z) \mathrm{d}z}{F_r(-\text{VaR})} = \frac{\int_{-\infty}^{-\text{VaR}} z f_r(z) \mathrm{d}z}{1-\alpha} \tag{3.14}$$

（二）基于历史模拟的 VaR 与 CVaR

基于历史模拟法计算的 VaR 与 CVaR，就是用收益率历史观测值的经验分布的分位数计算的 VaR 与 CVaR。

如果收益率服从正态分布，依据上述（3.13）与（3.14）式可得：

$$\text{VaR}(1-\alpha) = -[\mu + \sigma \times c(\alpha)] \tag{3.15}$$

$$\text{CVaR}(1-\alpha) = -\left[\mu + \sigma \times \frac{f(c(\alpha))}{\alpha}\right] \tag{3.16}$$

其中，μ 与 σ 分别为正态分布的均值与方差，f 为正态分布的概率密度函数。

（三）基于 POT 模型的 GDP 分布的 VaR 与 CVaR

设 $X_1, X_2, \cdots, X_N$ 为独立同分布的随机变量序列，分布函数为 $F(x)$；x_f 是分布的右端点，既可以是有限的，也可以是无限的，则 $x_f = \sup\{x : F(x) \leqslant 1\}$；$K$ 是充分大的临界值，设有 n 个样本超过临界值，记作 $X_1, X_2, \cdots, X_n$，则超额条件分布函数 Y 为 $Y_i = X_i - K (X_i > K)$，$i = 1, 2, \cdots, n$，记为

$$F_K(y) = p(X - K \leqslant Y | X \geqslant K) = \frac{F(K+y) - F(K)}{1 - F(K)} = \frac{F(x) - F(K)}{1 - F(K)} \tag{3.17}$$

可得，

$$F(x) = (1 - F(K))F_K(y) + F(K), x > K \tag{3.18}$$

可见，由超额条件分布 $F_K(y)$ 直接推导可得总体分布函数 $F(x)$。Pickands（1975）研究发现 K 足够大时，超额条件分布近似服从广义帕累托分布，分布函数如下：

$$G(x; K, \sigma, \xi) = 1 - \left(1 + \xi \frac{x - K}{\sigma}\right)^{-1/\xi}, \xi \neq 0 \tag{3.19}$$

其中，$x > K$，$\xi \frac{x-K}{\sigma} > 0$，则称 X 服从广义帕累托分布（GPD 分布）；位置参数为 K，$K \in R$；尺度参数为 σ，$\sigma > 0$；形状参数为 ξ，$\xi \neq 0$，ξ 越大，尾部越厚，收敛速度越慢。用广义帕累托分布表示 $F_K(y)$，$N-n/N$ 表示 $F(K)$ 的有效经验估计量，可得基于 GPD 分布的 POT 模型，分布函数如下：

$$F(x) = 1 - \frac{n}{N}\left(1 + \xi \frac{x-K}{\sigma}\right)^{-1/\xi}, \xi \neq 0, x > X \tag{3.20}$$

基于式（3.12）、（3.13）与（3.20）式推导可得：

$$\text{VaR}(\alpha) = K + \frac{\sigma}{\xi}\{[(1-\alpha)N/n]^{-\xi} - 1\} \tag{3.21}$$

$$\text{CVaR}(\alpha) = K + \frac{1}{1-\alpha}\int_0^{1-\alpha}\{[(1-\alpha)N/n]^{-\xi} - 1\}x\,dx \tag{3.22}$$

据式（3.21）与（3.22）计算 $\text{VaR}(\alpha)$ 与 $\text{CVaR}(\alpha)$ 需要知道广义帕累托分布的参数 σ 与 ξ，可用极大似然估计方法进行估计，由广义帕累托分布的分布函数推导可得其对数似然函数：

$$\ln(L_{\text{GPD}}) = -n\ln(\sigma) - N\left(\frac{1+\xi}{\xi}\right)\sum_{i=1}^{n}\ln\left[1 + \frac{\xi(x-K)}{\sigma}\right] \tag{3.23}$$

最大化式（3.23）对数似然函数可得参数估计结果。

POT 模型常用的阈值选取方法包括超均值函数图法（Mean Excess Function，MEF）与 Hill 图法。MEF 与 Hill 图法均通过图形肉眼观测阈值 u，仅能大概给出合理范围，选取的主观性较大，部分样本数据结构甚至无法适用。峰度法基于正态分布的峰度值小于 3 的条件确定阈值，阈值确定准确，且操作简单，本书采用此方法。

二、数据来源与描述性统计

鸡蛋六大主产区价格序列为 2015 年 1 月 1 日到 2018 年 6 月 21 日的日价格序列，各共 714 个数据，单位统一为元/公斤，数据来源于中国农业大数据；玉米七大主产区价格序列为 2000 年 1 月到 2017 年 6 月的月集市价格序列，各共 209 个数据，单位统一为元/公斤，数据来源于中国畜牧业信息网[①]。将七大玉米主产区与六大鸡蛋主产区的价格转化为日对数收益率。七大玉米主产区与六大鸡蛋主产区的价格对数收益率序列的描述性统计结果如表 3-7 和 3-8 所示。

表 3-7 全国七大玉米主产区月价格对数收益率的描述性统计

	r1	r2	r3	r4	r5	r6	r7
Mean	0.003695	0.003400	0.004189	0.004065	0.004416	0.003839	0.003860
Median	0.005900	0.004301	0.004264	0.004338	0.004535	0.004728	0.005935
Maximum	0.183782	0.336472	0.843970	0.226958	0.254892	0.138150	0.193841
Minimum	−0.178692	−0.302281	−0.755023	−0.377929	−0.328504	−0.164962	−0.212922
Std. Dev.	0.046700	0.049828	0.092258	0.054136	0.056777	0.045627	0.049588
Skewness	−0.396063	0.132680	0.755989	−0.874812	−0.584730	−0.469217	−0.423009
Kurtosis	5.277226	19.57431	56.55623	16.82117	10.53340	4.673982	7.219525
Jarque—Bera (Probability)	50.6235 (0.000000)	2393.1480 (0.000000)	24997.7600 (0.000000)	1690.1640 (0.000000)	506.1266 (0.000000)	32.0717 (0.000000)	161.2795 (0.000000)
Sum	0.772216	0.710640	0.875469	0.849493	0.922935	0.802346	0.806702
Sum Sq. Dev.	0.453617	0.516418	1.770409	0.609578	0.670509	0.433025	0.511456
Observations	209	209	209	209	209	209	209

注：r1、r2、r3、r4、r5、r6 和 r7 分别表示河北、内蒙古、辽宁、吉林、黑龙江、山东与河南七大玉米主产区的月价格对数收益率序列，() 内为 Jarque—Bera 统计量的 P 值。

[①] 由于我国玉米持续多年实施临时收储政策，其日价格波动不明显，多数的日价格对数收益率为 0，不利于拟合分布，故选用月对数收益率序列作为研究对象；鸡蛋市场基本完全市场化，日价格波动剧烈，选用日价格对数收益率反映其价格波动情况，与后文鸡蛋"价格保险+期货"对接。

表 3-8 全国六大鸡蛋主产区日价格对数收益率序列的描述性统计

	R1	R2	R3	R4	R5	R6
Mean	−0.000292	−0.000331	−0.000324	−0.000370	−0.000311	−0.000263
Median	0.000000	−2.680000E−05	0.000000	−8.980000E−05	−0.000330	0.000000
Maximum	0.183168	0.178681	0.141943	0.220722	0.205297	0.307397
Minimum	−0.299577	−0.258134	−0.294579	−0.261234	−0.265184	−0.312317
Std. Dev.	0.038571	0.029119	0.034106	0.031493	0.029672	0.044560
Skewness	−1.441495	−1.367917	−2.353000	−0.794623	−0.759521	−0.156664
Kurtosis	17.97911	21.94844	24.99400	21.66247	21.39563	16.95866
Jarque-Bera	6912.6900 (0.00000)	10888.9400 (0.00000)	15028.9300 (0.00000)	10422.0800 (0.00000)	10121.8300 (0.00000)	5791.4100 (0.00000)
Sum	−0.208260	−0.236317	−0.231101	−0.263709	−0.221871	−0.187862
Sum Sq. Dev.	1.059284	0.603704	0.828196	0.706165	0.626859	1.413749
Observations	714	714	714	714	714	714

注：R1、R2、R3、R4、R5 和 R6 分别表示河北、江苏、山东、河南、湖北、四川六大鸡蛋主产区的日价格收益率序列，( ) 内为 Jarque-Bera 统计量的 P 值。

三、农产品价格风险地区差异评估的结果与分析

（一）基于历史模拟法的玉米价格波动风险评估结果与分析

历史模拟法完全基于农产品价格对数收益率数据的历史观测值，计算风险价值与条件风险价值，不会丢失与扭曲信息，是价格波动风险的真实估计，样本量较大时能较好地评估各地区的农产品价格波动风险[1]。运用基于历史模拟（HS）法的 VaR 与 CVaR 方法评估玉米七大主产区的价格波动风险，分别计算出置信水平在 99％、95％ 与 90％ 处的风险价值与条件风险价值，结果如表 3-9 所示。

---

[1] 鸡蛋价格整体波动风险是基于各地区原始鸡蛋价格日对数收益率数据计算的 VaR 与 CVaR，是相对于下文中基于数据筛选计算的极端市场风险与正常市场风险而言的概念。

表3-9 全国七大主产区玉米价格波动风险的历史模拟法评估结果

	历史模拟（HS）法					
	$\alpha=0.01$		$\alpha=0.05$		$\alpha=0.1$	
	VaR	CVaR	VaR	CVaR	VaR	CVaR
河北	0.1380	0.1615	0.0792	0.1149	0.0522	0.0898
内蒙古	0.1710	0.2487	0.0607	0.1160	0.0382	0.0810
辽宁	0.2166	0.5482	0.0699	0.1856	0.0454	0.1187
吉林	0.1342	0.2602	0.0691	0.1226	0.0456	0.0883
黑龙江	0.1597	0.2554	0.0873	0.1433	0.0434	0.1015
山东	0.1389	0.1579	0.0826	0.1141	0.0510	0.0878
河南	0.1633	0.2088	0.0821	0.1253	0.0534	0.0925

由表3-9的结果可知，全国七大主产区玉米价格波动风险存在差异，但差异相对较小。由于CVaR是资产损失超过给定的VaR时资产损失的期望，可知CVaR更能反映一定置信水平下的价格波动风险情况。在95%置信水平下，依据CVaR的结果，价格波动风险从高到低依次是辽宁、黑龙江、河南、吉林、内蒙古、河北与山东，辽宁玉米价格波动风险最高，为0.1856；山东玉米价格波动风险最小，为0.1141。

（二）基于历史模拟法的鸡价格波动风险评估结果与分析

运用基于历史模拟（HS）法的VaR与CVaR方法评估鸡蛋六大主产区的价格波动风险，分别计算出置信水平在99%、95%与90%处的风险价值与条件风险价值，结果如表3-10所示。由结果可知不同地区鸡蛋价格波动风险差异较大。基于95%置信水平下的CVaR，鸡蛋价格波动风险由大到小依次是四川、河北、山东、河南、湖北与江苏，四川的鸡蛋价格波动风险几乎是江苏的2倍。

表 3-10 全国六大主产区鸡蛋价格波动风险的历史模拟法评估结果

	历史模拟（HS）法					
	$\alpha=0.01$		$\alpha=0.05$		$\alpha=0.1$	
	VaR	CVaR	VaR	CVaR	VaR	CVaR
河北	0.1408	0.2126	0.0507	0.1029	0.0315	0.0717
江苏	0.0846	0.1609	0.0355	0.0738	0.0216	0.0511
山东	0.1138	0.1952	0.0431	0.0875	0.0288	0.0616
河南	0.1113	0.1697	0.0391	0.0785	0.0248	0.0551
湖北	0.1003	0.1567	0.0371	0.0751	0.0221	0.0517
四川	0.1354	0.2213	0.0602	0.1096	0.0379	0.0786

（三）基于 POT 模型鸡蛋价格极端波动风险地区差异的评估结果与分析

采用峰度法筛选出各主产区鸡蛋的极端价格波动风险，结果如表 3.11 所示。基于超越阈值的样本观测值 n，运用极大似然方法估计广义帕累托（GPD）分布的参数，结果如表 3-11 所示。为检验模型拟合效果，画出各地区超越阈值的日价格对数收益率序列的经验分布函数与基于参数估计的 GPD 分布图（如图 3-4 所示），可见基于参数估计的 GPD 分布与经验分布函数拟合效果较好，保证了参数估计结果的准确性。

表 3-11 极值理论 POT 模型的阈值选取结果与 GPD 分布的参数估计结果

	河北	江苏	山东	河南	湖北	四川
估计值	0.3560	0.3961	0.5223	0.3832	0.3853	0.3411
估计值	0.0285	0.0184	0.0175	0.0188	0.0214	0.0314
峰度	2.9949	2.9989	2.9945	2.9955	2.9972	2.9927
阈值	0.0338	0.0216	0.0314	0.0222	0.0265	0.0485
γ_1	63	71	64	79	55	49

注：峰度表示峰度法剔除极端价格波动风险之后，剩余样本的峰度；阈值为极端价格波动风险剔除的最低价格风险；γ_1 为极端价格波动风险点的样本数。

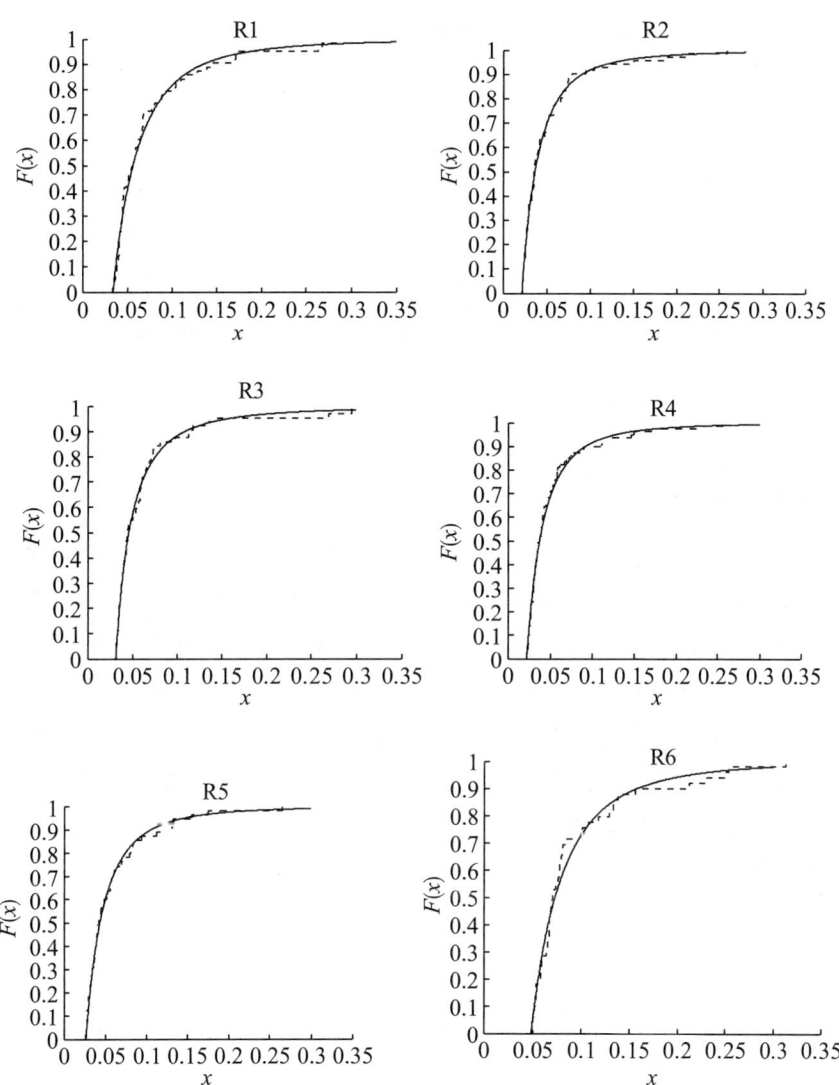

图 3-4　全国鸡蛋六大主产区价格收益率序列 GPD 分布拟合诊断

注：虚线为超越阈值样本观测值的经验分布函数，实线为估计的 GPD 分布函数。

基于表 3-11 的参数估计结果，根据 (3.10) 与 (3.11) 式分别计算鸡蛋六大主产区在 99%、95% 与 90% 置信水平下价格波动的极端风险价值，结果见表 3-12。

表 3−12　全国六大鸡蛋主产区价格波动的极端风险值

	基于 POT 模型的 GPD 分布法					
	$\alpha=0.01$		$\alpha=0.05$		$\alpha=0.1$	
	VaR	CVaR	VaR	CVaR	VaR	CVaR
河北	0.3662	0.3662	0.1863	0.2766	0.1355	0.2035
江苏	0.2630	0.2630	0.1273	0.2009	0.0908	0.1609
山东	0.3692	0.3692	0.1581	0.2860	0.1094	0.1850
河南	0.2596	0.2612	0.1278	0.1924	0.0917	0.1623
湖北	0.2985	0.2985	0.1471	0.1984	0.1058	0.1567
四川	0.3993	0.3993	0.2122	0.2609	0.1584	0.2510

比较表 3−12 与表 3−11 可得：①各地区鸡蛋价格波动的极端风险值差异较大。基于 95% 置信水平下的 CVaR 结果，极端价格波动风险从高到低依次是山东、河北、四川、江苏、湖北与河南，山东的 CVaR 值是 0.2860，河南的 CVaR 值是 0.1278。②不同置信水平下 VaR 与 CVaR 值差异较大，说明鸡蛋极端价格波动风险的范围较大。如置信水平由 99% 下降到 90% 时，四川地区的 CVaR 值由 0.3993 下降到 0.2510，下降了 0.1482。③极端价格波动风险显著高于价格波动风险，在 95% 置信水平下，基于历史模拟法的河北省鸡蛋价格波动的价格风险为 0.1029，而其极端价格波动风险为 0.2766，几乎是价格波动风险的 3 倍。

第三节　中国农产品价格风险管理工具的演进

中国农产品价格风险管理工具的演进，经历了从农产品期货到农产品价格保险，再到农产品期权，最后到农产品"保险＋期货"的过程。

一、农产品价格风险管理工具：农产品期货（1990）

（一）农产品期货市场的基本经济功能

农产品期货市场具有价格发现与风险对冲两大基本经济功能，合理的价格发现是实现风险对冲功能的前提条件。

第三章　农产品价格风险及"保险＋期货"的引出

1. 价格发现功能

标准化的期货合约使得农产品期货交易机制具有公开、公平、公正、竞争与高效的特征，可形成预期性、真实性、权威性与连续性的农产品期货价格，这就是农产品期货市场的价格发现功能。价格发现功能完全由基于供求机制形成的期货价格决定，而期货市场的供求机制由期货市场买卖双方基于现货市场供给、需求等多种因素的持续评估共同形成。价格发现并不是发现现货市场的每一个价格，而是发现现货市场的价格走势。农产品价格不断变化但逐渐趋向均衡价格，故价格发现功能发现的是某一段时间的农产品均衡价格。

农产品期货市场具有价格发现功能主要基于以下几点：一是农产品期货市场是众多农产品生产者、经营者、销售者、加工者与投机者的聚集地，成千上万的供给者与需求者相互竞价形成的价格可反应市场价格的走势。二是期货交易专业化的操作要求与高杠杆投资，一旦操作失误将会带来严重损失，故其参与主体大多熟悉市场行情、经营知识丰富，且获取信息的渠道较广，能对产品供求作出合理分析以反映现货市场的真实供求。三是农产品期货交易采用电子化的集中竞价模式，交易公开、透明，易形成公正、权威的农产品价格。

2. 风险对冲功能

农产品期货是国内外农业生产与相关经营者管理价格风险的重要市场化工具，其发展的允分必要条件是风险对冲功能，即通过套期保值操作对冲农产品现货市场的价格风险。套期保值亦可称为对冲，指在农产品期货市场上买进或卖出与现货市场农产品数量相当但交易方向相反的期货合约，便于未来某个时间运用与现货市场相反的交易以规避现货市场的价格风险。基于农产品期货市场的价格发现功能，两个市场价格走势相同，在现货市场与期货市场执行交易方向相反、数量相当的操作，当现货市场遭遇亏损时，期货市场可获得盈利，可实现其风险对冲功能。完美的风险对冲基于以下两个条件：一是农产品期货与现货市场价格走势基本一致。尽管农产品期货与现货两个市场相互独立，但交易标的与市场环境制约因素相同，期货市场正常运行情况下，两个市场价格走势基本一致。二是期货合约到期日农产品期货价格与现货价格趋同。农产品期货市场的到期交割制度使得到期日农产品期货与现货价格趋于一致，否则市场交易的套利行为也会使二者趋同。

经济学家凯恩斯与希克斯从经济学角度阐述了套期保值理论，认为农产品期货与现货价格走势大致相同，现货、期货市场的盈利与亏损相互抵消，套期保值者基于风险最小化的目的，坚持品种相同、交易方向相反、数量相同与时间相近四个原则对冲风险,被称为传统的套期保值理论。现代套期保值理论由沃金(Working)提出,认为现货与期货市场的基差是可以预期的,基于预期收益最大化原理,选择相对较小的基差风险合理布局期货持仓头寸与数量,以达到套期保值的目的。

(二)农产品期货市场的发展现状

我国农产品期货市场发端于中国郑州粮食批发市场的建立,至今已经历30多年的发展历程。其过程并非一帆风顺,经过初期盲目发展阶段(1990—1993年)、大力清理整顿阶段(1994—1995年)、深入调整阶段(1996—2000年)之后,从2001年起我国农产品期货市场的发展步入正轨,至今已在上市品种、交易规模与结构、交易中介机构与市场参与主体等多方面取得快速发展。

1. 农产品期货上市品种

目前仍只有郑州、大连与上海三家期货交易所,各交易所经营各不相同的农产品期货品种。经过清理整顿与深入调整之后,2003年3月首次推出新的农产品期货交易品种优质强筋小麦,随后新的农产品期货交易品种不断涌现,到现在农产品期货上市品种共有21个,其中郑州商品交易所经营一号棉、白糖、普麦、油菜籽与苹果等11种农产品期货合约,大连商品交易所经营黄大豆一号、玉米、鸡蛋与棕榈油等9种农产品期货合约,上海商品交易所经营天然橡胶期货合约,具体见表3-13。

表3-13 我国三大交易所上市的农产品期货品种

交易所	上市品种	上市品种数量
郑州商品交易所(DCE)	一号棉、面纱、菜籽油、油菜籽、菜籽粕、白糖、普麦、强麦、粳稻、晚籼稻、苹果	11种
大连商品交易所(SHFE)	黄大豆一号、黄大豆二号、玉米、玉米淀粉、鸡蛋、豆粕、棕榈油、豆油	9种
上海商品交易所(ZCE)	天然橡胶	1种

注:数据来源于中国期货业协会,http://www.cfachina.org/。

2. 农产品期货交易规模与结构

2001年我国农产品期货交易量仅为10938.9362手,成交额为21648.8584亿元,2001年至2010年的十年间农产品期货交易量与成交额持续不断上升,到2010年农产品期货成交量与成交额达到历史最高水平,分别为1114642394手与499011.6889亿元。2011年受欧债危机与美国主要商品期货经纪商全球曼氏金融（MF Global）破产的影响，我国农产品期货交易量与交易额陡然下降到 572708909 手与 552806.7498 亿元，之后不断攀升，到 2016 年达到新高点。2017 年全球处于长周期衰退的底部，外加期货交易所异常交易的处理，农产品期货交易量与交易额下降到 812950597 手与 408695.524 亿元（见图 3—5）。

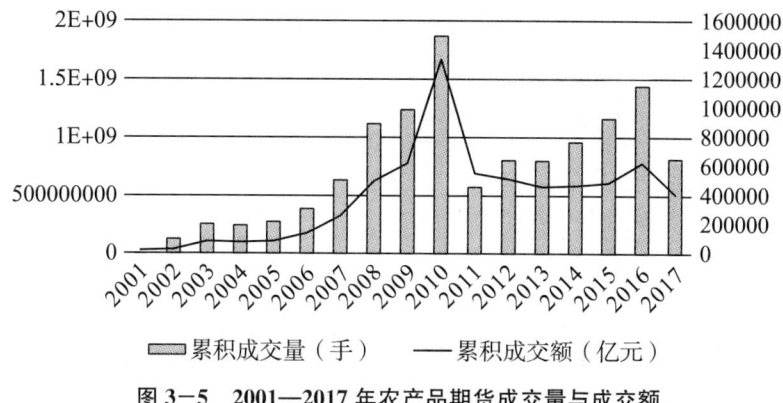

图 3—5　2001—2017 年农产品期货成交量与成交额

注：数据来源于中国期货业协会，http://www.cfachina.org/。

我国农产品期货合约成交量排名前五的分别是大连商品交易所的豆粕、玉米与豆油，上海期货交易所的天然橡胶，郑州商品交易所的菜籽油，占农产品期货合约总成交量的比例分别为 20.04%、15.66%、8.37%、10.99% 与 9.81%。期货合约成交额排名前五的分别是天然橡胶、豆粕、白糖、棕榈油与豆油，占比分别为 33.65%、11.22%、9.68%、9.25% 与 8.68%（见表 3—14）。

表 3—14　2017 年我国农产品期货合约成交占比

交易所名称	品种名称	成交总量（手）	成交量占比	成交总额（亿元）	成交额占比
上海期货交易所	天然橡胶	89341052	10.99%	137510.95	33.65%
郑州商品交易所	一号棉	26056848	3.21%	20123.55	4.92%
	棉纱	124156	0.02%	143.63	0.04%
	早籼稻	1037	0.00%	0.57	0.00%
	菜籽油	25990659	3.20%	17374.30	4.25%
	油菜籽	1908	0.00%	0.96	0.00%

续表3—14

交易所名称	品种名称	成交总量（手）	成交量占比	成交总额（亿元）	成交额占比
郑州商品交易所	菜籽粕	79736545	9.81%	18509.81	4.53%
	白糖	61056859	7.51%	39560.57	9.68%
	普麦	82	0.00%	0.10	0.00%
	强麦	377494	0.05%	217.70	0.05%
	粳稻	261	0.00%	0.17	0.00%
	晚籼稻	202	0.00%	0.12	0.00%
	苹果	793933	0.10%	636.55	0.16%
大连商品交易所	黄大豆一号	26324058	3.24%	10245.57	2.51%
	黄大豆二号	42551	0.01%	14.07	0.00%
	玉米	127323949	15.66%	21070.91	5.16%
	玉米淀粉	50433910	6.20%	9926.79	2.43%
	鸡蛋	37262376	4.58%	14228.12	3.48%
	豆粕	162877864	20.04%	45853.85	11.22%
	棕榈油	68046475	8.37%	37804.02	9.25%
	豆油	57158378	7.03%	35473.25	8.68%

注：资料来源于中国期货业协会，http://www.cfachina.org/。

由美国期货业协会（FIA）对全球78家交易所中期货与期权成交量统计结果可知，上海期货交易所（SHFE）、大连商品交易所（DCE）与郑州商品交易所（ZCE）的成交量在全球期货交易所的排名分别为6、8与11名[①]。中国在农产品期货交易中占据主导地位，农产品期货成交量排名前20的合约中，我国农产品期货合约占一半，成交量最大的5个合约均是大连与郑州商品交易所的农产品期货合约（见表3—15）。

---

① 中国证券监督管理委员会、中国期货业协会：《中国期货市场年鉴（2016）》，中国财政经济出版社，2017年，第236页。

表 3—15　2015、2016 年全球农产品期货成交量排名

排名	交易品种	上市交易所	2015 年成交量（手）	2016 年成交量（手）
1	豆粕	大连商品交易所（DCE）	289496780	388949970
2	菜粕	郑州商品交易所（ZCE）	261487209	246267758
3	棕榈油	大连商品交易所（DCE）	111515010	139157899
4	玉米	大连商品交易所（DCE）	42090235	122362964
5	白糖	郑州商品交易所（ZCE）	187323456	117293884

注：资料来源于美国全国期货业协会（FIA），https://www.nfa.futures.org/。

3. 农产品期货市场交易中介机构

截至 2016 年底，我国期货公司共有 149 家，A 类、B 类与 C 类期货公司分别有 30 家、102 家与 17 家。其中，149 家公司均开展经纪业务，相关营业部有 1603 家；106 家期货公司获得投资咨询业务资格；129 家期货公司拥有资产管理业务资格，11 家公司采用资产管理子公司的形式经营相关业务；还设立了 62 家风险管理子公司[①]。

基于我国农业生产经营的分散化特征，目前农产品期货市场参与主体以农业企业、大型合作社及相关投机主体为主，小农户难以直接进入期货市场。

（二）我国农产品期货市场发展的制约因素

尽管经过清理整顿与深入调整之后，我国农产品期货市场已取得飞速发展，但仍存在上市品种与交易规模有限、交易主体结构不合理、农业分散化经营与期货规模交易不相符、农户资金规模有限与文化素质不高等问题。

1. 农产品期货上市品种与交易规模有限

如前所述，截至 2018 年 5 月底我国农产品期货上市品种仅有天然橡胶、大豆、菜籽油、棉花与玉米等 21 个期货合约，仅覆盖我国农产品种类的一小部分，且多数是大宗农产品，目前我国出台多种政策支持大宗农产品价格，其价格相对稳定。对农民收入影响较大的经济作物反而缺乏农产品期货品种，如目前我国仍未推出生猪期货，不能满足规模化生猪养殖者的市场风险管理需求。鲜活农产品期货目前仅有鸡蛋与苹果两个品种，远不能满足我国畜禽产

---

① 中国证券监督管理委员会、中国期货业协会：《中国期货市场年鉴 2016》，中国财政经济出版社，2017 年，第 236 页。

品、蔬菜与水果等价格管理的需要。尽管我国农产品期货交易在全球占据主导地位，但这仅从总量进行考量，我国是农业大国，农产品期货交易量在我国农产品产量中的占比仍较低，且同一期货合约常有多个月份，主力合约相对活跃，非主力合约交易量非常有限，远不能满足参与主体的市场需求。

2. 农产品期货交易主体结构不合理

套期保值与投机者是农产品期货市场的交易主体。套期保值主体主要包括农产品的生产者及农产品经营相关企业，但我国这两类参与者非常有限，多数是市场投机者。我国农业以分散化经营的小农户为主，生产规模与农产品期货市场标准化的规模交易相矛盾，导致其难以进入期货市场。受体制等多方面制约，我国农产品经营相关企业运用农产品期货交易进行套期保值的需求不足。据2011年的《中国期货市场年鉴》可知，近130万的农产品期货交易主体中法人参与者的比例不足3%，权益规模在10万元以下的中小散户占比超过93%。

3. 农业分散化经营与期货规模交易不相符

尽管我国已加大土地规模化经营的步伐，但目前仍以分散化的小农户经营为主，《全国农村固定观察点调查数据汇编（2010—2015年）》显示，2015年底我国年末户均经营耕地面积仅为7.07亩，其中承包田还不到5亩，小麦、稻谷、玉米与大豆四大粮食作物的户均播种面积仅为6.66亩。户均出售粮食、棉花、油料等农产品数量分别为940.82公斤、20.7公斤与127.41公斤。农产品期货交易最低为1手，而1手小麦、玉米、大豆与棉花期货合约的农产品数量分别为20吨、10吨、10吨与5吨。可见农产品现货市场的分散化经营与期货合约标准化规模交易差距较大，农户难以直接进入期货市场。

4. 农户经济实力弱且文化素质普遍较低

2016年我国农村居民人均可支配收入为12363元[①]，尽管多数农产品期货交易的保证金比例仅为5%，但1手农产品期货的保证金费用外加手续费用动辄上千元，相对于农民年均人均可支配收入仍是较大数目。农产品期货交易专业化知识要求较高，相关知识属于大学本科教育内容。截至2015年底，我国农村劳动力中高中及以上文化程度的比例不足16%，有专业技术职称人数的

---

① 数据来源于国家统计局，https://data.stats.gov.cn/easyquery.htm?cn=C01。

比例不足 6%，农村劳动力文化素质普遍较低[①]。随着农产品市场化程度的提高，尽管价格风险管理需求逐步上升，但农产品期货交易属于高杠杆交易，操作失误带来的损失较为严重，绝大多数农民对期货交易望而却步。

二、农产品价格风险管理工具：农产品价格保险（2011）

随着农产品市场化改革的推进与农业生产技术的不断提升，农产品市场风险已超越农业生产风险成为影响农户收入的首要因素。由前文分析可知，我国农业生产目前仍以分散化经营为主，外加农民文化素质普遍较低，农产品期货与期权难以成为农业生产者管理价格风险的有效市场化工具。我国自 2007 年实施政策性农业保险以来，创新型产品不断涌现，经过十多年的发展，农业保险成为农业生产者管理农业风险的重要市场化工具。为满足农业生产者价格风险管理的需求，农产品价格保险应运而生，将农业保险的承保范围由生产风险扩大至市场价格风险。

（一）农产品价格保险的发展现状

蔬菜价格保险试点由上海市农业委员会与安信保险公司联合于 2011 年在全国率先推出，随后北京市农业委员会与安华农业保险公司于 2012 年首次试点生猪价格保险。基于试点的成功经验及政府的大力支持，各种农产品价格保险试点在全国迅速铺开，截至 2016 年底，相关试点已推广至全国 31 个省份，试点农产品种类扩展至粮食作物、蔬菜、生猪与地方特色农产品 4 大类共 50 种，保费收入超过 10 亿元，提供风险保障近 155 亿元[②]。

（二）农产品价格保险的运作模式：以锦泰生猪价格保险为例[③]

目前蔬菜与生猪是农产品价格保险试点规模最大的两类农产品。蔬菜种类繁多，具有显著的地方特色，各地蔬菜价格保险试点方案差异较大。全国各地生猪价格保险试点方案的相似度较高，大多数地区的生猪价格保险以猪粮比为理赔依据。锦泰保险推出以生猪出栏价格为理赔依据的价格保险（以下简称"出栏价格"方案），且采用灵活的浮动价格理赔机制，产品特色鲜明。该产品

---

① 中共中央政策研究室、农业部农村固定观察点办公室：《全国农村固定观察点调查数据汇编（2010—2015 年）》，中国农业出版社，2017 年，第 35~48 页。
② 中华人民共和国农业农村部：《"农产品价格指数保险"模式》，http://www.moa.gov.cn/ztzl/jrfwnyxdhgflt/sdms_a1012/201710/t20171012_5838724.htm。
③ 此案例的相关资料来源于锦泰保险公司农险部，感谢锦泰保险的支持。

自 2014 年 11 月份推出，承保头数由 2014 年的 80480 头增加到 2016 年的 984040 头，保费规模由 2014 年的 714.7 万元上升到 2016 年的 7218.3 万元，承保的市场风险保障由 1.2 亿元提高到 14.29 亿元。2016 年，锦泰"出栏价格"方案（仅在四川、陕西与贵州三个地区开展）占全国市场份额的 29%，占四川省市场份额的 79%，绝对优势明显。故以此为例介绍农产品价格保险的运作模式。

1. 锦泰"出栏价格"生猪价格保险方案

（1）保险标的、责任、期限与投保方式。承保生猪品种为外三元杂交或良种二元，养殖规模在 300 头（年出栏量）以上的标准化与规模化养猪场或养殖户的断奶仔猪和育肥猪。整个保险期间只要四川省农业厅官网发布的月出栏肉猪价格低于保险价格指数，保险公司就要依合同履行赔偿责任。保险期限为一年，保单生效日为签单次月 1 日。以生猪年出栏量进行投保，且年出栏量低于投保时育肥猪数量的 2 倍或能繁母猪数量的 18 倍。

（2）保险价格指数。保险价格指数包括初始保险价格与调整保险价格。基于生猪市场历史价格数据建模预测未来一年（12 个月）的生猪出栏价格，预测的 12 个月生猪出栏价格均值即为初始保险价格，如 2018 年自贡市的初始保险价格为 14.3 元/公斤。保险到期后，基于保险期间饲养成本、预测与实际出栏价格的异同及生猪价格异常波动次数三个因素的变化回算得到调整保险价格，即：调整保险价格＝初始保险价格×价格调整系数，价格调整系数＝育肥猪配合料系数 T_1×出栏价格波动系数 T_2×平均出栏价格系数 T_3，且价格调整系数不小于 1。

（3）保险费与分担比例。约定每头育肥猪的重量为 100 公斤，则每头育肥猪的保险金额＝保险初始价格×100 公斤，2018 年自贡市的保险金额为 1430（14.3×100）元；年费率为 5.3%，则每头育肥猪的年保费＝保险金额×年费率，2018 年自贡市每头育肥猪的年保费是 75.79 元（1430×5.3%）。生猪价格保险属于政策性农业保险，其保费由政府与农户共同承担，各地区各级政府保费补贴比率不同，2018 年自贡市生猪养殖户的保费自缴比例为 30%，自流井区、大安区、贡井区和沿滩的市、区财政分别承担 40%与 30%的保费责任，荣县和富顺县的市、县财政分别承担 10%与 60%的保费责任。

（4）免赔率与保险赔款。一年分 12 个保险赔款结算周期，每个结算周期的绝对免赔率为 15%。依据初始价格计算每个结算期的保险赔款，即：保险赔款/头＝（初始保险价格－出栏价格）×100 公斤×（1－15%），每个结算期的保险赔款＝（保险赔款/头）×年出栏量÷12。依据浮动价格计算每个结算期的补充保险赔款,即:浮动后保险赔款/头＝(调整保险价格－出栏价格)×100公斤×(1－15%),每个结算期的补充保险赔款＝[(浮动后保险赔款/头)－(保险赔款/头)]×年出栏量÷12。每个结算期的保险赔款逐月支付,每个结算期的补充保险赔款于保单到期日后一次性赔付。投保人无须报案,保险人在四川省农业厅官网发布月度出栏肉猪价格数据后自动启动理赔流程,且在5个工作日内结算。

(5)承保任务分配。生猪价格保险属于创新型试点产品,还没有中央财政的补贴,试点地区与规模仍有限,采取在自愿投保原则下的任务分配制度,即每个地区的投保规模不得超过地区政府的规划支持承保数量。2018年自贡市计划承保10.0万头,各区、县的承保规划如表3-16所示。

表3-16　2018年自贡市生猪价格保险承保任务分配表

地区	自流井区	贡井区	大安区	沿滩区	荣县	富顺县	合计
承保任务(万头)	1.0	1.5	1.5	1.5	2.0	2.5	10.0

注:资料来源于自贡市农牧业局,http://www.zg.gov.cn/web/snmyj。

2. 锦泰"出栏价格"方案的产品特色

(1)产品简单易懂,理赔透明快捷。

锦泰"出栏价格"产品以四川省农业厅官网定期发布的出栏价格作为理赔触发参数,养殖户直接从第三方机构获得生猪价格信息,基于保险合同的保险赔款公式简单明了地获得赔款金额。四川省农业厅是公布农产品相关信息的政府机构,独立于保险公司,是权威的第三方生猪价格信息发布机构,可公正、公开与透明地计算理赔款,不易引起保险双方的理赔纠纷。四川省农业厅发布生猪价格数据之后,将生猪价格录入系统,系统将自动判定保险事故发生与否,迅速完成理赔流程,次日农户即可收到理赔款,实现"T+0"理赔模式。虽承保周期为一年,但一个承保期却分为12个保险赔款结算周期,既减少与养殖户频繁签订保险合同的费用,又使得保险赔款真实反映市场价格波动,不至于保险期间过长而抹平承保期内的生猪价格波动。

(2)保险赔付贴近实际损失,有效抑制逆向选择。

引入浮动价格指数机制,基于保险期间饲养成本、预测与实际出栏价格的异同及生猪价格异常波动次数三个因素的变化回算的保险价格,使得生猪价格无论是低位运行、波动运行还是高位运行,养殖户均可获得赔付。根据四川省农业农村厅(原四川省农业厅)公布的2010年7月至2017年2月生猪出栏价格数据,基于价格波动特征将其划分为低位、波动与高位运行期间,设定初始保险价格为14.7元/公斤,分别测算各价格运行特征期间生猪浮动价格前后的赔付率,结果见表3-17。

表3-17 低位、波动与高位生猪价格运行期间浮动价格前后的赔付率测算

历史价格期间		赔付率	
		浮动前赔付率	浮动后赔付率
低位运行	2010.07—2011.06	120.70%	未触发
	2013.06—2014.05	100.20%	未触发
	2014.03—2015.02	143.20%	未触发
	2014.06—2015.05	111.50%	未触发
波动运行	2011.10—2012.09	29.90%	61.2%
	2011.09—2012.08	29.90%	63.7%
	2015.02—2016.01	53.30%	未触发
	2014.08—2015.07	75%	未触发
高位运行	2016.03—2017.02	0	78.4%
	2015.05—2016.04	8.70%	58.40%
	2011.07—2012.03	0	63.60%

注:资料来源于锦泰保险农险部,初始保险价格为14.7元/公斤。

由表3-17结果可知,低位运行期间均不触发补充保险赔款;波动运行与高位运行期间,浮动前赔付率的大小与浮动后赔付率的大小没有直接关系,这是因为浮动后赔付率的高低由回算条件与生猪价格走势共同决定。如生猪价格波动运行前进,浮动前赔付率较高的两个时间段反而未触发补充保险条款,原因在于这两个时间段内生猪价格波动整体呈上涨趋势。生猪价格高位运行前进,养殖户仍可获得赔款,有效地避免了生猪养殖户投保的逆向选择问题。

(3) 发挥市场机制作用,稳定生猪市场供应。

与生猪临时收储政策不同,生猪价格保险在生猪价格低位运行时给予生猪养殖户以保险赔款的补偿,但不影响生猪市场价格,可充分发挥市场机制调节生猪市场供应。与传统生猪保险及猪粮比生猪价格保险保成本的理念不同,锦泰"生猪出栏"方案构建价格模型预测生猪价格走势,保障的是生猪的未来价格,初始保险价格是生猪未来价格的合理预期,有助于引导生猪养殖户合理调整养殖规模与周期,显著降低生猪养殖的盲目性,可有效稳定市场供给。

（三）农产品价格保险面临的困境

前文介绍的锦泰生猪价格保险运作模式是我国农产品价格保险运作模式的典型代表，锦泰"出栏价格"生猪价格保险方案的产品特色可看作我国农产品价格保险的优势。农产品价格保险自2011年开始试点，至今试点规模仍有限，其发展过程中面临诸多困境。

1. 保障水平难以确定

由前文分析可知，农产品价格保险的方案设计需同时用到农产品的价格与产量信息，完善的农产品价格与产量信息是农产品价格保险健康发展的必要条件。但我国现行农产品价格保险试点面临难以获取价格信息和价格信息质量较低等问题。一是农产品价格信息分散在多个部门之中，各部门统计规则不同，价格统计信息不一致问题普遍存在。二是农产品价格数据开放程度有限，尤其是高频日价格数据，价格数据信息获取有限。三是农产品价格保险推行时间尚短，保险公司相关数据积累有限，难以准确预测价格波动。这些原因使农产品价格保险的保障水平难以合理确定。

2. 保费补贴力度有限，缺乏相关法律法规

传统农业保险主要保障农业生产风险，且以保成本为主，保费相对较低，外加由中央财政给予财政补贴，农户只需自缴保费的20%左右。农产品价格保险承保市场价格风险，且保障程度提高，保费相对较高，但却仅有地方政府的支持，农户保费负担较重。农产品价格保险仍处于试点阶段，还没有与其相关的法律法规，保险双方的违规操作风险较高。

3. 系统性风险较大，缺乏巨灾风险分散机制

随着农产品市场化改革的推进，各地价格波动的联动性增强，系统性风险显著，农产品价格保险的规模化承保易给保险公司财务造成冲击。农产品价格保险在世界各国的试点范围十分有限，国际再保险市场缺乏相应的再保险方案。国内的再保险公司也不愿意提供价格保险再保险，目前仅有"农业保险再保险共同体"（简称"农共体"）提供再保险支持，且仅有基于乘数分保的再保险方案，此再保险方案以相同的比例分出收益与损失，不能有效地分散保险公司面临的巨灾风险，对保险公司的吸引力有限。随着农产品价格保险业务规模的扩张，"农共体"的承保能力难以满足现实需求。

4. 试点范围有限，承保对象要求严格

目前农产品价格保险仍处于试点阶段，较大的系统性风险使其难以大规模推广。农产品价格保险的试点均由地方财政支持,为降低经营管理费用,试点对承保对象的要求极为严格。锦泰"出栏价格"方案要求年出栏生猪规模在300头以上,且仅限于外三元杂交或良种二元的生猪品种。各地推行的蔬菜价格保险方案均对种植规模有明确的规定,在我国农业分散化经营的大背景下,大多数小规模经营农户达不到承保要求。地方财政支持有限,每年的试点规模有限,即便农户能达到承保要求,也不一定能获得相关保障。

三、农产品价格风险管理工具:农产品期权(2013)

(一)农产品期权的功能

农产品期权的本质是一种选择权,期权购买者可基于自己的利益在规定的时间与地点以约定的价格买进或卖出某种农产品的权利,并非必须要买进或者卖出。依据期货合约形式可分为场外期权与场内期权。场内期权也称为"交易所上市期权",指在集中性的商品交易所交易的标准化的农产品期权合约。场外期权相对于场内期权而言,指在非集中性的交易场所基于消费者需求量身定制的期权。二者性质大致相同,期权合约是否标准化是二者最主要的区别。场内期权聚集大量买者与卖者,交易透明度高;场外期权基于消费者需求量身制定,合约灵活性高,但仅有交易双方了解签订的期权合同,透明度较低。

与农产品期货不同,农产品期权并不必须承担买进或卖出的义务,既可使交易者有效规避相应市场风险,又保留了交易者获取收益的机会,可满足中小投资者的需求。随着我国农业规模化经营的不断深入,农产品期权可成为新型农业经营主体管理市场风险重要的市场化工具,丰富农产品市场价格支持政策,促进订单农业与农产品期货市场的发展。

与农产品期货相比,期权交易具有如下特征:①时间与交易成本相对较低。农产品期货价格时时变动,为确保买卖双方履约,交易双方均需缴纳保证金。农产品期权交易的本质是购买一种选择权,且购买者没有义务必须履约,违约风险不存在,仅买方缴纳权利金,卖方无须缴纳任何费用。期货交易实行每日盯市制度,随着农产品价格的变动,交易双方面临追缴保证金的风险。期权交易一旦购买仅需在期权到期日选择是否行权,无须逐日盯市,时间与交易成本均较低。②风险与收益呈非线性关系。随着农产品价格的不断变化,期货交易的风险与收益相应增加或减少,是对等的,套期保值交易在规避风险的同时,也丧失了盈利机会。农产品期权交易买方的最大损失为权利金,价格出现不利变动时,收益无限大,卖方则与之相反,双方之间的风险与收益呈明显的非线性关系。

（二）我国农产品期权的发展现状

郑州与大连商品交易所早在1998年就已开始研究农产品期权相关问题。2005年国家有关部门甚至推动农产品期权上市，但由于期权买卖风险问题被暂时搁置。农产品期权由于在活跃期货交易与管理价格风险方面具有重要作用，于2010年被重新规划上市筹备工作。在农产品市场化改革与农业规模化经营步伐的加快、现有农户价格风险管理工具不能满足农户需求及农产品期权迟迟未上市的背景下，自2013年7月，期货风险管理公司推出多种农产品场外期权业务，包括新湖瑞丰的"二次地点价+场外期权"与玉米"订单+期货+期权"模式、永安期货的"保底租地协议+场外期权+期货"与吉林省"场外期权+粮食银行"模式等，有效管理了农产品价格风险，促进农民增收。2014年农产品期权上市准备工作逐渐完成，推出场内期权仿真模拟交易。随着农产品场外期权试点规模的不断扩大与场内模拟交易的成熟，中国证监会于2016年12月正式批准农产品期权上市。2017年3月，大连商品交易所挂牌交易豆粕期权，同年4月，白糖期权在郑州商品交易所上市交易。截至2018年6月底，豆粕期权累积成交量与成交额分别为9238293手与65.12亿元，白糖期权累积成交量与成交额分别为3213146手与24.40亿元。

表3-18　我国豆粕与白糖期权的成交量与成交额

时间	豆粕		白糖	
	成交量（手）	成交额（亿元）	成交量（手）	成交额（亿元）
2017.03	23033	0.23	0	0.00
2017.04	300523	2.47	74386	1.01
2017.05	390289	2.91	113026	1.17
2017.06	322987	2.37	249502	1.81
2017.07	548415	4.17	184521	2.21
2017.08	275325	2.21	125845	1.63
2017.09	311633	1.99	181564	1.89
2017.10	332665	1.69	201712	1.57
2017.11	588788	2.67	254028	1.59
2017.12	542024	3.18	185856	1.50

续表3—18

时间	豆粕		白糖	
	成交量（手）	成交额（亿元）	成交量（手）	成交额（亿元）
2018.01	483039	2.52	266534	2.00
2018.02	576263	3.53	171391	0.97
2018.03	1564250	11.28	429187	2.06
2018.04	847468	8.42	201729	1.37
2018.05	976325	7.08	249502	1.52
2018.06	1155266	8.41	324363	2.14
汇总	9238293	65.12	3213146	24.40

注：数据来源于中国期货业协会官网，http://www.cfachina.org/。

（三）农产品期权在市场风险管理中面临的挑战

尽管与农产品期货相比，期权交易优势明显，但其在农产品价格风险管理中仍面临如下挑战：①目前我国仅推出豆粕与白糖期权，且二者的交易额均不超过100亿元，交易品种与规模十分有限，不能满足大多数农产品价格风险管理的需求。②白糖与豆粕期权合约规定的1手白糖与豆粕重量均为10吨。目前我国农业生产仍以分散化经营为主，农产品生产量与期货合约最小交易量相差甚远，绝大多数农民难以进入农产品期权市场。③农产品期权交易操作相关知识专业性较强，属于大学教育内容，我国农业劳动力中受高中及以上水平的农民比例不足20%，绝大多数农民难以直接操作期权交易。

四、农产品价格风险管理工具：农产品"保险+期货"（2015）

（一）农产品"保险+期货"的产生背景

由于最低收购价和临时收储政策实施多年，我国大宗农产品国内外价格倒挂严重，库存量和进口量齐增，仓容压力巨大。为完善农产品价格形成机制，2014年中央一号文件推出农产品目标价格制度改革，启动东北和内蒙古大豆、新疆棉花目标价格补贴试点，探索粮食、生猪等农产品目标价格保险试点。至此我国农产品市场化改革不断深化，农产品价格风险市场化管理需求逐渐上升，但市场化管理工具还很有限，包括农产品期货、期权、价格保险。由于我国农产品期货、期权上市品种与交易规模有限，多数农产品（尤其是鲜活农产品）无法运用此工具分散风险；农业分散化经营与期货、期权规模交易相矛盾；农户经济实力弱，难以负担农产品期货、期权交易的较高费用；农民文化素质不高，与期货、期权交易操作专业化不相符，导致绝大多数农户难以运用农产品期货、期权管理价格风险。农产品价格保险由于面临保障水平难以确定、缺乏系统性风险分散机制及价格统计数据不完善等问题，相关试点规模有限，难以成为农户管理市场价格风险的有效工具。基于此，2015年8月，大连市保监局与人保财险分公司推出玉米和鸡蛋"保险＋期货"试点模式。该模式中农户、农业相关经营者从保险公司购买玉米价格保险；为分散玉米价格保险的系统性风险，人保财险大连分公司购买新湖瑞丰场外玉米看跌期权；为进一步分散风险，新湖瑞丰期货公司在期货交易所复制对应的看跌期权。可见，农产品"保险＋期货"既克服了农户难以进入农产品期货、期权市场的困难，又为农产品价格保险的系统性风险提供了分散机制。

（二）农产品"保险＋期货"的发展现状

基于玉米与鸡蛋"保险＋期货"试点模式的成功经验，2016年至2018年连续三年的中央一号文件均提出要稳步扩大"保险＋期货"试点。2016年，大连商品交易所提供2000万元支持7家保险公司与12家期货公司联合在内蒙古、辽宁与黑龙江等地推出12个"保险＋期货"试点项目，9个玉米试点项目承保玉米达16.66万吨，3个大豆试点项目共计承保大豆3.45万吨，为4000多个农户提供风险保障。同年，郑州商品交易所推出10个棉花、白糖"保险＋期货"项目，试点拓展至8个省区。为进一步深入贯彻落实中央一号文件精神，2017年大连商品交易所提供7000万元支持8家保险公司与25家期货公司联合在河北、安徽、重庆、黑龙江等7个省（区、市）开展32个"保险＋期货"试点项目，承保玉米与大豆现货量分别为67.83万吨和11.40万吨。郑商所提供2000万元资金支持24个"保险＋期货"项目，白糖与棉花项目分别为16个与8个，共覆盖14个国家级贫困县和5个省区。上海期货交易所提供3960万元资金支持23个天然橡胶"保险＋期货"项目，覆盖海南与云南的14个贫困县，承保面积达40万亩。2017年两大商品交易所与上海期货交易所共开展79个农产品"保险＋期货"项目，试点农产品包括玉米、大豆、鸡蛋、棉花、白糖与天然橡胶共6种农产品，试点规模达到80万吨，补贴金额共计1.3亿元①。

(三) 农产品"保险+期货"面临的风险

尽管农产品"保险+期货"克服了价格保险的内生性缺陷，但由于保险与期货市场的跨界融合以及期货市场的局限性，其仍存在一系列风险：①基差风险。农产品"保险+期货"的目标价格及到期实际价格完全依据期货市场确定，与现货市场价格不完全相同，此基差风险将导致保险赔付与农户实际损失不符。②制度风险。场外期权费无法列为再保险费用，场外期权盈利需缴税，增加保险公司成本。③违约风险。场外期权交易不在期货交易所内，监管机构的监管匮乏，期货公司合作方有可能会出现信用违约，以致保险公司的赔付风险无法通过期货市场规避。④定价风险。农产品"保险+期货"费率须向监管部门报备，且一段时间内不予变化，与期货市场期权定价随行就市的实时变化不相匹配，可能造成较大偏差。有部分学者认为，保险公司在农产品"保险+期货"中稳赚不赔，获得手续费用，仅扮演"中介"角色。笔者认为此观点不正确，中介是为交易双方提供服务的第三方，在交易中仅起协助作用，不直接参与交易，而农产品"保险+期货"中农户与保险公司直接签订价格保险合同，与期货公司没有权利义务关系，理赔也直接由保险公司承担，即便期货公司出现违约现象，保险公司仍需赔付农户损失。

第四节　农产品"保险+期货"的引出：比较优势及可行性

农产品"保险+期货"较之期货、期权及价格保险具有比较优势，并具有可行性。

一、农产品"保险+期货"的优势：与期货、期权及价格保险的比较

农产品期货、期权、价格保险与"价格保险+期货"四种市场化价格风险管理工具均在特定的经济与社会条件下产生，农产品"保险+期货"作为价格

---

① 魏书光：《期货业备战新一轮"保险+期货"　资金投入将创新纪录》，《证券时报》，2018年1月16日第A005版。

保险与农产品期货的跨界融合,其相对优势明显。

(一) 农产品"保险+期货"相对于期货、期权的比较优势

尽管农产品期权相对于期货具有绝对优势,但二者作为金融衍生产品在农产品市场风险管理中面临相同的挑战,农产品"保险+期货"既利用了农产品期货、期权在价格风险管理中的优势,又克服了其面临的困境,比较优势明显:一是与农产品期货、期权操作专业性较高相比,我国农业保险覆盖面较广,且产品通俗易懂,农户更容易理解农产品"保险+期货"。二是农产品期货、期权的交易规模较大,农户难以直接利用,而农产品"保险+期货"没有最低承保量要求,小规模农业生产者也可直接购买。三是我国农业保险属于政策性农业保险,各级财政均给予保费补贴,农户自行承担的保费负担较轻,而农产品期货、期权没有相应补贴,费用较高。

(二) 农产品"保险+期货"相对于价格保险的对比优势

与农产品价格保险相比,农产品"保险+期货"具有以下优势:一是基于期货市场的目标价格厘定相对科学。期货市场目标价格不仅包含历史价格信息,还尽可能多地包含未来价格的影响因素。二是价格系统性风险得以有效分散。期货公司为保险公司提供个性化的场外看跌期权产品,系统性价格风险转移至期货市场。三是保险与期货市场的跨界合作,产品支持力度较大。价格保险的参与主体包括政府、保险公司和农户,而期货价格保险的参与主体还包括商品交易所等,可得到其资金支持,保费压力进一步减轻。

二、农产品"保险+期货"的可行性分析

农产品"保险+期货"仍处于试点初期,且面临一系列风险,其可行性分析不仅有助于合理规划试点规模,还可不断完善试点产品,使其更契合农户管理价格风险的需求。基于保险学理论,可保风险的四大条件包括:一是损失发生的频率低但损失严重,也就是具有经济可行性;二是风险标的大量且满足独立、同分布条件;三是可以确定损失的概率分布及损失的大小;四是损失是偶然发生[①]。农产品"保险+期货"保障的是农产品价格风险,随着农产品市场化改革的不断深入,农产品价格波动频繁,不满足损失频率低的条件。农产品市场一体化程度不断提高,不同地区的同一农产品价格波动趋势基本一致,农

---

① 孙蓉、兰虹:《保险学原理》,西南财经大学出版社,2015年,第46~47页。

产品价格风险具有系统性，不满足保险标的独立同分布的条件。由于农产品生产的季节性，农产品价格波动呈现出一定的周期性与季节性，不满足损失发生的偶然性条件。可见，农产品价格风险在理论上是不可保风险。

部分学者认为不能仅基于传统可保风险理论（满足可保风险条件）就认为农产品"保险＋期货"不具有可行性[①]。可保风险是基于保险人的现有技术水平选择可以承保的风险，也即不可保风险是保险公司现有的风险管理技术不能有效管理的风险，可见保险人通过不断改进自身的技术条件可将不可保风险转化为可保风险[②]。故农产品"保险＋期货"是否可行的关键是能否将赔付风险控制在合理范围之内，可从以下几个方面使得农产品"保险＋期货"具有可行性：一是选择性地承保农产品价格风险。摒弃频率高、损失低的价格波动，仅承保给农户造成巨大损失的极端价格波动风险，极端价格波动风险频率低且损失较大。二是扩大承保区域，尤其是跨省份承保。由前文农产品价格风险的测度可知农产品价格波动风险的地区差异较大，从空间上分散系统性价格风险。三是分别运用 Hodrick－Prescott filter 法（H－P 滤波法）与 X－12－ARIMA 季节调整法分离农产品价格波动的周期性与季节性波动部分，计算得出价格的随机波动部分，此部分满足损失发生的偶然性条件。综上，尽管农产品价格风险在理论上不属于可保风险，但在现有保险人技术水平下，农产品"保险＋期货"仍是可保的。

第五节　本章小结

本章首先选取玉米和鸡蛋两种典型农产品分析价格波动的特征与影响因素。国内相关研究认为农产品价格波动具有周期性、季节性、地区差异性、金融化、集聚性与非对称性等特征。本书运用 H－P 滤波法分离出玉米与鸡蛋价格波动的趋势与循环部分，发现二者价格波动呈现出明显的周期性特征；采用 X－12－ARIMA 季节调整法分离出玉米与鸡蛋价格波动的季节性成分，发现二者价格波动呈现出不同程度的季节性；用变异系数法（CV）评估农产品价格波动的地区差异性，发现玉米与鸡蛋价格波动的地区差异均较大；应用

[①] 王克、张峭、肖宇谷等：《农产品价格指数保险的可行性》，《保险研究》，2014 年第 1 期，第 40~45 页。

[②] 卓志、王禹：《生猪价格保险及其风险分散机制》，《保险研究》，2016 年第 5 期，第 109~119 页。

第 三 章 农产品价格风险及"保险＋期货"的引出

GARCH 类模型评估二者价格波动的集聚性，发现价格波动的集聚性都很明显；运用 EGARCH 模型检验玉米与鸡蛋价格波动的非对称性，发现二者的价格波动存在明显的非对称性。影响农产品价格波动的四大类因素为供给因素、需求因素、政策因素及国际市场因素，供给因素包括生产成本、技术进步、自然灾害与疫病，需求因素包括居民收入、人口增长与替代品价格；政策因素包括农业补贴政策、价格支持政策与贸易调控政策。

其次，以玉米和鸡蛋为例评估了农产品价格波动风险的地区差异性。采用基于历史模拟法、极值理论 POT 模型的 VaR 评估七大玉米主产区与六大鸡蛋主产区的价格波动风险，结果发现玉米、鸡蛋价格风险的地区差异均明显。

最后，通过分析农产品价格风险管理工具的演进历程引出农产品"保险＋期货"。农产品期货市场具有价格发现与风险对冲功能，但农产品期货上市品种与交易规模有限、交易主体结构不合理、农业分散化经营与期货规模交易不相符、农户经济实力弱且文化素质不高等制约因素，使其难以成为广大农户管理价格风险的有效工具。我国于 2011 年推出农产品价格保险，由于其面临保障水平难以确定、缺乏巨灾风险分散机制等困境，难以在全国大范围推广。尽管与农产品期货相比，期权交易具有时间与交易成本相对较低及风险与收益呈非线性关系的优点，但目前国内上市品种非常有限、操作专业知识要求较高，绝大多数农民难以直接利用该工具。基于此，农产品"保险＋期货"应运而生，其作为保险与期货的跨界融合，既克服了农户难以进入农产品期货、期权市场的困难，又为农产品价格保险提供系统性风险分散机制，但该模式仍面临基差风险、制度风险、违约风险与定价风险。从可保风险条件看，农产品价格风险不属于可保风险，但部分学者认为不能仅基于传统可保风险理论（满足可保风险条件）就认为农产品"保险＋期货"不具有可行性，可保风险是基于保险人的现有技术水平选择可以承保的风险，也即不可保风险是保险公司现有的风险管理技术不能有效管理的风险，保险人通过不断改进自身的技术条件可将不可保风险转化为可保风险，农产品"保险＋期货"是否可行的关键是能否将赔付风险控制在合理范围之内。

第四章 中美农产品"保险+期货"的实践方案及比较借鉴

第一节 美国农产品"保险+期货"实践方案及启示

美国拥有世界上最大的农业保险市场,包括产量类、收入类、区域类、指数类及其他五大类农业保险的产品体系均较为完善。保费收入从1988年的0.1亿美元增加到2017年的100.92亿美元,其间经历了4个飞速发展阶段[①](见图4—1)。1989年产量保险全面铺开;1994年农业部规定获得自然灾害救助的前提是农业保险的购买,以致1995年保费收入猛增;2007年至2008年加大农业保险补贴力度;2011年收入保护保险(Revenue Protection,RP)的推出使得保费收入首次突破100亿美元。成熟的农产品期货市场是美国农业保险得以成功运行的重要外部环境,借助于农产品期货市场的价格发现功能,设计保险与期货相融合的保险产品,如收入保险与牲畜价格保险均是基于期货市场价格设计的保险产品,其实践方案值得借鉴。

---

① 数据来源于美国农业部风险管理局,https://www.rma.usda.gov/en/Topics/Insurance-Resources。

第四章 中美农产品"保险＋期货"的实践方案及比较借鉴

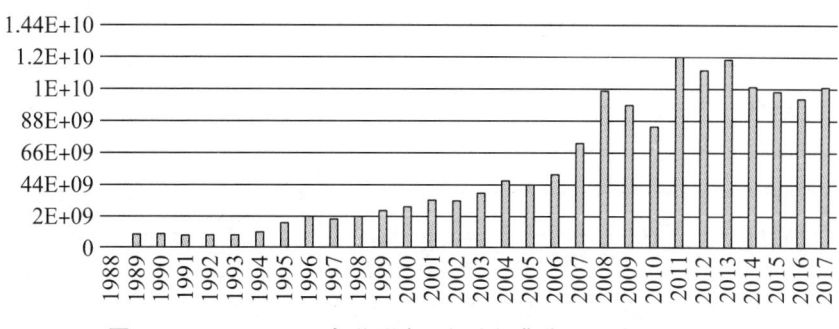

图 4-1 1988—2017 年美国农业保险保费收入（单位：美元）

注：数据来源于美国农业部风险管理局，https://www.rma.usda.gov/。

一、牲畜"价格保险＋期货"的实践方案及启示

美国牲畜价格保险包括牲畜风险保护保险（Livestock Risk Protection Insurance，LRP）与牲畜毛利润保险（Livestock Gross Margin，LGM）。牲畜风险保护保险（LRP）为育肥母牛、肉牛、生猪及羔羊四类牲畜提供价格风险保障，一旦市场价格下降导致损失，保险公司将直接补偿养殖户目标价格与到期实际价格之间的差额。牲畜毛利润保险（LGM）为肉牛、奶牛及生猪三种牲畜提供毛利润风险保障，承保因肉牛、奶牛与生猪市场价格下降，或其饲料成本上升造成的毛利润损失，只要牲畜实际毛利润低于目标毛利润，保险公司即给予目标与实际毛利润差额的赔偿。毛利润保险中牲畜数量与饲料投入量均固定，该保险实际保障产出与投入价格波动差异的风险，属于价格保险范畴。牲畜价格保护保险（LRP）与牲畜毛利润保险（LGM）中的牲畜与饲料价格均依据期货市场价格确定，故二者的本质是农产品"价格保险＋期货"。

美国牲畜价格保险从 2003 年开始试点，2003 年至 2010 年试点期间的保费收入有限，自 2011 年全国推广，保费收入迅猛增加至历史最高值。牲畜价格保护保险的保费收入从 2003 年的 720646 美元增加至 2017 年的近 1000 万美元。牲畜毛利润保险保费收入 2011 年达到最高约为 2602 万美元；2014 年农业法案推出牲畜利润保障项目之后，保费收入减少至 800 万美元左右。育肥母牛价格风险保护保险自推出之后在牲畜价格保护保险中的占比不断上升，2015 年至 2017 年稳定在 80% 左右（见表 4-1）。尽管生猪毛利润保险在牲畜毛利润保险中的占比不高，但其是试点最早的毛利润保险，产品相对完善，故以此二者为例进行分析。

105

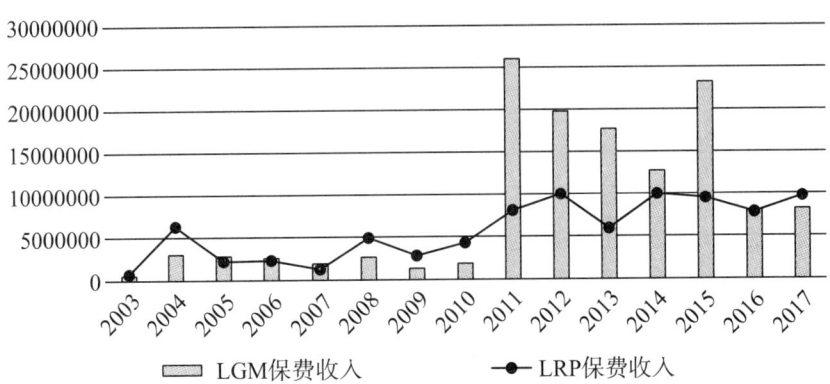

图 4—2　2003—2017 年美国牲畜价格保险保费收入（单位：美元）

注：数据来源于美国农业部风险管理局，https://www.rma.usda.gov/。

表 4—1　2003—2017 年各类牲畜价格保险占比

年份	牲畜价格风险保护保险 LRP				牲畜毛利润保险 LGM		
	FED CATTLE	FEEDER CATTLE	SWINE	LAMB	Swine	Cattle	Dairy Cattle
2003	0.26%	4.22%	95.52%	—	100.00%	—	—
2004	65.19%	25.78%	9.04%	—	100.00%	—	—
2005	19.24%	59.51%	21.24%	—	100.00%	—	—
2006	20.89%	61.72%	17.39%	—	78.99%	21.01%	—
2007	18.52%	64.67%	16.80%	—	83.10%	16.90%	—
2008	3.37%	41.36%	5.91%	49.36%	94.61%	5.39%	—
2009	13.15%	48.44%	4.90%	33.51%	63.56%	14.91%	21.53%
2010	11.13%	53.60%	8.75%	26.53%	57.68%	1.07%	41.25%
2011	8.04%	65.36%	6.34%	20.26%	3.57%	0.29%	96.14%
2012	3.75%	44.32%	2.86%	49.07%	3.32%	0.01%	96.66%
2013	5.88%	53.12%	1.23%	39.77%	4.83%	0.03%	95.14%
2014	7.64%	76.21%	0.69%	15.46%	8.86%	0.40%	90.73%
2015	11.22%	87.16%	1.46%	0.15%	3.97%	0.06%	95.98%
2016	16.72%	78.21%	0.51%	4.57%	11.14%	0.81%	88.05%
2017	10.14%	80.25%	1.01%	8.60%	12.65%	8.27%	79.08%

资料来源：美国农业部风险管理局，https://www.rma.usda.gov/。

第四章　中美农产品"保险+期货"的实践方案及比较借鉴

（一）牲畜"价格保险+期货"的实践方案

1. 牲畜风险保护保险（LRP）：以育肥母牛期货价格保险方案为例

育肥母牛期货价格保险的保险标的包括阉牛（Steer）、小母牛（Heifer）、婆罗门牛（Brahman）及乳牛（Dairy）四种（见表4-2），每种育肥母牛按重量范围（低于600磅[①]及介于600～900磅之间）分为两类。育肥母牛的目标价格及到期实际价格均由芝加哥商品交易所育肥母牛价格指数（CME Feeder Cattle Index）确定，但每类育肥母牛的价格与该期货价格指数存在差异，因此分别设定价格调整因素，为养殖户提供更有效的价格保障。期货市场价格每日变化，故育肥母牛期货价格保险的目标价格及费率每日在美国农业部风险管理局网站更新，表4-3给出了科罗拉多州2017年1月3日各类育肥母牛的部分报价信息。养殖户选择CME育肥母牛价格指数的70%～100%确定目标价格，可获得13周到52周不同的承保期限。对育肥母牛至少拥有10%的所有权才可投保，每个保单年度内，单个养殖户最多投保2000头育肥母牛，每份保险合约不超过1000头。此外，政府给予13%的保费补贴。

表4-2　育肥母牛期货价格保险基本内容

项目	重量范围（磅）	育肥母牛			
		阉牛 Steer	小母牛 Heifer	婆罗门牛 Brahman	乳牛 Dairy
价格调整因素（基于CME育肥母牛价格指数）	低于600	110%	100%	100%	85%
	600～900	100%	90%	90%	80%
保障水平	70%～100%				
目标价格/到期实际价格依据	芝加哥期货交易所育肥母牛价格指数				
保险期限（周）	13、17、21、26、30、34、39、43、47、52				
承保最大头数/合约	1000				
承保最大头数/年度	2000				
保费补贴比例	13%				
最小权益份额	10%				

资料来源：美国农业部风险管理局，https://www.rma.usda.gov/。

[①] 1千克=2.2046磅。

表 4—3 美国科罗拉多州 2017 年 1 月 3 日育肥母牛价格保险相关信息

育肥母牛类型（磅）		保险期限	保险年度	CME育肥母牛价格指数①（美元）	保障水平	目标价格（美元）	保险费率	保单结算日
Steer	低于600	13	2017	137.438	0.9938	136.590	0.044262	04/04/2017
	600～900	13	2017	124.944	0.9938	124.170	0.044262	04/04/2017
heifer	低于600	17	2017	124.336	0.9724	120.910	0.042180	05/02/2017
	600～900	17	2017	111.902	0.9725	108.802	0.042180	05/02/2017
Brahman	低于600	21	2017	123.447	0.9543	117.800	0.039822	05/30/2017
	600～900	21	2017	111.102	0.9543	106.020	0.039822	05/30/2017
Dairy	低于600	26	2017	105.035	0.9219	96.830	0.036245	07/04/2017
	600～900	26	2017	98.857	0.9219	91.140	0.036245	07/04/2017

资料来源：美国农业部风险管理局，https://www.rma.usda.gov/。

投保时保险单需明确规定每头育肥母牛的重量，由投保人自行提供。养殖户所缴纳保费 premium 计算公式如下：

$$\text{premium} = M \times \text{weight} \times \text{price}_m \times \text{share} \times \text{rate} \times (1 - 13\%) \quad (4.1)$$

其中，M 表示投保头数，weight 表示预计每头育肥母牛的头数，price_m 表示目标价格，share 表示投保人的权益份额，rate 表示当日费率。

该保险仅保障因育肥母牛价格下跌给养殖户造成的损失，不保障因育肥牛死亡、疾病及当地市场价格畸变带来的损失。保单到期时，若到期实际价格低于目标价格，则保险公司需支付的赔款 indemnity 如下：

$$\text{Indemnity} = M \times \text{weight} \times (\text{price}_m - \text{price}_r) \times \text{share} \quad (4.2)$$

其中，price_r 表示育肥母牛的实际售卖价格。

由于 CME 育肥母牛期货价格指数是一个全国性的期货价格指数，与养殖户当地的实际售卖价格之间存在差异，称为基差风险，与期货、期权合约对冲农产品价格风险产生的基差风险类似，但相对较小，美国农业部风险管理局分品种公布各地区历年的基差数据。

2. 牲畜毛利润保险（LGM）：以生猪毛利润保险方案为例

生猪毛利润保险仅承保因产出与投入价格波动造成的生猪毛利润损失，不

---

① 此列给出的 CME 育肥牛价格指数已经过价格调整因素调整。

第四章 中美农产品"保险+期货"的实践方案及比较借鉴

承担因疫病与意外事故导致牲畜死亡造成的损失。该保险将保险标的细分为三类：一是自繁自养型育肥猪（For farrow to finish operations），该类保险承保生猪自繁育、分娩、饲养直到出栏宰杀的生猪养殖利润，饲养周期一般为半年；二是仔猪型育肥猪（For feeder pig finishing operations），承保重量约从50磅到出栏宰杀的生猪养殖利润，饲养周期一般为4个月；三是早期断奶型育肥猪（For segregated early weaned pig finishing operations），承保出生12~21天断奶的仔猪到出栏宰杀的生猪养殖利润，饲养周期一般为4个多月。每年三类育肥猪毛利润保险最多为单个养殖户承保30000头生猪，且每份保险合约不超过15000头。

农产品期货市场具有价格发现功能，故生猪毛利润保险（LGM）以芝加哥期货交易所的生猪、玉米与豆粕期货价格作为预期价格。一般用每月最后一个星期的周三至周五三天期货合约日收盘结算价均值作为当月发售的生猪毛利润保险中生猪、玉米与豆粕的预期价格。例如美国农业部风险管理局（RMA）2018年6月出售的生猪毛利润保险需要根据27至29三天的生猪、玉米与豆粕期货合约结算价均值，确定生猪、玉米与豆粕预期价格。对于有期货合约的月份，生猪、玉米与豆粕的实际价格是期货合约到期日前最后三天的日结算价均值；对于没有期货合约的月份，生猪、玉米与豆粕的实际价格是最近两个月期货合约价格的加权平均值，权数由临近合约与本月的时间间隔确定，如4月份的玉米实际价格是3月与5月最后3个到期日均结算价格的平均；1月份的玉米实际价格是2/3的12月份玉米实际价格与1/3的3月份玉米实际价格之和。

每头自繁自养型育肥猪出栏宰杀需要12蒲式耳的玉米与138.55磅的豆粕，芝加哥期货交易所豆粕价格均以吨为单位，1短吨等于2000磅，其预期与毛利润 GM_{farrow} 的计算公式为：

$$GM_{farrow} = 0.74 \times 2.6 \times PSwine_t - 12 \times PCorn_{t-3} - \left(\frac{138.55}{2000}\right) \times PSoybeanMeal_{t-3} \tag{4.3}$$

其中，$PSwine_t$、$PCorn_t$ 与 $PSoybeanMeal_t$ 分别表示生猪、玉米与大豆粉第 t 时刻的期货价格。$PSwine_t$ 表示芝加哥期货交易所的瘦肉猪期货合约价格，将其转化为毛猪价格需乘以产量因子（yieldfactor）0.74，三种育肥猪出栏宰杀重量均为2.6美担（1美担=100磅）。

每头仔猪型育肥猪出栏宰杀需要9蒲式耳的玉米与82磅的豆粕，其预期

与实际毛利润 GM_{feeder} 的计算公式为：

$$GM_{feeder} = 0.74 \times 2.6 \times PSwine_t - 9 \times PCorn_{t-2} - \left(\frac{82}{2000}\right) \times PSoybeanMeal_{t-2}$$

(4.4)

每头早期断奶型育肥猪出栏宰杀需要 9.05 蒲式耳的玉米与 91 磅的豆粕，其预期与实际毛利润的计算公式为：

$$GM_{SEW} = 0.74 \times 2.6 \times PSwine_t - 9.05 \times PCorn_{t-2} - \left(\frac{91}{2000}\right) \times PSoybeanMeal_{t-2}$$

(4.5)

美国农业部风险管理局基于生猪、玉米与豆粕预期价格计算生猪预期毛利润与实际毛利润，并在其官方网站每月更新，投保人可随时在线查询，如 2018 年 6 月份加利福尼亚州出售的承保周期为 2018 年 7 月到 12 月的生猪毛利润保险的预期毛利润分别为 41.49 美元、61.27 美元与 59.60 美元。2018 年 1 月份出售的承保周期为 2018 年 1 月至 6 月的生猪毛利润保险在到期时的实际毛利润分别为 83.21 美元、104.43 美元与 102.53 美元。

生猪毛利润保险的承保周期为 6 个月，且在第一个月无法获得保障，则承保月份 $t=2, 3, 4, 5, 6$。承保数量为投保人提交的承保周期内每个月生猪的预期销售量之和。投保人可为每头生猪选择 0~20 美元的免赔额，2 美元为一个梯度。美国农业部风险管理局公布所有月份的实际毛利润 10 天之后，商业保险公司发布理赔通知，投保人需在此之后的 15 天内递交实际生猪销售报告。若实际生猪销售量小于预期生猪销售量的 75%，则理赔需要按照实际生猪销售量占预期生猪销售量的比例计算。若实际生猪销售量大于预期生猪销售量的 75%，则赔款 Indemnity 为：

$$Indemnity = \sum_{2}^{6} (GM_t^A - GM_t^E - DE) \times Q_t^A \quad (t=2,3,4,5,6) \quad (4.6)$$

其中，GM_t^A、GM_t^E、Q_t^A 分别表示第 t（$t=2, 3, 4, 5, 6$）个承保月份的实际毛利润、预期毛利润与实际生猪销售量，DE 为免赔额。

若实际生猪销售量小于预期生猪销售量的 75%，则赔款计算公式如下：

$$Indemnity = \sum_{2}^{6} (GM_t^A - GM_t^E - DE) \times Q_t^A \times \frac{\sum_{2}^{6} Q_t^E}{\sum_{2}^{6} Q_t^A} \quad (4.7)$$

其中，Q^F 表示预期生猪销售量。

3. 牲畜价格保险（LRP 与 LGM）方案的再保险协议[①]

为分散牲畜价格保护保险（LRP）与毛利润保险（LGM）的价格系统性风险，联邦农作物保险公司为承保此二者的保险公司提供牲畜价格再保险协议。具体内容如下：

（1）再保险。牲畜价格保险（LRP 与 LGM）的保费收入会被放入商业基金或者私人市场基金中。若放入私人市场基金中，保险公司可将 5%~65%净保费和最终净损失转移给联邦农业保险公司。若放入商业基金中，保险公司可将 0~65%净保费和最终净损失转移给联邦农业保险公司。对于自留责任部分（仅限于保费收入放入商业基金中的保单），保险公司需将自留净保费的 4.5%支付给联邦农作物保险公司，则：①最终净损失介于总自留净保费的 150%~500%之间时，可将赔偿责任的 90%转移给联邦农作物保险公司；②联邦农作物保险公司承担超过自留净保费 500%的全部赔偿责任。向联邦农作物保险公司转移之后剩余的最终净损失责任，保险公司仍可应用商业再保险和私人市场工具分散相应风险。

（2）经营管理费用补贴。开展牲畜价格保险（LRP 与 LGM）的保险公司可获得管理和佣金补贴，正常年份补贴为净保费的 22.20%；巨大损失年份即整个州该险种的损失率超过 120%时，补贴比例达到 23.35%。

（二）牲畜"价格保险＋期货"实践方案的启示

与我国农产品"价格保险＋期货"的试点方案相比，美国牲畜风险保护保险（LRP）与牲畜毛利润保险（LGM）给农户提供的价格保障基本一致，但保险公司分散系统性价格风险的方式却大相径庭，可给我国农产品"价格保险＋期货"的方案设计以启示。

1. 细分承保品种及公布基差数据为农户提供有效价格保障

美国育肥母牛期货价格保险按母牛的四个品种及两种重量类型设计八类保单，养殖户可获得最适合的价格保险。分别给定价格调整因素，调整之后的 CME 育肥牛期货价格指数与牛的实际售卖价格更接近。根据生猪的不同饲养方式将其分为自繁自养型育肥猪、仔猪型育肥猪与早期断奶型育肥猪三类，分

[①] 美国农业部风险管理局：《2019 年牲畜价格保险再保险协议》，https://www.rma.usda.gov/pubs/ra/lpraarchives/19lpra.pdf。

别设定饲养成本,进而计算养殖利润,更符合不同类型生猪养殖户的实际养殖利润需求。这些均较好地减少了牲畜价格保险(LRP 与 LGM)的基差风险。此外,美国农业部风险管理局公布历年基差数据,有助于养殖户更准确地预测未来基差,以获得有效的价格保障。

2. 公开的费率信息及多样化的保障水平有助于农户做出科学保险规划

美国农业部风险管理局(RAM)公布牲畜价格保护保险(LRP)每日承保目标价格与费率信息及牲畜毛利润保险的月预期与实际毛利润信息,互联网公开、透明的费率与牲畜价格、毛利润信息使得养殖户可随时随地获得保费相关信息,确定合适的保单购买时间。牲畜价格保护保险(LRP)为生猪养殖户提供介于70%~100%之间的多样化的保障水平,养殖户可根据自身的风险承担能力及保费负担水平做出科学的保险规划。

3. 保费及经营管理费用补贴降低了农户和保险公司的资金负担

美国政府给予育肥母牛期货价格保险13%的保费补贴,虽然补贴力度不高,但却直接减轻农户的保费负担。此外联邦农业保险公司补贴保险公司承保牲畜价格保险(LRP 与 LGM)所产生的经营管理及佣金,州赔付率较高年份补贴比例提高(高达23.35%),显著减轻保险公司运营此险种的资金压力,也进一步减少农户的保费支出。

4. 完善的再保险体系是推行农产品"保险+期货"的前提

为分散牲畜价格保险(LRP 与 LGM)的系统性风险,美国联邦农作物保险公司提供再保险支持,保险公司可将承保责任的0~65%转移出去,放入商业保险基金中的自留责任可以非比例再保险的形式转移给联邦农作物保险公司。此外还有商业化风险分散工具,完善的再保险体系稳定了保险公司的经营。

5. 理赔款计算周期较短,能有效补偿农户的实际损失

美国牲畜风险保护保险的承保周期以周为计算单位,育肥母牛承保周期短至13个周。尽管生猪毛利润保险的承保周期为6个月,但其实际仅提供5个月的风险保障,且预期、实际毛利润、保费及赔款均以月为单位计算,可有效避免实际售卖价格与承保价格出现较大偏离。较短的承保期间与理赔周期使得农户售卖价格与理赔价格保持高度一致,切实为农户的实际损失提供了保障。

二、农作物"收入保险+期货"的实践方案及启示

美国自1996年开始推出收入保险试点,经过8年的产品开发与试点探索,于2003年在全国推广,后经过几次农业法案改革,成为农业保险的主导产品。1996年收入类保险承保面积为0.12亿英亩,保费收入1.46亿美元,仅占农业保险总保费收入的7.9%;到2017年收入类保险承保面积达到1.99亿英亩,保费收入达到81.89亿美元,占农业保险总保费的比例达到81.14%(见图4-3)。

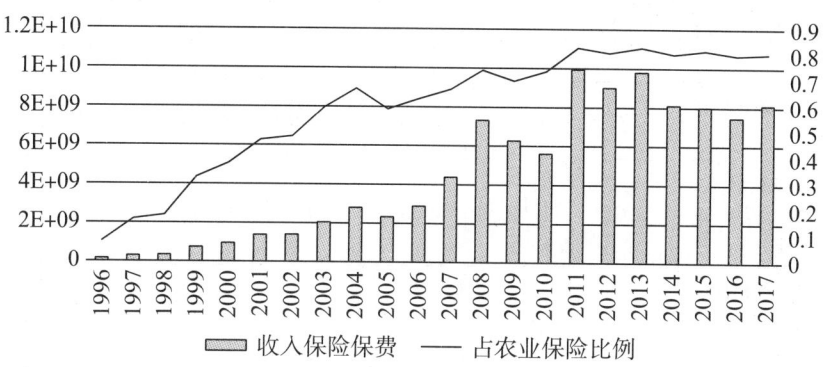

图4-3　1996—2017年美国收入保险保费及占农业保险比例

注:数据来源于美国农业部风险管理局,https://www.rma.usda.gov/。

美国收入保险从1996年至今,经历多次农业法案改革之后,产品体系不断完善,目前共有11种收入类保险[①]。由表4-4可知,从2011年到2017年收入保险中占比最高的是收入保障保险(Revenue Protection,RP),7年占比均在75%以上;其次是2014年农业法案新推出的农场整体收入保障计划;最后是区域收入保险(Area Revenue Protection,ARH)与叠加收入保障计划(STAX-Rev Prot,STAXP)。其中收入保障保险(RP)与区域收入保险(ARP)的目标与理赔价格均依据农产品期货市场价格确定,是"收入保险+期货"的典型代表,故本书以此二者为例进行分析。

---

① 11种收入保险分别是Actual Revenue History(APH)、Area Revenue Protection(ARH)、Area Revenue Protection−Harvest Price(ARPHP)、Pecan Revenue Assurance(PRV)、Revenue Protection(RP)、Revenue Prot w Harvest Price Exclusion(RPHPE)、SCO−Rev Prot w Harv Price Excl(SCOH)、SCO−Rev Prot(SCOR)、STAX−Rev Prot w Harv Price Excl(STAXH)、STAX−Rev Prot(STAXP)、Whole Farm Revenue ProtectionInsurance Plan(WFRP)。

表4-4 2011—2017年美国收入保险类型及其在农业保险中的占比

收入保险类型	2011	2012	2013	2014	2015	2016	2017
实际收入保险（ARH）	0.27%	0.33%	0.34%	0.44%	0.47%	0.57%	0.57%
区域收入保障保险（ARP）	—	—	—	1.93%	1.64%	1.30%	1.32%
排除收货价区域收入保险（ARPHP）	—	—	—	0.02%	0.02%	0.01%	0.01%
山核桃收入保险（PRV）	0.10%	0.11%	0.11%	0.15%	0.15%	0.17%	0.16%
收入保障保险（RP）	77.35%	77.28%	79.87%	78.00%	77.83%	75.73%	75.84%
排除收货价收入保障保险（RPHPE）	1.93%	1.51%	0.63%	0.41%	0.42%	0.31%	0.32%
排除收货价附加收入保障保险（SCOH）	—	—	—	—	0.00%	0.01%	0.00%
附加收入保障保险（SCOR）	—	—	—	—	0.34%	0.27%	0.18%
排除收货价叠加收入保障计划（STAXH）	—	—	—	—	0.00%	0.00%	0.00%
叠加收入保障计划（STAXP）	—	—	—	—	0.98%	0.99%	1.30%
农场整体收入保障计划（WFRP）	—	—	—	—	0.54%	1.27%	1.43%
合计	79.65%	79.23%	80.95%	80.95%	82.39%	80.61%	81.14%

注：数据来源于美国农业部风险管理局，https://www.rma.usda.gov/。

(一) 农作物"收入保险＋期货"的实践方案

1. 收入保障保险（RP）与排除收货价格收入保障保险（RPHPH）：以玉米为例

收入保障保险（RP）的业务保费主要集中于玉米、大豆、小麦与棉花四种农作物，2016年玉米、大豆、小麦与棉花收入保障保险占各自农业保险保费收入的比例分别为 93.6%、94.2%、92.2% 与 78.8%。本书以玉米为例进行分析。

(1) 具体保险方案。

收入保障保险（RP）同时为因自然灾害造成的农产品产量损失与价格波动造成的农产品收入损失提供风险保障。投保人可以选择为 50%~75%（部分地区甚至高达 85%）农产品实际历史产量均值（APH）进行投保。保险保障收入 revenue 为预期价格 $price_E$、收获价格 $price_H$ 的较大者与农产品产量实际历史产量均值 APH 的乘积，则保障收入为

$$revenue_E = \max(price_E, price_H) \times APH \times proportion \quad (4.8)$$

其中，proportion 为保障水平。实际收入 $revenue_R$ 为收获价格 $price_H$ 与收获产量 yield 的乘积，则实际收入为

$$revenue_R = price_H \times yield \quad (4.9)$$

若实际收入低于保障收入，农户即可获得赔偿，则赔款 Indemnity 为

$$Indemnity = revenue_E - revenue_R \quad (4.10)$$

排除收获价格收入保障保险（RPHPH）与收入保障保险的区别仅在于保障收入的不同，排除收获价格收入保障保险的保障收入由预期价格唯一确定，不再随收获价格的变化而变化，则保障收入为

$$revenue_E = price_E \times APH \times proportion \quad (4.11)$$

预期价格与收获价格均完全基于商品交易所的农产品期货价格确定，即为农产品期货合约特定时间段内的期货日均结算价。玉米的预测价格由芝加哥期货交易所的 12 月份期货合约在第二年 2 月份的日结算价均值确定，收获价格由 12 月份期货合约在第二年 10 月份的日结算价均值确定。若收获价格大于预期价格，则保障收入随收获价格的变化而不同，但美国农业部风险管理局规定保障的最高收获价格需小于或等于 2 倍的预期价格。

(2) 纯保费与经营管理费用补贴。

保险单位的地理位置越分散，风险分散的可能性越大，获得的保费补贴比例越高。基本单位与选择性单位的保费补贴比例最低，成熟与刚成立的企业保费补贴比例次之，全农场的保费补贴比例最高可达 80%。同一保险单位，随着保险保障水平的提高，保费补贴比例不断下降。50% 保障水平下基本单位与选择单位的保费补贴比例是 67%，在 85% 保障水平下的保费补贴比例仅为

38%；在50%保障水平下全农场单位的保费补贴比例达到80%，但在85%保障水平下的保费比例降为53%（见表4－5）。据2019年的标准再保险协议，政府给予经营收入类保险产品的保险公司以18.5%的经营与管理费用补贴[①]。

表4－5 美国收入保障保险与排除收货价格收入保障保险的保费补贴比例

Coverage Level	0.50	0.55	0.65	0.70	0.75	0.80	0.85
Subsidy Factor	0.67	0.64	0.59	0.59	0.55	0.48	0.38	0.38
	0.67	0.64	0.59	0.59	0.55	0.48	0.38	0.38
	0.80	0.80	0.80	0.80	0.77	0.68	0.53	0.53
	0.80	0.80	0.80	0.80	0.80	0.71	0.56	0.56
	0.80	0.80	0.80	0.80	0.77	0.68	0.53	0.53

资料来源：美国农业部风险管理局，https://www.rma.usda.gov/。

表4－6给出了美国佛罗里达州（Florida）哥伦比亚县（Columbia）2017年玉米收入保障保险与排除收获价格玉米收入保障保险的实际赔付情况。哥伦比亚县将玉米分为非有机－非灌溉、非有机灌溉、认证的有机－非灌溉、认证的有机－灌溉、实验期的有机－非灌溉与实验期的有机－灌溉共六大类。以65%保障水平下的费率为固定费率，其余保障水平下设定费率调整因子，以计算各保障水平下的费率。由于2017年哥伦比亚县的预期价格大于收获价格，收入保障保险与排除收获价格玉米收获保障保险的收入保障相同，故二者的赔付完全一致。由表4－6可知2017年哥伦比亚县的实际玉米产量、价格相对于预期产量、价格下降的幅度不大，故在75%保障水平下没有触发理赔机制，农户的损失为缴纳的赔款；在85%保障水平下均触发理赔条件，但赔款较少，部分品种的玉米净收益仍为负。

---

① 美国农业部风险管理局：《2019年标准再保险协议》，https://legacy.rma.usda.gov/pubs/ra/sraarchives/19sra.pdf。

表4-6 美国佛罗里达州哥伦比亚县2017年玉米（排除收获价格）收入保障保险的运行情况

玉米种类	非有机—非灌溉	非有机—灌溉	认证的有机—非灌溉	认证的有机—灌溉	实验期的有机—非灌溉	实验期的有机—灌溉
实际历史产量 a	65	156	65	156	65	156
预期价格 b	3.87	3.87	8.86	8.86	3.87	3.87
收获价格 c	3.53	3.53	8.08	8.08	3.53	3.53
实际产量 d	60	139	60	139	60	139
实际收入 $k=c\times d$	211.80	490.67	484.80	1123.12	211.80	490.67
固定费率（65%） e	0.018	0.012	0.018	0.012	0.018	0.012
费率调整因子（75%） f_1	1.217	1.429	1.217	1.429	1.217	1.429
费率调整因子（85%） f_2	1.465	1.977	1.465	1.977	1.465	1.977
保费补贴（75%） g_1	0.55	0.55	0.55	0.55	0.55	0.55
保费补贴（85%） g_2	0.38	0.38	0.38	0.38	0.38	0.38
保障收入（75%） $m_1=a\times b\times 75\%$	188.66	452.79	431.93	1036.62	188.66	452.79
保障收入（85%） $m_2=a\times b\times 85\%$	213.82	513.16	489.51	1174.84	213.82	513.16
保费（75%） $h_1=m_1\times e\times f1\times(1-g1)$	1.86	3.49	4.26	8.00	1.86	3.49
保费（85%） $h_2=m_2\times e\times f1\times(1-g2)$	3.50	7.55	8.01	17.26	3.50	7.55
保险赔款（75%） $q_1=\max(0, k-m_1)$	0	0	0	0	0	0
保险赔款（85%） $q_2=\max(0, k-m_2)$	2.02	22.49	4.72	51.72	2.02	22.49
农户净收益（75%） $r_1=q_1-h_1$	-1.86	-3.50	-4.26	-8.00	-1.86	-3.50
农户净收益（85%） $r_2=q_2-h_2$	-1.48	14.94	-3.29	34.44	-1.48	14.94

注：作者依据美国农业部风险管理局 https://www.rma.usda.gov 资料整理；65%、

75%与85%均为保障水平；实际历史产量与实际产量的单位为蒲式耳/英亩，预期价格与收获价格的单位为美元，保障收入、实际收入、保险赔款与农户净收益的单位为美元/英亩。

2. 区域收入保障保险（ARP）与排除收货价区域收入保障保险（ARPHP）：以大豆为例

（1）具体保险方案。

区域收入保障保险与收入保障保险的保障收入、实际收入及保险赔款的计算公式相同，不同仅在于农产品实际历史平均产量不是基于个体农场，而是基于县级的实际历史产量。县级实际历史产量并不是历史产量的平均值，需经过趋势调整，投保人可以选择的保障水平是70%～90%，间隔为5%。农产品的预期价格与收获价格完全基于期货市场价格确定，可见区域收入保障保险的赔款与投保人的实际损失无关，故其属于指数保险产品。农户的实际损失与全县的损失水平有一定的关系，但并非完全一致。为减少基差风险，区域收入保障保险引入赔偿比例与损失因子，赔偿比例 ratio 介于 0.8 与 1.2 之间，损失因子 lossfactor 为 0.18，则保险赔款 Indemnity 为

$$\text{Indemnity} = (\text{revenue}_E - \text{revenue}_R) \times \text{ratio} \div (1 - \text{lossfactor}) \quad (4.12)$$

与区域收入保障保险不同，排除收货价区域收入保障保险（ARPHP）的预期收入由预期价格唯一确定，不再随收获价格的变化而变化。预期大豆价格由芝加哥期货交易所11月份大豆期货合约在第二年2月份的日结算价均值确定，收获价格由11月份期货合约在第二年10月份的日均结算价确定。

（2）保费与经营管理费用补贴。

无论何种承保单元，政府给予区域收入保障保险（ARP）与排除收货价区域收入保障保险（ARPHP）的保费补贴比例随着保障水平的上升而减小，70%保障水平下的保费补贴比例为59%，90%保障水平下的保费补贴比例减少为44%（见表4-7）。据2019年的标准再保险协议，商业保险公司开展此险种的经营管理费用补贴为18.5%[①]。

[①] 美国农业部风险管理局：《2019年标准再保险协议》，https://legacy.rma.usda.gov/pubs/ra/sraarchives/19sra.pdf。

第四章　中美农产品"保险＋期货"的实践方案及比较借鉴

表4-7　美国（排除收货价）区域收入保障保险的保费补贴比例

保障水平	0.70	0.75	0.80	0.85	0.90
保费补贴比例	0.59	0.55	0.55	0.49	0.44

注：资料来源于美国农业部风险管理局，https://www.rma.usda.gov/。

表4-8给出了美国苏里州（Missouri）安得烈县（Andrew）2017年大豆（排除收获价）区域收入保障保险的运行情况，与玉米收入保障保险的标的类似，大豆区域收入保障保险的保险标的也分为非有机-非灌溉、非有机灌溉、认证的有机-非灌溉、认证的有机-灌溉、实验期的有机-非灌溉与实验期的有机-灌溉六种类型。尽管2017年的收获价格低于预期价格，但实际产量高于预期产量，故实际收入高于保障收入，未触发理赔条件，农户的净损失为所缴纳的保费。

表4-8　美国密苏里州安得烈县2017年大豆（排除收获价）区域收入保障保险的运行情况

大豆种类	非有机-非灌溉	非有机-灌溉	认证的有机-非灌溉	认证的有机-灌溉	实验期的有机-非灌溉	实验期的有机-灌溉
预期价格 a	10.19	10.19	20.52	20.52	10.19	10.19
收获价格 b	9.75	9.75	19.64	19.64	9.75	9.75
预期产量 c	42.90	42.90	42.90	42.90	42.90	42.90
实际产量 d	48.70	48.70	48.70	48.70	48.70	48.70
预期收入 $m=a\times c$	437.15	437.15	880.31	880.31	437.15	437.15
实际收入 $n=b\times d$	474.83	474.83	956.47	956.47	474.83	474.83
损失限制因子 e	0.18	0.18	0.18	0.18	0.18	0.18
赔偿比例 k	1.20	1.20	1.20	1.20	1.20	1.20
费率（85%）f	0.0486	0.0486	0.0486	0.0486	0.0486	0.0486
赔款（85%）$g=\max[0, 0.85\times(m-n)]\times k\div(0.85-e)$	0	0	0	0	0	0
保费（85%）	25.49459	25.49459	51.33968	51.33968	25.49459	25.49459
净收益（85%）	-25.4946	-25.4946	-51.3397	-51.3397	-25.4946	-25.4946

注：作者依据美国农业部风险管理局 https://www.rma.usda.gov 资料整理；85%为保障水平；实际历史与实际产量的单位为蒲式耳/英亩，预期与收获价格的单位为美元，保障收入、实际收入、保险赔款与农户净收益的单位为美元/英亩。

3. 标准再保险协议（SRA）[①]

美国农业保险采取公私合营的经营模式，联邦农作物保险公司与商业保险公司之间签订再保险协议，用以分散农业保险业务的巨灾损失。再保险协议包括标准再保险协议与牲畜价格保险再保险协议，牲畜价格保险再保险协议是指为承保牲畜价格风险保护保险（LRP）与牲畜毛利润保险（LGM）签订的风险分担协议，除此之外的农业保险业务均通过标准再保险协议分散商业保险公司的风险。（排除收货价格）收入保障保险（RP（HPH））与（排除收货价）区域收入保障保险（ARP（HP））均通过标准再保险协议分散巨灾损失，该协议从州级与国家级两个层面为商业保险公司提供多种再保险方案。

州级层面的再保险方案由各州出资，联邦农作物保险公司组建风险转移与自由保障基金。签单之后30日内，商业保险公司将高风险保单业务放入风险转移基金，不得超过该州农险业务的75%，自留保费比例为20%；低风险保单业务放入自由保障基金，自留保费比例需超过35%。商业保险公司与联邦农作物保险公司分层承担赔付责任。赔付率小于1时，赔付率越低，联邦农作物保险公司分享的收益越高；赔付率大于1时，赔付率越高，联邦农作物保险公司的损失承担比例越高。全国层面的再保险方案通过组合乘数分保的方式承保商业保险公司的农险业务。单独核算商业保险公司在各州自留业务的损失和收益以得出净损失与收益，汇总商业保险公司各州的净损失与收益得出全国总损失与收益。商业保险公司将全国总损失与收益的6.5%分保给联邦农作物保险公司，若总净收益为正，将1.5%返还给该保险公司风险较高的州。

（二）农作物"收入保险＋期货"实践方案的启示

1. 成熟的农产品期货市场是经营"收入保险＋期货"的基础

预期与收获价格设计不准确容易引起严重的逆向选择与道德风险，使得（排除收货价格格）收入保障保险（RP（HPH））与（排除收货价）区域收入保障保险（ARP（HP））难以运行。农产品期货市场具有价格发现功能，成熟的农产品期货市场能较好地预测农产品在未来一段时间的价格走势。美国成熟的农产品期货市场具有良好的价格发现功能，（排除收货价格）收入保障保险（RP（HPH））与（排除收货价）区域收入保障保险（ARP（HP））的预

[①] 美国农业部风险管理局：《2019年标准再保险协议》，https://legacy.rma.usda.gov/pubs/ra/sraarchives/19sra.pdf。

第四章 中美农产品"保险+期货"的实践方案及比较借鉴

期与收获价格完全基于农产品期货合约的价格设定,可见美国农产品"收入保险+期货"的健康运行建立在成熟的农产品期货市场基础之上。

2. 多种保险补贴政策是"收入保险+期货"得以运行的前提

农业保险的总保费包括纯风险保费与经营管理费用两部分。(排除收货价格)收入保障保险(RP(HPH))分别针对不同的承保单位设定差异化的纯风险保费补贴,风险越高的保险保费补贴比例越高,体现出风险费用的差异化补贴政策。同一保险单位,随着保障水平的降低,(排除收货价格)收入保障保险(RP(HPH))与(排除收货价格)区域收入保障保险(ARP(HP))的保费补贴水平越高,有助于农户合理选择保障水平。最低保费补贴比例为38%,显著降低了农户的纯风险保费负担。此外政府还给予经营收入类保险业务的商业保险公司以18.5%的经营与管理费用补贴,二者的补贴显著降了农户的总保费负担。

3. 损失因子、赔偿比例、保险标的细分与多种保障水平有助于减少农户的基差风险

美国玉米(排除收货价格)收入保障保险(RP(HPH))与大豆(排除收货价)区域收入保障保险(ARP(HP))均将保险标的细分为非有机-非灌溉、非有机灌溉、认证的有机-非灌溉、认证的有机-灌溉、实验期的有机-非灌溉与实验期的有机-灌溉六种类型,可为农户实际种植农作物提供收入风险保障。(排除收货价)区域收入保障保险(ARP(HP))是指数型保险产品,保险赔偿与农户实际损失不完全相关,损失因子、赔偿比例与多种保障水平的设定可使农户选择与自身实际损失相似的保险方案。这些均显著减少了农户的基差风险。

4. 健全的再保险体系有助于稳定保险公司经营

美国标准再保险协议为收入类农险产品提供州级与国家级两个层面的再保险方案。州级层面按保单风险的高低分为两种保障基金,商业保险公司可根据保单风险大小选择最有利于自身利益的合理自留比例的再保险方案。赔付率越高,商业保险公司承担风险越小的分层赔付再保险机制,最大限度地减少了商业保险公司的损失。国家层面的再保险方案统筹了全国各州的农业保险净损失与收益,使得农业保险风险在全国层面得以分散,净收益返还高风险州的措施更体现了农业保险再保险风险差异化经营策略。州级与国家级完善的再保险方案稳定了商业保险公司的经营。

三、牲畜利润保障项目（MPP）的实践方案及启示

牲畜利润保障项目（MPP）由美国农业部农场服务局（USDA-FSA）[①]管理，采用价格保险机制为牲畜养殖户提供利润风险保障，并非本书所指严格意义上的"保险+期货"项目。但其采用与牲畜毛利润保险（LGM）类似的运作机制代替传统牲畜价格支持政策的实践，可为我国农产品价格机制改革提供经验借鉴，本书以牛奶牲畜利润保险项目（MPP-Dairy）为例进行介绍。

（一）奶牛利润保障项目（MPP-Dairy）的实践方案

MPP-Dairy项目为奶牛养殖户的毛利润提供保障，当实际毛利润（全国牛奶均价与平均饲料成本的差额）低于养殖户选择的利润保障水平时，政府给予实际毛利与保障利润差额的赔偿。该项目同时给牛奶养殖户的牛奶价格下降及饲料价格上涨提供市场风险保障，属于价格保险范畴[②]，是最低价格支持计划（DPPSP）与收入损失合约计划（MILC）的替代。养殖户可自愿选择是否参与MPP-Dairy项目，具体方案如下：

1. 历史产量与实际利润

历史产量（APH）由奶牛养殖场2011、2012及2013三年中的最高历史产量确定，历史数据不足的农场，可根据月度历史产量计算，也可根据养殖规模与全国奶牛平均产量的乘积确定，整个法案期间生产量随着全国产量的平均增长率而变化，而不是养殖户的实际产量。

整个承保期内由全国的牛奶、玉米、大豆及苜蓿草价格计算实际毛利润，而非奶牛养殖户的实际玉米售卖及投入饲料价格，且饲料成本公式固定，故MPP-Dairy项目属于指数保险范畴，经营管理费用显著降低。实际毛利润（牛奶价格与饲料成本均以美担为单位）的计算公式如下：

$$ADPM^m = P^{Milk} - (W^C P^C + W^{SM} P^{SM} + W^H P^H) \tag{4.13}$$

其中，$ADPM^m$ 为月度实际毛利润，P^{Milk}、P^C、P^{SM}、P^H 分别表示全国牛奶、玉米、大豆粉及苜蓿草的价格，$W^C=1.0728$，$W^{SM}=0.00735$，$W^H=0.0137$。

[①] 虽与LGM-Dairy保险的运作机制相似，但却属于政府直接提供补贴的项目。
[②] 收入保险是同时为农产品产量及价格提供保险的保险，而MPP-Dairy项目中牛奶产量及饲料投入量均固定，仅为牛奶及饲料价格提供保障，故属于价格保险范畴。

2. 承保比例（CH）与利润保障水平（CL）

与之前的价格支持政策不同，MPP－Dairy 项目没有承保产量限制，给大规模养殖户提供充分保障，可选择的承保比例范围（CH）为 25%～90%（5% 为一个间隔），则承保产量为 CL×APH。为满足奶牛养殖户多样化的利润保障需求，MPP－Dairy 项目提供利润介于 4～8 美元/100 磅（0.5 美元为一个间隔）之间的 9 个利润保障水平。

3. 经营管理费与保费

虽然采用保险运作机制，但作为一种政策性的价格保护工具，农户缴纳非精算定价的保费（即财政补贴下的保费），整个法案有效期内费率保持不变。养殖户申请 MPP－Dairy 项目需缴纳 100 美元管理费用，承保利润水平等于 4.00 美元时，无须额外缴纳保费；承保利润水平高于 4.00 美元时，MPP－Dairy 项目的费率以承保产量 400 万磅为界限分两个等级，费率分别为 R_1 和 R_2，2014—2015 年度 400 万磅以下承保产量给予 25% 的费率优惠（见表 4－9）。具体保费（P^{MPP}）计算公式如下：

$$P^{MPP}=\min\left(\frac{40000}{CH\times APH},1\right)R_1+\max\left(1-\frac{40000}{CH\times APH},0\right)R_2 \quad (4.14)$$

表 4－9 美国牛奶利润保障项目费率表

利润保障水平（美元）	$CPH\leqslant 400$ 万磅（R_1）		$CPH>400$ 万磅（R_2）（美元/美担）
	2014—2015 年度（美元/美担）	2016—2018 年度（美元/美担）	
4.00	0.000	0.000	0.000
4.50	0.008	0.010	0.020
5.00	0.019	0.025	0.040
5.50	0.030	0.040	0.100
6.00	0.041	0.055	0.155
6.50	0.068	0.090	0.290
7.00	0.163	0.217	0.830
7.50	0.225	0.300	1.060
8.00	0.475	0.475	1.360

注：400 万磅及以下仅需缴纳 100 美元管理费；资料来源于美国农业部农场服务局，https://www.fsa.usda.gov/。

4. 赔款期间与规则

赔款每两个月计算一次,即1—2月、3—4月、5—6月、7—8月、9—10月与11—12月,一年共分6次支付给奶牛养殖户。只要两个月的平均实际利润低于选择的利润保障水平,即可获得赔偿,故赔款计算公式如下:

$$\text{Indemnity}=\max(\text{CL}-\text{ADPM},0) \qquad (4.15)$$

其中,Indemnity 为一次赔款,ADPM 为连续两个月份 ADPM^m 的均值。

(二)奶牛利润保障项目实践方案的启示

1. 基于保险机制的价格支持政策有助于提高财政资金使用效率

最低价格支持计划(DPPSP)与收入损失合约计划(MILC)属于政府直接提供补贴的价格支持政策,只要达到一定的市场条件,农户无须缴纳任何费用即可获得赔偿,完全由财政资金兜底,财政资金耗费大且每年变动。奶牛利润保障项目采用保险机制支持牛奶价格,农户需缴纳一定的保险费,财政资金的支持可聚集大量社会资金(农户缴纳的保费),提高了财政资金的使用效率。外加直接补贴的价格支持政策为WTO农业"绿箱"政策,面临处罚风险,而保险机制的价格支持政策属于"黄箱"政策,为WTO政策所允许。

2. 合理利润保障稳定市场供应,非精算保费降低农户保费负担

牲畜毛利润保险(LGM)基于期货市场价格确定保障利润,为农户预期利润提供保障,保障利润随预期利润的变化而变化,预期利润低则保障利润也会较低。奶牛利润保障项目的政策目的是为农户提供价格支持,保障养殖户的一定利润,其保障利润与费率在整个法案运行期间保持不变,在市场行情特别不好时,农户仍可保证一定的养殖利润,有效稳定市场供应。尽管奶牛利润保障项目利用保险精算技术厘定费率,但其向农户收取非精算保费。牛奶产量400万磅及以下时,农户仅需缴纳100美元管理费,不同利润保障水平下的费率也明显低于精算费率,显著降低了农户的保费负担。

3. 现货价格与多层次保障水平有效保障农户实际损失

奶牛利润保障项目基于牛奶、玉米、大豆及苜蓿草全国均价而非相应的期货市场价格计算实际毛利润,显著降低了由于农产品期货价格与实际市场价格偏离造成的基差风险。多层次保障水平的设定能显著减少农户个体实际毛利润与基于牛奶、玉米、大豆及苜蓿草全国均价的毛利润之间的差额,这些均可为

农户的实际损失提供有效保障。

4. 长承保与短理赔周期相结合既降低经营成本又保障农户实际损失

牲畜毛利润保险（LGM）承保周期按月份计算，而奶牛利润保障项目的承保周期为一年，降低了产品的出单、理赔定损等经营管理费用。奶牛利润保障项目将承保周期分为1—2月、3—4月、5—6月、7—8月、9—10月与11—12月共6个赔款计算周期，有效避免了因理赔周期过长而平抑农产品价格，与农户实际售卖价格造成较大偏差的风险。

第二节　中国农产品"保险＋期货"的试点方案与问题

截至2017年底，大连商品交易所、郑州商品交易所与上海期货交易所已推出104个农产品"保险＋期货"试点项目，本书选取具有典型代表意义的"大连"方案、"北票与法库"方案、"桦川"方案及"重庆"方案4个项目，4个试点项目既有共同特点，又各具特色。

一、农产品"保险＋期货"试点实践："大连"方案

（一）"大连"方案的基本内容[①]

2015年8月，中国人保财险大连市分公司分别与锦州市义县桂勇玉米种植专业合作社、义县华茂谷物种植专业合作社签订了国内首份农产品"价格保险＋期货"合同，分别承保玉米800吨和200吨，保险期间为2015年9月16日到2016年11月15日。合同到期后保险公司共向合作社支付24.14万元赔款，赔付率高达208%，新湖期货瑞丰恰好向保险公司支付24.14万元，全面覆盖了保险公司的赔付风险。此"价格保险＋期货"方案有助于农业生产者管理价格波动风险，保护农户生产积极性。

"大连"方案的具体操作流程可分为三个环节（见图3-2）：第一环节，为确保收益，农业生产者向保险公司购买农产品价格保险。中国人保财险分别

[①] 时岩：《期货在农产品价格保险中的应用》，http://www.cfachina.org//servicesupport/researchandpublishin/publication/chinafutures/2015/zgqh2015_5_47/201511/t20151104_16045.html。

与锦州市义县桂勇玉米种植专业合作社、华茂谷物种植专业合作社签订目标价格为 2160 元/吨的玉米价格保险，收取 115.78 元/吨的保费。理赔结算价格为承保期内玉米 1601 期货合约日收盘价算术平均值，则理赔金额＝（目标价格－理赔结算价）×承保总量。第二环节，为转移玉米价格保险风险，人保财险大连分公司向新湖瑞丰购买玉米场外看跌期权。当玉米价格跌破 2044.22 元/吨（2160－115.78＝2044.22）时，人保财险面临亏损，当价格为 2000 元/吨时，亏损为 44.22×1000＝44220 元。故玉米场外看跌期权的执行价格为 2160 元/吨，玉米量与玉米价格保险承保的玉米产量相同，完全对冲了玉米价格保险的风险。第三环节，新湖瑞丰期货公司为进一步分散风险在期货市场复制玉米场外看跌期权。通过持有 delta 份标的合约的空单进行对冲，标的价格下跌，看跌期权行权的概率增加，期货空单相应加仓；而当标的价格上涨时，看跌期权行权概率减小，期货空单相应减仓，反复如此，期货市场中形成了类似追涨杀跌的操作行为。

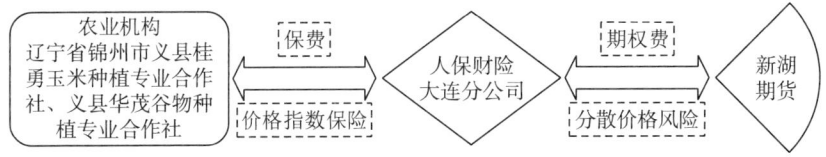

图 4－4　我国农产品"保险＋期货"的"大连"方案的具体操作流程

资料来源：作者根据大连保险行业协会与人保财险大连市分公司提供的相关资料整理。

（二）"大连"方案的产品特色

农产品"价格保险＋期货"是价格保险的升级，"大连"方案作为我国"价格保险＋期货"实践的典型代表，与农产品价格保险相比，其方案特色如下。

1. 三个环节的操作流程有效转移玉米价格保险的价格风险

我国自 2011 年推出农产品价格保险试点，经过几年的试点实践，尽管该类险种试点区域与种类不断扩大，但保费规模与承保数量仍然有限，且仅限于地方试点，没有全国大范围推广的一大原因是农产品价格保险的系统性风险难以分散。"大连"方案"价格保险＋场外看跌期权＋场内期货"三个环节的操作流程最终将玉米价格风险通过期货市场得以分散。首先保险公司通过价格保险承保了农户的玉米价格波动风险，其次通过玉米场外看跌期权将价格保险的风险完全转移至期货公司，最后期货公司通过在期货市场复制场外看跌期权分散玉米价格风险。三个环节的操作流程完全转移了玉米价格保险的风险,克服了推行农产品价格保险的最大难点。

2. 保险与期货的跨界融合,显著提高方案设计与费率厘定的科学性

农产品价格保险的本质是看跌期权,其产品设计与定价需用到期权理论模型与定价相关知识,与传统农业保险定价原理相差较大,期权定价相关专业人才与经验极其匮乏。期货公司常经营大量场外期权业务,期权定价人才与实践经验富足,"大连"方案作为保险与期货的跨界融合有助于提升该模式中玉米价格保险产品设计与定价的科学性。农产品价格保险的另一大难题是目标价格的厘定问题,农产品现货价格反映的是玉米供求的历史信息,不能反映未来价格走向,而农产品期货市场的价格发现功能使得农产品期货价格已尽可能反映了农产品价格波动的未来趋势,"大连"模式中期货与现货市场相结合,有助于科学合理地厘定农产品价格保险的目标价格。

二、农产品"保险＋期货"试点实践:"北票与法库"方案

(一)"北票与法库"方案的具体内容①

北票市位于辽宁省西部。国家商品粮生产基地法库县位于辽宁省北部,是玉米种植的黄金地段。随着玉米"市场化收购＋亩均定额补贴"改革的推进,两个地区的玉米价格波动风险不断上升,已成为影响农户收入的重要影响因素。基于此,在"保险＋期货"模式的基础上,中信期货风险管理子公司、中华财险辽宁分公司、中国农业银行与大连生威玉米有限公司联合推出"保险＋期货＋银行＋现货龙头企业"的新模式,切实保障当地玉米种植户的收益。该项目共承保玉米面积 2.2 万亩,总保费为 99.82 万元,农户仅缴纳 2% 的保费,大商所补贴 90%,中华财险上海分公司给予 8% 的保费优惠。

"北票与法库"试点方案共承保玉米现货量 22000 吨,其中为北票市 1 家合作社与 532 个农户的 11000 吨玉米提供价格风险保障,为法库县 20 个家庭农场的 11000 万吨玉米提供价格风险保障,具体操作流程可分为以下三个环节:①中华财险辽宁分公司向农户提供玉米价格保险,分散农户面临的玉米价

---

① 张利静:《辽宁两个玉米"保险＋期货"项目实现理赔》,《中国证券报》,2017 年 12 月 6 日第 A13 版。姚宜兵:《辽宁两个玉米"保险＋期货"项目完成理赔》,《期货日报》,2017 年 12 月 6 日第 1 版。

格波动风险。玉米价格保险的目标价格为每吨 1706 元，承保周期为 2017 年 7 月 18 日到 11 月 17 日，共 4 个月，农户可在承保期内的任何时间选择结束保单，则保单实际承保期为 2017 年 7 月 18 日到结束保单时间。理赔价格为保单实际承保期内玉米期货 1801 合约日结算价的日均值，农户选择的实际理赔价格为每吨 1688 元。若理赔价格低于目标价格，农户便可获得差额赔偿＝（目标价格－理赔价格）×承保玉米产量＝（1706－1688）×22000＝396000（元）。②为转移承保的玉米价格风险，中华财险辽宁分公司向中信期货风险管理子公司购买玉米场外看跌期权。该场外看跌期权的标的是玉米期货合约 1801，场外期权的行权价格、期限与玉米价格保险相同，属于可提前行权的亚式期权，可见该玉米场外看跌期权与玉米价格保险完全一致，中华财险辽宁分公司将其承保的玉米价格风险完全转移给了中信期货风险管理子公司。③为分散玉米场外看跌期权的价格风险，中信期货风险管理子公司运用相应期货合约复制该场外看跌期权。

"北票与法库"试点方案中玉米价格保险实际上是可提前平仓的亚式看跌期权，实际操作中农户选择了提前平仓。为保障农户收入，中信期货风险管理子公司与中华财险辽宁分公司向农户返还了从平仓到 2017 年 11 月 17 日（即保险到期）这段剩余期间的时间价值，即从 2017 年 7 月 18 日到 2017 年 11 月 17 日的看跌亚式期权费减去保单生效至平仓时间的看跌亚式期权费，时间价值总计 330000 万元。故农户获得保险赔款与时间价值总计 66 万元。

此外，中国农业银行为该项目提供信贷支持，参与该项目的农户可享受贷款增信与借款优先的服务。法库县农户因参与该项目获得了当地政府的增信担保，中国农业银行辽宁分行法库县支行给予其 20 万元的贷款用以购买农机具。大连生威玉米有限公司与参与该项目的农户签订玉米购销合同，合同事前约定基差，农户自由选择玉米售卖的价格与时间，为锁定该基差风险，大连生威玉米有限公司在期货市场进行相应的套期保值。

（二）"北票与法库"方案的特色

"大连"方案是农产品"保险＋期货"的发端，同时也是农产品"保险＋期货"实践最典型的代表，尽管从 2015 年至今试点实践逐渐丰富，但均是以"大连"方案为基本框架，相对于"大连"方案，"北票与法库"方案的特色如下。

1. 承保期内任何时间可结束保单，充分保障玉米价格下跌风险

该项目整个承保周期为 4 个月，玉米价格可能出现前期较低，后期较高的

情况。由于玉米存储问题，农户很可能在前期即售卖玉米，售卖价格相对较低，该项目提供的玉米价格保险本质是亚式看跌期权，理赔价格为整个承保期内玉米结算价的均值，而非农户实际售卖价格，会出现农户实际价格较低而理赔价格相对较高的情况，不能切实保障农户实际损失。农户可在承保期间任何时间选择结束保单的权利，使农户选择适合自己的保单时间以充分保障玉米价格下跌风险。

2. 引入银行与龙头企业，丰富农户资金来源，打通玉米销售渠道

随着我国农业规模化生产的推进，农业规模化生产户不仅需要先进的农机具还需要雇佣工人，生产的资金来源有限。该项目的实施有效保障了参与农户的收入，外加政府的增信担保，农户可基于此获得银行的贷款，有效地解决了农户的农业生产资金问题，提高了国家农业补贴资金利用效率。对于农户来说，该项目的本质是玉米价格保险，其是一种指数保险产品，保险合同到期后，无论农户玉米是否卖出，只要理赔价格低于目标价格，农户均可获得该项目的赔付。玉米临时收储政策取消以后，玉米种植户面临严重的售卖问题，龙头企业的引入有效地解决了农户玉米售卖难的问题，可实现玉米价格保险与玉米销售的无缝对接，完善农业风险管理体系。

三、农产品"保险＋期货"试点实践："桦川"方案

（一）"桦川"方案的具体内容①

国家级贫困县桦川县位于黑龙江省东北部，自 2016 年起积极响应我国农业农村部非优势产区玉米改种大豆的政策，随着大豆种植面积与产量的不断增加，桦川县农户面临的大豆市场价格波动风险逐渐凸显。基于此，海通期货与中国人保财险上海市分公司在桦川县开展大豆"保险＋期货"试点。为实施国家精准扶贫战略，该项目的全部费用由桦川县政府与海通期货共同承担，农户无须缴纳保费，试点方案具体内容如下：

桦川县大豆"保险＋期货"试点项目承保大豆产量 13000 吨，覆盖大豆面积 74000 亩，为桦川县祥鹏农副产品专业合作社、梨丰乡及东河乡的 430 多个农户提供大豆价格风险保障，其操作流程可分为三个环节：①中国人保财险上海市分公司为农户提供基于期货市场的大豆价格保险。大豆价格保险的目标价

---

① 王朱莹：《"保险＋期货"新模式精准扶贫在路上》，《中国证券报》，2018 年 1 月 11 日第 A8 版。姚宜兵：《"保险＋期货"服务"三农"更贴心》，《期货日报》，2018 年 1 月 10 日第 2 版。

农产品"保险+期货"的方案设计与定价
——基于农产品价格调控机制

格为每吨3896元,承保期间为4个月,从2017年8月15日—12月14日。依据大豆成本及价格走势将承保期分为2017年8月15日—9月14日与9月15日到12月14日两个阶段,分别计算两个时间段内黄大豆一号1801期货合约结算价的算数平均值,较低者即为理赔价格,若理赔价格低于目标价格,农户即可获得差额赔付。承保期内理赔价格为每吨3703.57元,低于目标价格,可见赔款=(目标价格-理赔价格)×承保量=(3896-3703.57)×13000=2501600(元)。②人保财险向海通期货购买大豆场外看跌期权,分散大豆价格保险风险。大豆场外期权的标的为黄大豆一号1801合约,其行使期限与大豆价格保险承保期间相同,看跌期权的目标价格与大豆价格保险的目标价格一致,可见人保财险上海市分公司为农户提供的大豆价格保险的本质即是看跌期权,与其向海通期货购买的场外看跌期权完全一致,人保财险上海市分公司完全转移了其承保的价格风险。③海通期货为分散价格风险,在期货市场复制大豆场外看跌期权。尽管国内已推出豆粕期权,但由于推出时间较短流动性有限,外加豆粕与大豆不完全一致,故仍利用期货市场对冲风险。

此外,为切实保障农户大豆价格风险,海通期货与人保财险上海市分公司为其提供大豆期现基差风险管理方案,若结算基差低于约定基差①,农户可获得基差补偿,即基差补偿=(结算基差-约定基差)×承保量。承保期间结算基差高于约定基差,故未触发理赔条件。

(二)"桦川"实践方案的特色

与农产品"保险+期货"试点的"大连"方案相比,"桦川"试点方案的特色如下。

1. 分阶段计算理赔价格,充分保障农产品价格波动风险

为最大限度地分散农户的大豆价格波动风险,海通期货与人保财险上海市分公司综合考虑大豆种植成本、市场行情走势及价格保险费用等多种因素,技术性地将价格保险的保险期间分为前一个月与后三个月两个期间,分别计算两个期间大豆期货合约1801结算价的算术平均值,二者的最低值作为最终的理赔价格。理赔价格为某个期间的算术平均值,时间越长价格波动更容易被抹平,时间越短越能充分反映大豆价格的波动特征,可充分保障农产品价格波动风险。

---

① 若结算基差高于约定基差,农户现货市场损失低于基于期货市场价格的损失,农户获益,反之农户遭受损失。

2. 附加的大豆期现基差风险管理方案,切实补偿农户实际损失

基于期货市场价格的大豆价格保险建立在大豆期货市场良好的价格发现功能基础之上,而农产品期货市场的价格发现功能指农产品期货与现货市场价格走势相同,但价格波动幅度不完全一致,即期、现货基差变化较大,故很可能农户已在现货市场遭受较大损失,但期货市场仍未触发理赔机制。而附加的大豆期限基差风险管理方案在结算基差低于约定基差时,投保农户可获得基差补偿,有效避免了现货市场遭受较大损失而期货市场仍未触发理赔机制的现象,切实保障了农户的实际损失。

四、农产品"保险+期货"试点实践:"重庆"方案

(一)"重庆"方案的具体内容[①]

尽管重庆市不是我国主要的粮食生产区,但养殖业发达,对重要饲料原料玉米的需求较高,玉米种植收入仍是部分地区农户的主要收入,且其属于中、高山玉米种植区,亩均产量较低,介于200~500公斤之间,外加天气因素的影响,亩均产量波动较大。随着玉米市场化收购的推进,当地玉米价格波动风险逐渐上升。为防范当地农户面临的玉米产量与价格波动风险,中信建投期货与中国人保财险重庆市分公司创新性地为重庆市万州区、开州区及云阳县三个地区14个玉米种植大户与4220个贫困户的1.5万吨玉米提供同时保障产量与价格波动风险的"收入保险+期货"项目。

"重庆"试点方案共承保玉米面积3.6万亩,开州区、万州区与云阳县的承保面积分别为30000亩、3500亩与2500万亩,其具体操作流程可分为以下三个环节:①中国人保财险重庆市分公司为农户提供玉米收入保险,同时保障农户的玉米产量与价格波动风险。开州区的玉米产量较高,亩均目标产量设定为0.45吨,万州区与云阳县的玉米产量较低,亩均目标产量设定为0.25吨,三个地区的玉米目标价格均设定为每吨1680元。计算可得三个地区玉米收入保险的平均目标收入为 $1680 \times \left(\frac{30000}{30000+3500+2500} \times 0.45 + \frac{3500+2500}{30000+3500+2500} \times 0.25 \right) = 700$(元)。玉米收入保险的保险期间为4个月,从2017年6月30日至2017年10月31

[①] 张建光:《重庆地区玉米收入险试点:非主产区的"三农"服务创新抓手》,《粮油市场报》,2018年7月14日第8版。姚宜兵:《重庆玉米收入险试点赔付农户逾106万元》,《期货日报》,2018年1月4日第1版。

日。理赔价格由玉米期货1801合约在2017年10月份的日收盘价均值确定，为每吨1669.76元。保单到期后，万州与云阳县减产较多（为目标产量的94%），开州区玉米减产相对较小（为目标产量的96%），三个地区的实际平均亩产为0.4017吨，可得三个地区的实际亩均收入为$1669.76 \times 0.4017 = 670.74$（元）。若实际收入低于目标收入，玉米种植户即可获得赔偿，则三个地区理赔款共为1067300元，即$(700-670.74) \times (30000+3500+2500) = 1067300$（元）。②中信建投期货为中国人保财险重庆分公司提供玉米场外看跌期权，分散其价格风险与部分产量风险。场外看跌期权分两个部分，其中一部分对冲玉米收入保险的价格风险，场外看跌期权的行权价格与玉米收入保险的目标价格相同，期限从2017年10月1日到10月31日，与玉米收入保险理赔价格计算期间一致，可见场外看跌期权完全对冲了玉米收入保险的价格风险。中信建投期货创新性地将部分产量风险转化为价格风险，分散玉米收入保险的产量风险。玉米场外期权到期后，中国人保财险重庆分公司从中信建投期货获得120.36万元的权利金。与玉米收入保险赔付存在13.63万元差异，主要原因可归结为以下两点：一是玉米收入保险同时保障玉米产量与价格波动风险，玉米价格与产量之间并非完全独立。玉米产量较高时，供给充足，玉米价格相对较低；产量较低时，供给不足，玉米价格上升。产量与价格之间的负相关关系，使得玉米收入保险赔付小于对应价格保险与产量保险赔付之和。二是中国人保财险并非购买超额赔付率再保险分散玉米的产量风险，而是由中信建投期货将部分产量风险转化为价格风险，产量风险与价格风险差异较大，且属于该项目的初次尝试，不能较好地分散产量风险。③为分散玉米场外期权的价格风险，中信建投期货在期货市场复制该玉米场外看跌期权。

（二）"重庆"试点方案的特色

与农产品"保险+期货"试点实践的典型"大连"方案相比，"重庆"模式由价格保险升级至收入保险，产品特色尤为明显。

1. 同时承保玉米价格与产量波动风险，切实保障农户收入风险

"大连"方案中玉米价格保险合同中事先约定玉米产量，仅保障价格波动风险，无论实际产量如何，均按照约定玉米产量计算保险赔款。农户的玉米种植收入由玉米价格与产量两个因素共同决定，若实际产量低于约定产量，农户虽然可获得约定产量与价格差额乘积的赔付，但实际销售收入却明显下降，总体收入无法保障。重庆地区的自然条件使当地农户面临较大的产量风险，"重庆"方案创新性地承保当地玉米种植农户的收入风险，同时覆盖产量与价格波

动风险,既保障了农户因玉米价格下跌造成的收入损失,也保障了农户因玉米产量下降造成销售收入的减少,切实保障了当地农户的收入风险。

2. 部分产量风险转移至期货公司,稳定保险公司经营

随着我国农业规模化经营的推进,农业生产成本不断上升,尤其是土地流转成本与农村劳动力成本快速上升,但目前我国农业保险仍以保障程度较低的产量保险或者成本保险为主,远不能满足我国农业生产者尤其是新型农业经营主体农业风险管理的需求。收入保险是我国农业保险探索的新领域,仅在部分地区试点,未在全国大范围推广,且仅限于主要粮食作物。该险种同时承保农作物的产量与价格波动风险,承保农作物产量高于传统农业保险,产量保险风险可通过超额赔付率再保险进行分散,国际与国内再保险公司均可提供该项服务。收入保险推广的难点在于没有分散价格波动风险的有效渠道。农产品"保险+期货"的"重庆"方案不仅给出了农产品价格波动风险分散的合理途径,还将部分产量风险转化为价格风险转移至期货公司,同时减少产量与价格波动对保险公司财务稳定性的冲击,有助于稳定保险公司经营。

五、农产品"保险+期货"试点方案的共同点与问题

(一) 农产品"保险+期货"试点方案的共同特点

尽管农产品"保险+期货"的四种典型方案各具特色,通过对比分析其基本操作流程,可知现有试点方案具有明显的共同特点。

1. "保险+场外看跌期权+场内期货"三个环节的操作流程

农产品"保险+期货"试点实践的"大连"方案、"北票与法库"方案、"桦川"方案及"重庆"方案的具体操作流程都可以分为三个环节:①"大连"方案、"北票与法库"方案与"桦川"方案均提供农产品价格保险,为农产品价格波动风险提供保障;"重庆"方案为用户提供收入保险同时保障产量与价格波动风险。②"大连"方案、"北票与法库"方案与"桦川"方案中保险公司均向期货公司购买农产品场外看跌期权,完全转移其承保的农产品价格风险,理论上保险公司不承担任何农产品价格波动风险,仅承担期货公司的违约风险。"重庆"模式中保险公司通过购买农产品场外看跌期权,完全转移收入保险中的价格风险,部分产量风险转化为价格风险得以转移。③由于目前我国农产品期权上市品种有限,难以与场外期权完全匹配,且上市时间较短,合约流动性不够,期货公司均在期货市场复制农产品场外看跌期权分散价格风险。

三个环节的操作流程有效地将农户的农产品价格风险转移至期货市场,克服了农产品价格保险和收入保险的系统性风险难以分散的困难。

2. 商品、期货交易所与期货公司占据主导地位

"大连""北票与法库""桦川"三个试点实践的是农产品"价格保险+期货","重庆"试点实践是农产品"收入保险+期货",此四个试点方案均是农业保险的创新型产品,保费相对于传统农险较高。外加试点地区多属贫困地区,农户保费负担能力有限,故保费补贴来源于大连商品交易所、郑州商品交易所与上海期货交易所,如大连商品交易所对"北票与法库"试点方案的补贴高达保费的90%,部分试点甚至完全由商品交易所与期货公司承担,与传统农业保险80%保费由财政补贴大不相同。四个试点方案均由期货公司主导进行方案设计与费率厘定,仅利用保险公司现有的展业渠道与农产品签订保险合同,在期货公司不违约的条件下,保险公司仅扮演中介角色,理论上不承担任何农产品价格波动风险,仅收取固定的经营管理费用。期货公司通过农产品场外期权完全转移保险公司的价格保险风险,需承担期货市场不能完全对冲场外看跌期权的风险。商品、期货交易所的资金支持与期货公司承担的不完全对冲风险使其成为农产品"保险+期货"试点实践的承保主体。

3. 完全基于期货市场价格设计产品

无论是"大连"方案、"北票与法库"方案、"桦川"方案的农产品价格保险,还是"重庆"方案的收入保险均完全基于期货市场价格设计产品。期货市场价格与现货市场价格的波动趋势一致,但波动幅度大小及波动的具体时间不完全相同,外加农产品质量与商品交易所期货合约农产品质量标准不一致,可能发生现货市场已遭受严重损失,而期货市场仍未触发保险赔付机制的问题,农户普遍面临较大的基差风险。

(三) 农产品"保险+期货"试点方案的现存问题

尽管我国农产品"保险+期货"项目已取得一定的成功,试点产品范围与规模不断扩大,但三个环节的操作流程涉及的参与主体较多,相关试点实践仍存在一些问题。这里我们从用户、保险公司与期货公司三个参与主体方面分析"保险+期货"试点方案中存在的问题。

1. 业务推广难,保费来源匮乏

长期以来,我国农业生产以分散化经营为主,且农产品价格支持政策丰富,农业生产者价格风险管理意识薄弱。我国农业劳动力文化素质普遍较低,

第四章 中美农产品"保险+期货"的实践方案及比较借鉴

外加散户难以进入农产品期货市场进行套期保值,至今农户对期货市场的认识仍不足,普通散户甚至不了解期货价格。尽管我国自 2007 年以来已在全国范围内推广农业保险,但农户对农业保险的认识仍不科学,将其视为金融理财产品。农产品"保险+期货"试点初期需借助政府力量推行,但农业相关部门的一些工作人员不明白市场风险管理及期货对冲原理,难以成为有效的推动力量。可见农产品"保险+期货"业务推广困难重重。相对于农产品产量风险,农产品价格风险较大,外加"保险+期货"项目涉及主体较多,其费用较高。现阶段农民收入水平仍不高,农产品"保险+期货"项目没有得到中央财政的补贴,地方政府的资金支持能力有限,仅有商品、期货交易所的支持,保费来源匮乏。

2. 农户承担较大的基差风险

农产品"保险+期货"试点中的价格保险与收入保险均直接基于某一期货合约价格计算理赔价格,而不是农户实际售卖产品的现货价格。农产品期货合约是标准化合约,农产品种类与质量标准均有明确规定,实际生产中农产品种类与质量可能会与农产品期货市场存在一定差异,导致期货与现货价格波动不一致。农产品期货市场的价格发现功能指发现现货价格的走势。两个市场价格波动时间与幅度存在差异。期货市场价格大幅度下降,现货市场未必会遭受损失;现货市场出现严重亏损时,不一定能触发期货市场的理赔机制,故农户承担了较大的基差风险。

3. 保险公司"中介"地位尴尬

现阶段农产品"保险+期货"项目由郑州商品交易所、大连商品交易所与上海期货交易所主导推行,农产品"保险+期货"项目实际上是场外看跌期权,方案设计与费率厘定工作均由期货公司承担,保险公司仅在期货公司提供的场外看跌期权产品上外加一定的经营管理费用。实际操作中农户与保险公司签订保险合同,与期货公司没有直接的责任与义务关系,保险触发理赔机制时,由保险公司给予赔付。即便遇到市场极端风险,期货公司出现违约情况时,保险公司仍需支付农户赔款。可见保险公司独立承保农户价格波动风险,仅利用期货市场转移风险,并非仅扮演中介角色[①]。但是保险公司不参与产品设计与定价,既不能基于农户实际需求开发产品,且需承担期货公司的产品设

---

① 若是中介角色,保险公司仅在"保险+期货"中收取经营管理费用,理赔风险完全由期货公司承担。

计费用，又不能合理控制承保风险，此"中介"角色地位着实尴尬。

4. 期货公司对冲风险压力大

由前文分析可知，农产品期货市场风险具有对称性，而期权市场风险具有非对称性，二者风险属性不同，运用期货合约不能完全对冲场外期权的风险。我国已连续多年实施大宗农产品价格直接干预政策，外加农产品期货经营的库存压力较大，截至目前我国农产品期货市场容量仍有限。截至2018年6月底，玉米期货持仓量为626253手（6262530吨），仅占全国玉米产量的2.90%；鸡蛋期货合约持仓量为102978手（514890吨），不到全国鸡蛋产量的2.15%；大豆期货合约持仓量为217296手（2172960吨），占全国大豆产量的14.93%[①]。此外，农产品期货市场流动性不足，2018年6月，玉米、鸡蛋与大豆期货合约成交量分别为3962047手、1586702手与4327319手[②]，如果市场遇到突发状况不能完成对冲，期货公司将承担较大价格风险，故期货公司承担的对冲压力较大。

5. 保险与期货公司沟通不畅

我国推出豆粕与白糖期权不久，流动性仍十分有限，不能满足保险公司分散所承保价格或收入保险的风险，场外期权费用与风险均相对较高，增加了农产品"保险+期货"项目的风险保费。由前文可知我国共有21个农产品期货上市品种，远不能满足大多数农产品价格风险分散的需要。缺乏农产品"保险+期货"项目的制度规范，场外期权是期货公司购买的价格或收入保险的再保险，但在保险财务中无法列为"再保险"科目，从期货公司收到的场外期权补偿在财务中需列支为"盈利"，二者均需要缴税，提高了"保险+期货"项目的经营费用。

---

① 玉米、大豆与鸡蛋期货持仓量数据来源于中国期货业协会，http://www.cfachina.org/servicesupport/researchandpublishin/statisticalsdata/monthlytransactiondata/201807/t20180702_8564.html；玉米、大豆与鸡蛋产量数据来源于国家统计局，https://data.stats.gov.cn/easyquery.htm?cn=C01。

② 数据来源于中国期货业协会，http://www.cfachina.org/servicesupport/researchandpublishin/statisticalsdata/monthlytransactiondata/201807/t20180702_8564.html。

第三节　农产品"保险+期货"实践方案的中美比较及借鉴

一、中美农产品"保险+期货"实践方案的比较分析

（一）基本运作模式的比较

美国农产品"保险+期货"包括牲畜"价格保险+期货"与农作物"收入保险+期货"，两类产品的目标价格与理赔价格（或者预期价格与收获价格）完全根据农产品期货市场确定，仅利用农产品期货市场的价格发现功能。其基本运作模式是典型的农业保险经营模式，即由财政资金支持，商业保险公司运作，联邦农业保险公司提供再保险支持。随着国内农产品价格机制改革的推进，农产品价格风险已超越生产风险成为影响农业生产的重要因素。为管理农产品价格风险，农产品价格保险试点在我国全面铺开，但由于价格风险的系统性特征，无法获得相关再保险产品，保险公司面临巨大的系统性风险，故单一农产品价格保险的试点范围难以大规模推广。可见我国农产品"保险+期货"产生的直接原因是利用农产品期货市场分散价格保险的价格系统性风险，且其同时利用农产品期货市场的价格发现与套期保值功能。我国农产品"保险+期货"运用套期保值功能分散农产品价格保险的系统性风险，同时借助于期货市场的价格发现功能，科学合理地厘定目标价格与理赔价格。因此，其基本运作模式是"价格保险/收入保险+场外看跌期权+场内期货"，农户购买价格保险或收入保险分散价格风险，商业保险公司向期货公司购买场外看跌期权完全转移承保的价格风险，期货公司运用期货合约复制场外看跌期权以分散风险。

（二）参与主体的比较

美国农产品"保险+期货"采用传统农业保险经营模式，商业保险公司与农户之间签订保险合同，相应承担各自的责任与义务，是直接参与主体。联邦农作物保险公司作为间接参与主体，为保险公司提供经营管理费用补贴与再保险支持，为农户提供保费补贴，且承担农产品"保险+期货"的产品设计与费率厘定工作，鼓励保险公司设计产品，但主要承担保单销售与理赔工作。各主体之间权责清晰可最大限度地提高该产品的运营效率。国内农产品"保险+期

货"三个环节的基本运作模式涉及了较多的参与主体。大连商品交易所、郑州商品交易所、上海期货交易所与地方政府提供推进农产品"保险+期货"的资金支持；保险公司与农户之间签订合同，为农户提供"保险+期货"产品，同时辅助产品设计与费率厘定；期货公司承担主要的保险产品设计与费率厘定责任，为保险公司提供场外看跌期权产品，运用期货市场分散场外看跌期权风险。可见，农产品"保险+期货"共有交易所、地方政府、期货公司、保险公司与农户五类参与主体，且期货交易所与期货公司是最主要的参与主体，在期货公司不存在违约风险的条件下，保险公司仅起"中介"作用。2017 年郑州商品交易所"保险+期货"项目的纯风险保费、期货交易所经营管理费用与保险公司经营管理费用平均占总保费的比例分别为 52%、34% 与 14%，过多的参与主体直接推高了农产品"保险+期货"的总费用[①]。

（三）产品内容的比较

美国农产品"保险+期货"包括"价格保险+期货"与"收入保险+期货"两大类产品。农产品"价格保险+期货"包括牲畜价格保护保险（LRP）与牲畜毛利润保险（LGM）两类，可见"价格保险+期货"承担养殖业的价格风险。农产品"收入保险+期货"同时承保玉米、大豆、棉花、小麦、花生、山核桃等各种农作物的价格与产量风险，故"收入保险+期货"承保种植业的价格风险。尽管美国农产品"保险+期货"承保的农作物种类繁多，承保规则仅可分为高度相似的四类，即上文中育肥母牛风险保护保险与生猪毛利润保险两类"价格保险+期货"、玉米收入保障保险与大豆区域收入保障保险两类"收入保险+期货"。自 2015 年首次试点成功，截至 2017 年底国内农产品"保险+期货"项目已有 104 项，试点项目内容繁杂，各不相同，试点农产品包括玉米、大豆、白糖、棉花、鸡蛋、苹果与橡胶七种。尽管各试点产品的基本运作模式相似，但即便是同一种农产品的承保周期、理赔规则等各不相同，可复制与可推广性不足。对于养殖业，仅开展了鸡蛋"价格保险+期货"业务；种植业同时开展"价格保险+期货"与"收入保险+期货"业务，产品类型繁多，但不成体系。

（四）市场环境的比较

农产品期货市场良好的价格发现与套期保值功能是"保险+期货"得以运

[①] 资料来源于 2018 年第十二届期货分析师暨场外衍生品论坛上郑州商品交易所农产品部主管王远的发言。

第四章 中美农产品"保险+期货"的实践方案及比较借鉴

行的前提。农产品期货起源于美国,现如今美国共有 6 家农产品期货交易所,农产品期货合约达到 109 种,是全球农产品期货品种最多和交易量最大的国家。美国农产品期货市场参与主体结构合理,集合了众多套期保值者与投机者,包括贸易商、机构、个人、企业与中介机构等多种类型,其中 70% 的市场参与者是投机者,稳定了农产品期货市场经营。美国农业生产者以规模化生产的大农场为主,直接参与套期保值的农民占到 1/10。由第二章可知,我国农产品期货上市品种有限,仅覆盖 22 种农产品;农产品期货市场参与主体结构不合理,由于我国农业经营主体以分散化的小农户为主,生产规模与农产品期货交易规模不相匹配,其难以进入期货市场,市场投机者过多,套期保值者不足。美国以农场为农业生产与经营的基本单位,2012 年底农场的平均农田规模为 1524 亩。规模化的农业经营模式有助于设计符合农户实际损失的保险产品,同时降低经营管理费用。尽管我国持续推进农业规模化经营,但仍以分散化的经营模式为主,不利于"保险+期货"的产品设计,也显著推高农业保险的经营费用。

二、农产品"保险+期货"实践方案中美比较的启示借鉴

(一)加大力度推进农产品期货与期权发展

完善的农产品期货市场是"保险+期货"运行的基础,美国农产品期货品种达到 109 种,我国期货合约上市品种有限,仅为美国期货品种的 1/5。大宗农产品覆盖种类较多,鲜活农产品仅鸡蛋有期货合约,生猪期货的缺乏导致无法推出生猪"保险+期货",但目前生猪市场行政调控效用不高,生猪价格波动频繁,给养殖户和消费者带来很大影响,故应加快推进农产品期货上市。鉴于我国价格保险再保险缺乏的现实困境,现阶段农产品"保险+期货"需借助场外期权转移风险,但我国期权上市品种仅有豆粕与白糖,远不能满足保险公司分散风险的实际需求,应加大力度推进农产品期权上市。

(二)加大农业生产规模化经营的步伐

美国农业生产的规模化,使得农户可直接进入期货市场进行套期保值,合理化农产品期货市场参与结构,进而提高农产品期货市场的有效性,加固农产品"保险+期货"运行的基础。规模化生产既有助于保险公司开发符合农户实际需求的"保险+期货"产品,又有助于降低保险公司的经营管理费用,外加规模化生产可以提高农业生产效率,故应加大我国农业生产规模化经营的

步伐。

(三) 完善农业保险巨灾风险分散体系

美国联邦农作物保险公司为商业保险公司提供再保险协议以分散农产品"保险+期货"的巨灾损失风险，州级与国家级相结合的再保险方案完全转移了商业保险公司的巨灾损失。而我国几乎没有机构愿意提供农产品价格保险的再保险，故保险公司运用场外期权分散风险，但却面临基差损失、违约、监管等一系列风险，因此可考虑由农业农村部牵头为保险公司提供再保险方案，以稳定保险公司经营。

(四) 重构农产品"保险+期货"的运营制度

美国农产品"保险+期货"由商业保险公司运作，联邦农作物保险公司提供保费、经营管理费用补贴及再保险支持。而国内农产品"保险+期货"涉及的参与主体较多，且商品、期货交易所与期货公司占据主导地位。农产品"保险+期货"的本质是农业保险，则应坚持我国现有农业保险的运营模式，即由中央财政提供保费补贴，商业保险公司负责实际经营，再利用期货市场分散价格巨灾风险。由前文分析可知，我国农产品期货市场容量有限，不能完全依赖于期货市场分散价格风险，需由农业农村部牵头建立农业保险再保险分散机制。

第四节　本章小结

本章首先分析了美国农产品"保险+期货"的实践方案，包括牲畜"价格保险+期货"、农作物"收入保险+期货"及牲畜利润保障项目。其中，牲畜"价格保险+期货"包括牲畜价格保护保险（LRP）与牲畜毛利润保险（LGM），农作物"收入保险+期货"包括收入保障保险（RP）与区域收入保险（ARP）。其实践方案的成功经验在于：成熟的农产品期货市场是经营"保险+期货"的基础，细分承保品种及公布基差数据可为农户提供有效价格保障，公开的费率信息及多样化的保障水平有助于农户做出科学保险规划，保费及经营管理费用补贴有助于降低农户和保险公司的资金负担，完善的再保险体系是推行农产品"保险+期货"的前提，理赔款计算周期较短有助于保障农户实际损失。

第四章 中美农产品"保险+期货"的实践方案及比较借鉴

其次,详细分析了国内农产品"保险+期货"试点方案具有典型代表意义的"大连"方案、"北票与法库"方案、"桦川"方案及"重庆"方案这四个农产品"保险+期货"试点项目。尽管我国农产品"保险+期货"试点产品范围与规模不断扩大,但三个环节的基本运作模式涉及的参与主体较多,相关试点方案仍存在农户承担较大的基差风险、保险公司"中介"地位尴尬、期货公司对冲风险压力大及保险与期货公司沟通不畅等问题。

最后,从四个方面比较分析中美农产品"保险+期货"的实践方案:①基本运作模式。美国农产品"保险+期货"的基本运作模式由财政资金支持、商业保险公司运作、联邦农业保险公司提供再保险支持,是典型的农业保险经营模式;国内试点项目均采用"价格保险/收入保险+场外看跌期权+场内期货"基本运作模式。②参与主体。商业保险公司与农户是美国农产品"保险+期货"的直接参与主体,联邦农作物保险公司是其间接参与主体,各主体之间权责清晰,最大限度地提高该产品的运营效率。国内农产品"保险+期货"试点项目共有交易所、地方政府、期货公司、保险公司与农户五类参与主体,且期货交易所与期货公司是最主要的参与主体,在期货公司不存在违约风险的条件下,保险公司仅起"中介"作用。③产品内容。美国农产品"价格保险+期货"承担养殖业的价格风险,"收入保险+期货"承保种植业的价格风险。尽管其承保的农作物种类繁多,但承保规则仅可分为牲畜价格风险保护保险、牲畜毛利润保险、收入保障保险与区域收入保障保险高度相似的四类。我国农产品"保险+期货"试点项目产品类型繁多,不成体系,试点模式的可复制与可推广性不足。④市场环境。美国农产品期货市场运行良好,农业生产者以规模化生产的大农场为主;我国农产品期货市场起步较晚,但农业生产仍以分散化经营为主。可见,我国需加大力度推进农产品期货与期权、农业生产规模化经营的发展,完善农业保险巨灾风险分散体系,重构农产品"保险+期货"的运营制度。

第五章 农产品"保险+期货"在价格调控机制中的政策定位与总体方案

第一节 中国农产品价格调控机制的现状及困境

一、中国现行农产品价格调控机制概况

由第一章农产品价格调控机制的概念可知,农产品价格调控机制包括调控目标、调控原则、调控对象与调控政策四个方面的内容[①],故本书从这四个方面介绍我国现行农产品价格调控机制的概况。

(一)调控目标

农产品价格过度波动易造成农业生产受阻与居民消费不畅,以致出现农产品供求失衡现象,加剧整个经济体系的不稳定,故农产品价格调控的直接目标是保持农产品价格围绕实际价值在合理的价格区间以合适的频率波动。价格机制是市场机制的核心内容,是资源配置的调节器,价格的变化可直接引起市场资源配置的改变,价格频繁波动可能使价格市场信号功能紊乱,导致资源配置效率较低,进而影响经济运行效率。经济效率是经济活动的一大基本目标,其关键在于优化资源配置,而价格调控是实现资源优化配置的重要条件,故农产品价格调控的核心目标是实现资源要素的优化配置。通过资源优化配置以达到农产品价格调控的最终目标,即实现社会总福利最大化,并兼顾社会福利在消费者与生产者之间的公平分配。

---

① 涂圣伟、蓝海涛:《中国重要农产品价格波动与调控新机制》,中国计划出版社,2015年,第2~5页。

第五章　农产品"保险+期货"在价格调控机制中的政策定位与总体方案

(二) 调控原则

农产品的基本属性是商品，市场经济条件下农产品价格主要由市场机制决定，政府对农产品市场调控时必须遵循市场经济的一般规律，以充分发挥市场机制在农产品价格调控中的作用。只有在市场失灵，农产品价格波动达到临界范围时，政府才采取综合性措施指导农产品价格以使农产品市场接近或达到市场出清状态。如果政府过多干预农产品市场价格反而不利于农产品市场价格形成，造成社会福利损失。故农产品市场调控需立足市场机制，遵循市场经济的一般规律。

(三) 调控政策

调控政策是农产品价格调控机制的核心内容，现有的农产品价格调控政策包括大宗农产品价格调控政策与鲜活农产品调控目录制度。鲜活农产品调控目录制度是政府在市场经济条件下，运用综合性政策工具，对居民消费影响较大的重要鲜活农产品进行供需均衡调控的制度安排。综合性政策工具以市场化调控手段为主，包括生产补贴、产销对接、农业保险、金融信贷、调节基金、期货期权、收储调节、贸易调节等措施[1]。依据农产品价格调控政策是否直接干预市场价格，本书将大宗农产品的价格调控政策分为大宗农产品传统价格支持政策与大宗农产品现代价格补贴政策。

大宗农产品传统价格支持政策是指财政补贴直接影响市场价格，对市场价格起托底作用，包括最低收购价政策与临时收储政策。粮食最低收购价政策指国家每年提前公布粮食最低收购价格并制定相应的收购预案，若粮食市场价格低于最低收购价，启动收购预案，国家指定的粮食收购主体以最低收购价格收购粮食，其他企业随行就市收购粮食；若粮食市场价格高于最低收购价，不启动收购预案[2]。临时收储政策是指为保障农民收益，国家依据市场实际情况制定的农产品临时存储计划的收购政策。政策内容包括：一是划定农产品收购地区，主要是农产品主产区；二是指定农产品收购价格或数量，也可以同时指定二者；三是明确农产品收购的主体与时间。

大宗农产品现代价格补贴政策是指市场价格较低时，直接补贴农户因市

---

[1] 农业部：《农业部关于开展鲜活农产品调控目录制度试点工作的指导意见》，http://www.moa.gov.cn/nybgb/2016/diliuqi/201712/t20171219_6102527.htm。

[2] 贺伟、朱善利：《我国粮食托市收购政策研究》，《中国软科学》，2011年第9期，第10~17页。

价格下降造成的损失，而不直接干预市场价格，包括目标价格补贴与生产者补贴政策。目标价格补贴政策是指国家预先设定合理的农产品目标价格，当农产品的实际市场价格低于目标价格时，政府将市场价格与目标价格的差额补贴给生产者，以确保农户的基本收入；当农产品市场价格高于目标价格时，目标价格补贴不予启动。其实质是有特殊针对性的农业补贴制度，以适当解决市场机制在利益分配上的问题①。生产者补贴政策是指农产品价格由市场供求决定，基于农产品实际收入情况，政府按照农产品实际种植面积给予农业生产者一定的亩均定额补贴②。

（四）调控对象

农产品价格调控的对象包括经济环境、市场环境、参与主体行为与农产品价格四个方面的内容。本书中经济环境指农产品市场的供给与需求，调控政策的实施直接或间接影响农产品的供给与需求，从而将农产品价格波动控制在合理范围之内。市场环境指农产品市场销售的公开性、透明性与公正性。参与主体包括政府、农业生产者、消费者、农产品流通等相关企业，农产品调控政策的实施将会影响各参与主体的市场行为，如生产者补贴政策会增加农业生产者的积极性、增加农产品市场供给等。为保障消费者与生产者福利，在特殊时期，国家会直接调整农产品价格。

二、中国农产品价格调控政策的实施现状

据农业农村部的界定，大宗农产品包括稻米（早籼稻、晚籼稻与粳稻）、小麦、玉米、大豆、棉花、油料（油菜籽、花生）、食糖与猪肉共8类，鲜活农产品包括牛羊肉、禽肉、禽蛋、乳制品、水果、蔬菜与水产品共9类。由鲜活农产品概念可知猪肉也属于鲜活农产品，但由于其生产与消费在农业经济结构中权重较大，也是大宗农产品，基于本书的研究内容，将其归为鲜活农产品范畴。

---

① 秦中春：《引入农产品目标价格制度的理论、方法与政策选择》，中国发展出版社，2015年，第218页。

② 财政部：《关于建立玉米生产者补贴制度的实施意见》，2016年。根据东北三省与内蒙古玉米、大豆生产者补贴政策具体实施方案总结得出。

第五章 农产品"保险＋期货"在价格调控机制中的政策定位与总体方案

（一）大宗农产品传统价格支持政策

1. 粮食最低收购价政策

自 2004 年以来，我国开始实施粮食的最低收购价政策，10 多年的实施历程明显呈现出不同的特征，可以分为三个发展阶段：第一阶段（2004—2007），此期间各个粮食品种的最低收购价格分别为：红小麦和混合小麦的最低收购价为 0.69 元/500 克，早籼稻 0.72 元/500 克，中晚籼稻和白小麦 0.72 元/500 克，粳稻 0.75 元/500 克[①]。实施该项政策的地区 4 年间保持不变，小麦主产区河南、河北等 6 个省份，中籼稻有黑龙江、吉林等 7 个省份，早籼稻有湖南、湖北等 6 个省份。此外，将政策执行的具体时间逐步纳入预案，2004、2005 年没有规定政策具体执行时间，2006 年起提前规定了政策实施的详细时间。第二阶段（2008 年），由于种植成本快速提高，国家为调控市场需要调控一部分粮源，再加上国际市场粮食价格的暴涨暴跌，我国在 2008 年 2 月和 3 月两次提高粮食最低收购价格，最终红小麦和混合小麦的最低收购价格为 0.72 元/500 克，早籼稻和粳稻为 0.77 元/500 克，中晚籼稻为 0.82 元/500 克[②]。此外，还调整了粮食最低收购价政策的实施时间和地区。第三阶段（2009 年至今），随着农村劳动力成本的快速上涨，种植成本飞速提高。2009 年起，除早籼稻外，国家逐年提高粮食收购价格，到 2016 年，小麦（三等）、中晚籼稻、粳稻的最低收购价格分别上涨到 1.18 元/500 克、1.38 元/500 克、1.55 元/500 克，提高幅度分别达到 53.2%、74.7% 和 89.0%[③]。2009 年至 2015 年早籼稻最低收购价格持续上升至 2.70 元/公斤，2016 年早籼稻最低收购价格降低至 2.66 元/公斤，每公斤减少了 0.04 元。除小麦最低收购价与 2016 年相同外[④]，2017 年国家首次全面下调粮食价格，早籼稻、中晚籼稻和粳稻最低收购价格分别为 1.30 元/500 克、1.36 元/500 克、1.50 元/500 克[⑤]。

[①] 国家粮食和物质储备局：《关于印发 2007 年小麦和稻谷最低收购价执行预案的通知》，2007。

[②] 国家发展和改革委员会、财政部、农业部等：《关于公布 2008 年稻谷和小麦最低收购价格的通知》，2008。

[③] 国家发展和改革委员会、财政部、农业部等：《关于公布 2016 年稻谷最低收购价格的通知》，2016。国家发展和改革委员会、财政部、农业部等：《关于公布 2016 年小麦最低收购价格的通知》，2015。

[④] 国家发展和改革委员会、财政部、农业部等：《关于公布 2017 年小麦最低收购价格的通知》，2016。

[⑤] 国家发展和改革委员会、财政部、农业部等：《关于公布 2017 年稻谷最低收购价格的通知》，2017。

2. 重要农产品临时收储政策

我国自 2008 年开始实施重要农产品如棉花、大豆、油菜籽、食糖和玉米临时收储政策，连续多年实施引起重要农产品国内外价差较大等一系列问题，国家于 2014 年取消了新疆棉花、东北和内蒙古大豆临时收储政策。

2008 年全球金融危机波及各个领域，国际农产品市场价格迅速下跌，严重影响国内农产品市场。为保护农民收益、稳定玉米价格，国家于当年 10 月启动玉米临时收储政策，即东北产区收储玉米 500 万吨，随后又启动三批收储计划，收储总量达到 4000 万吨，此后玉米收储计划连年执行[①]。2010 年国家增加玉米收购主体，为粮食企业政策性收购提供补贴，以敞开收购玉米。2013 至 2015 年持续实行玉米收储政策，临储库存量累积高达 2.5 亿吨[②]。2015 年我国玉米产量超过国内消费量 500 亿公斤，进口量仍高达 473 万吨，出现严重的高库存、高进口问题，我国于 2016 年 4 月底停止玉米临时收储政策[③]。

油菜籽临时收储政策从 2008 年开始实施，2009 年进一步得到完善。2015 年起油菜籽临时收储政策转由地方政府负责实施，中央政府给予适当补贴，江苏、湖北、湖南等七个省份得到中央财政的补贴。2011 年五个食糖主产区（广西、云南、新疆、广东和海南）的食糖价格由各省政府分别统一定价。2012—2014 年度以 6100 元/吨最低价格临时收储白砂糖，由中央财政银行贴息政策支持[④]。2015 年油菜籽临时收储政策由油菜籽种植农民收入的国家专项直接补贴政策替代。

2010 年"过山车"式的棉花价格，严重影响了种棉农户、棉花流通企业和纺织企业的利益，国家于 2011 年起实施棉花临时收储政策。2012 年临时收储棉花量超过棉花总产量的 95%，2013 年超过 89%，使得国内棉花绝大部分进入收储，市场上流通的棉花供不应求，故国家于 2014 年取消棉花临时收储政策。

我国自 2000 年起启动大豆国际贸易，大豆国际与国内市场价格的关联性逐渐增强。2008 年起实施大豆临时收储政策以后，国内大豆价格受国际市场

[①] 徐志刚、习银生、张世煌：《2008/2009 年度国家玉米临时收储政策实施状况分析》，《农业经济问题》，2010 年第 3 期，第 16~23、110 页。

[②] 刘科：《中国临储玉米 2.6 亿吨待去库存　库存成本费高昂》，https://finance.qq.com/a/20161011/006571.htm。

[③] 玉米产量与消费数据来源于农业部，http://zdscxx.moa.gov.cn:8080/nyb/pc/search.jsp。玉米进口量数据来源于商务部，http://wms.mofcom.gov.cn/article/zt_ncp/table/2015_12.pdf。

[④] 商务部：《关于 2012/2013 年度第一批第二次国产糖临时收储公告》，2013。

第五章 农产品"保险+期货"在价格调控机制中的政策定位与总体方案

价格的影响逐渐减弱。由于种植成本较高,国内大豆种植收益有限,农民种豆意愿急剧下降,再加上国产大豆明显高于国际市场价格,大豆压榨企业举步维艰,2014年国家放弃大豆临时收储政策。

(二) 大宗农产品现代价格补贴政策

1. 目标价格补贴政策

我国农产品购销市场化比较晚,各地对农产品目标价格补贴政策的探索起步较晚,如新疆棉花、东北三省和内蒙古大豆目标价格试点及苏州粮食收购价外补贴制度等。

(1) 棉花目标价格补贴政策。

为推进农产品价格机制改革、保障棉花种植农民利益、促进棉花下游相关企业发展,2014年国家发展改革委和新疆共同制定了棉花目标价格补贴政策的实施办法。当年5月份设定棉花目标价格为19800元/吨,棉花市场价格的确定期间是9—11月,若棉花的目标价格高于测算出的市场价格时,综合面积和产量给予补贴。2015年和2016年新疆棉花目标价格分别为19100元/吨和18600元/吨。2017年3月,国家发展改革委与财政部给出深化新疆棉花目标价格改革的内容:一是目标价格由近三年棉花生产成本加合理收益确定,设定合理收益需考虑财政承受能力、棉花市场形势变化与产业发展需要等多个因素;二是棉花目标价格由一年一定改为三年一定,若棉花市场在定价期内发生重大变化,可报请国务院调整,2017—2019年的目标价格为18600元/吨;棉花在2017—2019年期间的补贴上限为2012—2014年全国棉花平均产量的85%[①]。

新疆棉花目标价格实施几年,取得了一定的成效:一是缩小了棉花的国内外差价,完善了棉花价格形成机制(如图5-1所示)。2013年4月至2014年7月期间,棉花国内价格高于国际价格15%以上。棉花目标价格补贴办法实施之后,国内棉花价格快速下降,从2015年开始国内棉花价格反而低于国际棉花价格。二是促进棉花相关产业发展,国内棉花价格逐渐下降,且低于进口棉花到岸税后价,降低了棉花下游产业的生产成本。三是确保棉农生产积极性,稳定我国棉花生产。虽然实施棉花目标价格补贴办法之后,棉花价格逐渐降低,但目标价格补贴办法确保了棉花种植农民的基本收益,有效保证其棉花种

---

① 国家发展改革委员会、财政部:《关于于深化棉花目标价格改革的通知》,2017。

植积极性，稳定了棉花的市场供应。

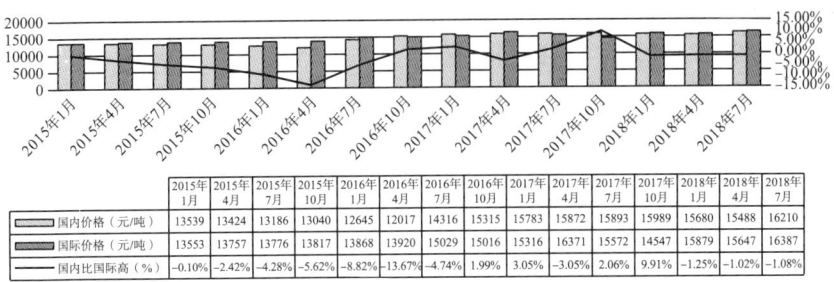

图5-1 2015—2018年国内外棉花价格及差额①

注：数据来源于农业农村部，http://www.moa.gov.cn/。

(2) 大豆目标价格补贴政策。

为解决大豆临时收储政策带来的库存量高、价格高于国际价格的问题，形成大豆价格市场机制，2014年东北三省和内蒙古首次启动了大豆目标价格制度改革试点。在保障成本和收益的原则下，确定大豆目标价格为4800元/吨，2015年和2016年保持目标价格水平不变。试点时间范围为2014年至2017年，目标价格每年公布一次，于当年10月到下年3月之间确定市场价格。

大豆目标价格制度试点实施近三年取得了一定的成效：一是初步建立大豆的市场价格形成机制，试点地区国内外大豆价差明显小于非试点地区，如图5-2所示。目标价格试点地区内蒙古大豆价格明显低于非试点地区山东大豆价格。山东大豆价格比国际市场高出比例均在18%以上，有些月份甚至超过45%；而内蒙古价格比国际价格高出比例均在16%以下，2016年7月份首次低于国际价格。二是"生产成本+基本收益"的目标价格定价方式保障了豆农的基本收益。三是促进大豆下游相关产业发展，由于国内大豆价格远高于国际大豆价格，我国榨油企业所用大豆97%来自进口，国产大豆主要用于豆制品加工，2016年内蒙古国内大豆价格首次低于国际价格，降低了国内豆制品加工企业的生产成本，另外为榨油企业提供了新的豆源，不再受国际市场大豆的制约。四是适度调整种植结构，由于近几年玉米收益大大高于大豆收益，玉米种植比例较高，供大于需，大豆目标价格制度的推行，提升了大豆种植收益，虽然还不及玉米种植收益，但在一定程度上增加了大豆的种植面积。但由于政策实施成本较高，国家于2017年3月取消了东北三省和内蒙古自治区的大豆目标价格补贴政策。

---

① 国内价格为国3128级棉花销售价格，进口价格为进口M级棉花到岸税后价（滑准税下）。

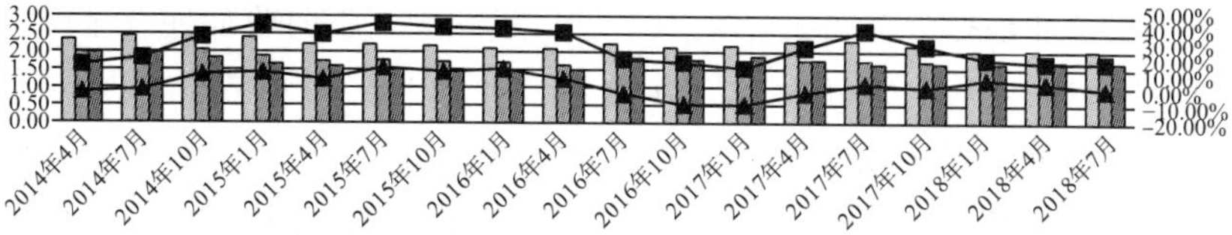

第五章　农产品"保险＋期货"在价格调控机制中的政策定位与总体方案

	2014年4月	2014年7月	2014年10月	2015年1月	2015年4月	2015年7月	2015年10月	2016年1月	2016年4月	2016年7月	2016年10月	2017年1月	2017年4月	2017年7月	2017年10月	2018年1月	2018年4月	2018年7月
山东价格（元/500克）	2.34	2.44	2.50	2.40	2.21	2.21	2.17	2.20	2.23	2.13	2.13	2.18	2.29	2.32	2.18	2.03	2.05	2.03
内蒙古价格（元/500克）	1.99	2.03	2.05	1.88	1.74	1.77	1.73	1.71	1.63	1.81	1.64	1.73	1.76	1.74	1.72	1.81	1.82	1.73
国际价格（元/500克）	1.98	1.99	1.83	1.66	1.60	1.52	1.52	1.54	1.48	1.50	1.83	1.78	1.88	1.77	1.65	1.67	1.72	1.70
山东比国际高（%）	18.18%	22.61%	36.61%	44.58%	38.13%	45.39%	42.76%	41.89%	39.33%	21.86%	19.66%	15.96%	29.38%	40.61%	30.54%	21.56%	19.19%	19.41%
内蒙古比国际高（%）	0.51%	2.01%	12.02%	13.25%	8.75%	16.45%	13.82%	11.04%	10.14%	20.67%	−10.39%	−2.81%	−6.38%	−1.73%	4.24%	8.38%	5.81%	1.76%

图 5－2　2014—2018 年国内外大豆价格及差额图[①]

注：数据来源于农业农村部，http://www.moa.gov.cn/。

2. 生产者补贴政策

2016 年 6 月 20 日，财政部发布《关于建立玉米生产者补贴制度的实施意见》，推出"市场化收购"加"补贴"的价格机制，玉米价格由市场供求机制决定，中央财政给予东北三省和内蒙古一定补贴，执行统一的亩均定额补贴。同年 7 月至 8 月，东北三省和内蒙古自治区分别出台具体的《玉米生产者补贴制度实施方案》，明确补贴资金需发放给实际玉米种植者，省级统一发放标准，6 至 8 月份核实种植面积，9 月份发放补贴。2016 年黑龙江省玉米生产者补贴标准 153.92 元/亩，共补贴 9661.57 万亩；2017 年补贴标准降为 133.46 元/亩，补贴面积缩减为 8079.16 万亩[②]。

玉米生产者补贴政策实施后取得显著成效：一是国内外玉米价差逐渐缩小（见图 5－3）。自 2013 年 7 月起国内玉米价格持续高于国际价格，部分月份差价甚至超过 1000 元/吨，平均差价超过 600 元/吨。实施生产者价格补贴之后，国内外玉米价差明显缩小，2016 年 10 月至 2018 年 6 月国内外玉米平均差价降为 157.14 元/吨[③]，其中 2017 年 1 月至 4 月国内玉米价格反而低于国际玉米价格。二是玉米加工企业经营状况转好。玉米临时收储政策实施期间，玉米价格高位运行，但下游酒精与饲料价格却低位运行，中游的玉米加工企业经营亏损，开工率约为 50%。生产者补贴政策实施后，2016 年黑龙江省淀粉与酒精

[①]　黑龙江价格为黑龙江国产大豆平均收购价，山东价格为山东国产大豆入厂价，国际价格为美国墨西哥湾 2 号黄大豆运到青岛港口的到岸税后价。

[②]　黑龙江省人民政府：《黑龙江省 2017 年玉米和大豆生产者补贴资金发放工作正式启动》，2017。

[③]　农业部：《向农产品市场化改革要"效率"——2017 年中央一号文件系列述评②》，http://www.moa.gov.cn/ztzl/yhwj2017/xwbd_20292/201702/t20170208_5469982.htm。

等玉米价格企业已扭亏为盈。三是玉米进口量减少,临时收储库存下降。实施生产者补贴政策之后,2016、2017 年连续两年玉米进口量减少。2016 年玉米进口 316.8 万吨,同比减少 33.0%;2017 年玉米进口 282.7 万吨,同比减少 10.7%[1]。2012 至 2014 年玉米临时收储实施期间共收购玉米约 1.8 亿吨,销售量仅为 3000 万吨。实施生产者补贴政策之后,2017 年临时收储玉米拍卖共计投放 8505 万吨,成交 4957 万吨;2018 年 1 至 6 月临时收储库玉米累计投放 9263 万吨,成交 4957 万吨。四是种植结构得以调整。临时收储政策使得玉米的比较收益较高,国内产量高于实际需求量。实施玉米生产者补贴政策之后,玉米种植面积不断减少。2016 年黑龙江省玉米种植面积减少超过 1900 万亩;2017 年黑龙江省第四、五积温带玉米种植面积减少超过 500 万亩,吉林省西部和东部减少玉米种植面积近 300 万亩[2]。

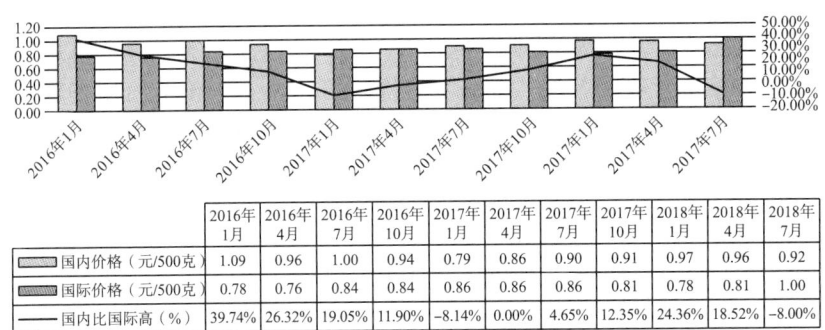

	2016年1月	2016年4月	2016年7月	2016年10月	2017年1月	2017年4月	2017年7月	2017年10月	2018年1月	2018年4月	2018年7月
国内价格(元/500克)	1.09	0.96	1.00	0.94	0.79	0.86	0.90	0.91	0.97	0.96	0.92
国际价格(元/500克)	0.78	0.76	0.84	0.84	0.86	0.86	0.86	0.81	0.78	0.81	1.00
国内比国际高(%)	39.74%	26.32%	19.05%	11.90%	-8.14%	0.00%	4.65%	12.35%	24.36%	18.52%	-8.00%

图 5—3 2016—2018 年玉米国内外价格及差额图[3]

注:数据来源于农业部,http://www.moa.gov.cn/。

2017 年 3 月,国家发展改革委发布通知将大豆目标价格补贴政策改为大豆生产者补贴政策,采用与玉米生产者补贴类似的实施方案,补贴标准与实际补贴面积分别为 173.46 元/亩和 5872.26 万亩[4]。

(三)鲜活农产品调控目录制度

除粮食外,我国最主要的食物是鲜活农产品,包括蔬菜、畜禽、肉、蛋、

---

[1] 数据来源于农业部,http://zdscxx.moa.gov.cn:8080/nyb/pc/search.jsp。
[2] 刘慧、秦富、赵一夫等:《玉米收储制度改革进展、成效与推进建议》,《经济纵横》,2018 年第 4 期,第 99~105 页。
[3] 玉米国内价格为东北 2 等黄玉米运到广州黄埔港的平仓价,国际价格为美国墨西哥湾 2 号黄玉米(蛋白质含量 12%)运到黄埔港的到岸税后价。
[4] 黑龙江省人民政府:《黑龙江省 2017 年玉米和大豆生产者补贴资金发放工作正式启动》,2017。

第 五 章　农产品"保险＋期货"在价格调控机制中的政策定位与总体方案

奶、水果以及鲜活水产品等。目前除生猪及个别地方性调控政策之外，我国鲜活农产品价格完全由市场供求机制形成。2009年我国出台《防止生猪价格过度下跌调控预案（暂行）》①，该政策的目标是防止价格过低给生猪养殖户造成巨大亏损。2012年出台《缓解生猪市场价格周期性波动调控预案》②，旨在调控生猪市场价格的周期性波动，达到共同保护养殖户和猪肉消费者利益的双重目标。2015年出台政策对2012年的调预案进行修改，其特点是更注重市场价格形成机制，通过市场规律调节生猪生产，放弃微观调节，注重宏观调控作用。

2016年5月12日，农业农村部发布《关于开展鲜活农产品调控目录制度试点工作的指导意见》③，指出调控品种涉及蔬菜、羊肉、鸡蛋、生鲜乳等，积极创新调控政策，如农业保险、期货期权、金融信贷等。同年12月，农业农村部办公厅发布通知，自2017年率先在上海市、三门峡市、合肥市、重庆市璧山区、武汉市与成都市六个地区启动鲜活农产品调控目录制度试点方案④。一些省份已经积极探索了鲜活农产品市场的新型调节机制，如绿叶菜成本价格保险、生猪价格保险、鸡蛋"保险＋期货"等。

三、中国农产品价格调控机制面临的主要困境

（一）国内外价格倒挂，进口量剧增，仓容压力巨大

目前我国粮食仍实施最低收购价政策，托市收购政策连年提高稻米与小麦的价格，导致国内价格明显高于国际价格。由表5-1可以看出稻米和小麦的国内价格均显著高于相应的国际价格。玉米、棉花与大豆实施目标价格改革之后，国内外价格趋同，但仍存在一定差异。在此背景下，尽管我国粮食实现十二连增，进口量却逐年加大。由图5-4可知我国主要粮食作物及大豆净进口量近几年急剧攀升，2015年与2016年大豆净进口量超过8000.00万吨，谷物及谷物粉净进口量达到3222.00万吨。玉米临储政策实施多年，国际价格远低于国内价格，相关生产与加工企业多以进口玉米为主，临储玉米直接进入国家

---

① 国家发展改革委员会、财政部、农业部等：《防止生猪价格过度下跌调控预案（暂行）》，2009。
② 国家发展改革委员会、财政部、农业部等：《缓解生猪市场价格周期性波动调控预案》，2012。
③ 农业部：《农业部关于开展鲜活农产品调控目录制度试点工作的指导意见》，http://www.moa.gov.cn/nybgb/2016/diliuqi/201712/t20171219_6102527.htm。
④ 农业部：《农业部办公厅关于在石家庄市等六个市（县）启动鲜活农产品调控目录制度试点的通知》，2018。

储备，尽管生产者补贴政策已实施几年，但国家玉米储备仍较高，截至2018年6月底，国家玉米储备还有12734.60万吨，仓容压力巨大。

表5-1　2017年7月—2018年7月粮食国内外价格及差额①

时间	稻米			小麦		
	国内价格（元/公斤）	国际价格（元/公斤）	国内比国际高	国内价格（元/公斤）	国际价格（元/公斤）	国内比国际高
2017.07	4.26	3.42	24.56%	2.72	2.40	13.33%
2017.08	4.22	3.16	33.54%	2.74	2.06	33.01%
2017.09	4.26	3.10	37.42%	2.96	2.14	38.32%
2017.10	4.24	3.10	36.77%	3.00	2.16	38.89%
2017.11	4.22	3.08	37.01%	2.98	2.22	34.23%
2017.12	4.22	3.20	31.88%	2.98	2.28	30.70%
2018.01	4.20	3.18	32.08%	2.98	2.28	30.70%
2018.02	4.22	3.30	27.88%	2.98	2.30	29.57%
2018.03	4.18	3.18	31.45%	2.98	2.32	28.45%
2018.04	4.16	3.30	26.06%	2.98	2.24	33.04%
2018.05	4.12	3.40	21.18%	2.92	2.34	24.79%
2018.06	4.12	3.40	21.18%	2.76	2.26	22.12%
2018.07	4.08	3.28	24.39%	2.76	2.28	21.05%

注：数据来源于农业部，http://www.moa.gov.cn/。

① 稻米的国内价格指全国晚籼米（标一）批发均价，国际价格指泰国曼谷（25%含碎率）大米到岸税后价格；小麦的国内价格为广州黄埔港优质麦到港价，国际价格为美国墨西哥湾硬红冬麦（蛋白质含量12%）到岸税后价；玉米的国内价格为东北2等黄玉米运到广州黄埔港的平仓价，国际价格为美国墨西哥湾2级黄玉米（蛋白质含量12%）运到黄埔港的到岸税后价格；食糖的国内价格为广西食糖批发市场食糖现货批发价格的月度均价，国际价格为配额内15%关税的巴西（2013年9月之前为泰国）白糖到珠江三角洲的到岸税后价。

第五章 农产品"保险+期货"在价格调控机制中的政策定位与总体方案

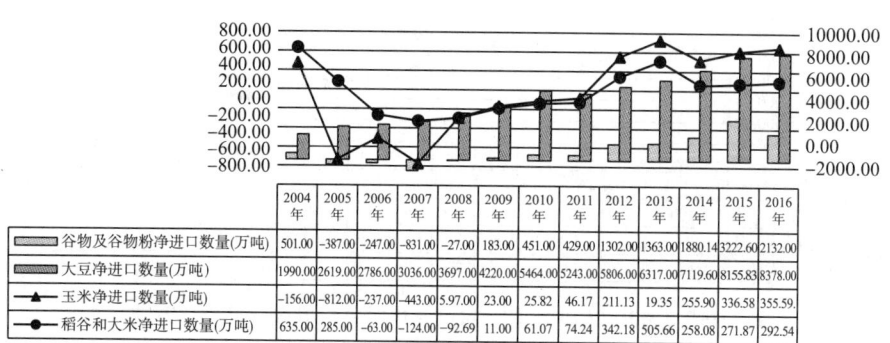

图 5-4 2004—2016 年国内大宗农产品净进口状况

注：农产品的进口与出口量数据来源于国家统计局，http://data.stats.gov.cn；净进口量数据由进口量减出口量得到。

（二）农产品种植结构失衡，且难以调整

由于多年来连续实施农产品价格支持政策，我国大宗农产品种植结构逐渐失衡。部分品种供给量远大于需求量，如玉米和稻谷，2011 年供给大于需求量为 1287.40 和 550.10 万吨，到 2016 年分别增加到 1325.10 和 803.50 万吨，玉米供给大于需求问题较严重（见图 5-5）。小麦从 2011 年开始供给大于需求并不断增加，2015 年供给已超过需求近 1700.00 万吨。部分品种产量远远不能满足需求，如大豆，2000 年到 2016 年需求缺口持续增加，到 2016 年达到 8565.00 万吨，自给率不足 14%。生产者补贴政策需根据当年玉米或大豆的实际产量与市场价格行情，在农民现有收入的基础上确定补贴金额，相关补贴政策一般在秋粮上市以后公布。农户在种植期对玉米与大豆生产者补贴政策不明确，对补贴政策是否持续与补贴标准的高低均不清楚，不能根据补贴情况合理布局种植结构，难以起到调整种植结构的作用。2016、2017 年玉米生产者补贴标准均在当年秋粮上市之后公布，农户面临土地流转与生产决策风险。

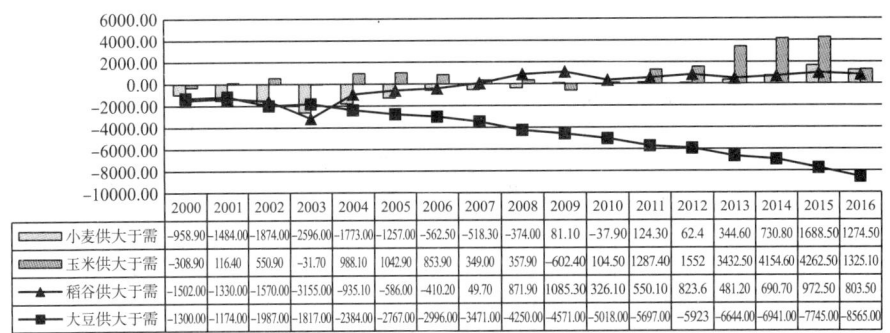

图 5-5 2000—2016 年大宗农产品供需差额规模（单位：万吨）

注：数据来源于农业部，http://www.moa.gov.cn/；国家统计局，http://data.stats.gov.cn/。

（三）补贴标准确定难，面积核实成本较高，财政压力巨大

目标与市场价格的确定是农产品目标价格补贴政策的前提。我国地域广阔，各地农产品资源禀赋差异较大，同一农产品在各地区的种植成本差异较大。同一农产品若执行全国统一目标价格显然不合理，若分地区设定目标价格，难以保证制度的公平性。目标价格补贴与生产者补贴政策均采用补贴金额与农户实际种植面积及农产品产量相关联的补贴政策，每年均需要核实农产品的种植面积。我国农业生产以分散化经营为主，非主产区玉米与大豆种植零星分散，面积核实非常困难。如辽宁省大豆种植面积有限，一些农户的大豆种植面积少至几分地，挨家挨户的面积核实工作耗费了巨大的人力、物力与财力，已严重影响当地政府的日常工作。农产品目标价格与生产者补贴政策依据市场实际情况给予补贴，政府难以规划财政资金的支出。2014 年大豆的财政补贴资金近 30 亿元，2015 年翻了一番。2016 年玉米生产者补贴资金达到 390 亿元。2017 年仅黑龙江省玉米与大豆补贴金额已达到 256.53 亿元，财政压力巨大[①]。

（四）鲜活农产品价格波动剧烈

随着社会高速发展和居民收入水平大幅度提高，鲜活农产品在居民日常生活消费中的比重越来越高，但近几年鲜活农产品的价格波动频繁，如图 5-6

---

① 黑龙江省人民政府：《黑龙江省 2017 年玉米和大豆生产者补贴资金发放工作正式启动》，2017。

第五章 农产品"保险+期货"在价格调控机制中的政策定位与总体方案

所示，2010年1月到2018年7月期间，鸡蛋价格波动频率和幅度都较大，最低价格为6.99元/公斤，最高价格甚至达到12.16元/公斤，差幅超过期间平均价格的50%；相同期间水果价格和蔬菜价格的波动幅度分别为3.90元/公斤、2.70元/公斤，分别占平均价格的73.72%和86.59%，给农民生产者和居民消费者的生活造成严重影响。2016年3月，全国食品类居民消费指数上涨近8.00%，其中鲜蔬菜和猪肉价格指数均上涨33.00%以上。

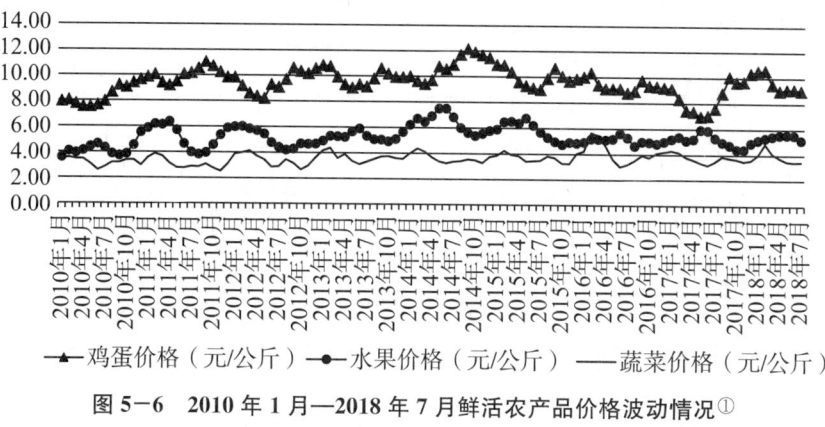

图5-6　2010年1月—2018年7月鲜活农产品价格波动情况①

注：数据来源于农业部，http://www.moa.gov.cn/。

第二节　农产品"保险+期货"在价格调控机制中的作用分析

一、农产品"保险+期货"在价格调控机制中作用的理论逻辑

现阶段我国农产品价格调控政策，尤其是大宗农产品价格调控政策以行政调控工具为主，如最低收购价、目标价格补贴与生产者补贴政策等，使得农产品价格调控机制面临国内外价格倒挂、农产品种植结构难以调整及财政资金压力大等问题。鲜活农产品调控目录制度指出鲜活农产品市场调控政策以市场调控手段为主，包括农业信贷、农业保险、农产品期货及期权等。农产品"保险+期货"的本质是农产品价格保险或收入保险，若作为一种市场化的农产品价

---

① 鸡蛋价格为全国鸡蛋零售价，水果价格为批发市场6种大宗水果平均价格，蔬菜价格为28种蔬菜月均批发价。

格调控政策，其作用于农产品价格调控机制的理论逻辑如图5-7所示。由前文农产品价格调控机制的内容可知，价格调控政策通过作用于调控对象以达到实现社会总福利最大化，并兼顾社会福利在消费者与生产者之间公平分配的政策目标。

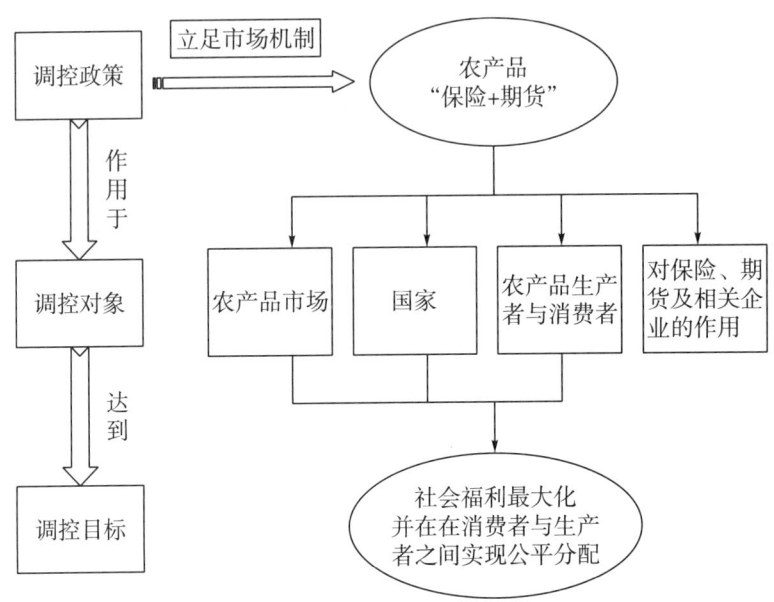

图5-7 农产品"保险＋期货"在价格调控机制中作用的理论逻辑

注：作者依据农产品"保险＋期货"在价格调控机制中的作用机理绘制

农产品"保险＋期货"由保险公司运作，属于市场化的价格调控政策，坚持了农产品价格调控机制立足市场、遵循市场经济一般规律的基本原则。由农产品价格调控对象的具体内容可知，农产品"保险＋期货"作为调控政策时的调控对象包括农产品市场与参与主体。由第二章内容可知，农产品"保险＋期货"的参与主体包括国家（现阶段地方政府给予资金支持）、农业生产者、保险公司、期货公司等。农产品"保险＋期货"作为价格调控政策，参与主体还包括农产品消费者及农产品流通企业等。故本书从国家、农产品市场、农业生产者与消费者、相关企业四个方面分析农产品"保险＋期货"在价格调控机制中的可能作用。

二、农产品"保险＋期货"在价格调控机制中的可能作用

与大宗农产品传统价格支持政策与现代价格补贴政策不同，农产品"保险＋期货"属于市场化的价格风险管理策略，其在农产品价格调控机制中具有

第 五 章　农产品"保险＋期货"在价格调控机制中的政策定位与总体方案

比较优势，我们尝试从国家、农产品市场、农业生产者、消费者与企业五个方面分析其在农产品价格调控机制中的可能作用。

（一）对国家的作用

一是推进农业供给侧结构性改革，加快农业现代化进程。农产品"保险＋期货"是市场化的调控政策，符合农业供给侧结构性改革"围绕需求和消费，充分发挥市场机制作用"的发展思路，可促进我国农业种植的结构调整。目前相关试点产品虽未得到中央财政的支持，却得到地方政府的资金支持，符合农业供给侧改革的"建立促进生产的激励制度和保障制度"制度建设原则，有助于加快农业现代化进程。

二是推进国家简政放权进度，完善国家现代化管理服务功能。农业是我国经济发展的基础，政府采取行政措施积极调控大宗农产品价格，如最低收购价、目标价格补贴政策等。而农产品"保险＋期货"作为价格或收入保护的一种重要工具，由保险公司主导，属于市场化价格调控工具，将调控权利由政府部门转向企业，推进国家简政放权进度，可完善国家现代化管理服务功能。

三是减轻国家财政压力，提高社会资金的边际效用。与大宗农产品传统价格支持政策与现代价格补贴政策相比，农产品"保险＋期货"可减轻国家财政压力：一是将不确定的财政支出转变为确定的保费补贴，有助于国家财政支出规划。二是行政部门执行的价格支持政策涉及部门广、耗资多、效率低；而农产品"保险＋期货"可有效利用我国完善的农业保险服务体系，合约化的保险合同在承保时已将相应理赔产量及目标价格明确化，理赔由农产品价格与产量指数确定，无须在田间、地头定损，效率极高。三是大宗农产品传统价格支持政策与现代价格补贴政策所需的资金完全由财政出资，而农产品期货价格保险部分资金来自农户，将显著提高社会资金的边际效用。

（二）对农产品市场的作用

一是供需机制形成市场价格，补贴机制稳定市场供应。农产品"保险＋期货"分离农产品市场价格与财政补贴，价格完全由市场供需决定，价格作为一种有效的杠杆，分配市场利益，自动实现市场供求均衡。补贴机制由保费补贴实现，其实质是一种价格保护政策，可见农产品"保险＋期货"可保证农户的基本收益，稳定相应农产品市场供应。

二是增加期货市场参与主体，提高农产品期货市场有效性。郑州和大连商品交易所以农产品期货交易为主，上市交易农产品种类逐渐增多，但参与主体始终有限，究其原因是我国分散化的小农户经营模式与期货市场的合约化不相匹配。农产品"保险＋期货"使保险公司成为我国广大农民进入期货市场的有效"中介组织"，小农户将会通过保险公司越来越多地参与到期货市场，增加农产品期货市场活力，提高期货市场有效性。

（三）对农产品生产者与消费者的作用

一是降低农产品价格或收入风险，保障农户收益。农产品价格风险已与自然灾害风险并列成为影响农民收入的重要因素，农产品"保险＋期货"设定目标价格或目标收入，只要市场价格低于目标价格，或实际收入低于目标收入，保险公司便赔付差额。农产品种植或饲养初期时最低收益就已基本确定，可显著降低农户的价格或收入风险。

二是形成合理预期，提高经营收入。农民文化水平有限，种植结构布局大多依据往年历史价格，外加趋同心理，难以做出科学合理的种植规划，加剧农产品价格波动。而农产品"保险＋期货"中目标价格或目标收入的设定完全或部分依据期货市场价格，而期货价格尽可能多地包含了未来价格，农民可依据此保险的目标价格或目标收入判断来年农产品收入的大致情况，形成理性预期，科学布局农产品种植结构，提高农业经营收入。

三是增加农产品消费者的福利。农产品"保险＋期货"的本质是政策性农业保险，现阶段商品交易所与地方政府给予保费补贴，故农户只承担部分保费。价格风险与产量风险的分散，会增加农产品市场供应，增加消费者福利。

（四）对保险、期货及相关企业的作用

一是扩大保险公司的农险业务范围，提升其农业服务能力。价格保险缺乏再保险机制，收入保险再保险渠道有限，二者均难以大规模推广，农产品"保险＋期货"通过期货市场有效分散此二者面临的系统性价格风险，扩大业务范围和规模。随着农产品"保险＋期货"业务的推广，保险公司在农业现代化进程中不仅保障了农户收入，且逐渐体现其在农业生产中的服务能力。

二是加大保险和期货公司的产品创新力度，扩大业务规模。保险和期货公司作为农产品"保险＋期货"共同的供给主体，共同研究开发"保险＋期货"方案，价格保险、收入保险和场外期权产品均需相关团队合力研究设计，提升其产品创新能力。依托于此产品，保险公司集合众多农户，作为代表参与到期货市场，显著扩大相关企业的业务规模。

三是促进下游企业发展，提升产业链价值。随着农业产业化发展，大宗及

第五章 农产品"保险+期货"在价格调控机制中的政策定位与总体方案

鲜活农产品均存在较长的产业链,多年来实行的大宗农产品价格支持政策显著推高了农产品价格,增加了下游相关企业的生产成本。农产品"保险+期货"项目的实施使得农产品价格由市场供求决定,农产品加工企业原料的成本降低,可显著提升产业链价值。

第三节 农产品"保险+期货"在价格调控机制中的政策定位

鉴于农产品"保险+期货"在价格调控机制中对国家、农产品市场、农户与企业具有重要作用,能够化解我国现有价格支持政策面临国内外价格倒挂、进口量剧增、仓容压力巨大、农产品种植结构失衡、补贴标准确定难、面积核实成本较高及财政压力巨大等现实困境,我们尝试运用农产品"保险+期货"调控农产品价格,这里通过比较分析农产品"保险+期货"与价格支持政策的实施效果给出其在农产品价格调控机制中的政策定位。

一、作为大宗农产品传统价格支持政策的重要补充

(一)农产品"价格保险+期货"与最低收购价政策实施效果的比较

农产品"价格保险+期货"的保费补贴与承保标的产量直接挂钩,会增加农产品的实际市场供给,其实施效果如图5-8所示。农户没有参与农产品"价格保险+期货"时,市场供给曲线S与需求曲线D相交于点E,此时市场处于供求平衡状态,市场均衡价格为P_e,均衡供给量为Q_e。参与农产品"价格保险+期货"之后,价格保险的目标价格为P_n(P_n可能大于市场价格,也可能小于市场价格,为说明农产品"价格保险+期货"的实施效果,图中P_n

高于农产品市场价格）①，农户预期收入得以保障，会增加市场供给，供给曲线右移至 S_1，此时需求曲线与供给曲线相交于点 F，市场价格为 P_1，市场供给为 Q_1。由此可知，若市场均衡价格 P_e 低于目标价格 P_n，农产品"价格保险＋期货"的实施效果为：一是粮食市场仍处于供求平衡状态，但市场供给增加了 Q_1-Q_e；二是农民收入增加，为参与农产品"价格保险＋期货"前、后收入之差再减去保费支出 $P_n \times Q_1 - P_e \times Q_e - \text{premium}$，即 $P_e E Q_e Q_1 B P_n$ 的面积与 premium 之差；三是消费者剩余增加，为参与农产品"价格保险＋期货"前后消费者剩余之差 $P_1 F E P_e$；四是为补贴农民收入，政府给予一定比例 L 的保费补贴 $L \times \text{premium}$；五是保险公司与期货公司福利增加，农民参与农产品"价格保险＋期货"需要缴纳一定的保险费，且政府给予一定的保费补贴，则保险公司同时从农户与政府获取保费收入，保险公司收入增加。保险公司为分散价格风险向期货公司购买场外看跌期权，期货公司的收入也增加了。

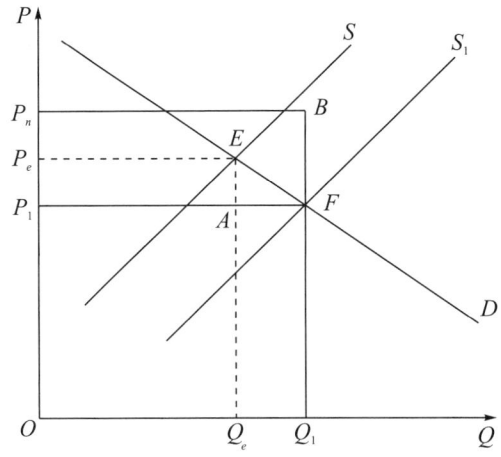

图 5-8 农产品"价格保险＋期货"的实施效果

注：作者基于农产品"保险＋期货"的概念绘制。

最低收购价政策的作用机制如图 5-9 所示。粮食市场价格高于最低收购

---

① 只要农户参与了农产品"价格保险＋期货"，农户预期收入便得到保障，即便 P_n 小于市场价格，农产品供给曲线仍会右移，不会出现左移的情况。此时，粮食市场仍处于供求平衡状态，但市场供给增加了 Q_1-Q_e；农户收入减少了，减少的收入即为缴纳的保费；消费者剩余仍增加，为参与农产品"价格保险＋期货"前后消费者剩余之差 $P_1 F E P_e$；为补贴农民收入，政府给予一定比例 L 的保费补贴 $L \times \text{premium}$；保险公司与期货公司福利增加，农民参与农产品"价格保险＋期货"需要缴纳一定的保险费，且政府给予一定的保费补贴，则保险公司同时从农户与政府获取保费收入保险公司收入增加，保险公司为分散价格风险向期货公司购买场外看跌期权，期货公司的收入也增加了。可见，社会总福利增加了，增加额为消费者剩余的增加额。

第五章 农产品"保险＋期货"在价格调控机制中的政策定位与总体方案

价 $P_{\min}$ 时,最低收购价政策对粮食市场没有影响,市场处于供求平衡状态,需求曲线 D 与供给曲线 S 相交于 E 点,供求平衡的农产品供给量为 Q_e。粮食市场价格低于最低收购价 $P_{\min}$($P_{\min}$ 可能大于市场价格,也可能小于市场价格,为说明粮食最低收购价政策的实施效果,图中 $P_{\min}$ 高于农产品市场价格)时,市场需求曲线变为 D_1,D_1 上半部分与 D 重合,下半部分与最低收购价线 $P_{\min}$ 重合。此时市场供给量为 D_1 与 S 交于点 B,供给量为 Q_1;市场需求量为需求曲线 D 与最低收购价线的交点 A,市场实际需求量为 Q_2。可见,若粮食最低收购价 $P_{\min}$ 高于粮食均衡市场价格 P_e 时,最低收购价政策的实施效果为:一是粮食出现结构性供给过剩,即供给与需求之间差额 Q_1-Q_2;二是农民收入增加 $P_eEBP_{\min}$ 的面积,即执行最低收购价与市场供求均衡时的消费者剩余之差;三是消费者福利受损,随着购买价格由 P_e 上升到 $P_{\min}$,需求量由 Q_e 降到了 Q_2,生产者剩余减少了 $P_eEAP_{\min}$ 的面积;四是为处理农产品剩余,政府支出财政资金 $P_{\min}\times(Q_1-Q_2)$。

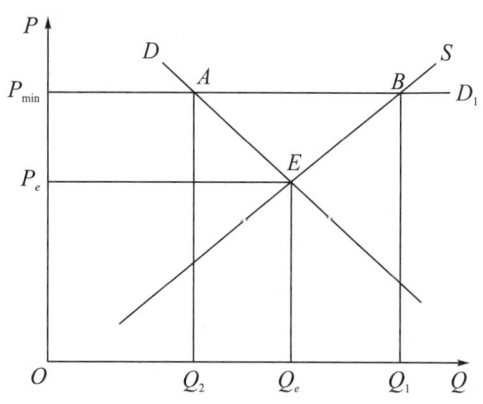

图 5-9 最低收购价政策的实施效果

注:作者依据最低收购价政策的概念绘制

通过比较农产品"价格保险＋期货"与最低收购价政策的实施效果,可知(见表 5-2):①尽管二者均可增加农产品市场供应,但在农产品"价格保险＋期货"政策下农产品市场处于供求均衡状态,市场是出清的。②农产品"价格保险＋期货"将低于保险目标价格的差额直接支付给农户,不会影响农产品市场价格,其是农产品供求的真实反映;而最低收购价政策直接提高了农产品市场价格,市场处于供过于求的状态。③农产品"价格保险＋期货"增加了市场供应,降低了农产品价格,消费者福利增加;而最低收购价政策直接提高了市场价格,消费者福利受损。④农产品"价格保险＋期货"中政府财政资金支出为保费的一定比例，项目实施初期政府支出就已确定；而最低收购价政策中政府财政资金支出随农产品供过于求量的增加而提高，不利于合理规划财政资金。⑤只要承保期内粮食价格低于目标价格，农产品"价格保险＋期货"即支付农民差额损失，而不考虑农民粮食的实际销售问题；最低收购价政策国家直接指定粮食收购主体以最低收购价收购粮食，农民无须担心卖粮难问题。

表5-2 农产品"价格保险＋期货"与最低收购价政策实施效果的比较

不同点	最低收购价政策	农产品"价格保险＋期货"
农产品市场供给	增加市场供给，供过于求	增加市场供给，供求平衡
农产品价格	高于市场均衡价格	均衡价格
消费者福利	提高市场价格，消费者福利受损	降低市场价格，消费者福利增加
财政资金	政府支出不确定，没有上限	政府支出确定，为保费补贴
农产品销售	直接收购粮食，无卖粮难问题	不考虑农户粮食销售问题

注：作者基于农产品"价格保险＋期货"与最低收购价政策的实施效果比较得出。

（二）农产品"价格保险＋期货"可作为传统价格支持政策的重要补充

目前我国粮食仍实施最低收购价政策。自小麦与稻米实施最低收购价政策以来，除2017年外最低收购价多年来持续不断提高，国内稻米与小麦的价格已远高于国际价格，二者也由原来的供给不足转变为供给明显大于需求。2015年、2016年连续两年小麦的供给大于需求超过1000万吨，稻米的供给大于需求超过800万吨。由农产品"价格保险＋期货"与最低收购价政策实施效果的比较可知，二者均可达到提高农民收入、有效保障市场供给的目标。农产品"价格保险＋期货"可以避免由市场价格扭曲带来的粮食供过于求问题，且减轻了国家财政资金压力，但却不能解决粮食销售问题。粮食是人民生活的基础，粮食安全是国家安全与经济持续健康发展的基础，考虑到农民的卖粮问题，故需在粮食主产区继续坚持实施粮食最低收购价政策，作为补充在非粮食主产区可探索农产品"价格保险＋期货"试点，既为粮食种植户提供保障，又化解粮食最低收购价政策的困境。

二、作为大宗农产品现代价格补贴政策的替代

（一）农产品"价格保险＋期货"与目标价格补贴政策实施效果的比较

实际操作中目标价格补贴政策与农民实际种植面积或产量挂钩，会增加农产品的市场供给，其实施效果如图5－10所示。实施目标价格补贴政策之前，市场供给曲线S与需求曲线D相交于点E，此时市场处于供求平衡状态，市场均衡价格为P_e，均衡供给量为Q_e。公布实施目标价格P_n（P_n可能大于市场价格，也可能小于市场价格，为说明目标价格补贴政策的实施效果，图中P_n高于农产品市场价格）之后，农户预期收入得以保障，会增加市场供给，供给曲线右移至S_1，此时需求曲线与供给曲线相交于点F，市场价格为P_1，市场供给为Q_1。可见，若目标价格P_n高于农产品市场价格P_1，目标价格补贴政策与农产品"价格保险＋期货"的实施效果图一致。但由于具体操作内容不同，各参与主体的责任与义务也不同：一是农产品市场仍处于供求平衡状态，但市场供给增加了Q_1-Q_e；二是农民收入增加，为价格补贴政策实施前后收入之差$P_n\times Q_1-P_e\times Q_e$，即$P_eEQ_1BP_n$的面积；三是消费者福利增加，为价格补贴政策实施前后消费者剩余之差P_1FEP_e；四是财政资金压力较大，政府财政资金支出为目标价格和实际市场价格之差与农产品市场供给的乘积$(P_n-P_1)\times Q_1$，即为P_1FBP_n的面积。

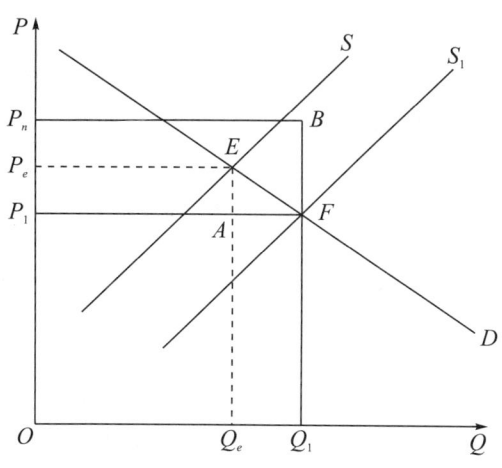

图5－10 目标价格补贴政策的实施效果

注：作者依据目标价格补贴政策的概念绘制。

通过比较农产品"价格保险+期货"与目标价格补贴政策的实施效果,可知(见表5-3):①二者均增加了农产品市场供应,且市场处于供求平衡状态。②二者均增加了农民收入,但目标价格补贴政策下的农民收入增加为政策实施前后的农民收入之差,农产品"价格保险+期货"政策下的农民收入增加需扣除保费支出。③二者的消费者福利均增加,且都为市场价格下降引起的消费需求增加。④政府财政资金压力不同。农产品"价格保险+期货"的政府支出为保费补贴,而目标价格补贴政策的政府支出随农产品市场价格降低而增加。⑤二者均不考虑农产品的销售问题,农民都面临销售难问题。由此,我们知道二者对农产品市场供应、消费者福利及农民卖难问题的影响一致,不同仅在于政府资金压力与消费者是否支付保费方面。对于目标价格补贴政策,农民不需要承担任何费用,但政府支出不确定,财政压力较大;对于农产品"价格保险+期货",虽然农户需承担一定的保费,但在项目实施初期,农户与政府支出就已确定,保险公司作为专业的风险管理机构承担了价格降低导致的农户收入变动的风险。

表5-3 农产品"价格保险+期货"与目标价格补贴政策实施效果的比较

	类型	农产品"价格保险+期货"	目标价格补贴
相同点	农产品市场供应	市场供给增加,供求平衡	
	消费者福利	降低市场价格,消费者福利增加	
	农产品销售	不考虑农户粮食销售问题,农户面临销售难问题	
	农产品价格	均衡价格	
不同点	农民收入	政策实施前后收入之差,但需支付相应保费	政策实施前后收入之差,无须支付任何费用
	财政资金支出	政府支出确定,为保费补贴	政府支出为价差与农产品市场供给的乘积,无上限

注:作者根据农产品"价格保险+期货"与目标价格补贴政策实施效果的比较整理。

(二)农产品"收入保险+期货"与生产者补贴政策实施效果的比较

生产者补贴政策的补贴金额与农户实际种植面积挂钩,会增加农产品市场供应,其实施效果如图5-11所示。实施生产者补贴政策之前,市场供给曲线S与需求曲线D相交于点E,此时市场处于供求平衡状态,市场均衡价格为P_e,均衡供给量为Q_e。公布实施生产者补贴之后,农户预期收入得以保障,

第 五 章 农产品"保险＋期货"在价格调控机制中的政策定位与总体方案

会增加市场供给，供给曲线右移至 S_1，此时需求曲线与供给曲线相交于点 F，市场价格为 P_1，市场供给为 Q_1。可见，若生产者补贴政策得以执行，则生产者补贴政策的实施效果为：一是农产品市场仍处于供求平衡状态，但市场供给增加了 Q_1-Q_e；二是农民收入增加，为生产者补贴政策实施前后市场销售收入之差（$P_1 \times Q_1 - P_e \times Q_e$）与生产者补贴总额 M 的和；三是消费者剩余增加，为价格补贴政策实施前后消费者剩余之差 P_1FEP_e；四是为补贴农民收入，政府支出财政资金为生产者补贴总额 M。

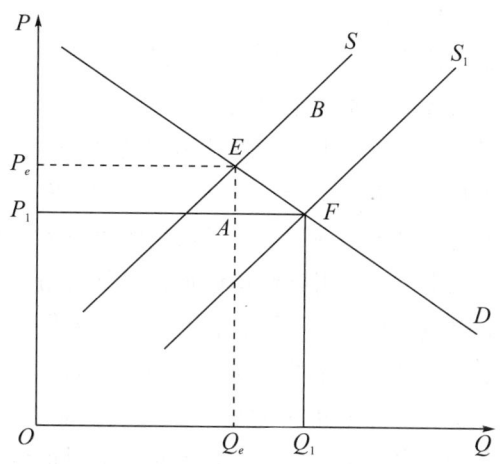

图 5-11 生产者补贴政策与农产品"收入保险＋期货"的实施效果

注：作者依据生产者补贴政策的概念绘制。

农产品"收入保险＋期货"的保费补贴与农户种植面积挂钩，会增加农产品的实际市场供给（目标收入会低于或高于实际收入，这里为了说明农产品"收入保险＋期货"的实施效果，给出目标收入高于实际收入的情况①），其实施效果图示与生产者补贴政策相同（见图 5-11），但各参与主体的效果不尽相同，具体如下：一是农产品市场供给增加 Q_1-Q_e，但仍处于市场供求平衡状态。二是农民收入增加，为出台农产品"收入保险＋期货"政策前后市场销

---

① 只要农户参与了农产品"收入保险＋期货"，农户预期收入便得到保障，即便实际收入小于目标收入，农产品供给曲线仍会右移，不会出现左移的情况。此时，粮食市场仍处于供求平衡状态，但市场供给增加了 Q_1-Q_e。农户收入减少了，减少的收入即为缴纳的保费；消费者剩余仍增加，为参与农产品"收入保险＋期货"前后消费者剩余之差 P_1FEP_e。为补贴农民收入，政府给予一定比例 L 的保费补贴 $L \times premium$。保险公司与期货公司福利增加。农民参与农产品"收入保险＋期货"需要缴纳一定的保险费，且政府给予一定的保费补贴，则保险公司同时从农户与政府获取保费收入，保险公司收入增加。保险公司为分散价格风险向期货公司购买场外看跌期权，期货公司的收入也增加了。可见，社会总福利增加了，增加额为消费者剩余的增加额。

售收入差额（$P_1 \times Q_1 - P_e \times Q_e$）与收入保险赔款 indemnity 之和再减去保费支出 premium，即 $P_1 \times Q_1 - P_e \times Q_e +$ indemnity $-$ premium。三是消费者福利增加，为参与农产品"收入保险＋期货"前后消费者剩余之差 P_1FEP_e。四是为减轻农民负担，政府给予一定比例 L 的保费补贴 $L \times$ premium。五是保险公司与期货公司福利增加，农民参与农产品"收入保险＋期货"需要缴纳一定的保险费，且政府给予一定的保费补贴，则保险公司同时从农户与政府获取保费收入，保险公司收入增加。保险公司为分散价格风险向期货公司购买场外看跌期权，期货公司的收入也增加了。

通过比较农产品"价格保险＋期货"与目标价格补贴政策的实施效果，可知（见表5-4）。①二者均增加了农产品市场供应，且市场处于供求平衡状态。②二者均增加了农民收入，但生产者补贴政策增加的农民收入为政策实施前后农产品市场销售收入差额与生产者补贴总额之和，农产品"收入保险＋期货"增加的农民收入为政策实施前后农产品市场销售收入差额与保险赔款之和再减去保费支出。③二者的消费者福利均增加，且都为市场价格下降引起的消费需求增加。④政府财政资金压力不同。农产品"收入保险＋期货"的政府支出为保费补贴，而生产者补贴政策的政府支出随农产品亩均销售收入降低而增加①。⑤二者均不考虑农产品的销售问题，农民都面临销售难问题。由此可知，二者的不同仅在于政府资金压力与消费者是否支付保费方面。生产者补贴政策下农民不需要承担任何费用，但政府支出不确定，财政压力较大；对于农产品"收入保险＋期货"，虽然农户需承担一定的保费，但在项目实施初期，农户与政府支出就已确定，保险公司作为专业的风险管理机构承担了价格、产量或二者共同下降导致的农户收入下降的风险。

表5-4 农产品"收入保险＋期货"与生产者补贴政策实施效果的比较

	类型	农产品"收入保险＋期货"	生产者补贴政策
相同点	农产品市场供应	市场供给增加，供求平衡	
	消费者福利	降低市场价格，消费者福利增加	
	农产品销售	不考虑农户粮食销售问题，农户面临销售难问题	
	农产品价格	均衡价格	

---

① 亩均收入降低可由农产品价格下降、产量下降或二者共同下降引起。

第五章 农产品"保险+期货"在价格调控机制中的政策定位与总体方案

续表5-4

<table>
<tr><th colspan="2">类型</th><th>农产品"收入保险+期货"</th><th>生产者补贴政策</th></tr>
<tr><td rowspan="2">不同点</td><td>农民收入</td><td>参与前后收入差额与赔款之和,但需支付相应保费</td><td>政策实施前后收入差额与生产者补贴之和,无须支付任何费用</td></tr>
<tr><td>财政资金支出</td><td>政府支出确定,为保费补贴</td><td>政府支出随农产品亩均收入的降低而上升,无上限</td></tr>
</table>

注:作者基于农产品"价格保险+期货"与目标价格补贴政策实施效果的比较整理。

(三)农产品"保险+期货"可作为现代价格补贴政策的替代

由农产品"保险+期货"与大宗农产品现代价格补贴政策实施效果的比较可知,二者的运作机制相似,对农产品市场供应、农产品价格、消费者福利与农产品销售问题的实施效果一致。由于二者的运作主体不同,农产品"保险+期货"由保险公司经营,大宗农产品现代价格补贴政策由政府部门直接运作,对农民收入与财政资金支出的影响不同。结合前文农产品"保险+期货"在价格调控机制中的作用分析,可知执行主体不同是二者最主要的差异,由此引起资金来源、实施方式、操作成本与外部约束的不同(如表5-5所示)。

表5-5 大宗农产品现代价格补贴政策与"保险+期货"比较

不同点	大宗农产品现代价格补贴政策	农产品"保险+期货"
执行主体	政府	保险公司
资金来源	完全财政资金,资金支出不确定性大,财政负担较重	资金由政府与农户共同承担,资金支出确定,农户承担部分费用,财政压力相对较小
实施方式	政府每年提前公布最低收购价格及采价期间,市场价格低于目标价格时,按产量和面积对差价进行补贴	保险公司提供目标价格保险产品,合同规定目标价格和产量,市场实际价格低于约定价格或者价格指数时,按约定产量和价差进行补贴
操作成本	为核算种植面积,政府投入大量人力物力,且运作效率不高	保险公司完善的农业保险服务体系,运营成本较低,且效率高
外部约束	黄箱政策	绿箱政策

注:作者依据大宗农产品现代价格补贴政策与"保险+期货"的概念分析整理。

由表5-5可知,与大宗农产品现代价格补贴政策相比,农产品"保险+期货"的资金部分来源于农户,政府支出为一定比例的保费补贴,财政资金压力减小;保险公司具有完善的农业保险体系,运营成本低;属于WTO绿箱政策,比较优势明显。故其可作为大宗农产品现代价格支持政策的替代。

三、作为鲜活农产品调控目录制度的重要工具

鲜活农产品是我国居民日常生活的重要消费品,其市场化程度较高,价格波动剧烈,不仅影响生产者的收入,还易给居民日常生活造成冲击,故自2016年5月起我国推出鲜活农产品调控目录制度。该制度鼓励运用农业保险、期货期权与金融信贷等市场化手段稳定鲜活农产品供应,目前各地已推出多种试点,包括蔬菜价格保险、水果价格保险等。鉴于大宗农产品价格支持政策存在的问题,鲜活农产品调控目录制度主要采用市场化手段管理农产品价格。由前文分析可知,我国农民文化素质不高、小规模经营与期货市场规模化合约之间的矛盾使得农户很难利用期货市场分散价格风险。农产品价格系统性风险难以分散,导致农产品价格保险难以大规模推广。作为保险与期货的跨界融合,农产品"保险+期货"克服了农产品期货与价格保险的难点,可作为我国鲜活农产品调控目录制度的重要工具。现鲜活农产品上市期货品种仅有鸡蛋与苹果,且二者均有"保险+期货"项目处于试点之中。

第四节 农产品"保险+期货"的总体方案

农产品"保险+期货"在价格调控机制中对国家、农产品市场、农产品生产者、消费者及相关企业具有重要作用,可作为大宗农产品传统价格支持政策的重要补充、大宗农产品现代价格补贴政策的替代及鲜活农产品调控目录制度的重要工具。但现阶段我国农产品"保险+期货"仍处于试点探索阶段,现有试点方案存在农户承担较大基差风险、保险公司"中介"地位尴尬、期货公司对冲风险压力大等问题。故借鉴美国农产品"保险+期货"实践方案的经验构建我国农产品"保险+期货"的总体方案,包括运行机制、短期与长期方案及农产品适用范围三方面的内容。

一、农产品"保险+期货"的运行机制

证券交易所与期货公司是我国现有农产品"保险+期货"试点中的主要参与主体,在期货公司不存在违约风险的条件下,保险公司仅作为"中介"角色,以致期货公司承担较大的对冲风险。鉴于本书农产品"保险+期货"在价格调控机制中的政策定位,我们将其政策目标设定为管理农产品价格或收入风险,进而保障农户基本种植或养殖收益,以稳定农产品市场供应,且农产品

第五章 农产品"保险+期货"在价格调控机制中的政策定位与总体方案

"保险+期货"的本质是农业保险,我们构建由中央财政给予补贴、财政部和农业农村部主导、中国银行保险监督管理委员会监管、商业保险公司运作、再保险机构或期货公司提供再保险的农产品"保险+期货"的运行机制(见图5-12)。

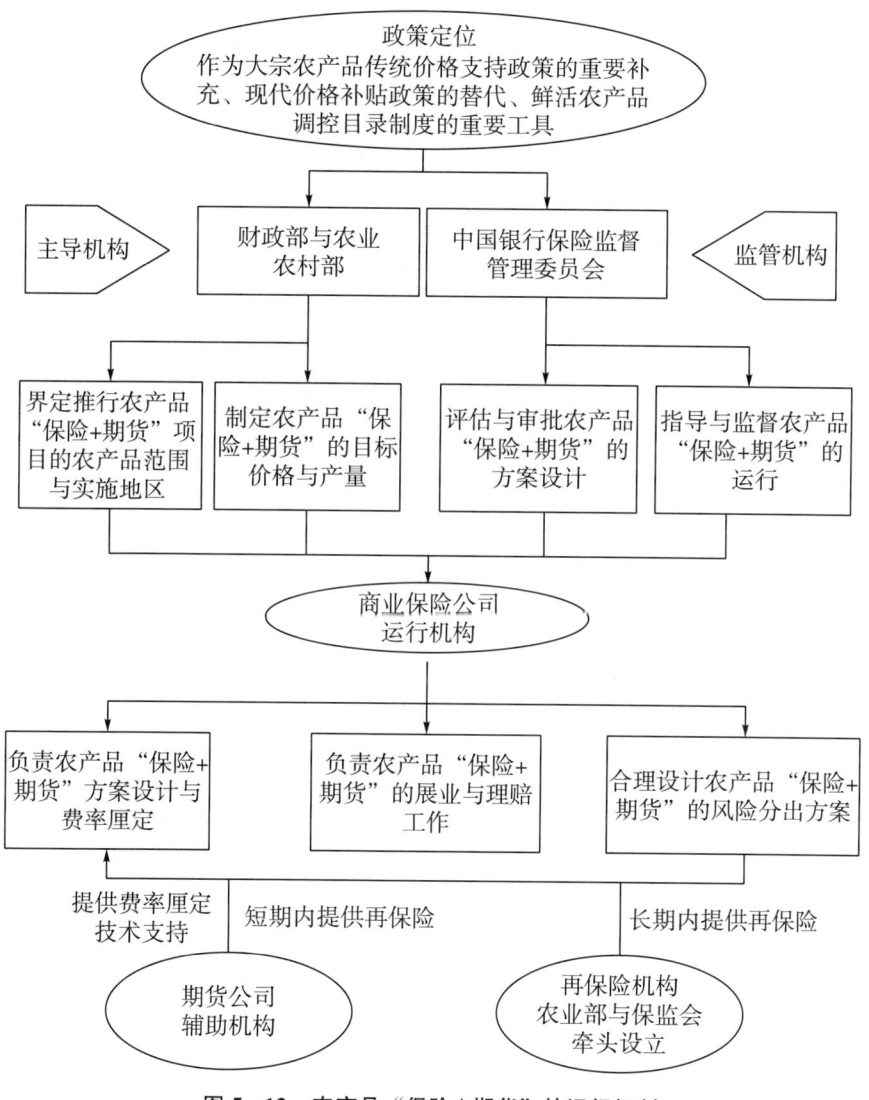

图 5-12　农产品"保险+期货"的运行机制

注：作者依据构建的农产品"保险+期货"运行机制绘制。

(一) 主导机构：财政部与农业农村部

由本书对农产品"保险＋期货"在价格调控机制中的政策定位，可知其不再是一般的政策性农业保险，而是一种农产品价格支持政策，其统筹、规划及相关政策的制定需要站在国家全局角度。农业农村部是主管农业与农村经济发展的国务院组成部门，承担指导和组织落实主要农产品生产发展的相关政策措施，引导调整农业产业结构等的职责。故可由农业农村部主导界定推行"保险＋期货"项目的实施地区、农产品范围与补贴对象、农产品"价格保险＋期货"的目标价格、"收入保险＋期货"的目标收入。由财政部与农业农村部一起商定农产品"保险＋期货"的保费补贴比例，财政部制定保费补贴划拨方案。

(二) 监管机构：中国银行保险监督管理委员会

我国商业保险公司经营农业保险业务，由中国银行保险监督管理委员会负责监督，监管具体内容包括农业保险条款和保险费率的审批与备案、准备金评估和偿付能力报告的编制与农业保险理赔相关资料等。尽管农产品"保险＋期货"是一种农产品价格支持政策，其主要由中央财政给予保费补贴，但其采用农业保险的运作模式，由保险公司以商业化的形式经营，自负盈亏，故可由中国银行保险监督管理委员会监管。

(三) 运行机构：商业保险公司

我国自2007年建立政策性农业保险制度以来，农业保险迅猛发展，现已覆盖全国34个省（自治区、直辖市）、15类农作物与6类养殖品种[①]，其服务体系相对完善，运营成本较低。虽然本书对农产品"保险＋期货"的政策定位是农产品价格支持政策，但为提高经营效率，其可借用现有的农业保险服务体系，由商业保险公司经营。商业保险公司主要负责农产品"保险＋期货"的方案设计与费率厘定、展业与理赔、合理设计再保险分出方案及向期货公司购买场外期权产品等工作。

---

① 财政部：《财政部关于印发〈中央财政农业保险保险费补贴管理办法〉的通知》，2016。

第五章　农产品"保险+期货"在价格调控机制中的政策定位与总体方案

（四）再保险机构：农业农村部与中国银行保险监督管理委员会牵头设立

由第三章内容可知，农产品期货市场容量有限，价格保险和收入保险运用期货市场对冲功能分散巨灾风险的农产品数量有限，故农产品"保险+期货"的短期试点可利用农产品期货市场的风险对冲功能，长期大规模推广主要运用期货市场的价格发现功能（如美国）[①]。本书长期方案主要借助于期货市场价格发现功能确定价格保险或收入保险的目标价格，而非以期货市场价格为价格指数。尽管我国在2014年已建立农业保险再保险共同体（以下简称农共体），但农共体是由37家[②]保险公司共同设立，风险保障能力有限，且以精算费率提供再保险。本书中农产品"保险+期货"作为一种价格支持政策，覆盖范围较广，而农产品价格风险的系统性较高，若按精算费率提供再保险，保险公司再保险费用负担较重，且多数再保险机构不愿意提供相应再保险方案。故可由农业农村部与中国银行保险监督管理委员会牵头设立专门的农业保险再保险管理机构，为农产品"保险+期货"提供非精算费率的再保险分出方案。

（五）辅助机构：期货公司

农产品"保险+期货"在短期内没有合适的再保险渠道，仍需利用场外看跌期权分散风险，期货公司为保险公司提供特定的场外看跌期权产品。尽管长期内农产品"保险+期货"可能不需要期货公司制定的场外看跌期权产品，但是农产品"价格保险+期货"中价格保险与再保险产品的本质是期权产品，期货公司专业的期权定价人员可为保险公司提供定价技术支持。

二、农产品"保险+期货"的短期与长期方案

（一）农产品期货市场在"保险+期货"设计方案中的作用界定

农产品期货市场在"保险+期货"中具有举足轻重的作用。美国农产品"保险+期货"实践方案以期货价格作为"保险+期货"的价格指数，主要运用农产品期货市场的价格发现功能。由于缺乏价格保险或收入保险再保险途

[①] 大连商品交易所副总经理朱丽红在中国期货业协会主办的"2018第十二届中国期货分析师暨场外衍生品论坛"开幕式中的讲话内容。

[②] 目前中国农共体拥有32家成员公司和5家观察员公司。

径,我国农产品"保险+期货"试点方案均可分为"价格或收入保险+场外看跌期权+场内期货"三个环节的操作流程,前端价格保险或收入保险运用农产品期货市场的价格发现功能,后端场内期货运用期货市场的风险对冲功能。这里以玉米和鸡蛋为例,实证分析农产品期货价格与现货价格之间的关系,以便厘清农产品期货市场在"保险+期货"设计方案中的作用。

1. 玉米、鸡蛋期货市场的有效性分析

玉米、鸡蛋期货价格数据为大连商品交易所玉米、鸡蛋连续主力合约的日结算价,玉米、鸡蛋现货价格数据来源于中国农业大数据,选取日期从2015年1月1日到2018年6月21日,共714个数据。玉米、鸡蛋期货与现货价格走势曲线拟合较好,二者的期货与现货价格走势基本趋同。

(1) Johansen协整检验。

首先对玉米、鸡蛋价格数据进行ADF单位根检验,检验结果如表5-6所示。由结果可知,玉米、鸡蛋期货与现货价格对数序列均是非平稳的,但二者期货与现货价格对数序列的差分均是平稳的,故玉米、鸡蛋期货与现货价格对数序列是一阶单整的,可以进行Johansen协整检验。

表5-6 国内玉米、鸡蛋期货与现货价格对数序列的ADF平稳性检验

变量	判别标准			检验结果		是否平稳
	1% level	5% level	10% level	ADF统计量	P值	
LNFP_CORN				-2.42667	0.1352	否
LNSP_CORN				-1.33805	0.6125	否
LNFP_EGG				0.35828	0.7876	否
LNSP_EGG	-3.451214	-2.870621	-2.571679	0.12885	0.7225	否
DLNFP_CORN				-17.10827	0.0000	是
DLNSP_CORN				-13.78802	0.0000	是
DLNFP_EGG				-18.27897	0.0000	是
DLNSP_EGG				-14.42169	0.0000	是

Johansen协整检验是基于VAR模型的一种检验方法,首先运用AIC、SC准则与似然比统计量确定VAR模型的最大滞后阶数,结果见表5-7。

表 5-7 国内玉米、鸡蛋期货与现货价格对数序列 VAR 模型滞后阶数的确定

滞后阶数 P	玉米			鸡蛋		
	AIC	SC	$\ln l (P)$	AIC	SC	$\ln l (P)$
1	-15.65468	-15.58253	2440.303	-8.51219	-8.43830	1287.085
2	-15.71151	-15.59098	2445.284	-8.51206	-8.38860	1286.808
3	-15.72243	-15.55328	2443.116	-8.48426	-8.31099	1282.396
4	-15.74623	-15.52824	2442.920	-8.45928	-8.23596	1278.432
5	-15.75117	-15.48410	2439.805	-8.43637	-8.16276	1274.801
6	-15.74172	-15.42533	2434.483	-8.45774	-8.13359	1277.746

注：$\ln l (P)$ 为 VAR 模型的似然函数值。

由表 5-7 中 AIC 与 SC 结果可知，鸡蛋期货与现货价格对数 VAR 模型的滞后阶数为 1，玉米期货与现货价格对数 VAR 模型的滞后阶数为 2 或 5。假设玉米期货与现货价格对数 VAR 模型滞后 5 阶，则似然比统计量 LR 为

$$LR = -2(\ln l(5) - \ln l(2)) = -2 \times (2439.805 - 2445.284) = 10.958 \tag{5.1}$$

似然比统计量服从自由度为 f 的 $\chi^2(f)$ 分布，自由度 $f = 5 \times 2^2 - 2 \times 2^2 = 12$，则原假设是否成立的伴随概率 $p = 1 - @\text{cchisq}(LR, f) = 0.5325$，故应接受原假设，即玉米期货与现货价格对数 VAR 模型的滞后阶数为 5。分别对玉米期货与现货价格对数序列、鸡蛋期货与现货价格对数序列进行 Johansen 协整检验，结果见表 5-8。由结果可知，玉米、鸡蛋期货与现货价格对数序列之间均存在一个协整关系，说明玉米、鸡蛋期货与现货价格之间已经形成了长期均衡关系，也即玉米、鸡蛋期货市场均是有效的。

表 5-8 国内玉米、鸡蛋期货与现货价格对数序列的 Johansen 协整检验

	原假设	特征根	迹检验			最大特征根检验		
			迹统计量	5%临界值	P 值	最大特征根统计量	5%临界值	P 值
玉米	None *	0.025611	12.10546	15.494710	0.0319	7.939052	14.264600	0.0496
	At most 1	0.013523	4.166405	3.841466	0.0712	4.166405	3.841466	0.0712
鸡蛋	None *	0.038949	14.708880	15.494710	0.0254	11.918400	14.264600	0.0488
	At most 1	0.009259	2.790489	3.841466	0.0948	2.790489	3.841466	0.0948

注：* 表示在 5%水平下显著。

2. 玉米、鸡蛋期货与现货价格的引导关系分析

（1）格兰杰因果检验。

农产品期货市场的价格发现功能很大程度上体现在期货价格与现货价格的引导关系上，我们应用格兰杰因果检验玉米、鸡蛋期货价格与现货价格之间的引导关系，结果见表 5-9。由结果可知，玉米期货价格是现货价格的格兰杰原因，但是玉米现货价格不是期货价格的格兰杰原因；鸡蛋期货价格是鸡蛋现货价格的格兰杰原因，但是现货价格不是期货价格的格兰杰原因，可见玉米、鸡蛋期货价格与现货价格之间存在单向引导关系。

表 5-9 国内玉米、鸡蛋期货与现货价格对数序列之间的格兰杰因果检验

原假设	F-Statistic	Prob.	检验结果
LNSP_CORN does not Granger Cause LNFP_CORN	0.83534	0.5254	接受
LNFP_CORN does not Granger Cause LNSP_CORN	3.16985	0.0084	拒绝
LNSP_EGG does not Granger Cause LNFP_EGG	0.16360	0.6862	接受
LNFP_EGG does not Granger Cause LNSP_EGG	4.69644	0.0310	拒绝

（2）脉冲响应函数。

对本书构建的 VAR 模型进行脉冲响应分解，以分析市场信息对玉米、鸡蛋期货与现货价格的冲击。脉冲响应函数图（图 5-13）反映了玉米、鸡蛋期货价格与现货价格对数序列 VAR 模型受到一个标准差的信息冲击后的脉冲响应函数。左上图为玉米期货价格受到自身或现货市场标准差信息冲击后的脉冲响应图。受到自身标准差信息影响之后，玉米期货价格迅速上升 0.34%，随后影响先不断扩大再逐渐缩小，且滞后影响时间较长；受到现货市场标准差信息影响之后，玉米期货价格不变，随后影响不断增大，且滞后影响时间较长。右上图为玉米现货价格受到期货市场或自身标准差信息冲击后的脉冲响应图。受到期货市场标准差信息影响之后，玉米现货价格迅速上升 0.025%，之后变为负向影响，第九期的负向影响最大，为 -0.17%；受到自身标准差信息冲击之后，玉米现货价格迅速上涨 6.26%，之后影响不断下降，且持续时间较长。左下图为鸡蛋期货市场价格受到自身或现货市场标准差信息冲击的脉冲响应函数图。受到自身标准差信息冲击之后，鸡蛋期货价格上涨 2.50%，随后影响不断下降，且持续时间较长；受到鸡蛋现货市场标准差信息冲击之后，鸡蛋期货市场价格不变，随后影响不断增大，且持续时间较长。右下图为鸡蛋现货价格受到期货市场或自身标准差信息冲击后的脉冲响应图。受到期货市场标准差

信息影响之后,鸡蛋现货价格不变,随后影响不断增大,且持续时间较长;受到自身标准差信息冲击之后,鸡蛋现货价格迅速上涨3.29%,之后影响不断下降,且持续时间较长。由此可见,玉米、鸡蛋期货与现货价格对数序列受自身标准差信息冲击的反映均大于受其他市场标准差信息冲击的反映,但现货价格受期货价格冲击的反映均大于期货价格受现货价格冲击的反映。

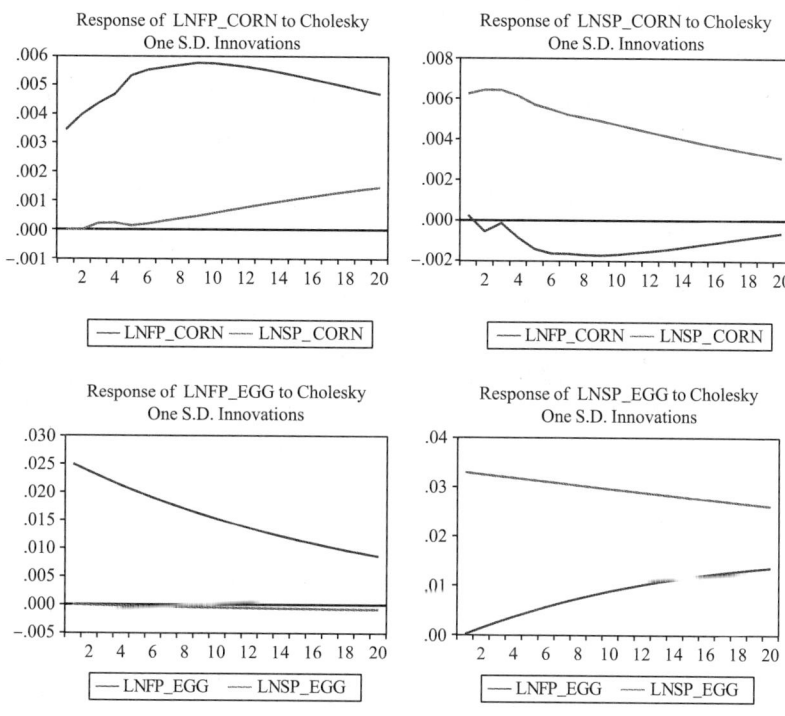

图5-13 国内玉米、鸡蛋期货价格与现货价格脉冲响应函数分析图

(3) 方差分解。

为了进一步分析玉米、鸡蛋期货市场与现货市场在价格发现功能中贡献的大小,分别对玉米和鸡蛋期货、现货市场价格波动进行方差分解,结果见表5-10。由结果可知,在滞后1期时,玉米、鸡蛋期货价格方差变动100%来自期货市场,现货市场价格的贡献度为0;玉米、鸡蛋现货价格方差变动均受期货市场的影响。随着滞后期数的增加,玉米、鸡蛋现货市场价格对期货市场价格变动的影响不断上升,期货价格对现货价格变动的影响也不断扩大。滞后20期时,玉米期货价格方差变动97.51948%来自期货市场,现货市场价格的贡献度为2.480522%;玉米现货价格方差变动6.394832%来自期货市场,现货市场价格的贡献度为93.60517%;鸡蛋期货价格方差变动99.88086%来自

期货市场，现货市场价格的贡献度为 0.119139%；鸡蛋现货价格方差变动 8.995625% 来自期货市场，现货市场价格的贡献度为 91.00437%。最终趋于稳定之后，玉米期货价格方差变动 89.44631% 来自期货市场，现货市场价格的贡献度为 10.55369%；玉米现货价格方差变动 20.65994% 来自期货市场，现货市场价格的贡献度为 79.34006%；鸡蛋期货价格方差变动 99.34305% 来自期货市场，现货市场价格的贡献度为 0.656947%；鸡蛋现货价格方差变动 23.63925% 来自期货市场，现货市场价格的贡献度为 76.36075%。由此可见，玉米、鸡蛋现货价格变动受期货市场信息冲击的影响均大于期货市场价格变动受现货价格信息冲击的影响，期货市场价格变动起引导作用。

表 5-10 国内玉米、鸡蛋期货价格与现货价格对数序列 VAR 模型方差分解结果

滞后期	玉米				鸡蛋			
	期货市场		现货市场		期货市场		现货市场	
	LNFP_CORN	LNSP_CORN	LNFP_CORN	LNSP_CORN	LNFP_EGG	LNSP_EGG	LNFP_EGG	LNSP_EGG
1	100.0000	0.000000	0.162710	99.83729	100.0000	0.000000	0.001047	99.99895
2	99.99992	7.72E-05	0.457549	99.54245	99.99950	0.000502	0.087383	99.91262
3	99.90068	0.099316	0.318219	99.68178	99.99833	0.001673	0.261633	99.73837
4	99.85466	0.145344	0.720448	99.27955	99.99648	0.003518	0.513077	99.48692
5	99.87758	0.122420	1.645940	98.35406	99.99396	0.006039	0.831685	99.16832
6	99.87589	0.124113	2.597520	97.40248	99.99076	0.009235	1.208156	98.79184
7	99.84519	0.154815	3.365961	96.63404	99.98690	0.013105	1.633942	98.36606
8	99.79362	0.206381	4.064190	95.93581	99.98236	0.017641	2.101242	97.89876
9	99.72652	0.273477	4.680618	95.31938	99.97716	0.022837	2.602987	97.39701
10	99.63547	0.364534	5.182620	94.81738	99.97132	0.028682	3.132811	96.86719
11	99.51894	0.481063	5.573697	94.42630	99.96484	0.035165	3.685014	96.31499
12	99.37987	0.620134	5.882705	94.11730	99.95773	0.042269	4.254524	95.74548
13	99.21929	0.780713	6.117905	93.88209	99.95002	0.049979	4.836846	95.16315
14	99.03606	0.963940	6.285102	93.71490	99.94172	0.058277	5.428023	94.57198
15	98.83073	1.169270	6.394203	93.60580	99.93286	0.067140	6.024586	93.97541
16	98.60480	1.395198	6.456400	93.54360	99.92345	0.076548	6.623513	93.37649
17	98.35952	1.640481	6.480302	93.51970	99.91352	0.086478	7.222181	92.77782
18	98.09591	1.904094	6.473432	93.52657	99.90310	0.096903	7.818331	92.18167

第五章 农产品"保险+期货"在价格调控机制中的政策定位与总体方案

续表5-10

滞后期	玉米				鸡蛋			
	期货市场		现货市场		期货市场		现货市场	
	LNFP_CORN	LNSP_CORN	LNFP_CORN	LNSP_CORN	LNFP_EGG	LNSP_EGG	LNFP_EGG	LNSP_EGG
19	97.81536	2.184636	6.442853	93.55715	99.89220	0.107799	8.410028	91.58997
20	97.51948	2.480522	6.394832	93.60517	99.88086	0.119139	8.995625	91.00437

注：方差分解结果数据单位为%，本书选用鸡蛋、玉米期货与现货日价格的对数数据，而非现有研究成果中的月度数据，故方差分解趋于稳定的滞后阶数较大，由于篇幅限制，这里仅给出滞后20阶的方差分解结果。

综上可知，玉米、鸡蛋期货市场是有效的，具备价格发现功能，基本能准确预测玉米、鸡蛋现货价格走势。

3. 农产品期货市场在"保险+期货"短期与长期设计方案中的作用界定

尽管农产品期货市场可以预测现货价格走势，但其预测的是全国农产品价格走势，由前文第三章农产品价格风险地区差异评估结果可知，农产品价格波动风险的地区差异明显，故现行农产品"保险+期货"试点方案中农户面临较大的基差风险。为减少农户面临的基差风险，本书设计以地区现货价格为价格指数的"保险+期货"方案，尽管不再以期货价格作为设计方案中价格保险或收入保险的价格指数，但由于农产品期货市场包含更多未来价格信息，故其可作为价格保险或收入保险目标价格厘定的科学指导，仍利用了期货市场的价格发现功能。由于现阶段价格保险与收入保险的再保险途径匮乏，仍需利用期货市场分散价格保险或收入保险的风险对冲功能，故农产品期货市场在本书设计的"保险+期货"短期方案中起后端风险对冲作用。待农业农村部与中国银行保险监督管理委员会牵头的再保险机构建立之后，可推行由再保险机构提供分散价格系统性风险的长期"保险+期货"方案。由于农产品期货市场是专业的价格风险管理工具，其可将农产品价格风险分散到农产品期货市场，故可在再保险机构设立专门的部门，根据农产品期货市场容量运用期货市场分散承保的部分价格风险。可见农产品期货市场仍可在"保险+期货"长期方案中起到风险对冲的作用。

（二）农产品"保险+期货"的短期与长期方案

由政策定位可知农产品"保险+期货"是一种农产品价格支持政策，其方案设计需坚持可复制、可持续与简单易懂的原则。根据农产品"保险＋期货"的政策目标可运用精算原理与模型厘定费率，设置不同保障水平下差异化的中央财政补贴力度。根据农产品自身特征，选择设定"价格保险＋期货"或"收入保险＋期货"方案。

1. 农产品"保险＋期货"的短期方案

由于现阶段农产品价格保险与收入保险再保险途径的匮乏，本书设计的农产品"保险＋期货"方案仍分为三个环节：第一个环节，以农产品现货价格为价格指数，保险公司为农业生产者提供价格保险或收入保险。现货价格指数选取需综合考虑农户的基差风险、保险公司的经营管理费用及价格指数的权威性。第二个环节，为分散价格保险或收入保险的价格系统性风险，保险公司向期货公司购买分散部分风险的场外看跌期权。保险公司作为专业的风险管理公司，具有一定的风险承担能力，在将价格风险完全转移出去的同时，也丧失了获取盈利的机会，故没有必要将价格风险完全转移出去，需根据自身风险承担能力，合理选择分出水平。第三个环节，期货公司在期货市场复制场外看跌期权以分散场外看跌期权的价格风险。

2. 农产品"保险＋期货"的长期方案

由于农产品期货市场容量有限，农产品"保险＋期货"试点方案难以大规模推广，故农业农村部与中国银行保险监督管理委员会牵头建立再保险管理机构之后，即可推行由再保险管理机构提供再保险的农产品"保险＋期货"长期方案。农产品"保险＋期货"长期方案包含两个环节的基本运作模式：第一个环节，保险公司为农户、种植或养殖企业提供以现货价格为价格指数的价格保险或收入保险，与农产品"保险＋期货"短期方案提供的价格或收入风险保障相同。第二个环节，再保险机构为价格或收入保险提供再保险方案。农产品"价格保险＋期货"的再保险方案与短期试点一致，农产品"收入保险＋期货"的再保险方案直接提供收入风险保障（见图5-14）。

第 五 章　农产品"保险＋期货"在价格调控机制中的政策定位与总体方案

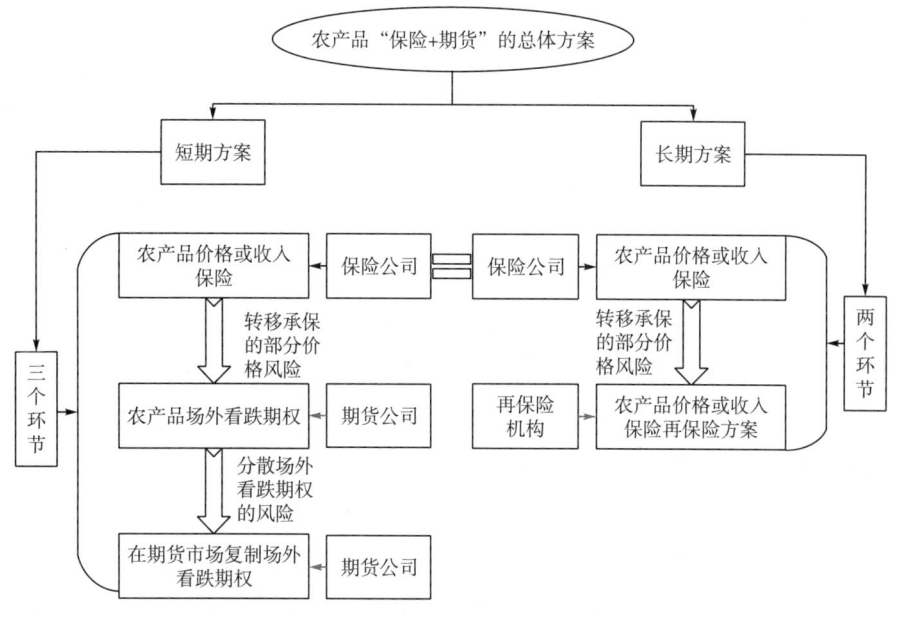

图 5-14　农产品"保险＋期货"的短期与长期方案

注：作者依据本书设计的农产品"保险＋期货"短期与长期方案绘制。

3. 农产品"保险＋期货"短期与长期方案的保费补贴

农产品"保险＋期货"提供价格或收入风险保障，与传统农业保险（产量保险与成本保险）相比，费率较高。现阶段我国农业以分散化经营为主，农民收入水平普遍不高，较高的费率导致农业生产者购买该险种的积极性不高，外加地方财政补贴力度有限，故须由中央财政补贴保费以推动农产品"保险＋期货"的短期与长期方案。农产品"保险＋期货"短期与长期方案的保费补贴水平可参考现有农业保险的保费补贴力度。

三、农产品"保险＋期货"的种植、养殖业适用规则及范围

（一）农产品"保险＋期货"的种植与养殖业适用规则

农产品"保险＋期货"包括"价格保险＋期货"与"收入保险＋期货"两大类，二者均保障农产品的价格风险，但"价格保险＋期货"却不保障农产品的产量波动风险，可见选择"价格保险＋期货"或"收入保险＋期货"的关键在于分析农产品的产量波动风险。产量是单产与种植面积、养殖数量的乘积，种植面积或饲养数量由农业生产者自主选择，故产量风险的关键是农产品的单

产波动风险。

农产品单产波动主要受到技术进步、自然灾害、动植物疫病及农业补贴政策等的影响。随着农业技术水平的提升，农产品单产增加；自然灾害与动植物疫病会直接降低农作物单产；农业补贴政策，如动植物疫病防疫补贴、农机具购置补贴等，通过推动农业技术进步间接增加农产品单产。可见，技术进步与农业补贴政策提高了农作物单产，而自然灾害与动植物疫病减少了农作物单产。对于农户来说，单产增加提高了农户总的农产品产量。农产品单产波动风险指产量下降的风险，自然灾害与动植物疫病是本书农产品单产波动风险的主要影响因素。种植业单产波动风险主要受自然灾害与植物疫病的影响，但随着养殖技术的不断提升，养殖业单产波动受自然灾害的影响微乎其微，主要受动物疫病的影响。种植业与养殖业单产波动风险可能存在较大差异，故分别以玉米和鸡蛋为例分析种植业、养殖业的单产波动风险。

1. 种植业单产波动风险分析：以玉米为例

选取河北、内蒙古、辽宁、吉林、黑龙江、山东与河南七大玉米主产区1988年到2016年的玉米单产数据Y_t，数据来源于国家统计局。首先运用H-P滤波法分离出玉米单产的趋势产量YT_t与随机波动产量部分e_t，如图5-15所示。由趋势产量图可知，七大玉米主产区玉米单产均呈不断上涨趋势；由随机波动产量图可知，部分年份玉米单产下降风险较大，如辽宁省2000年玉米单产偏离平均趋势近150公斤/亩。

依据公式$yrisk_t = e_t/YT_t$，计算得出七大玉米主产区单产波动风险，结果见表5-11。由结果可知，河北省的玉米单产波动风险较小，均低于5%；内蒙古2009年的单产波动风险最大，为8%；辽宁省2000年的单产波动风险超过30%，2009年与2014年的单产波动均超过13%；吉林省2000年的单产波动风险达到近40%，2001年的单产波动风险约为25%；黑龙江省2007年的单产波动风险最大（为15.66%），其余年份的单产波动风险均小于10%；山东省2006年单产波动风险约为15%；河南省2003年的单产波动风险超过35%。由此可见玉米单产波动风险较大，且地区之间的差异明显。

第五章 农产品"保险+期货"在价格调控机制中的政策定位与总体方案

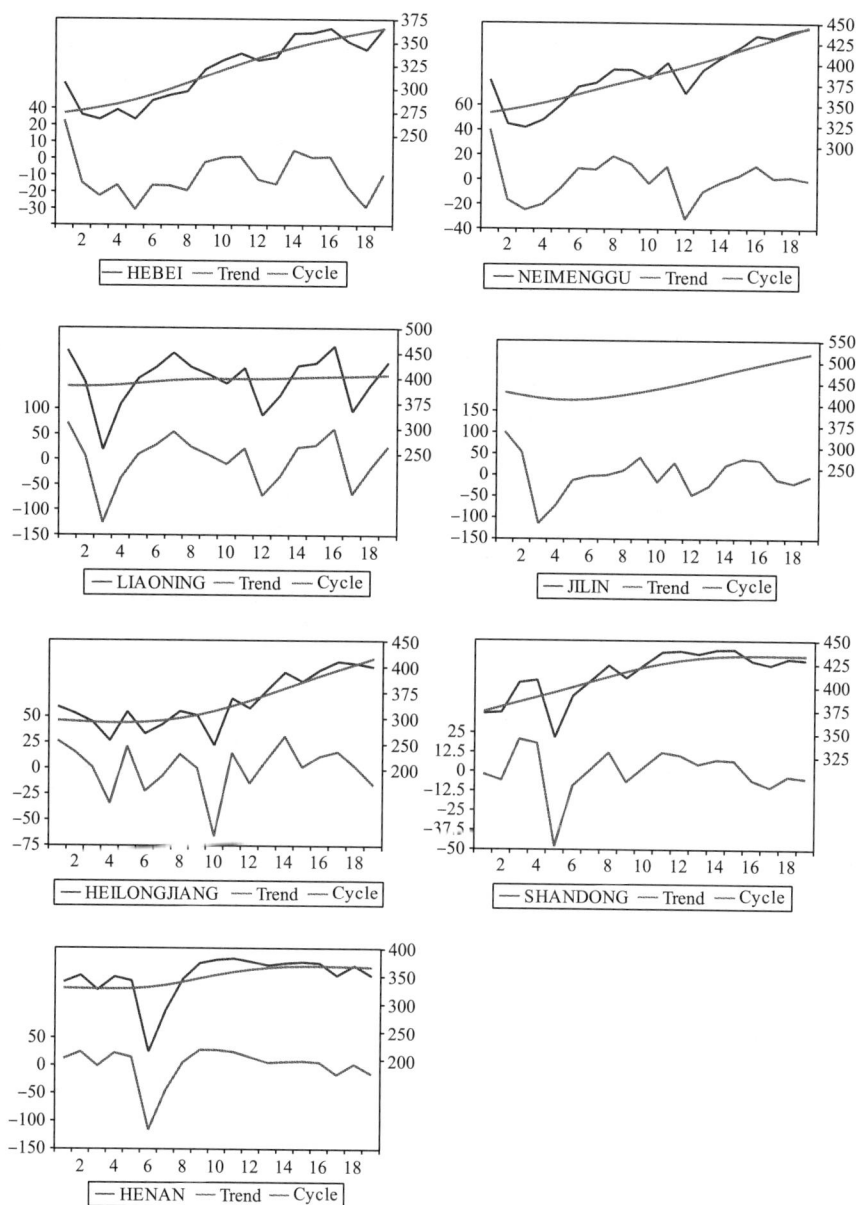

图 5-15 全国七大玉米主产区单产的 H-P 滤波分解

注：玉米单产的单位为公斤/亩。

表 5-11 1998—2016 年全国七大玉米主产区单产波动风险

时间	河北	内蒙古	辽宁	吉林	黑龙江	山东	河南
1998	11.90%	11.83%	18.76%	23.53%	8.98%	-0.50%	3.43%

续表 5-11

时间	河北	内蒙古	辽宁	吉林	黑龙江	山东	河南
1999	−1.33%	−4.36%	1.80%	18.16%	4.11%	−1.76%	7.28%
2000	−3.60%	−6.45%	−30.38%	−39.17%	0.27%	6.33%	−0.48%
2001	−1.72%	−5.24%	−9.28%	−24.95%	−8.87%	5.54%	6.67%
2002	−5.76%	−1.84%	2.39%	−4.54%	5.40%	−14.65%	4.29%
2003	−1.68%	2.27%	6.89%	−1.11%	−5.65%	−2.81%	−35.13%
2004	−1.74%	2.03%	13.04%	−0.45%	−1.94%	0.35%	−13.43%
2005	−2.46%	4.72%	5.85%	3.20%	3.26%	3.55%	1.51%
2006	2.02%	3.19%	2.06%	13.57%	0.04%	−1.95%	7.88%
2007	2.75%	−0.75%	−2.08%	−5.46%	−15.66%	0.78%	7.70%
2008	2.84%	2.70%	4.90%	8.99%	3.49%	3.39%	6.68%
2009	−0.66%	−8.04%	−15.80%	−14.11%	−3.45%	2.80%	3.87%
2010	1.33%	−2.49%	−7.14%	−7.66%	2.07%	1.23%	1.26%
2011	3.65%	−0.54%	5.02%	6.23%	7.14%	2.00%	1.77%
2012	2.55%	0.76%	5.72%	10.34%	0.19%	1.82%	2.03%
2013	2.62%	2.80%	12.27%	8.97%	2.68%	−1.55%	1.44%
2014	−1.61%	0.27%	−13.75%	−2.64%	3.71%	−2.78%	−4.49%
2015	−4.35%	0.52%	−3.53%	−4.84%	0.23%	−0.90%	0.58%
2016	0.17%	−0.22%	4.99%	−0.92%	−3.78%	−1.28%	−4.27%

2. 养殖业单产波动风险分析：以鸡蛋为例

选取河北、江苏、山东、河南、湖北和四川六大鸡蛋主产区 2006 年至 2016 年规模蛋鸡养殖的鸡蛋单产数据（单位公斤/百只），数据来源于 2007—2017 年《农产品成本收益汇编》。首先运用 H-P 滤波法分离出鸡蛋单产的趋势产量 YT_t 与随机波动产量部分 e_t，如图 5-16 所示。由趋势产量图可知，六大鸡蛋主产区鸡蛋单产均呈不断上涨趋势；由随机波动产量图可知，部分年份存在鸡蛋单产波动风险。

依据公式 $yrisk_t = e_t / YT_t$，计算得出六大鸡蛋主产区单产波动风险，结果见表 5-12。由结果可知，河北省 2009 年鸡蛋单产波动风险最大，为 1.83%；江苏省 2009 年单产波动风险最大，为 9.33%；山东省鸡蛋单产波动风险均小

第 五 章 农产品"保险+期货"在价格调控机制中的政策定位与总体方案

于 3.76%；河南省鸡蛋单产波动风险小于 1.44%；湖北省鸡蛋单产波动风险最大为 7.29%；四川省最大单产波动风险为 5.27%。可见，六大鸡蛋主产区单产波动风险较小，均低于 10%。

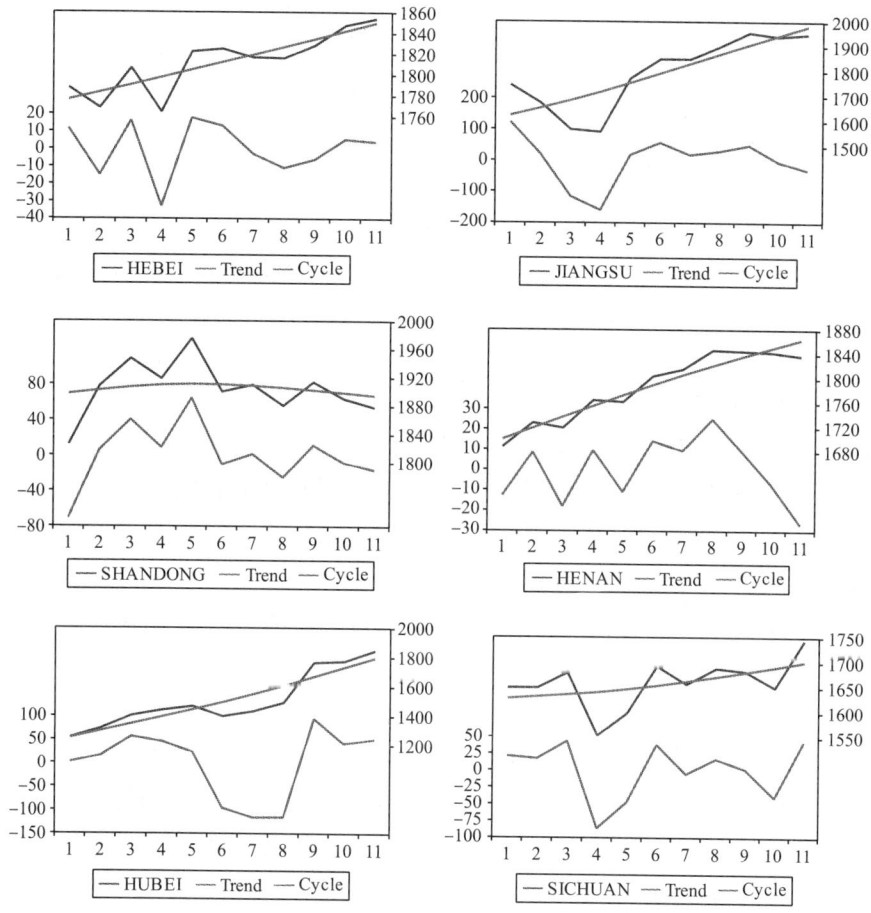

图 5-16 全国六大鸡蛋主产区单产 H-P 滤波分解

注：大规模蛋鸡养殖的单产为公斤/百只。

表 5-12 2006—2016 年全国六大鸡蛋主产区单产波动风险

时间	河北	江苏	山东	河南	湖北	四川
2006	0.65%	7.54%	-3.76%	-0.76%	0.13%	1.29%
2007	-0.84%	1.25%	0.31%	0.50%	1.18%	1.05%
2008	0.90%	-6.92%	2.10%	-1.04%	4.22%	2.64%
2009	-1.83%	-9.33%	0.45%	0.54%	3.30%	-5.27%

续表5—12

时间	河北	江苏	山东	河南	湖北	四川
2010	0.98%	1.02%	3.37%	−0.62%	1.62%	−2.88%
2011	0.72%	3.16%	−0.54%	0.79%	−6.52%	2.30%
2012	−0.16%	0.99%	0.07%	0.51%	−7.62%	−0.34%
2013	−0.60%	1.59%	−1.32%	1.38%	−7.29%	1.00%
2014	−0.33%	2.52%	0.60%	0.49%	5.73%	0.08%
2015	0.29%	−0.23%	−0.44%	−0.38%	2.42%	−2.39%
2016	0.22%	−1.62%	−0.88%	−1.44%	2.81%	2.50%

3. 种植业与养殖业的农产品"保险+期货"适用规则

由玉米单产波动风险分析结果可知，部分地区一些年份的玉米产量波动风险较高，农户需利用农业保险转移其产量波动风险，故可向玉米生产者提供"收入保险+期货"方案。这个结论适用于一般种植业农作物，主要由于农作物生产需要特定的自然环境，自然灾害与植物疾病会对农作物单产产生较大的影响。

由鸡蛋单产波动风险分析结果可知，鸡蛋单产波动风险均小于10%，单产波动风险较小，单产波动对养殖户的收入冲击较小。此外，为有效防范道德风险问题，通常为收入保险设置一定的免赔率或将收入保险目标产量设置为小于历史平均产量。故蛋鸡养殖户仅分散价格风险即可，也即选择"价格保险+期货"方案。该结论同样适用于养殖业，主要原因在于随着养殖规模和技术的提升，养殖业疫病大面积暴发的概率越来越小，使得养殖业单产波动风险较小。综上，为切实保障农业生产者面临的风险，需向种植业提供"收入保险+期货"，向养殖业提供"价格保险+期货"。

(二) 农产品"保险+期货"的适用范围

鉴于农产品期货的上市情况，"保险+期货"在价格调控机制中的政策定位、运行机制、短期与长期方案，农产品"保险+期货"的种植业与养殖业适用规则，我们给出"保险+期货"具体的农产品适用范围。

对于粮食作物：①小麦、早籼稻、晚籼稻与粳稻期货合约上市较早，期货市场有效性较高；②受自然灾害影响，粮食作物单产波动风险较高；③粮食最低收购价政策存在粮食价格国内外倒挂与财政资金压力较大等问题，故可在非

第五章 农产品"保险+期货"在价格调控机制中的政策定位与总体方案

粮食主产区推行农产品"收入保险+期货"。对于白糖和油菜籽：①二者的期货合约上市较早，期货市场已具备价格发现功能；②白糖与油菜籽临时收储政策取消后，价格基本由市场决定，价格波动风险较高；③受自然灾害的影响，二者的单产波动风险较大，故适用于"收入保险+期货"方案。对于棉花、玉米与大豆：①三者期货合约上市较早，交易量大，期货市场有效性较高；②目标价格补贴与生产者补贴政策实施之后，价格基本由市场供求决定，价格波动风险较大；③受自然灾害的影响，三者的单产波动风险较大，故可试点"收入保险+期货"方案。对于苹果：①苹果期货自 2017 年 12 月 22 日上市，目前市场交易量仍较小，市场有效性不足；②价格基本由供求完全决定，价格波动风险较大；③受自然灾害影响，单产波动风险较大，待苹果期货市场逐渐成熟之后，即可推出"收入保险+期货"方案。

对于生猪：①生猪作为居民最重要的肉制品，价格基本由市场机制形成，价格波动幅度较大；②临时调控预案不仅不能解决实际问题，反而加大市场波动；③随着生猪养殖技术的提升，生猪疫病得到有效控制，生猪单产（公斤/头）波动风险较小，且生猪单产（公斤/头）随着饲养时间的不同而变化，承保生猪单产风险存在较高的道德风险问题，故在推出生猪期货之后，应积极探索"价格保险+期货"试点。对于鸡蛋：①鸡蛋期货自 2013 年 11 月上市，现已初步具备价格发现功能；②价格完全由市场机制形成，波动剧烈；③由第五章内容可知，鸡蛋单产价格波动风险较小，故适合开展"价格保险+期货"试点。对于蔬菜和水果（除苹果外）：虽然价格由市场机制形成且波幅较大，对农户和居民影响较大，但短期内难以推出期货品种，可推行价格保险或收入保险试点。基于上述分析，农产品"保险+期货"在价格调控机制中具体适用的农产品范围如表 5-13 所示。

表 5-13 农产品"保险+期货"的适用范围

类型		农产品种类	原因分析
种植业	"收入保险+期货"	小麦、早籼稻、晚籼稻与粳稻	期货合约有效性高，单产波动风险较高，粮食最低收购价政策存在多种问题
		油菜籽、白糖	期货市场已具备价格发现功能，价格波动风险较高，单产波动风险较大
		玉米、大豆、棉花	期货市场有效性较高；目标价格补贴与生产者补贴实施之后，价格波动风险较大；单产波动风险较大
		苹果	目前期货市场市场有效性不足，价格波动风险较大，单产波动风险较大

续表5－13

类型		农产品种类	原因分析
养殖业	"价格保险＋期货"	生猪	临时调控预案作用甚微，价格波动幅度较大；生猪疫病得到有效控制，生猪单产（公斤/头）波动风险较小；生猪单产（公斤/头）随着饲养时间的不同而变化，道德风险问题严重
		鸡蛋	期货市场已具备价格发现功能，价格波动剧烈，单产波动风险较小

注：作者基于农产品期货市场分析整理。

第五节 本章小结

本章首先阐述了我国农产品价格调控机制的现状及困境。农产品价格调控机制包括调控目标、调控原则、调控对象与调控政策四个方面的内容。现行的农产品价格调控政策包括粮食最低收购价政策、目标价格补贴政策、生产者补贴政策及鲜活农产品调控目录制度。2014年国家推出农产品目标价格制度改革之后，目标价补贴与生产者补贴政策虽已取得国内外农产品价差缩小、加工企业经营状况转好、临时收储库存下降、种植结构得以调整的成效，但仍面临补贴标准确定困难、种植结构调整困难、面积核实成本较高、财政压力巨大等问题。

其次，分析了农产品"保险＋期货"在价格调控机制中的可能作用。先阐述了农产品"保险＋期货"作用于价格调控机制的理论逻辑，即价格调控政策通过作用于调控对象以实现社会总福利最大化，并兼顾社会福利在消费者与生产者之间公平分配的政策目标。若农产品"保险＋期货"是一种价格调控政策，其调控对象包括国家、农产品市场、农产品生产者、消费者及保险公司、期货公司等。故本书从国家、农产品市场、农产品生产者与消费者、相关企业四个方面分析农产品"保险＋期货"在价格调控机制中的作用。国家方面：农产品"保险＋期货"有助于推进农业供给侧结构性改革，加快农业现代化进程；推进国家简政放权进度，加快完善国家现代化管理服务功能；减轻国家财政压力，提高社会资金的边际效用。农产品市场方面：农产品"保险＋期货"有助于市场价格供求机制形成，平衡农业种植结构；完善保费补贴机制，稳定农产品市场供应；提高农产品期货市场价格发现功能的有效性。农产品生产者与消费者方面：农产品"保险＋期货"有助于降低农产品市场价格风险，增加

第五章 农产品"保险＋期货"在价格调控机制中的政策定位与总体方案

农业生产者经营收入，提高消费者福利。企业方面：农产品"保险＋期货"有助于加大保险公司的农业保险业务范围和规模；提高期货公司产品创新能力，扩大业务规模；降低农产品下游企业的生产成本。

再次，通过比较农产品"保险＋期货"与大宗农产品传统价格支持政策、现代价格补贴政策的实施效果，得出其在价格调控机制中的政策定位。与最低收购价政策相比，尽管农产品"保险＋期货"具有不直接干预市场价格、维持市场供求平衡、增加消费者福利及固定政府支出等优势，但由于其不考虑农民粮食的实际销售问题，可作为大宗农产品传统价格支持政策的重要补充。农产品"价格保险＋期货"与目标价格补贴政策对农产品市场供应、消费者福利及农民销售难问题的影响一致，不同点仅在于政府资金压力与消费者是否支付保费方面。目标价格补贴农民不需要承担任何费用，但政府支出不确定，财政压力较大；对于农产品"价格保险＋期货"，虽然农户需承担一定的保费，但在项目实施初期，农户与政府支出就已确定，保险公司作为专业的风险管理机构承担了由价格降低导致的农户收入变动的风险。农产品"收入保险＋期货"与生产者补贴政策的差异也是如此，故其可作为大宗农产品现代价格补贴政策的替代。鲜活农产品调控目录制度主要采用市场化手段，包括农业保险、农产品期货与期权等，由于农产品"保险＋期货"克服了农产品期货与价格保险的难点，其可作为鲜活农产品调控目录制度的重要工具。

最后，从运行机制、方案设计与农产品适用范围三个方面初步构建我国农产品"保险＋期货"的总体方案。运行机制设计：中央财政给予资金补贴、财政部和农业农村部主导、银保监会监管、商业保险公司运作、期货公司提供技术支持、农业农村部与银保监会牵头设立专门的农业保险再保险管理机构提供再保险。方案设计：坚持可复制、可持续与简单易懂的原则；养殖业提供"价格保险＋期货"方案，种植业提供"收入保险＋期货"方案；短期方案仍采用与现有试点相似的三个环节的运作模式，长期方案采用两个环节的运作模式。农产品适用范围包括小麦、稻谷、玉米、大豆与鸡蛋等。

第六章 农产品"价格保险+期货"的方案设计与定价

作为农产品"保险+期货"的主要组成部分,农产品"价格保险+期货"的方案设计与定价区别于第七章的"收入保险+期货"。

第一节 农产品"价格保险+期货"的方案设计

由第四章内容可知,美国牲畜"价格保险+期货"具有细分承保品种、公布基差数据、公开的费率信息、多样化的保障水平、理赔款计算周期较短、保费及经营管理费用补贴等特点;我国农产品"保险+期货"试点实践存在业务推广难、保费来源匮乏、农户承担较大基差风险、保险公司"中介"地位尴尬、期货公司对冲风险压力大及保险与期货公司沟通不畅等问题。根据第五章农产品"保险+期货"在价格调控机制中的政策定位与总体方案,本书设计以保障农户、种植或养殖企业"成本+基本收益"为目的的农产品"价格保险+期货"方案。由前文农产品"保险+期货"的总体方案可知,农产品"价格保险+期货"的短期试点与长期运行方案为农户提供的价格风险保障相同,但期货公司与构建的再保险机构提供的再保险方案不同。由于目前国内农产品现货价格保险面临缺乏再保险分散途径等的现实困境,本书设计农产品"价格保险+期货"的短期试点方案,待再保险机构设立之后,可在期货市场提供再保险试点方案的基础上,设计"价格保险+期货"的长期运行方案。

一、农产品"价格保险+期货"方案设计的运作模式

由于现阶段农产品"价格保险+期货"仍无法找到有效的再保险分散途径,故本书设计的"价格保险+期货"方案需同时运用农产品期货市场的价格发现与风险对冲功能。该方案分为保险公司为农户、种植或养殖企业提供农产品现货价格保险、期货公司为保险公司提供场外看跌期权产品作为价格保险的

再保险、期货公司在农产品期货市场复制场外看跌期权产品分散价格风险三个环节,具体见图6-1。

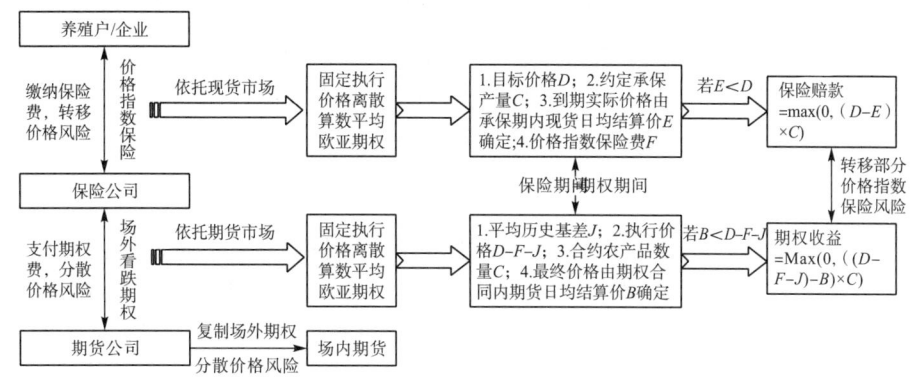

图6-1　农产品"价格保险+期货"方案设计的基本运作模式

资料来源:作者依据设计产品具体内容绘制。

(一) 保险公司为农户、种植或养殖企业提供农产品现货价格保险

由第二章农产品价格波动的影响因素可知,农产品价格波动受供给、需求、政策与国际市场等因素的影响,其中供给因素包括生产成本、技术进步、自然灾害与疫病等。随着互联网技术的普遍运用,信息传递速度飞快,技术进步对全国各地农产品的供给影响趋同,但受各地区农业生产环境的影响,生产成本、自然灾害与疫病对各地农产品市场供给的影响差异较大。可见,由于供给因素的影响,各地区农产品价格波动存在一定的差异性。由变异系数法CV测度农产品价格波动差异结果可知,农产品价格波动的地区差异性明显,如全国各地区之间的玉米价格变异系数从0.2415变化到0.3932,全国各地区之间的鸡蛋价格变异系数从0.2054变化到0.3793,全国各地区之间的猪肉价格变异系数从0.3023变化到0.4515。由农产品价格波动风险的VaR度量结果可知,各地区的农产品价格波动风险差异较大,在95%置信水平下,鸡蛋价格整体波动风险由大到小依次是广东、四川、河北、京津地区、山东、河南、湖北、江苏与浙沪闽地区,广东地区的鸡蛋价格波动风险几乎是浙沪闽地区的2倍。由此可知,各地农产品价格波动风险不同,部分地区差异较大,现有农产品"价格保险+期货"试点产品仅基于农产品期货价格为各地农产品提供价格风险保障,不能满足各地农户、种植或养殖企业农产品价格风险保障的需求。外加美国牲畜利润保障项目(MPP-Dairy)根据农产品现货价格提供牛奶价

格风险保障的经验借鉴，本书建议为农户提供农产品现货价格保险，以切实保障农户的价格波动风险保障需求。

为减少农户、种植或养殖企业的基差风险，保险公司基于省级农产品现货价格为其提供农产品现货价格保险，只要农产品的到期实际价格 P_1 低于保险合同约定的目标价格 P_0，农户、种植或养殖企业即可获得价格差额与约定承保产量乘积 Y 的赔付，则保险赔款 Indemnity 为：

$$\text{Indemnity} = \max((P_0 - P_1) \times Y, 0) \tag{6.1}$$

其中，承保产量 Y 由各省农产品过去三年的平均历史产量确定，目标价格 P_0 由各省农产品"成本+基本收益"确定，到期实际价格 P_1 由整个承保期内农产品省级价格的日平均值确定。且设农产品现货价格保险的保费为 Premium_1。

（二）期货公司为保险公司提供场外看跌期权作为现货价格保险再保险

现有农产品"价格保险+期货"试点模式中，保险公司将承保的价格风险完全转移至期货公司，在期货公司不存在违约风险的情况下，保险公司仅扮演中介角色。风险与收益具有对等性，保险公司在将风险转移出去的同时，也放弃了相应的承保收益。保险公司作为专业的风险管理公司，具有一定的风险承担能力，没有必要将全部风险转移出去。与传统农业保险不同，价格保险是指数保险，其理赔基于价格指数（现货价格或期货价格），而非农产品的实际售卖价格，以本书设计的省级农产品现货价格为例，对于同一省份的同一农产品，只要农产品实际到期价格低于目标价格，保险公司即需支付保险赔款，则目标价格相同的保险标的要么全部触发理赔机制，要么全部无须赔付。可见只要到期实际价格 P_1 低于目标价格 P_0 的差额小于保费收入 Premium_1，保险公司即可获得盈利 Profit_1，则保险公司的盈利为

$$\text{Profit}_1 = \text{Premium}_1 - (P_0 - P_1) \tag{6.2}$$

由此可得，保险公司为追求利润最大化，只需将部分风险转移出去即可。

第 六 章　农产品"价格保险＋期货"的方案设计与定价

再保险分为比例再保险与非比例再保险[①]，若运用比例再保险转移农产品现货价格保险的风险，基于指数保险的性质（要么全部赔付，要么无须赔付），比例较低时不能够有效分散保险公司的价格风险，比例较高时保险公司又无利可图，故本书采用非比例再保险中的赔付率超赔再保险（又称为损失中止再保险））转移保险公司的价格风险。赔付率超赔再保险设定的分保赔付率（赔款金额/自留保费）通常大于1，由于此险种试点时间较短，无法依据历史数据计算最优再保险费，故采用期权模型对再保险进行定价。由本书定价结果可获得农产品现货价格保险保费，但无法获得自留保费数据，故所运用的赔付率为赔款金额与总保费（农产品现货价格保险）的比值，外加总保费大于自留保费，则可将分保赔付率设定为1。

分保赔付率为1时，则赔款金额为自留保费，在本书中指农产品现货价格保险的保费 $Premium_1$，若仍基于农产品现货市场价格提供再保险，则再保险的目标价格 P_2 为 $P_0 - Premium_1$。期货公司提供的场外看跌期权是基于期货市场的价格保险，可用历史平均基差 Basis 作为期货市场与现货市场再保险目标价格的差额，则基于期货市场价格再保险的目标价格 P_3 为 $P_0 - Premium_1 - Basis$，则场外看跌期权的收益为

$$Profit_2 = \max(((P_0 - Premium_1 - Basis) - P_1) \times Y, 0) \quad (6.3)$$

由于农产品日期货价格是非连续的，基于本书农产品现货价格与场外看跌期权的具体内容可知，农产品现货价格与场外看跌期权均是固定执行价格离散算术平均欧亚看跌期权，可简称为固定执行价格离散算术平均欧亚看跌期权。

（三）期货公司在农产品期货市场复制场外看跌期权产品分散价格风险

期货公司为分散农产品场外看跌期权的价格风险，在农产品期货市场复制场外看跌期权产品，具体操作为通过买卖农产品期货合约实现 delta 中性的动态对冲。期货公司向保险公司卖出看跌期权需持有 delta 份标的合约，看跌期权 delta 为负值，需卖空农产品期货合约进行对冲。若农产品期货价格下跌，

[①] 按责任限制分类，再保险可分为比例再保险和非比例再保险。比例再保险是原保险人与再保险人即分出人与分入人之间订立再保险合同，按照保险金额约定比例，分担责任。对于约定比例内的保险业务，分出人有义务及时分出，分入人则有义务接受，双方都无选择权。在非比例再保险中，原保险人与再保险人协商议定一个由原保险人赔付保险金的额度，在此额度以内的由原保险人自行赔付，超过该额度的就须按协议的约定由再保险人承担其部分或全部赔付责任。非比例再保险主要有超额赔款再保险和超过赔付率再保险两种。

场外看跌期权行权的概率上升，故需逐渐增加相应的期货合约空单；若农产品期货价格上升，场外看跌期权行权的概率降低，可见需减少期货合约空单的持仓，随着农产品期货价格的上涨与下跌，反复减少与增加期货合约空单持仓，在期货市场中形成了追涨杀跌的操作行为。

农产品价格 S、波动率 σ 与到期时间 T 是农产品期权价格的三个主要影响因素，由于场外期权的流动性差且通常持有到期，波动率 σ 对期权价格的影响较小，故场外看跌期权主要运用农产品期货合约对冲农产品期货价格波动的风险。农产品期权价格公式设定为 $P=f(S,T)$，其泰勒展开式为：

$$\Delta P = \text{delta} \times \Delta S + \frac{1}{2}\text{gamma} \times \Delta S^2 + \text{theta} \times \Delta T \qquad (6.4)$$

其中，delta 是期权价格随农产品期货价格的变化率，delta 中性对冲是指持有的 $\Pi = \pm(P - \text{delta} \times S)$ 的 delta 中性头寸，其泰勒展开式为：

$$\Delta \Pi = \pm(\Delta P - \text{delta} \times \Delta S) = \pm\left(\frac{1}{2}\text{gamma} \times \Delta S^2 + \text{theta} \times \Delta T\right) \qquad (6.5)$$

可见，对冲掉了农产品期货价格一阶变动给场外期权带来的风险。

二、农产品"价格保险＋期货"方案设计的特色

尽管本书设计的农产品"价格保险＋期货"方案与现有试点方案均采用保险公司为农户提供价格保险、期货公司提供场外看跌期权分散保险公司承保的价格风险、期货公司在期货市场复制场外看跌期权转移场外看跌期权的价格风险三个环节的基本运作模式，但设计方案每个环节的具体内容与现有"价格保险＋期货"试点方案的具体内容差别较大，具有显著降低农户基差风险与保险公司是风险承保主体两大特色。

（一）农户承担的基差风险显著降低

现有农产品"价格保险＋期货"试点中农户承担的基差风险为农户实际售卖价格 P_S 与农产品期货市场价格 P_F 之间的差额，则基差风险为 $\text{Risk}_{B1} = P_S - P_F$。设计农产品"价格保险＋期货"方案中农户承担的基差风险为农户实际售卖价格 P_S 与农产品省级现货价格 P_{Pr} 之间的差额，则基差风险为 $\text{Risk}_{B2} = P_S - P_{Pr}$。农产品期货市场价格由农产品期货市场的供给与需求形成，是全国农产品市场供给与需求因素的预期，包含了很多农产品价格的预期因素。农产品省级现货价格是该地区所在省份各区域农产品的供给、需求因素决定的农

产品价格均值。农产品实际售卖价格是由当地的农产品供给与需求因素决定的价格,是农产品省级现货价格的组成部分。可见农产品省级现货价格与农产品实际售卖价格虽不完全相同,但两者之间的价格波动趋势与幅度几乎一样,大大减少了农户需承担的基差风险。

(二)保险公司是风险承保的主体

本书设计的农产品"价格保险+期货"方案,保险公司基于农产品省级现货价格向农户、种植或养殖企业提供价格保险。与现有农产品"价格保险+期货"试点模式不同,保险公司运用赔付率超赔再保险仅将承保的部分价格风险通过场外看跌期权产品转移至期货公司,既保留了价格下跌幅度小于农产品现货价格保险保费的盈利机会,也需要承担自留与对冲风险,不再是现行试点下的"中介"角色,而成为风险承保主体。保险公司作为风险承保主体的设计方案可使保险公司基于农户、种植或养殖企业的实际需求灵活设计保险产品,既可提高保险公司的产品创新能力,又可扩大农产品"价格保险+期货"的覆盖面。在安全运营的前提下提高了保险公司的盈利能力。

第二节 农产品"价格保险+期货"的期权定价方法

本书设计的农产品"价格保险+期货"方案定价的关键在于保险公司提供的农产品现货价格保险的费率厘定及期货公司提供的场外看跌期权权利金的计算。方案设计中农产品现货价格保险与场外看跌期权的本质是固定执行价格离散算术平均欧亚期权,故可用期权定价模型厘定农产品现货价格保险费率与场外看跌期权的权利金。

一、农产品"价格保险+期货"期权定价模型的选择:随机波动率跳跃扩散模型

国外对期权定价的研究起步较早,且成果丰富。期权定价经典 Black-Scholes(1973)[①] 模型波动率为常数、标的资产价格过程连续等的基本假设与实际资产价格并不相符。学者们主要从三个方面进行改进:一是建立随机波动

[①] Fischer Black, Myron Scholes. The pricing of options and corporate liabilities. Journal of political economy, 1973(3): 637—654.

农产品"保险＋期货"的方案设计与定价
——基于农产品价格调控机制

率模型，如 Hull 和 White（1987）[1]，Scott（1987）[2]，Elias Stein 和 Jeremy Stein（1991）[3]，Heston（1993）[4]，Christoffersen、Heston 和 Jacobs（2009）[5] 等。二是建立跳跃扩散模型，如 Merton（1976）[6] 和 Kou（2002）[7] 等。三是将随机波动率与跳跃扩散模型相结合，如 Bates（1996）[8] 等。算术平均亚式期权被广泛地运用在实际中，相关定价研究不断丰富。Simon、Goovaerts 和 Dhaene（2000）计算得出算术平均亚式期权的价格高于欧式看涨期权组合的价格[9]。Vanmaele、Deelstra 和 Liinev 等（2006）通过解析的上下界分别给固定和浮动执行价格的离散算术平均欧亚期权进行定价[10]。Lemmens、Liang 和 Tempere 等（2010）运用 Black-Scholes 模型下的亚式期权解析边界给出标的资产价格符合 Lévy 过程的离散算术平均亚式期权的价格边界[11]。Nairn 和 Sotirios（2011）运用随机延迟微分方程对算术平均亚式期权定价，获得了上下界的显示封闭表达式[12]。亚式期权是一种典型的路径依赖式期权，尤其是算术平均亚式期权，难以得到解析解，多运用蒙特卡洛模拟方法模拟求解。Mudzimbabwe、Patidar 和 Witbooi（2012）运用条件稳定和无条

---

[1] John Hull, Alan White: The pricing of options on assets with stochastic volatilities, The journal of finance, 1987 (2): 281-300.

[2] Louis O Scott: Option pricing when the variance changes randomly: theory, estimation, and an application, Journal of financial and quantitative analysis, 1987 (4): 419-438.

[3] Elias M Stein, Jeremy C Stein: Stock price distributions with stochastic volatility: an analytic approach, Review of financial Studies, 1991 (4): 727-752.

[4] Steven L Heston: A closed-form solution for options with stochastic volatility with applications to bond and currency options, The review of financial studies, 1993 (2): 327-343.

[5] Peter Christoffersen, Steven Heston, Kris Jacobs: The shape and term structure of the index option smirk: why multifactor stochastic volatility models work so well, Management science, 2009 (12): 1914-1932.

[6] Robert C Merton: Option pricing when underlying stock returns are discontinuous, Journal of financial economics, 1976 (1-2): 125-144.

[7] S G Kou: A jump-diffusion model for option pricing, Management science, 2002 (8): 1086-1101.

[8] David S Bates: Jumps and stochastic volatility: exchange rate processes implicit in Deutsche Mark options, The review of financial studies, 1996 (1): 69-107.

[9] S Simon, M J Goovaerts, J Dhaene: An easy computable upper bound for the price of an arithmetic Asian option, Insurance: mathematics and economics, 2000 (2-3): 175-183.

[10] M Vanmaele, G Deelstra, J Liinev, et al: Bounds for the price of discrete arithmetic Asian options, Journal of computational and applied mathematics, 2006 (1): 51-90.

[11] D Lemmens, L Z J Liang, J Tempere, et al: Pricing bounds for discrete arithmetic Asian options under Lévy models, Physica A: statistical mechanics and its applications, 2010 (22): 5193-5207.

[12] McWilliams Nairn, Sabanis Sotirios: Arithmetic Asian options under stochastic delay models, Applied mathematical finance, 2011 (5): 423-446.

第六章 农产品"价格保险+期货"的方案设计与定价

件稳定的显示有限差分法给算术平均亚式期权定价,进行数值模拟计算,且以改进的蒙特卡洛方法做对比,发现这两种计算方法都是稳健的[1]。Mehrdoust (2015) 运用多元控制变量和对偶控制变量方差减少技术相结合的混合蒙特卡洛模拟对算术平均亚式期权进行定价[2]。Mehrdoust 和 Saber (2015) 运用混合蒙特卡洛模拟对标的资产价格服从随机波动率和跳跃扩散过程的离散算术平均欧亚期权进行定价[3]。Zeng 和 Kwok (2016) 通过扩展调节变量的方法,得到了时间变化的 Lévy 过程下离散算术平均亚式期权的解析价格边界[4]。

国内对算术平均亚式期权定价的研究相对不足,大多数都以 Black–Scholes 模型为基础(纪建强,2005[5];陈盼盼,2013[6];刘丽丽,2014[7] 等)。刘智华和李时银(2003)运用二阶 Edgeworth 逼近得到跳跃扩散过程下离散算术平均亚式期权的定价公式[8]。在几何布朗运动价格过程下,张东、鹿长余和安玉娥(2008)运用 Taylor 近似对连续问题离散化,得出延期算术平均亚式期权的封闭解析解[9]。陈波、刘国祥和石燕燕(2010)运用鞅方法和测度变换得到标的资产符合 Lévy 过程的固定执行价格算术平均亚式期权任意时刻的定价公式[10]。许聪聪、许作良(2015)运用对偶变量方差减少技术的蒙特卡洛模拟方法对 Heston 随机波动率模型的离散算术平均欧亚期权进行定价[11]。

综上,国内外标的价格模拟较好的亚式期权定价模型包括随机波动率模

---

[1] W Mudzimbabwe, K C Patidar, P J Witbooi: A reliable numerical method to price arithmetic Asian options, Applied mathematics and computation, 2012 (22): 10934–10942.

[2] Farshid Mehrdoust: A new hybrid Monte Carlo simulation for Asian options pricing, Journal of statistical computation and simulation, 2015 (3): 507–516.

[3] Farshid Mehrdoust, Naghmeh Saber: Pricing arithmetic Asian option under a two-factor stochastic volatility model with jumps, Journal of statistical computation and simulation, 2015 (18): 3811–3819.

[4] Pingping Zeng, Yue Kuen Kwok: Pricing bounds and approximations for discrete arithmetic Asian options under time-changed Lévy processes, Quantitative finance, 2016 (9): 1375–1391.

[5] 纪建强:《算术平均亚式期权定价的研究》,国防科学技术大学,2005 年,第 47~52 页。

[6] 陈盼盼:《离散算术平均亚式期权定价研究》,华中师范大学,2013 年,第 35~43 页。

[7] 刘丽丽:《对算术平均亚式期权的定价分析》,清华大学,2014 年,第 67~73 页。

[8] 刘智华、李时银:《跳跃扩散型离散算术平均亚式期权的近似价格公式》,《数学的实践与认识》,2003 年第 8 期,第 42~47 页。

[9] 张东、鹿长余、安玉娥:《延期算术平均亚式期权价格的一个近似封闭公式》,《吉林大学学报(理学版)》,2008 年第 3 期,第 443~447 页。

[10] 陈波、刘国祥、石燕燕:《Merton 推广模型的算术平均亚式期权定价》,《南京师大学报(自然科学版)》,2010 年第 4 期,第 23~27 页。

[11] 许聪聪、许作良:《随机波动模型下算术亚式期权的 Monte Carlo 模拟定价》,《数学的实践与认识》,2015 年第 21 期,第 114~121 页。

型、跳跃扩散模型与随机波动率跳跃扩散相结合的模型三大类。本书的研究对象是农产品，其市场价格受到自然灾害或疫病的冲击，价格波动呈现出明显的随机波动与跳跃特征，因此构建了随机波动率和跳跃扩散相结合的算术平均亚式期权模型。

二、随机波动率跳跃扩散 Bates 模型

随机波动率跳跃扩散 Bates 模型由随机波动率 Heston 模型中加入跳跃因素组成，能较好地反映标的资产价格波动的随机性与跳跃性特征，得到国外学者的广泛运用，故本书运用此模型模拟农产品的价格波动特征。随机波动率跳跃扩散 Bates 模型中标的资产价格过程满足：

$$\mathrm{d}S(t) = \mu S \mathrm{d}t + \sqrt{V} S \mathrm{d}W_1 + \mathrm{d}\left(\sum_{j=1}^{N(t)} S_{\tau_j^-}(\mathrm{e}^{Z_j}-1)\right) - \lambda(\mathrm{e}^{\mu_S+(1/2)\sigma_S^2}-1)S\mathrm{d}t$$

(6.6)

$$\mathrm{d}V(t) = \kappa[\theta - V(t)]\mathrm{d}t + \sqrt{V(t)}\sigma_V \mathrm{d}W_2 \quad (6.7)$$

$$\rho \mathrm{d}t = \mathrm{d}W_1 \mathrm{d}W_2 \quad (6.8)$$

其中，$S(t)$ 为标的资产在时间 t 时的价格，V 是随机波动率过程，μ 为标的资产价格的期望收益率，κ（$\kappa>0$）是波动率的均值回复速度，θ（$\theta>0$）是波动率的长期均值，σ_V（$\sigma_V>0$）是波动过程的波动率系数，$\mathrm{d}t$ 为时间间隔。$\mathrm{d}W_1$ 和 $\mathrm{d}W_2$ 服从标准布朗运动，ρ 是 $\mathrm{d}W_1$ 和 $\mathrm{d}W_2$ 的相关系数。跳跃幅度为 e^{Z_j}，服从对数正态分布，且 $Z_j \sim N(\mu_S, \sigma_S^2)$。在 $[0,t]$ 时间段内的跳跃次数为 $N(t)$，λ 为泊松分布的参数，$N(t) \sim \mathrm{Poisson}(\lambda t)$，$\tau_j$ 表示标的价格第 j 次跳跃的时间。经过 Ito's lemma 处理可得：

$$\mathrm{d}\ln(S) = \left(\mu - \lambda(\mathrm{e}^{\mu_S+(1/2)\sigma_S^2}-1) - \frac{1}{2}V\right)\mathrm{d}t + \sqrt{V}\mathrm{d}W_1 + \mathrm{d}\left(\sum_{j=1}^{N(t)} Z_j\right)$$

(6.9)

设 $Y_t = \ln S_t - \ln S_{t-1}$，式（6.7）、（6.9）经 Euler-Maruyama 离散化处理（需满足条件 $2\kappa\theta \geqslant \sigma_V^2$）的结果如下：

$$Y_t = \left(\mu - \lambda(\mathrm{e}^{\mu_S+(1/2)\sigma_S^2}-1) - \frac{1}{2}V_{t-1}\right)\Delta t + \sqrt{V_{t-1}}\sqrt{\Delta t}\in_t^S + Z_t B_t$$

(6.10)

$$V_t - V_{t-1} = \kappa(\theta - V_{t-1})\Delta t + \sqrt{V_{t-1}}\sqrt{\Delta t}\in_t^V \quad (6.11)$$

第六章 农产品"价格保险+期货"的方案设计与定价

其中，$\epsilon_t^S \sim N(0, 1)$，$\epsilon_t^V \sim N(0, \sigma_V^2)$，$\mathrm{Corr}(\epsilon_t^S, \epsilon_t^V) = \rho$，$Z_t \sim N(\mu_S, \sigma_S^2)$，$B_t \sim \mathrm{Bernoulli}(\lambda \Delta t)$。我们设定 $\psi = \rho \sigma_V$、$\Omega = \sigma_V^2 (1-\rho)$、$\bar{\mu} = \mu - \lambda(e^{\mu_S + (1/2)\sigma_S^2} - 1)$ 与 $\lambda_D = \lambda \Delta t$，则简化（6.10）与（6.11），得

$$Y_t = \left(\bar{\mu} - \frac{1}{2}V_{t-1}\right)\Delta t + \sqrt{V_{t-1}\Delta t}\,\epsilon_t^S + Z_t B_t \tag{6.12}$$

$$V_t = \kappa\theta\Delta t + (1-\kappa\Delta t)V_{t-1} + \sqrt{V_{t-1}\Delta t}\,\epsilon_t^V \tag{6.13}$$

由式（6.12）与（6.13）可得

$$\epsilon_t^S = \frac{Y_t - \bar{\mu}\Delta t + \frac{1}{2}V_{t-1}\Delta t - Z_t B_t}{\sqrt{V_{t-1}\Delta t}} \tag{6.14}$$

$$\epsilon_t^V = \frac{V_t - \kappa\theta\Delta t - (1-\kappa\Delta t)V_{t-1}}{\sqrt{V_{t-1}\Delta t}} \tag{6.15}$$

其中，$(\epsilon_t^S, \epsilon_t^V) \sim N\left((0, 0), \begin{bmatrix} 1 & \psi \\ \psi & \psi^2 + \Omega \end{bmatrix}\right)$、$B_t \sim \mathrm{Bernoulli}(\lambda_D)$ 和 $Z_t \sim N(\mu_S, \sigma_S^2)$。

随机波动率跳跃扩散 Bates 模型的似然函数为：

$$L(Y, V/\bar{\mu}, \kappa, \theta, \psi, \Omega, B, Z) = \Omega^{-\frac{T}{2}} \left(\prod_{t=1}^{T} \frac{1}{V_{t-1}\Delta t}\right) \times$$

$$\exp\left(-\frac{1}{2\Omega}\sum_{t=1}^{T}\left[(\Omega + \psi^2)(\epsilon_t^S)^2 - 2\psi\,\epsilon_t^S\epsilon_t^V + (\epsilon_t^V)^2\right]\right) \tag{6.16}$$

三、随机波动率跳跃扩散 Bates 模型的参数估计：MCMC 法

（一）随机波动率跳跃扩散 Bates 模型参数估计方法的选择

随机波动率、跳跃扩散以及二者相结合模型的参数估计非常困难，但近二十几年来国外相关研究已取得显著性进展。具体方法包括广义矩估计 GMM（Melino 和 Turnbull，1990[①]）、有效矩估计 EMM（Gallant、Hsieh 和

[①] Angelo Melino, Stuart M Turnbull. Pricing foreign currency options with stochastic volatility. Journal of Econometrics, 1990 (1-2): 239-265.

Tauchen，1997①）、拟极大似然估计 QME（Harvey、Ruiz 和 Shepherd，1994②）、非参数方法（AïtSahalia，1996③）及 MCMC 方法（Jacquier、Polson 和 Rossi，2004④）。随着计算机技术的发展，新的参数估计方法层出不穷。Aihara、Bagchi 和 Saha（2009）运用最优函数构建离散时间 Heston 随机波动率模型的粒子滤波算法估计模型参数⑤。Dervis 和 Bahri（2013）运用单一最佳化算法的粒子滤波估计电力价格服从跳跃扩散模型的参数⑥。Carl（2016）比较分析了 GMM、QML 及 MCMC 三种随机波动率模型的参数估计方法，得出 MCMC 估计方法相对有效⑦。

国内对随机波动率及跳跃扩散模型参数估计的研究起步相对较晚，但估计方法不断丰富。孟利锋、张世英和何信（2004）利用经验特征函数估计随机波动率模型的参数⑧。刘凤芹、吴喜之（2006）利用"前向滤波，后向抽样"方法提出随机波动率模型参数的一种新算法⑨。魏宇、高隆昌（2008）和刘金全、李楠、郑挺国（2010）运用 MCMC 方法估计随机波动模型参数⑩⑪。谈正

---

① A Ronald Gallant, David Hsieh, George Tauchen: Estimation of stochastic volatility models with diagnostics, Journal of econometrics, 1997（1）：159－192.

② Andrew Harvey, Esther Ruiz, Neil Shephard: Multivariate stochastic variance models, The review of economic studies, 1994（2）：247－264.

③ Yacine AïtSahalia: Testing continuous-time models of the spot interest rate, The review of financial studies, 1996（2）：385－426.

④ Eric Jacquier, Nicholas G Polson, Peter E Rossi: Bayesian analysis of stochastic volatility models with fat-tails and correlated errors, Journal of econometrics, 2004（1）：185－212.

⑤ Shin Ichi Aihara, Arunabha Bagchi, Saikat Saha: On parameter estimation of stochastic volatility models from stock data using particle filter-application to AEX index, International journal of innovative computing, information and control, 2009（1）：17－27.

⑥ Bayazit Dervis, Uzunoglu Bahri: Simplex optimization for particle filter joint parameter estimation of electricity prices with jump diffusion, Journal of financial and economic practice, 2013（2）：1－14.

⑦ Nilsson Carl: A simulation study comparing MCMC, QML and GMM estimation of the stochastic volatility model, Lund university, 2016：5－6.

⑧ 孟利锋、张世英、何信：《SV 模型参数估计的经验特征函数方法》，《系统工程》，2004 年第 12 期，第 92~95 页。

⑨ 刘凤芹、吴喜之：《随机波动模型参数估计的新算法及其在上海股市的实证》，《系统工程理论与实践》，2006 年第 4 期，第 27~31 页。

⑩ 魏宇、高隆昌：《基于有偏胖尾分布的随机波动模型估计及其检验》，《系统管理学报》，2008 年第 3 期，第 266~272 页。

⑪ 刘金全、李楠、郑挺国：《随机波动模型的马尔可夫－蒙特卡洛模拟方法——在沪市收益率序列上的应用》，《数理统计与管理》，2010 年第 6 期，第 1026~1035 页。

达、胡海鸥（2012）应用非参数门限估计方法估计短期利率的跳跃扩散模型参数[1]。吴鑫育、周海林和汪寿阳等（2013）运用重要性抽样给出杠杆波动率模型参数的极大似然估计方法[2]。刘睿辰、刘国祥和叶伟（2014）给出了一类跳跃扩散模型参数的极大似然估计方法[3]。李斌、何万里（2015）运用遗传算法估计 Heston 随机波动率模型的参数[4]。江良、林鸿熙（2016）运用两阶段半参数方法估计随机波动率两因子模型的参数和长期均值函数[5]。

  期权模型参数估计的方法多种多样，如广义矩估计（GMM）、有效矩估计（EMM）、拟极大似然估计（QME）、非参数方法、马尔科夫链蒙特卡洛模拟（MCMC）以及粒子滤波算法等，每种参数估计方法均有各自的适用条件。多数期权定价的参数估计方法同时运用标的资产价格与对应期权价格数据，通过持续优化处理寻找期权定价结果与实际期权价格之间的距离最小的参数估计结果。本书期权定价的标的资产是农产品，目前我国仅有豆粕与白糖期权上市，且上市时间较短，无法满足参数估计的数据要求，实际上我们仅能用标的资产价格即农产品的价格估计所选择的随机波动率跳跃扩散 Bates 模型的参数，故寻找期权定价结果与实际期权价格之间的距离最小的参数估计方法失效，基于此我们找到随机波动率跳跃扩散 Bates 模型的似然函数进行参数估计。随机波动率跳跃扩散 Bates 模型有 9 个待估参数，运用传统极大似然估计对样本似然函数进行最大化求解时估计结果的收敛性和稳定性难以得到保障，故本书运用性能较好的马尔科夫链蒙特卡洛模拟方法估计该模型的参数。

---

[1] 谈正达、胡海鸥：《短期利率跳跃－扩散模型的非参数门限估计》，《中国管理科学》，2012年第1期，第8～15页。
[2] 吴鑫育、周海林、汪寿阳等：《基于 EIS 的杠杆随机波动率模型的极大似然估计》，《管理科学学报》，2013年第1期，第74～86页。
[3] 刘睿辰、刘国祥、叶伟：《一类跳扩散过程下期权定价公式的参数估计》，《南京师大学报（自然科学版）》，2014年第3期，第36～38，47页。
[4] 李斌、何万里：《一种寻找 Heston 期权定价模型参数的新方法》，《数量经济技术经济研究》，2015年第3期，第129～146页。
[5] 江良、林鸿熙：《随机波动率 Hull－White 模型参数估计方法》，《系统工程学报》，2016年第5期，第633～642页。

(二) 基于 M-H 算法的贝叶斯马尔科夫链蒙特卡洛模拟方法

1. 贝叶斯估计

贝叶斯估计综合考虑未知总体分布参数的先验信息与实际样本数据信息求得后验分布 (Posterior distribution),然后基于后验分布估计总体参数分布[①]。与极大似然估计与矩估计法等经典统计方法不同,贝叶斯估计在估计总体参数分布时不仅使用了所选择的样本数据,还加入了依据经验或历史资料的信息,也即先验分布。设 θ 为选择模型的未知参数向量,X 为样本数据,$P(\theta)$ 为参数的先验分布,$f(X/\theta)$ 为样本数据的似然函数,由条件概率的定义可得:

$$f(\theta|X) = \frac{f(\theta, X)}{f(X)} = \frac{f(X|\theta)P(\theta)}{f(X)} \tag{6.17}$$

通过下式可得边际分布 $f(X)$:

$$f(X) = \int f(X, \theta)\mathrm{d}\theta = \int f(X|\theta)P(\theta)\mathrm{d}\theta \tag{6.18}$$

后验分布即为式 (6.17) 与 (6.18) 中的 $f(\theta|X)$,由贝叶斯准则可得:

$$f(\theta|X) \propto f(X|\theta)P(\theta) \tag{6.19}$$

由前文随机波动率跳跃扩散 Bates 模型的似然函数及各参数的先验分布可求得对应的后验分布。

2. 马尔科夫链蒙特卡洛模拟

设 $\{X_t\}$ 为一个随机过程,每个 X_t 均在空间 Θ 上取值。对于给定的 X_t 值,若 $X_h(h>t)$ 的值不依赖于 $X_s(s<t)$ 的取值,则称 $\{X_t\}$ 为一个马尔科夫过程,且其条件分布函数满足:

$$P(X_h|X_t, X_{t-1}, \cdots) = P(X_h|X_t), \quad h>t \tag{6.20}$$

设 A 为 Θ 的子集,则马尔科夫过程的转移概率函数为:

$$P_t(\theta, h, A) = P(X_h \in A | X_t = \theta), \quad h>t \tag{6.21}$$

马尔科夫链模拟的原理是在 Θ 上模拟一个收敛的平稳转移分布 $P(\theta|X)$,其关键在于构造一个具有指定平稳转移分布 $P(\theta|X)$ 的马尔科夫过程,足够多次模拟此分布,使得模拟分布尽可能接近平稳转移分布 $P(\theta|X)$。对于给

[①] [美] 蔡瑞胸:《金融时间序列分析 (第 3 版)》,王远林、王辉、潘家柱译,人民邮电出版社,2015 年,第 475~478 页。

定的平稳转移分布 $P(\theta|X)$，能够构造出许多满足所需条件的马尔科夫链，故称运用马尔科夫链模拟得到 $P(\theta|X)$ 分布的方法称为马尔科夫链蒙特卡洛模拟方法。

3. 马尔科夫链蒙特卡洛模拟的 Metropolis-Hastings 算法

马尔科夫链蒙特卡洛模拟方法的思想是构建一条不可约、非周期的马尔科夫链，该链的平稳分布即为后验分布。MCMC方法的常用算法包括Gibbs抽样算法、Metropolis-Hastings算法（简称M-H算法）、混合算法、逃逸算法、可逆MCMC算法与DRAM算法等。Gibbs算法和M-H算法是最经典、应用最广泛的算法，由于Gibbs抽样算法无法估计后验分布不是标准分布（如正态分布、均匀分布等）的参数，故本书运用基于M-H算法的MCMC方法估计随机波动率跳跃扩散Bates模型的参数。M-H算法最早由Metropolis等人（1953）提出，后经Hastings（1970）进一步发展得以成熟。

设 $P(\theta, X)$ 是与后验分布 $f(\theta|\Theta)$ 较为接近的先验分布，其满足条件

$$\int P(\theta, X) dX = 1 \tag{6.22}$$

$U(0,1)$ 为 $(0,1)$ 区间上的均匀分布，则从后验分布 $f(\theta|\Theta)$ 中抽样的M-H算法的一般步骤为：

(1) 任意选择一个初始值 $\theta^{(i)}$，其中 $i=0$。

(2) 从 $P(\theta^{(i)}, X)$ 生成一个备选值 θ^*，且从 $U(0,1)$ 中获取 u。

(3) 若 $u \leqslant a(\theta^{(i)}, \theta^*)$，令 $\theta^{(i+1)} = \theta^*$，否则令 $\theta^{(i+1)} = \theta^i$，接受的概率为

$$a(\theta, X) = \min\left\{\frac{f(X|\Theta)P(X, \theta)}{f(\theta|\Theta)P(\theta, X)}, 1\right\} \tag{6.23}$$

(4) 令 $i = i+1$，并返回到 (2)。对于任一组合 (θ, θ')，

$$q(\theta, \theta') = P(\theta, \theta')a(\theta, \theta') + r(\theta')\delta_{\theta'}(\theta) \tag{6.24}$$

形成转移核，式中 $\delta_{\theta'}(\theta)$ 是 δ 的函数，即当 $\theta = \theta'$ 时，$\delta_{\theta'}(\theta) = 1$，否则 $\delta_{\theta'}(\theta) = 0$，且 $r(\theta')$ 为

$$r(\theta') = 1 - \int_\Theta P(\theta, \theta')a(\theta, \theta')d\theta \tag{6.25}$$

可证明M-H算法下生成的马尔科夫链是可逆的，即

$$f(\theta'|\Theta)q(\theta', \theta) = f(\theta|\Theta)q(\theta, \theta') \tag{6.26}$$

又因为

$$\int f(\theta'|\Theta)q(\theta',\theta)\mathrm{d}\theta = \int f(\theta|\Theta)q(\theta,\theta')\mathrm{d}\theta' = f(\theta|\Theta) \quad (6.27)$$

可知 $f(\theta|\Theta)$ 是由 M-H 算法下生成的马尔科夫链的平稳分布。M-H 算法包含独立链与随机游走链两种算法,独立链的先验分布独立于马尔科夫链的当前状态,即 $P(\theta,X)=P(X)$,随机游走链的先验分布 P 为中心对称分布,即 $P(\theta,X)=P(\theta-X)=P(X-\theta)$。

四、方差减少技术的 Monte Carlo 模拟定价

蒙特卡洛模拟最早由 20 世纪 40 年代美国学者乌拉姆和冯·诺依曼首次以世界知名赌城摩纳哥的蒙特卡洛(Monte Carlo)命名。实际上,早在 1777 年法国数学家布丰就已运用蒙特卡洛方法求圆周率 π。蒙特卡洛模拟的思想是依据模型的结构与随机概率分布多次模拟随机事件的发生,再运用概率论与数理统计方法求解模型。该方法以大数定理与中心极限定理为理论基础,确保了模型结果的可信性。1977 年,Boyle 首次运用蒙特卡洛模拟单一标的资产的欧式期权定价,此后蒙特卡洛模拟不断被应用到金融分析与工程的多个方面,现已成为衍生产品定价的行之有效的数字模拟方法。1993 年,Tilley 首次运用蒙特卡洛模拟对支付红利的美式看跌期权进行定价,拓展了美式期权的定价方法。期权定价的蒙特卡洛模拟步骤为:①基于标的资产收益率的随机波动模型估计模型参数;②依据参数估计结果生成相应分布的随机序列,带入设定的随机波动模型中模拟标的资产价格路径;③依据衍生品的定价公式,计算期权定价结果。蒙特卡洛模拟次数越多,模拟结果的精确度越高,但随着模拟次数的增加,计算量显著增加。实践经验表明在模拟次数不变的条件下,减小模拟方差可显著提高模型的精确度,常用的方差减少方法包括对偶变量法、控制变量法与条件蒙特卡洛模拟法等。其中对偶变量法相对简单,在金融衍生品定价(期权)中应用最为广泛。对偶控制变量法下的蒙特卡洛模拟期权定价过程为:首先,基于正常蒙特卡洛模拟计算期权价格 f_{i1};其次,通过改变 f_{i1} 中所有抽样样本的符号获得期权价格 f_{i2},此模拟路径下的期权价格为 f_{i1} 与 f_{i2} 的均值,即为 $\bar{f_i}=\frac{1}{2}(f_{i1}+f_{i2})$;最后,$M$ 条路径的 $\bar{f_i}$ 即为最终期权价格。

本书中农产品现货价格保险与场外看跌期权均是固定执行价格离散算术平均欧亚期权,算术平均亚式期权难以得到解析解,目前国内外学者仅估计出经

典 Black-Scholes 模型的价格边界（Vanmaele、Deelstra 和 Liinev，2006[①]；Lemmens、Liang 和 Tempere，2010[②] 等），故通常采用二阶矩近似（陈盼盼，2013[③]；马骁，2015[④] 等）及蒙特卡洛模拟（Mehrdoust 和 Saber，2015[⑤]；许聪聪和许作良，2015[⑥] 等）等数值方法求解。本书采用蒙特卡洛模拟法计算保费，为提高定价结果的精确度，应用对偶变量法方差减少技术缩小置信区间的范围。基于参数 μ、κ、θ、σ_V、ρ、λ、μ_S、σ_S 与 V_0 的估计结果，价格模拟路径中 $\epsilon_t^S \sim N(0,1)$、$\epsilon_t^V \sim N(0,\sigma_V^2)$、$Z_t \sim N(\mu_S,\sigma_S^2)$ 与 $B_t \sim$ Bernoulli $(\lambda \Delta t)$，则 $\{-\epsilon_t^S\} \sim N(0,1)$、$\{-\epsilon_t^V\} \sim N(0,\sigma_V^2)$、$\{-Z_t\} \sim N(\mu_S,\sigma_S^2)$ 与 $\{-B_t\} \sim$ Bernoulli $(\lambda \Delta t)$ 也成立，由此二组得到的保费分别为 C_{f_i} 与 $\tilde{C}_{f_i}$，则对偶变量法得到的每条路径上的保费为 $C_T = e^{-rT} \frac{1}{N} \sum_{i=1}^{M} \left(\frac{C_{f_i} + \tilde{C}_{f_i}}{2} \right)$，$f=1,2,\cdots,M$。

基于随机波动率跳跃扩散 Bates 模型的固定执行价格离散算术平均欧亚期权的蒙特卡洛模拟（对偶变量法方差减少技术）定价步骤如下：

(1) 模拟随机波动率 V 的路径。由参数估计结果，设定 $\epsilon_t^S \sim N(0,1)$、$\epsilon_t^V \sim N(0,\sigma_V^2)$、$Z_t \sim N(\mu_S,\sigma_S^2)$ 与 $B_t \sim$ Bernoulli $(\lambda \Delta t)$，将其代入方程（6.13）模拟波动率 V 的路径 $V_j (j=1,2,\cdots,N)$；同理设定 $\{-\epsilon_t^S\} \sim N(0,1)$、$\{-\epsilon_t^V\} \sim N(0,\sigma_V^2)$、$\{-Z_t\} \sim N(\mu_S,\sigma_S^2)$ 与 $\{-B_t\} \sim$ Bernoulli $(\lambda \Delta t)$，基于参数估计结果得出 $\tilde{V}_j (j=1,2,\cdots,N)$。

(2) 模拟标的资产价格 S 的路径。将波动率路径 $V_j (j=1,2,\cdots,N)$ 与参数估计结果代入方程（6.12）模拟标的资产价格路径 $S_j (j=1,2,\cdots,N)$；同理将波动率路径 $\tilde{V}_j (j=1,2,\cdots,N)$ 与参数估计结果代入方程（6.12），

[①] M Vanmaele, G Deelstra, J Liinev, et al: Bounds for the price of discrete arithmetic Asian options, Journal of computational and applied mathematics, 2006 (1): 51-90.

[②] D Lemmens, L Z J Liang, J Tempere, et al: pricing bounds for discrete arithmetic Asian options under Lévy models, Physica A: statistical mechanics and its applications, 2010 (22): 5193-5207.

[③] 陈盼盼：《离散算术平均亚式期权定价研究》，华中师范大学，2013 年，第 27~32 页。

[④] 马骁：《亚式期权的渐近展开定价及与其他方法比较》，华中师范大学，2015 年，第 47~53 页。

[⑤] Farshid Mehrdoust, Naghmeh Saber: Pricing arithmetic Asian option under a two-factor stochastic volatility model with jumps, Journal of statistical computation and simulation, 2015 (18): 3811-3819.

[⑥] 许聪聪、许作良：《随机波动模型下算术亚式期权的 Monte Carlo 模拟定价》，《数学的实践与认识》，2015 年第 21 期，第 114~121 页。

得出 $\tilde{S}_j(j=1,2,\cdots,N)$。

(3) 计算此路径下欧亚看跌期权的收益。用模拟的价格路径 $S_j(j=1,2,\cdots,N)$ 与 $\tilde{S}_j(j=1,2,\cdots,N)$ 分别计算亚式看跌期权价格 $C_{f_i}=\frac{1}{N}\sum_{j=1}^{N}(\max(0,K_j-S_j))$ 与 $\tilde{C}_{f_i}=\frac{1}{N}\sum_{j=1}^{N}(\max(0,K_j-\tilde{S}_j))$，则每条路径上的期权价格为 $\overline{C}_{f_i}=\frac{C_{f_i}+\tilde{C}_{f_i}}{2}$，其中 K 为期权的固定执行价格。

(4) 计算 M 条路径下固定执行价格欧式亚式看跌期权的平均收益。重复第（1）、(2) 和 (3) 步，获得 M 条路径的收益 $\overline{C}_{f_1},\overline{C}_{f_2},\cdots,\overline{C}_{f_M}$，则该固定执行价格欧亚看跌期权的平均收益为 $\overline{C}=\frac{1}{M}\sum_{i=1}^{M}\overline{C}_{f_i}$。

(5) 计算保费即固定执行价格欧亚看跌期权的权利金。将平均收益以无风险利率贴现即得出保费为 $C_T=\mathrm{e}^{-rT}\overline{C}$，其中 T 为期权到期时间（也即为保险期间），无风险利率 r 为参数估计期间内期限为 T 的上海同业拆借利率的均值。

第三节 农产品"价格保险＋期货"期权定价法的实证研究：以鸡蛋为例

由前文农产品"保险＋期货"方案设计基本原则可知，农产品"价格保险＋期货"以为养殖业提供价格风险保障为主。目前除生猪价格调控及个别地方性调控政策之外，其他畜禽、肉、蛋及奶等养殖业生产的农产品价格大多由市场供求机制形成，波动性较大。由养殖业生产的农产品不易储存，国内仅有鸡蛋期货品种，2017 年鸡蛋期货市场总成交量达到近 3726.2476 万手，比 2016 年增加 65.80%，总成交额为 14228.12 亿元[①]，较 2016 年增长 76.25%。部分学者运用相关性分析、格兰杰因果检验与向量自回归 VAR 模型等方法研究我国鸡蛋期货价格与现货价格之间的关系，发现鸡蛋市场已初步具备价格发现功

---

① 数据来源于中国期货业协会，http://www.cfachina.org/servicesupport/researchandpublishin/statisticalsdata/monthlytransactiondata/201801/t20180102＿8558.html。

能（李凯、张传奇和马俊宇等，2014[①]；杨悦、陈铸新和廖宜静，2015[②]）。近几年鸡蛋价格波动剧烈，蛋鸡养殖户及企业损失严重甚至破产，而鸡蛋是居民日常生活的重要消费品，2016年我国居民人均鸡蛋消费量为22.38千克[③]，因此防范鸡蛋价格风险、稳定鸡蛋市场供应日趋重要，故本书以鸡蛋"价格保险＋期货"为例，应用软件MATLAB R2017b进行农产品"价格保险＋期货"方案定价的实证研究。

一、数据来源与描述性统计

本书设计的鸡蛋"价格保险＋期货"方案为蛋鸡养殖户或企业提供鸡蛋价格下跌风险保障，故选取河南、山东、河北、江苏、湖北、四川六大鸡蛋主产区做实证分析。采用六大主产区省级鸡蛋现货价格和鸡蛋期货主力连续合约日均结算价[④]从2015年1月1日到2018年6月21日的日价格序列，每个价格序列各有715个数据，单位统一为元/500千克。不同时间鸡蛋主力期货合约不同，非主力合约与现货价格偏差较大，但非主力合约交易量小，对所有月份日均结算价影响较小，故本书选用鸡蛋期货主力连续合约结算价，可以有效避免选择的某个鸡蛋合约价格受到期日影响与现货价格出现较大偏差。六大鸡蛋主产区现货价格数据来源于中国农业大数据[⑤]，鸡蛋主力连续合约日均结算价数据来源于大连商品期货交易所。本书设计的鸡蛋"价格保险＋期货"方案中鸡蛋现货价格费率厘定与场外看跌期权权利金的计算均基于鸡蛋日均收益率数据，故将六大鸡蛋主产区现货价格与期货主力连续合约日均结算价转化为日对数收益率：$y_t = \ln(S_t) - \ln(S_{t-1})$，其中$S_t$为$t$时刻的鸡蛋现货或期货主力连续合约日均结算价格，可见，七个日对数收益率序列各共714个数据。由图6-2中鸡蛋期货主力连续合约日均结算价和六大鸡蛋主产区现货价的日对数收益率序列图可以看出，鸡蛋期货期货主力连续合约日均结算价和六大鸡蛋主

[①] 李凯、张传奇、马俊宇等：《我国鸡蛋期货与现货价格关系的实证研究》，《价格理论与实践》，2014年第6期，第99~101页。

[②] 杨悦、陈铸新、廖宜静：《我国鸡蛋期货价格发现功能的实证研究》，《山西农业大学学报（社会科学版）》，2015年第6期，第627~632页。

[③] 由于无法直接获得鸡蛋消费权威数据，人均消费量由鸡蛋总产量除以总人口得到，鸡蛋总产量和总人口数据来源于国家统计局，https://data.stats.gov.cn/easyquery.htm?cn=C01。

[④] 主力连续合约为该品种持仓量最大的合约。为防止主力合约换月时的不稳定情况，规定当主力合约发生换月时，一个月内该主力合约保持不变，换月方向不可逆，1个月后重新根据持仓量判断主力合约。

[⑤] 中国农业大数据平台由布瑞克旗下布瑞克农业信息科技有限公司建立，提供全面的农业相关数据、研究报告查询与下载等，http://www.agdata.cn/。

产区现货价的日对数收益率序列均存在明显波动率时变性、聚集性和跳跃性特征。

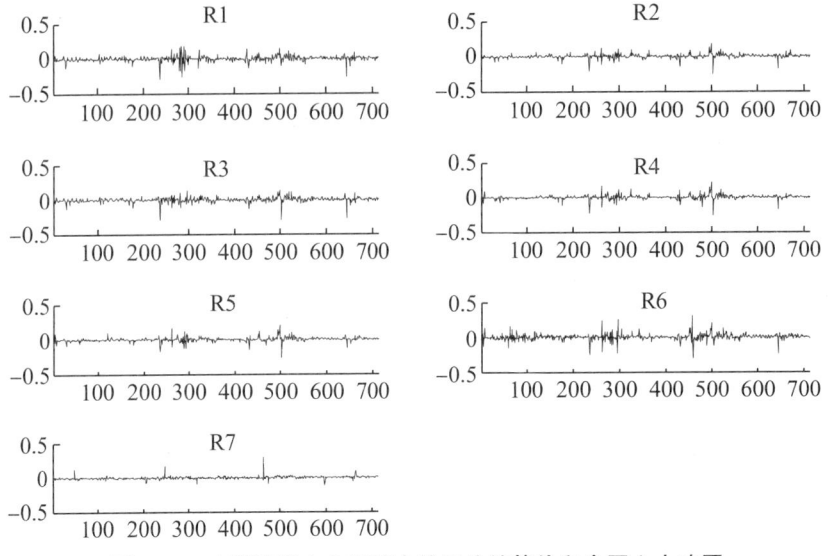

图 6-2 鸡蛋期货主力连续合约日均结算价和全国六大鸡蛋
主产区现货价的日对数收益率序列图

注：R1、R2、R3、R4、R5、R6 与 R7 分别表示河北、江苏、山东、河南、湖北、四川鸡蛋现货价格与期货主力持续合约结算价的日均对数收益率。

由表 6-1 可见，七个日对数收益率序列分布均呈明显的尖峰厚尾（峰度均大于 3）与左偏特征（偏度均小于 0）；Jarque-Bera 统计量结果拒绝服从正态分布假设，故随机波动率 Bates 模型能较经典 Black-Scholes 模型更好地拟合鸡蛋的价格波动特征。由日对数收益率序列图及标准差大小，可知期货市场价格风险小于各主产区现货市场的价格风险，四川、山东、河北的鸡蛋价格风险较高，江苏、湖北及河南地区的价格风险相对较小，可见，仅基于鸡蛋期货市场提供的价格保险不能满足养殖户的价格下跌风险保障需求。为保证随机波动率跳跃扩散 Bates 模型参数估计结果的准确性，检验了鸡蛋期货主力连续合约日均结算价和六大鸡蛋主产区现货价的日对数收益率序列的平稳性，ADF 平稳性检验结果见表 6-2。可知七个序列 t-Statistic 的值均小于在 1% 水平下的判断标准，P 值均接近于 0，拒绝原假设，鸡蛋期货主力连续合约日均结算价和六大鸡蛋主产区现货价的日对数收益率序列均为平稳序列。

表 6-1 鸡蛋期货主力连续合约日均结算价和全国六大鸡蛋主产区现货价的日对数收益率序列的描述性统计

	R1	R2	R3	R4	R5	R6	R7
Mean	-0.000292	-0.000331	-0.000324	-0.000370	-0.000311	-0.000263	0.000023
Median	0.000000	-2.68E-05	0.000000	-8.98E-05	-0.000330	0.000000	0.000000
Maximum	0.183168	0.178681	0.141943	0.220722	0.205297	0.307397	0.290656
Minimum	-0.299577	-0.258134	-0.294579	-0.261234	-0.265184	-0.312317	0.113029
Std. Dev.	0.038571	0.029119	0.034106	0.031493	0.029672	0.044560	0.019606
Skewness	-1.441495	-1.367917	-2.353000	-0.794623	-0.759521	-0.156664	5.153499
Kurtosis	17.97911	21.94844	24.99400	21.66247	21.39563	16.95866	82.25272
Jarque-Bera	6912.69 (0.00000)	10888.94 (0.00000)	15028.93 (0.00000)	10422.08 (0.00000)	10121.83 (0.00000)	5791.41 (0.00000)	190020.00 (0.00000)
Sum	-0.208260	-0.236317	-0.231101	-0.263709	-0.221871	-0.187862	-0.016475
Sum Sq. Dev.	1.059284	0.603704	0.828196	0.706165	0.626859	1.413749	0.274082
Observations	714	714	714	714	714	714	714

注：R1、R2、R3、R4、R5、R6 与 R7 分别表示河北、江苏、山东、河南、湖北、四川鸡蛋现货价格与期货主力持续合约结算价的日均对数收益率，()内为 Jarque-Bera 统计量的 P 值。

表 6-2 鸡蛋期货主力连续合约日均结算价和全国六大鸡蛋主产区现货价的日对数收益率序列的平稳性 ADF 检验

		t-Statistic	Prob.*
Augmented Dickey-Fuller test statistic	R1	-21.0756	0.0000
	R2	-21.8052	0.0000
	R3	-22.4091	0.0000
	R4	-15.7907	0.0000
	R5	-22.6733	0.0000
	R6	-29.4101	0.0000
	R7	-25.1979	0.0000
Test critical values	1% level	-3.4393	—
	5% level	-2.8654	—
	10% level	-2.5689	—

注：R1、R2、R3、R4、R5、R6 与 R7 分别表示河北、江苏、山东、河南、湖北、四川鸡蛋现货价格与期货主力持续合约结算价的日均对数收益率。

二、随机波动率跳跃扩散 Bates 模型的参数估计结果

假设各参数 μ、κ、θ、σ_V、ρ、λ、μ_S、σ_S 与 V_0 的先验分布均服从正态分布，由式（6.16）随机波动率跳跃扩散 *Bates* 模型的似然函数与式（6.19）后验分布的计算公式推导可得后验分布，结果表明除 V_0 外后验分布均服从正态分布（Li、Wells 和 Yu，2008[①]；Cape、Dearden 和 Gamber 等，2015[②]）。依据 Cape、Dearden 和 Gamber 等（2015）的实证结果，假定各参数均服从正态分布，先验均值与标准差见表 6-3。

表 6-3 随机波动率跳跃扩散 Bates 模型的参数先验信息

参数名	分布类型	先验均值	先验标准差
μ	正态分布	0.080	0.01
κ	正态分布	6.000	0.02
θ	正态分布	0.010	0.01
σ_V	正态分布	0.350	0.01
ρ	正态分布	−0.700	0.01
λ	正态分布	0.080	0.01
μ_S	正态分布	0.020	0.01
σ_S	正态分布	0.010	0.01
V_0	正态分布	0.023	0.01

由于参数 V_0 的后验分布不服从标准分布，故本书选用基于 M-H 算法的 MCMC 方法估计随机波动率跳跃扩散 Bates 模型的参数，参数估计结果见表 6-4。表 6-4 中后验均值是各参数基于 M-H 算法的 MCMC 估计值，后验标准差（Std）为参数估计的标准差。检验统计量 MC 误差用于检验 MCMC 估计的稳定性，由结果可知各参数的 MC 误差均接近于 0，表明参数估计结果较为稳定。Geweke 统计量用于检验 MCMC 估计的收敛性，由结果可知所有参数估计值的 Geweke 统计量均大于 0.4，不能拒绝估计结果收敛的原假设。因

[①] Haitao Li, Martin T Wells, Cindy L Yu：A Bayesian analysis of return dynamics with Lévy jumps，Review of financial studies，2008（5）：2345-2378.

[②] Joshua Cape, William Dearden, William Gamber, et al：Estimating Heston's and Bates' models parameters using Markov chain Monte Carlo simulation，Journal of statistical computation and simulation，2015（11）：2295-2314.

此，基于 M－H 算法的 MCMC 估计得到的随机波动率跳跃扩散 Bates 模型的参数估计值均显著，且整体估计结果稳健可靠。

表 6－4 随机波动率跳跃扩散 Bates 模型的参数估计结果

地区	参数名	后验均值	标准差	MC 误差	Geweke 统计量
河北	μ	0.0847	0.0014	0.0001	0.9996
	κ	5.9928	0.0045	0.0008	0.9986
	θ	0.0224	0.0008	0.0001	0.9969
	σ_V	0.1038	0.0041	0.0005	0.9614
	ρ	－0.1918	0.0007	0.0001	0.9992
	λ	0.0788	0.0006	0.0001	0.9828
	μ_S	－0.0147	0.0007	0.0001	0.0100
	σ_S	0.0042	0.0008	0.0001	0.8543
	V_0	0.0468	0.0016	0.0002	0.9270
江苏	μ	0.0898	0.0007	0.0001	0.9875
	κ	5.9639	0.0033	0.0003	0.9992
	θ	0.0061	0.0010	0.0001	0.8049
	σ_V	－0.2105	0.0007	0.0000	0.9985
	ρ	0.1285	0.0008	0.0001	0.9984
	λ	0.0513	0.0015	0.0001	0.9848
	μ_S	0.0299	0.0025	0.0002	0.8962
	σ_S	0.0256	0.0014	0.0002	0.8743
	V_0	0.0160	0.0009	0.0001	0.9509

续表6-4

地区	参数名	后验均值	标准差	MC误差	Geweke统计量
山东	μ	0.0611	0.0011	0.0002	0.9363
	κ	6.0068	0.0023	0.0002	0.9999
	θ	0.0045	0.0011	0.0002	0.4704
	σ_V	−0.1787	0.0021	0.0004	0.9634
	ρ	0.1277	0.0021	0.0004	0.9600
	λ	0.0771	0.0034	0.0007	0.8670
	μ_S	0.0043	0.0020	0.0003	0.4045
	σ_S	0.0028	0.0007	0.0001	0.9894
	V_0	0.0345	0.0032	0.0006	0.7107
河南	μ	0.0611	0.0011	0.0002	0.9363
	κ	6.0068	0.0023	0.0002	0.9999
	θ	0.0045	0.0011	0.0002	0.4704
	σ_V	−0.1787	0.0021	0.0004	0.9634
	ρ	0.1277	0.0021	0.0004	0.9600
	λ	0.0771	0.0034	0.0007	0.8670
	μ_S	0.0043	0.0020	0.0003	0.4045
	σ_S	0.0028	0.0007	0.0001	0.9894
	V_0	0.0345	0.0032	0.0006	0.7107
湖北	μ	0.0638	0.0011	0.0002	0.9586
	κ	5.9150	0.0028	0.0003	0.9993
	θ	0.0235	0.0007	0.0001	0.9571
	σ_V	−0.1927	0.0003	0.0000	0.9978
	ρ	0.1112	0.0018	0.0002	0.9769
	λ	0.1182	0.0021	0.0003	0.9657
	μ_S	−0.0139	0.0006	0.0000	0.9532
	σ_S	0.0212	0.0006	0.0001	0.9590
	V_0	0.0074	0.0008	0.0001	0.8480

第六章 农产品"价格保险＋期货"的方案设计与定价

续表6-4

地区	参数名	后验均值	标准差	MC 误差	Geweke 统计量
四川	μ	0.0150	0.0096	0.0019	0.5086
	κ	6.0377	0.0045	0.0009	0.9996
	θ	0.0043	0.0013	0.0002	0.6603
	σ_V	−0.1780	0.0026	0.0005	0.9642
	ρ	0.1380	0.0015	0.0002	0.9941
	λ	0.0916	0.0017	0.0004	0.9943
	μ_S	−0.0407	0.0042	0.0008	0.8647
	σ_S	0.0243	0.0023	0.0004	0.7807
	V_0	0.0187	0.0032	0.0007	0.9347
期货市场	μ	0.0611	0.0011	0.0002	0.9363
	κ	6.0068	0.0023	0.0002	0.9999
	θ	0.0045	0.0011	0.0002	0.4704
	σ_V	−0.1787	0.0021	0.0004	0.9634
	ρ	0.1277	0.0021	0.0004	0.9600
	λ	0.0771	0.0034	0.0007	0.8670
	μ_S	0.0043	0.0020	0.0003	0.4045
	σ_S	0.0028	0.0007	0.0001	0.9894
	V_0	0.0345	0.0032	0.0006	0.7107

三、鸡蛋"价格保险＋期货"方案的核心内容

（一）鸡蛋现货价格保险的目标价格与场外看跌期权的执行价格

本书设计的鸡蛋"价格保险＋期货"方案以保障养殖户或企业的鸡蛋市场价格风险为目的，故价格保险的目标价格设定依据"成本＋基本收益"原则。马克思的平均利润理论和生产价格学说认为，在市场经济体制下，价格机制是资源配置的基础，利益驱动下资本由低利润行业向高利润行业转移，利润率在

农产品"保险+期货"的方案设计与定价
——基于农产品价格调控机制

各行业之间实现平均化，所形成的生产价格即为生产成本与平均利润之和[①]。在现实商品世界中，市场价格（即生产价格）围绕生产成本上下波动，资本不断流入与流出以达到均衡状态，基本实现行业间利润均等化，故鸡蛋历史平均价格可以作为"成本+基本收益"的有效表示，因此以2015年6月22日至2018年6月21日三年间的历史平均价格作为鸡蛋现货价格保险的目标价格。历史平均基差为2015年6月22日至2018年6月21日三年间的鸡蛋现货价格与期货主力持续日均结算价之差的平均值。由前文农产品"价格保险+期货"方案设计的内容可知鸡蛋现货市场再保险的目标价格为鸡蛋现货价格保险的目标价格与鸡蛋现货价格保险保费之差，即 $P_2 = P_0 - \text{Premium}_1$，则基于期货市场的场外看跌期权的执行价格（也就是基于期货市场的再保险目标价格）为鸡蛋现货市场再保险的目标价格与历史平均基差之差，即 $P_3 = P_2 - \text{Basis} = P_0 - \text{Premium}_1 - \text{Basis}$。依据此规则得出的六大鸡蛋主产区鸡蛋现货价格保险的目标价格、基于现货市场与期货市场的鸡蛋现货价格保险再保险的目标价格如表6-5所示。

表6-5 全国六大鸡蛋主产区鸡蛋"价格保险+期货"方案期权定价法的费率厘定结果

地区	保障水平	目标价格	保险保费	保险费率	再保险目标价格	平均历史基差	场外期权执行价格	再保险费	场外期权费
河北	100%	3376.11	249.15	7.38%	3126.97	−490.08	3617.05	133.20	74.39
	95%	3207.31	170.25	5.31%	3037.06	−490.08	3527.14	108.24	50.62
	90%	3038.50	116.69	3.84%	2921.81	−490.08	3411.89	84.44	27.97
	85%	2869.70	82.11	2.86%	2787.58	−490.08	3277.66	64.05	11.44
	80%	2700.89	57.95	2.15%	2642.94	−490.08	3133.03	46.88	3.18
江苏	100%	3437.14	266.20	7.74%	3170.93	−429.06	3599.99	137.37	70.02
	95%	3265.28	182.78	5.60%	3082.50	−429.06	3511.56	111.12	47.30
	90%	3093.42	123.50	3.99%	2969.90	−429.06	3398.98	86.04	25.90
	85%	2921.56	84.76	2.90%	2836.80	−429.06	3265.86	64.22	10.45
	80%	2749.71	57.92	2.11%	2691.79	−429.06	3120.85	45.76	2.80

[①] [德] 马克思：《资本论》，何小禾译，重庆出版社，2014年，第276~281页。

第六章 农产品"价格保险＋期货"的方案设计与定价

续表6-5

地区	保障水平	目标价格	保险保费	保险费率	再保险目标价格	平均历史基差	场外期权执行价格	再保险费	场外期权费
山东	100%	3392.07	241.11	7.11%	3150.96	−474.12	3625.08	133.11	76.59
	95%	3222.47	162.49	5.04%	3059.98	−474.12	3534.10	107.93	52.40
	90%	3052.87	110.15	3.61%	2942.71	−474.12	3416.83	83.78	28.90
	85%	2883.26	76.98	2.67%	2806.28	−474.12	3280.40	63.03	11.77
	80%	2713.6	53.57	1.97%	2660.09	−474.12	3134.21	45.33	3.25
河南	100%	3427.78	247.07	7.21%	3180.70	−438.41	3619.12	138.95	75.35
	95%	3256.39	169.85	5.22%	3086.54	−438.41	3524.96	112.88	50.50
	90%	3085.00	117.02	3.79%	2967.98	−438.41	3406.40	87.93	27.39
	85%	2913.61	82.07	2.82%	2831.54	−438.41	3269.96	66.12	10.91
	80%	2742.22	56.88	2.07%	2685.34	−438.41	3123.76	47.66	2.93
湖北	100%	3451.37	269.34	7.80%	3182.0	−414.82	3596.85	147.59	70.73
	95%	3278.8	188.86	5.76%	3089.95	−414.82	3504.77	120.64	46.99
	90%	3106.24	131.24	4.22%	2975.00	−414.82	3389.82	94.69	25.30
	85%	2933.67	92.12	3.14%	2841.54	−414.82	3256.36	72.01	9.98
	80%	2761.10	64.82	2.35%	2696.28	−414.82	3111.10	53.07	2.61
四川	100%	3742.58	310.07	8.28%	3432.52	−123.61	3556.13	168.82	58.95
	95%	3555.45	225.96	6.36%	3329.50	−123.61	3453.11	139.24	35.87
	90%	3368.33	162.40	4.82%	3205.93	−123.61	3329.54	110.10	16.99
	85%	3181.20	114.84	3.61%	3066.35	−123.61	3189.96	83.94	5.60
	80%	2994.07	80.05	2.67%	2914.02	−123.61	3037.63	62.05	1.11
期货市场	100%	3866.19	170.50	4.41%	3695.70	—	—	—	—
	95%	3672.88	92.73	2.52%	3580.16	—	—	—	—
	90%	3479.57	41.28	1.19%	3438.29	—	—	—	—
	85%	3286.26	12.57	0.38%	3273.69	—	—	—	—
	80%	3092.96	2.15	0.07%	3090.81	—	—	—	—

注：目标价格为鸡蛋现货价格保险的目标价格；再保险目标价格与再保险费指基于现货市场为鸡蛋现货价格保险提供的再保险的目标价格与再保险费；基于期货市场的价格保险费，用作与鸡蛋现货价格保险费对比分析；现货市场再保险费仅用作与期货市场场外看跌期权的对比分析；保费不包含经营管理费，为纯保费；除保障水平与保险费率之外，表中其余项目的单位统一为元/500千克。

(二) 承保期间与承保产量

对于鸡蛋"价格保险+期货"方案设计而言，合理的承保期间即能为养殖户或企业提供需要的价格风险保障，又能有效控制保险公司的经营管理费用。一般情况下，产蛋鸡开产300天后逐步淘汰低产个体，超过80%的产蛋鸡400天后产蛋率下降，蛋鸡养殖户或企业基本可准确预测未来一年的鸡蛋产量[①]。保险期限越短，养殖户鸡蛋产量预测越准确。但保单签订次数越多，所需经营管理费用越高，故本书将保险期间设定为一年，既能科学合理预测鸡蛋产量，又能适当减少手续费。鸡蛋"价格保险+期货"方案的承保产量直接决定了蛋鸡养殖户或企业的风险保障水平：承保鸡蛋产量过高，蛋鸡养殖户或企业需承担较高的保费负担；承保产量较低不足以满足蛋鸡养殖户或企业鸡蛋价格风险保障的需求。故蛋鸡养殖户或企业需根据承保期内具体的养殖规模及蛋鸡均产蛋量科学合理预测鸡蛋产量，保险公司进行严格审查。由于鸡蛋现货价格保险费率相对于传统农业保险较高，保险公司需考虑蛋鸡养殖户或企业的保费负担能力设定多种保障水平的鸡蛋"价格保险+期货"方案。本书设计的鸡蛋"价格保险+期货"方案在合同签订初期明确规定鸡蛋承保产量，若遇蛋鸡疫病风险，鸡蛋产量将远达不到合同约定水平，为防止蛋鸡养殖户或企业从该保险方案中获利，合同须明确规定鸡蛋产量低于合同约定产量的一定比例时，以实际鸡蛋产量计算理赔价格。

(三) 理赔规则与无风险利率

国内现存农产品"价格保险+期货"试点的理赔规则是只要整个承保期内指定的农产品价格的日平均值低于合同约定的目标价格，保险公司便赔付农户、种植或养殖企业农产品价格差额与承保产量的乘积，保险赔款的计算公式为 $Indemnity = \max((P_0 - P_1) \times Y, 0)$。考虑到蛋鸡产蛋量的科学预测时间与保险公司经营管理费用的现实问题，本书设计的鸡蛋"价格保险+期货"方案的承保周期为一年，在一年时间里鸡蛋价格有涨有跌，鉴于本书保险标的为鲜鸡蛋，属于鲜活农产品，储存周期较短，通常为40天左右，蛋鸡养殖户或企业很难通过存储以卖得高价。若以一年为理赔周期，一年期间鸡蛋价格的日均值不足以反映蛋鸡养殖户或企业的实际售卖价格。为切实保障蛋鸡养殖户或企业的鸡蛋价格风险，基于鲜鸡蛋的保质期与保险公司的理赔费用问题，借鉴

---

① 数据来源于鸡蛋价格网，http://www.cnjidan.com/news/605615/。

美国牲畜利润保障项目理赔规则的经验，本书将鸡蛋"价格保险+期货"的理赔周期设定为两个月，即保险公司在整个承保周期内分六次向蛋鸡养殖户或企业支付理赔款。由前文内容可知，鸡蛋现货价格保险保费与场外看跌期权权利金的计算需用到无风险利率 r，无风险利率 r 为估计期间内期限为 T 的上海同业拆借利率的均值，即为 2015 年 1 月 5 日至 2018 年 6 月 21 日的一年期上海同业拆借利率的日均值，$r=3.8725\%$[①]。

四、鸡蛋"价格保险+期货"的定价结果与分析

为满足蛋鸡养殖户多层次的价格保障需求，我们共设置 80％、85％、90％、95％、100％四档保障水平。由上文参数估计结果、无风险利率、鸡蛋现货价格保险目标价格与场外看跌期权的执行价格，运用方差减少技术的蒙特卡洛模拟（5 万次）定价，鸡蛋现货价格保险保费与场外看跌期权权利金的计算结果见表 6-5。

（一）鸡蛋现货价格保险纯保费分析

（1）基于期货市场价格的鸡蛋价格保险不能满足养殖户价格下跌风险保障的需求。以 100％保障水平为例，由表 6-5 定价结果可知，基于期货市场的价格保险纯费率（4.41％）远小于基于各主产区的鸡蛋现货价格保险纯费率，即期货市场价格风险小于各鸡蛋主产区价格风险（与前文描述性统计结果一致），故基于期货市场的鸡蛋价格保险不能有效保障养殖户面临的价格下跌风险，很大可能养殖户在鸡蛋现货市场已遭受损失，而期货市场仍未触发理赔机制。

（2）各鸡蛋主产区所面临的价格波动风险各不相同，存在一定的费率差异[②]。保险费率从高到低依次是四川、湖北、江苏、河北、河南与山东。以 100％保障水平为例，若为山东养殖户提供 500 千克鸡蛋"成本+基本收益"的风险保障，需要纯保费 241.11 元；而四川 500 千克鸡蛋"成本+基本收益"的风险保障却需 310.07 元。因此，分地区向养殖户或企业提供鸡蛋"价格保

---

① 2015 年 1 月 5 日至 2018 年 6 月 21 日期间的一年期上海同业拆借利率的数据来源于上海银行间同业拆放利率官网，http://www.shibor.org/shibor/web/html/index.html。

② 前文风险测度的数据基础是鸡蛋日价格收益率序列仅反应鸡蛋价格的相临日度之间的波动情况，而鸡蛋现货价格保险费率不仅依赖于农产品的价格波动风险，还与鸡蛋"价格保险+期货"方案设计中鸡蛋的初始价格与目标价格有关，故这里六大鸡蛋主产区现货价格保险费率高低与前文鸡蛋六大主产区价格波动风险高低不一致。

险+期货"方案才能充分保障其价格下跌风险。

(3) 保障水平不同时,农户需缴纳的鸡蛋现货价格保险纯保费差异很大。如河南保障水平由100%降到80%时,纯保费便由247.07元降为56.88元,费率由7.21%降到2.07%,故保险公司需灵活设计多档保障水平,以便蛋鸡养殖户根据自身价格风险承担能力和保费负担能力选择合适的保障水平。

(二) 基于现货市场的再保险费与场外看跌期权费的比较分析

由表6-5结果可知,鸡蛋现货价格保险基于现货市场的再保险费均明显高于场外看跌期权的权利金,也即是高于基于期货市场的再保险费,其主要原因在于鸡蛋期货市场的价格波动风险远小于六大主产区的鸡蛋价格波动风险。对于同一主产区,随着保障水平的降低,基于现货市场的鸡蛋现货价格保险再保险费与场外看跌期权的权利金差异加大,主要原因是鸡蛋期货价格下降幅度较大的概率小于鸡蛋现货价格下降幅度较大的概率。可见,若基于期货市场为农户提供价格保险,不能有效保障农户的实际价格下跌损失;若基于现货市场为农户提供价格保险,但运用场外看跌期权为保险公司提供的再保险保障非常有限,远不能满足保险公司分散风险的需求,尤其是不能满足保险公司分散极端风险的需要。

(三) 蛋鸡养殖户与保险公司承担风险分析

(1) 本书设计的鸡蛋"价格保险+期货"方案中蛋鸡养殖户的基差风险为省级现货价格与养殖户实际售卖价格的差额,现存鸡蛋"价格保险+期货"试点实践中蛋鸡养殖户的基差风险为鸡蛋期货价格与养殖户实际售卖价格的差额。与鸡蛋期货价格相比,省级鸡蛋现货价格与农户实际售卖价格波动趋势及幅度基本相同,故设计方案中蛋鸡养殖户的基差风险大大降低。

(2) 本书设计的鸡蛋"价格保险+期货"方案中各主产区鸡蛋价格下降幅度小于对应自留保费(鸡蛋现货价格保险费-场外看跌期权费)时,赔款小于净保费,保险公司可获得盈利;各主产区鸡蛋价格下降幅度大于自留保费小于现货价格保险费时,保险公司的自留风险为鸡蛋现货价格保险费和自留保费之差与承保产量的乘积;各主产区鸡蛋价格下降幅度超过现货价格保险保费时,保险公司除承担自留风险外,还面临期货市场的对冲风险,若期货市场价格下降幅度大于现货市场,保险公司可获得对冲盈利,若期货市场价格下降幅度小于现货市场,则保险公司需承担对冲亏损。

(3) 本书设计的鸡蛋"价格保险+期货"方案中保险公司承担的场外期权

对冲风险较现存"价格保险+期货"试点中养殖户基差风险降低,由于设计方案中场外看跌期权的目标价格低于现存试点中鸡蛋期货价格保险的目标价格,基于同一期货市场,对冲概率降低,对冲风险自然降低。

第四节 农产品"价格保险+期货"期权定价法的稳健性检验:基于参数法与非参数法

随着农业保险在世界各国的不断发展,其费率厘定方法的相关研究不断丰富。无论是产量保险还是保障水平较高的收入保险,传统的农业保险定价方法均首先模拟农产品产量或价格风险的概率分布,再根据保险的具体理赔规则计算保费。由于本书设计的农产品"价格保险+期货"方案中农产品现货价格保险与场外看跌期权的本质是固定执行价格离散算术平均欧亚期权,故前文采用期权定价法厘定设计方案的费率。实际上,农产品的价格波动特征也可以用某些特定的概率分布函数表示,故我们可采用传统农业保险定价方法对其进行定价,进而与前文期权定价法的费率厘定结果进行比较,以检验期权定价法在农产品现货市场的适用性。农业保险费率厘定方法通常用参数法和非参数法模拟农产品价格或产量风险的分布。参数法依据先验信息选择农作物产量或价格分布,常用的分布函数包括正态分布、Gamma 分布、Beta 分布、对数正态分布、Logistic 分布与 Weibull 分布等,参数分布选择不当会导致费率厘定偏差。非参数法无须利用先验信息假设具体分布,能更好地估计产量的密度函数,效率高于参数法,故应用更为广泛。大样本条件下,非参数法比参数法费率厘定有效,参数法费率厘定在小样本条件下更准确。本书分别采用参数法与非参数法厘定农产品"价格保险+期货"方案的费率。

一、农产品"价格保险+期货"定价的参数法:基于 GARCH 类模型

(一)参数法模拟分布的选择与费率厘定的一般步骤

与农作物产量保险与收入保险不同,本书设计方案中农产品现货价格保险与场外看跌亚式期权的定义完全一致,需按照亚式期权的定价公式计算设计方案的保费。但亚式期权属于路径依赖式期权,其定价的关键在于找到标的资产

价格的具体波动路径，在本书中是指农产品在整个路径上各个时点的价格，可见，运用参数法厘定农产品"价格保险+期货"费率的关键在于找到合适的分布模拟农产品的价格路径。学者们在对农作物产量保险与收入保险定价时，常模拟农作物单产与价格风险的分布，即农产品单产与价格波动的分布。农作物单产风险通常用农作物单产的随机变动量与趋势产量之比表示，农产品价格风险通常用农产品价格变化率或对数收益率表示，本书仍沿用第二章农产品价格波动风险的表示方法，用农产品日价格对数收益率来表示，也即与随机波动率跳跃扩散 Bates 模型的模拟数据相同。常用的收益率模拟分布包括移动平均模型、正态分布、混合正态分布、t 分布、广义双曲线分布、Cornish-Fisher Expansion 模型与 GARCH 类模型等[①]。鉴于前文第二章农产品价格波动特征，且已有部分学者运用 GARCH 类模型描述农产品价格波动的集聚性与非对称特征，故本书采用 EGARCH 与 GARCH 模型[②]模拟农产品的日价格对数收益率分布。

运用 EGARCH 与 GARCH 模型对农产品"价格保险+期货"进行定价的一般步骤如下：①分别运用极大似然方法估计六大鸡蛋主产区和期货市场价格收益率 EGARCH 与 GARCH 模型的参数，基于 AIC 和 BC 最小化原则选择合适的 EGARCH 与 GARCH 模型；②基于 EGARCH 与 GARCH 模型的参数估计结果计算农产品日对数收益率，再根据 $y_t = \ln S_t - \ln S_{t-1}$ 公式计算得出农产品的价格；③基于 EGARCH 与 GARCH 模型的参数估计结果，运用蒙特卡洛方法模拟 N 条农产品价格路径；④将模拟的 N 条农产品价格路径带入亚式期权定价公式计算得出保费。

（二）GARCH 类模型的选择与参数估计结果

本书的数据来源与农产品"价格保险+期货"方案的数据来源相同，前文六大鸡蛋主产区和期货市场日价格收益率分布的描述性统计与平稳性检验结果可有效避免时间序列自回归条件异方差（GARCH 类）模型的"伪回归"问题。为确定六大鸡蛋主产区与期货市场日价格收益率数据 GACH 类模型的均值方程形式，分别对七个日价格对数收益率系列做自相关检验，经过多次尝试，选择 AIC 与 BC 最小的回归方程作为均值方程，具体如下：

[①] 曹志广：《金融计算与编程：基于 MATLAB 的应用（第 2 版）》，上海财经大学出版社，2017年，第 307 页。

[②] 前文第二章已对 GARCH 与 EGARCH 模型作了详细介绍，这里不再赘述。

河北地区 GARCH 类模型的均值方程为：

$$R_{1t}=\alpha_1 R_{1t}(-2)+\varepsilon_{1t} \tag{6.28}$$

江苏地区 GARCH 类模型的均值方程为：

$$R_{2t}=\alpha_2 R_{2t}(-1)+\varepsilon_{2t} \tag{6.29}$$

山东地区 GARCH 类模型的均值方程为：

$$R_{3t}=\alpha_3 R_{3t}(-1)+\varepsilon_{3t} \tag{6.30}$$

河南地区 GARCH 类模型的均值方程为：

$$R_{4t}=\alpha_4 R_{4t}(-1)+\beta_4 R_{4t}(-2)+\varepsilon_{4t} \tag{6.31}$$

湖北地区 GARCH 类模型的均值方程为：

$$R_{5t}=\alpha_5 R_{5t}(-1)+\varepsilon_{5t} \tag{6.32}$$

四川地区 GARCH 类模型的均值方程为：

$$R_{6t}=\alpha_6 R_{6t}+\varepsilon_{6t} \tag{6.33}$$

期货市场 GARCH 类模型的均值方程为：

$$R_{7t}=\alpha_7 R_{7t}(-11)+\varepsilon_{7t} \tag{6.34}$$

分别对均值方程的残差做 ARCH－LM 检验，结果如表 6－6 所示，Obs * R－squared 与 F－statistic 统计量的 P 值均小于 0.05，说明在 5% 的显著性水平下拒绝原假设，即存在明显的 ARCH 效应。

表 6－6　全国六大鸡蛋主产区与期货市场均值方程残差的 ARCH 效应检验

	R1	R2	R3	R4	R5	R6	R7
F－statistic	2.348370 (0.0008)	8.399111 (0.0000)	2.041237 (0.0023)	10.625430 (0.0012)	11.89724 (0.0006)	16.561920 (0.0001)	5.368876 (0.0004)
Obs * R－squared	45.25917 (0.0010)	39.96375 (0.0000)	59.33535 (0.0085)	10.49807 (0.0012)	11.73390 (0.0006)	16.22998 (0.0001)	19.69282 (0.0006)

注：（）括号内为 P 值。

分别做各个均值方程回归残差与回归残差平方和的自相关检验，我们发现六大鸡蛋主产区与期货市场均值方程的残差均不存在明显的自相关，但均值方程残差平方和均存在多阶滞后自相关，故用选用 GARCH（p，q）类模型拟合。鉴于农产品价格波动的非对称性特征,我们选用指数自回归条件异方差(EGARCH)模型反映六大鸡蛋主产区与期货市场鸡蛋价格波动的非对称特征。基于模型回归系数的显著性、拟合优度 R^2、AIC 与 SC 规则,得出河北、江苏、山东、河南、湖北、四川、期货市场的日价格收益率数据,分别适合 EGARCH (1, 2)、EGARCH (2, 2)、GARCH (1, 2)、EGARCH (1, 1)、GARCH (1, 2)、EGARCH (1, 2)、EGARCH (2, 1) 模型,可见山东与湖北地区的鸡蛋价格波动不存在非对称效应。在六大鸡蛋主产区与期货市场均值方程中加入条件方差或者条件标准差构建 GARCH-LM 与 EGARCH-LM 模型,发现 GARCH-LM 与 EGARCH-LM 模型的条件方差与条件标准差系数均不显著,可见六大鸡蛋主产区与期货市场价格波动没有金融属性。GARCH 类模型残差的常用分布包括正态分布、t 分布与 GED 分布,以上回归结果均假定均值方程残差服从正态分布,但是残差的正态分布假设可能不合适,故须检验残差分布的适用性,结果如表 6-7 所示。

表 6-7 全国六大鸡蛋主产区与期货市场日价格收益率的 (E) GARCH 模型

地区	方程类型与拟合结果		鸡蛋		
			正态分布	t 分布	GED 分布
河北	均值方程	$R_{1t}(-2)$	-0.070546 * (0.0758)	-0.027402 (0.3517)	-0.000542 (0.9929)
	方差方程	C	-0.636866 *** (0.0000)	-0.677251 *** (0.0007)	-0.623178 ** (0.0320)
		ABS (RESID (-1) /@SQRT (GARCH (-1)))	0.120002 *** (0.0000)	0.968815 (0.1344)	0.293682 ** (0.0199)
		RESID (-1) /@SQRT (GARCH (-1))	0.038628 *** (0.0000)	0.223209 (0.2206)	0.062674 (0.3097)
		GARCH (-1)	1.728930 *** (0.0000)	0.663571 ** (0.0019)	0.930036 ** (0.0243)
		GARCH (-2)	-0.812397 *** (0.0000)	0.254154 (0.2132)	0.004629 (0.9906)
	拟合结果	R-squared	0.012866	0.006145	-0.000042
		Log likelihood	1398.830	1591.358	1610.976
		AIC	-3.912445	-4.450445	-4.505550
		SC	-3.873949	-4.405534	-4.460639

第 六 章 农产品"价格保险＋期货"的方案设计与定价

续表6－7

地区	方程类型与拟合结果		鸡蛋		
			正态分布	t 分布	GED 分布
江苏	均值方程	$R_{2t}(-1)$	0.440587 *** (0.0000)	0.291366 *** (0.0000)	−0.175702 *** (0.0000)
	方差方程	C	−1.328265 *** (0.0000)	−0.448087 (0.0064)	−0.370912 * (0.0833)
		ABS（RESID（−1）/@SQRT（GARCH（−1）））	0.390116 (0.0000)	1.743224 ** (0.0403)	0.674197 *** (0.0000)
		ABS（RESID（−2）/@SQRT（GARCH（−2）））	0.161746 *** (0.0000)	−1.049532 * (0.0584)	−0.452822 *** (0.0068)
		RESID（−1）/@SQRT（GARCH（−1））	−0.183542 *** (0.0000)	−0.096114 (0.3459)	−0.019484 (0.6096)
		GARCH（−1）	0.051283 *** (0.0091)	0.831639 *** (0.0000)	0.902362 *** (0.0004)
		GARCH（−2）	0.812558 *** (0.0000)	0.117156 (0.4657)	0.064258 (0.7890)
	拟合结果	R−squared	0.019227	0.030724	0.038800
		Log likelihood	1628.904	1871.992	1897.627
		AIC	−4.549519	−5.228589	−5.300496
		SC	−4.504658	−5.177318	−5.249225
山东	均值方程	$R_{3t}(-1)$	0.273883 *** (0.0000)	0.213754 *** (0.0000)	0.161327 *** (0.0000)
	方差方程	C	0.0000273 *** (0.0000)	0.128013 (0.9991)	0.0000635 ** (0.0437)
		RESID（−1）²	0.169696 *** (0.0000)	278.7174 (0.9991)	0.146416 ** (0.0237)
		GARCH（−1）	1.353729 *** (0.0000)	0.278525 (0.2994)	0.251946 (0.2561)
		GARCH（−2）	−0.489514 *** (0.0000)	0.574061 ** (0.0189)	0.551273 *** (0.0051)
	拟合结果	R−squared	0.019214	0.027830	0.029442
		Log likelihood	1487.778	1665.997	1682.685
		AIC	−4.159266	−4.656373	−4.703184
		SC	−4.127222	−4.617920	−4.664731

续表6－7

地区	方程类型与拟合结果		鸡蛋		
			正态分布	t分布	GED分布
河南	均值方程	$R_{4t}(-1)$	0.339962 *** (0.0000)	0.246796 *** (0.0000)	0.098406 *** (0.0000)
		$R_{4t}(-2)$	0.109566 ** (0.0405)	0.008068 (0.7914)	0.029369 *** (0.0022)
	方差方程	C	−0.553804 *** (0.0000)	−0.534851 *** (0.0000)	−0.507646 *** (0.0003)
		ABS（RESID（−1）/@SQRT（GARCH（−1）））	0.383860 *** (0.0000)	2.358885 ** (0.0300)	0.330606 *** (0.0000)
		RESID（−1）/@SQRT（GARCH（−1））	0.040870 *** (0.0086)	0.515736 (0.1527)	0.053966 (0.2065)
		GARCH（−1）	0.955612 *** (0.0000)	0.930242 *** (0.0000)	0.958858 *** (0.0000)
	拟合结果	R−squared	0.012508	0.027830	0.023096
		Log likelihood	1625.958	1665.997	1868.887
		AIC	−4.550443	−4.656373	−5.230019
		SC	−4.511948	−4.617920	−5.185108
湖北	均值方程	$R_{5t}(-1)$	0.375713 *** (0.0000)	0.278788 *** (0.0000)	0.244541 *** (0.0000)
	方差方程	C	0.0000864 *** (0.0000)	0.128065 (0.9989)	0.0000598 *** (0.0017)
		RESID（−1）²	0.288941 *** (0.0000)	913.9846 (0.9989)	0.384666 *** (0.0018)
		GARCH（−1）	0.387983 *** (0.0000)	0.214527 * (0.0927)	0.302096 (0.1336)
		GARCH（−2）	0.255238 *** (0.0004)	0.333667 *** (0.0014)	0.292922 * (0.0640)
	拟合结果	R−squared	0.020411	0.011850	0.018756
		Log likelihood	1642.404	1865.712	1858.874
		AIC	−4.592997	−5.216583	−5.197402
		SC	−4.560953	−5.178131	−5.158949

续表6-7

地区	方程类型与拟合结果		鸡蛋		
			正态分布	t 分布	GED 分布
四川	均值方程	R_{6t}（－17）	0.096141 *** (0.0001)	－0.000136 (0.9947)	0.00000511 (0.9997)
	方差方程	C	－0.737861 *** (0.0000)	－0.574113 *** (0.0002)	－6.486633 *** (0.0000)
		ABS（RESID（－1）/@SQRT（GARCH（－1）））	0.302967 *** (0.0000)	0.531684 *** (0.0032)	0.555291 *** (0.0000)
		RESID（－1）/@SQRT（GARCH（－1））	0.162107 *** (0.0000)	0.090778 (0.1331)	0.093961 (0.2151)
		GARCH（－1）	1.205070 *** (0.0000)	0.626921 *** (0.0083)	0.245941 ** (0.0234)
		GARCH（－2）	－0.289087 *** (0.0000)	0.317749 (0.1700)	－0.186716 (0.2804)
	拟合结果	R－squared	0.003614	－0.000071	－0.000051
		Log likelihood	1290.103	1447.095	1441.064
		AIC	－3.684657	－4.132268	－4.114961
		SC	－3.645517	－4.086604	－4.069298
期货市场	均值方程	R_{7t}（－11）	－0.068875 *** (0.0000)	－0.024708 *** (0.0000)	－0.024708 *** (0.0000)
	方差方程	C	－14.857130 *** (0.0000)	－0.824428 (0.2264)	－0.824428 (0.2264)
		ABS（RESID（－1）/@SQRT（GARCH（－1）））	0.778191 *** (0.0000)	0.335192 (0.0000)	0.335192 (0.0000)
		ABS（RESID（－2）/@SQRT（GARCH（－2）））	0.915035 *** (0.0000)	－0.247282 (0.0132)	－0.247282 (0.0132)
		RESID（－1）/@SQRT（GARCH（－1））	－0.307745 *** (0.0000)	0.039801 (0.2423)	0.039801 (0.2423)
		GARCH（－1）	－0.683663 *** (0.0000)	0.908884 (0.0000)	0.908884 (0.0000)
	拟合结果	R－squared	0.004939	0.002863	0.002863
		Log likelihood	1894.426	2105.644	2105.644
		AIC	－5.372477	－5.970537	－5.970537
		SC	－5.333598	－5.925178	－5.925178

注：（）括号内为 P 值。*** 表示在1%水平下显著，** 表示在5%的水平下显著，* 表示在10%的水平下显著。

由六大鸡蛋主产区与期货市场 GARCH 类模型回归系数的显著性、拟合

优度 R^2、AIC 与 SC 规则，我们发现河北、江苏、山东、河南、湖北、四川与期货市场日价格对数收益率序列的均值方程的残差均服从正态分布。故本书选用河北、江苏、山东、河南、湖北、四川与期货市场日价格对数收益率序列的均值方程的残差服从正态分布的参数估计结果计算保费。

（三）定价结果与分析

基于六大鸡蛋主产区与期货市场 GARCH 类模型的参数估计结果，以及与期权定价法相同的无风险利率、鸡蛋现货价格保险目标价格和场外看跌期权的执行价格，运用方差减少技术的蒙特卡洛模拟（5万次）定价，鸡蛋现货价格保险保费与场外看跌期权权利金的计算结果见表 6-8。

表 6-8 全国六大鸡蛋主产区鸡蛋"价格保险+期货"方案
基于 GARCH 类模型的定价结果

地区	保障水平	目标价格	保险保费	保险费率	再保险目标价格	平均历史基差	场外期权执行价格	再保险费	场外期权费
河北	100%	3376.11	361.13	10.70%	3014.98	-490.08	3505.06	149.85	76.56
	95%	3207.31	304.12	9.48%	2903.18	-490.08	3393.27	122.89	61.27
	90%	3038.50	241.30	7.94%	2797.20	-490.08	3287.28	94.99	49.07
	85%	2869.70	207.55	7.23%	2662.15	-490.08	3152.23	72.06	36.32
	80%	2700.89	174.45	6.46%	2526.44	-490.08	3016.52	50.57	26.27
江苏	100%	3437.14	393.87	11.46%	3043.27	-429.06	3472.33	155.35	71.80
	95%	3265.28	338.13	10.36%	2927.15	-429.06	3356.20	123.56	56.76
	90%	3093.42	288.17	9.32%	2805.25	-429.06	3234.31	97.31	43.72
	85%	2921.56	243.66	8.34%	2677.91	-429.06	3106.97	70.63	32.69
	80%	2749.71	204.20	7.43%	2545.50	-429.06	2974.56	51.74	23.66
山东	100%	3392.07	288.02	8.49%	3104.06	-474.12	3578.18	145.24	88.07
	95%	3222.47	233.21	7.24%	2989.26	-474.12	3463.38	119.31	70.54
	90%	3052.87	185.71	6.08%	2867.15	-474.12	3341.27	92.61	55.02
	85%	2883.26	145.56	5.05%	2737.71	-474.12	3211.83	68.38	41.59
	80%	2713.66	125.87	4.64%	2587.79	-474.12	3061.91	50.11	29.36

第六章 农产品"价格保险＋期货"的方案设计与定价

续表6-8

地区	保障水平	目标价格	保险保费	保险费率	再保险目标价格	平均历史基差	场外期权执行价格	再保险费	场外期权费
河南	100%	3427.78	329.93	9.63%	3097.85	−438.41	3536.27	152.09	81.32
河南	95%	3256.39	276.11	8.48%	2980.28	−438.41	3418.69	124.40	64.52
河南	90%	3085.00	230.09	7.46%	2854.92	−438.41	3293.33	96.79	49.72
河南	85%	2913.61	190.80	6.55%	2722.82	−438.41	3161.23	72.86	37.08
河南	80%	2742.22	157.13	5.73%	2585.09	−438.41	3023.51	51.52	26.73
湖北	100%	3451.37	406.85	11.79%	3044.52	−414.82	3459.34	161.65	69.98
湖北	95%	3278.80	351.40	10.72%	2927.40	−414.82	3342.22	132.95	55.13
湖北	90%	3106.24	301.51	9.71%	2804.73	−414.82	3219.55	103.35	42.31
湖北	85%	2933.67	256.89	8.76%	2676.78	−414.82	3091.60	79.36	31.52
湖北	80%	2761.10	217.08	7.86%	2544.40	−414.82	2958.84	56.49	22.74
四川	100%	3742.58	448.02	11.97%	3294.56	−123.61	3418.17	188.92	64.45
四川	95%	3555.45	381.72	10.74%	3173.73	−123.61	3297.34	152.29	50.14
四川	90%	3368.33	322.10	9.56%	3046.23	−123.61	3169.84	127.17	37.82
四川	85%	3181.20	269.37	8.47%	2911.83	−123.61	3035.44	95.43	27.52
四川	80%	2994.07	222.84	7.44%	2771.23	−123.61	2894.84	67.54	19.26
期货市场	100%	3866.19	206.17	5.33%	3660.02	—	—	—	—
期货市场	95%	3672.88	146.98	4.00%	3525.90	—	—	—	—
期货市场	90%	3479.57	101.97	2.93%	3377.61	—	—	—	—
期货市场	85%	3286.26	68.55	2.09%	3217.71	—	—	—	—
期货市场	80%	3092.96	44.28	1.43%	3048.68	—	—	—	—

注：目标价格为鸡蛋现货价格保险的目标价格；再保险目标价格与再保险费指基于现货市场为鸡蛋现货价格保险提供的再保险的目标价格与再保险费；除保障水平与保险费率之外，表中其余项目的单位统一为元/500千克。

由表6-8的定价结果可知：①基于GARCH类模型的鸡蛋"价格保险＋期货"方案的费率明显高于期权定价法的费率。以四川为例，在100%保障水平下，基于GARCH类模型的定价结果是11.97%，基于期权定价法的费率为8.28%，两者相差3.69个百分点；在80%的保障水平下，GARCH类模型的费率与期权法费率的相差 4.77 个百分点。②基于 GARCH 类模型的六大鸡蛋主产区鸡蛋"价格保险+期货"方案费率从高到低的排序与期权定价法费率高低的排序一致,可见两类方法对六大主产区鸡蛋价格波动趋势的估计结果是一致的,但对六大鸡蛋主产区价格波动幅度的估计不尽相同。

二、农产品"价格保险+期货"定价的非参数法：核密度估计

(一) 非参数核密度估计

非参数法不需要事先假定标的资产收益率分布的具体形式,具有稳健性特点,在不能正确设定收益率分布的条件下能更好地估计产量的密度函数(李裕奇、赵联文和王沁等,2010[①];孙志华,2016[②]),且非参数方法常用核密度估计方法(宗序平、费绍金和赵俊等,2016[③]),故本书运用非参数核密度估计方法估计六大鸡蛋主产区与期货市场鸡蛋价格的波动路径。设 X_1, X_2, …, X_N 是取自一元连续总体的样本,在任一点 x 处的总体密度函数 $f(x)$ 的核密度估计如下：

$$\hat{f}_h = \frac{1}{nh}\sum_{i=1}^{n} K\left(\frac{x-X_i}{h}\right) \tag{6.35}$$

其中,$K(\ )$ 为核函数(Kernel function),h 为窗宽。

为保证 $\hat{f}_h(x)$ 作为宽度函数估计的合理性,核函数需满足以下条件：

$$K(x) \geqslant 0, \int_{-\infty}^{+\infty} K(x)\mathrm{d}x = 1 \tag{6.36}$$

即要求核函数 $K(x)$ 为某个分布的密度函数。不同的核函数对核密度估计影响不大,故本书选取最常用的 Gaussian 核函数,表达式如下：

$$K(x) = \frac{1}{\sqrt{2\pi}}\exp\left(-\frac{1}{2}x^2\right) \tag{6.37}$$

核密度估计 $\hat{f}_h(x)$ 中窗宽 h 的大小直接决定 $\hat{f}_h(x)$ 的光滑程度。h 取值越大,$\hat{f}_h(x)$ 曲线越光滑,但丢失了数据中包含的一些信息；h 取值较小时,

---

① 李裕奇、赵联文、王沁等：《非参数统计方法》,西南交通大学出版社,2010 年,第 1 页。
② 孙志华：《非参数与半参数统计》,清华大学出版社,2016 年,第 9~11 页。
③ 宗序平、费绍金、赵俊等：《数理统计学及其应用：使用 MATLAB》,机械工业出版社,2016 年,第 32~47 页。

$\hat{f}_h(x)$ 的图像是不光滑的折线,反映较多的数据信息。故窗宽的选择至关重要。MISE 是一种求最佳窗宽的方法,表达式如下:

$$\text{MISE}(\hat{f}_h(x)) = E\left\{\int [\hat{f}_h(x) - f(x)]^2 dx\right\} \tag{6.38}$$

其中,$f(x)$ 为总体的真实分布密度。MISE 是关于窗宽 h 的函数,最小值点的 h 值就是最佳窗宽的估计值。当 $h \to 0$,$nh \to \infty$ 时,

$$\text{MISE}(\hat{f}_h(x)) \approx \frac{1}{4}\sigma_K^4 h^4 \int [f''(x)]^2 dx + \frac{1}{nh}\int [K(x)]^2 dx \tag{6.39}$$

求解 $\min_{h} \text{MISE}(\hat{f}_h(x))$ 可得:

$$\hat{h} = \left\{\frac{\int [K(x)]^2 dx}{\sigma_K^4 h^4 \int [f''(x)]^2 dx}\right\}^{\frac{1}{5}} n^{\frac{1}{5}} \tag{6.40}$$

当核函数是高斯核函数时,可得

$$\hat{h} = 1.06\sigma n^{\frac{1}{5}} \tag{6.41}$$

(二) 数据描述性统计与核密度估计的拟合结果

非参数核密度估计的基本思想是将样本数据出现的范围分为若干等间隔的时间点,基于样本数据的特征,给出每个时间点数据的概率,其对数据范围并无实质要求,故应用该方法既可以模拟六大主产区与期货市场的鸡蛋日价格对数收益率序列,也可以直接模拟六大主产区与期货市场的鸡蛋日价格序列。本书设计的方案采用亚式期权定价公式厘定鸡蛋现货价格保险与场外看跌期权费率,由于亚式期权属于路径依赖式期权,需要运用整个保险期间内的鸡蛋每日价格数据,故本书直接用非参数核密度估计模拟六大主产区与期货市场的鸡蛋日价格序列。六大主产区与期货市场的鸡蛋日价格数据来源前文已经给出,描述性统计结果如表 6-9 所示。可见,河北、江苏、山东、河南、湖北、四川与期货市场的七个鸡蛋日价格数据序列分布没有明显的尖峰厚尾(峰度均小于3)特征,但分布是左偏的(偏度均小于 0),且 Jarque-Bera 统计量结果拒绝服从正态分布假设。

表 6-9　全国六大鸡蛋主产区与期货市场鸡蛋日价格序列的描述性统计

类型	P1	P2	P3	P4	P5	P6	P7
Mean	3376.11	3437.14	3392.07	3427.78	3451.37	3742.58	3866.19
Median	3336.92	3390.25	3338.12	3401.54	3412.50	3758.33	3897.00
Maximum	4600.88	4635.56	4546.89	4556.62	4601.00	5300.00	4680.00
Minimum	1804.63	1970.25	1907.42	1900.00	1874.85	1957.50	2938.00
Std. Dev.	595.2053	616.1138	594.3906	600.1900	628.6540	719.9470	383.3031
Skewness	−0.345251	−0.245459	−0.257245	−0.392338	−0.412816	−0.374305	−0.219574
Kurtosis	2.960032	2.673319	2.777487	2.927366	2.870093	2.785428	2.101032
Jarque−Bera	14.25201 (0.000804)	10.35920 (0.005630)	9.360907 (0.009275)	18.50039 (0.000096)	20.81075 (0.000030)	18.06743 (0.000119)	29.82132 (0.000000)
Sum	2413921	2457552	2425333	2450863	2467732	2675948	2764329
Sum Sq. Dev.	253000000	271000000	252000000	257000000	282000000	370000000	105000000
Observations	715	715	715	715	715	715	715

注：（ ）括号内为Jarque-Bera统计量的P值；P1、P2、P3、P4、P5、P6与P7分别表示河北、江苏、山东、河南、湖北、四川与期货市场的鸡蛋日价格数据序列。

六大主产区与期货市场鸡蛋日价格序列非参数核密度估计的最优窗宽如表6-10所示，各个地区的最优窗宽差异较大，期货市场的最优窗宽最小为121.07，四川地区的最优窗宽最大为194.22。依据最优窗宽值、式（6.35）与式（6.36）可写出六大鸡蛋主产区与期货市场的核密度函数。六大主产区与期货市场鸡蛋日价格序列的非参数核密度估计的概率密度函数如图6-3所示，可见六大鸡蛋主产区的日价格系列的概率密度函数呈多峰形态，明显不服从正态分布，期货市场鸡蛋日价格序列最接近正态分布。图6-4是六大主产区与期货市场鸡蛋日价格序列的非参数核密度估计的概率分布函数，其中，期货市场的概率分布函数最为平滑，从侧面反映若仅用基于期货市场价格为农户、种植或养殖企业提供价格保险不足以满足其价格风险保障需求。

表 6-10　全国六大主产区与期货市场鸡蛋日价格非参数核密度估计的最优窗宽

数据序列	P1	P2	P3	P4	P5	P6	P7
Bw	141.24	146.74	127.15	139.62	166.79	194.22	121.07

注：P1、P2、P3、P4、P5、P6与P7分别表示河北、江苏、山东、河南、湖北、四川与期货市场的鸡蛋日价格数据序列，Bw表示最优窗宽。

第 六 章　农产品"价格保险＋期货"的方案设计与定价

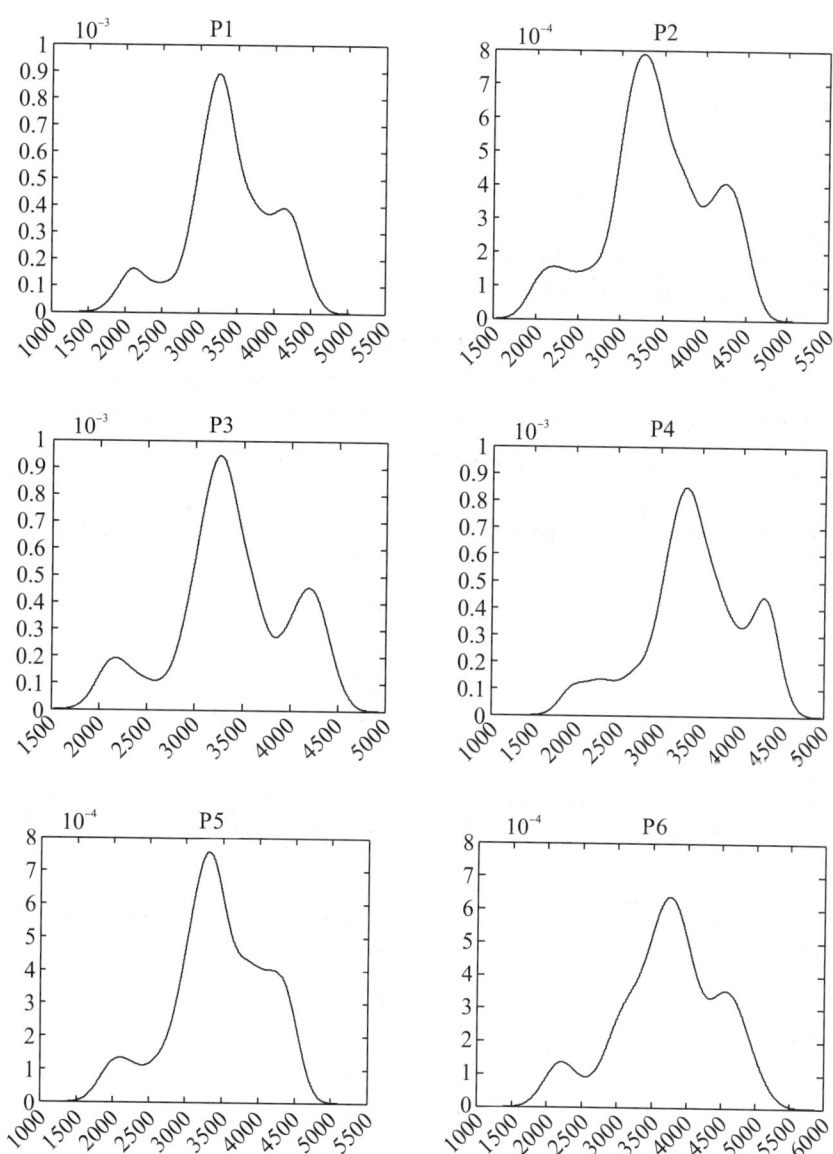

图 6-3　全国六大主产区与期货市场鸡蛋日价格非参数核密度估计的概率密度函数

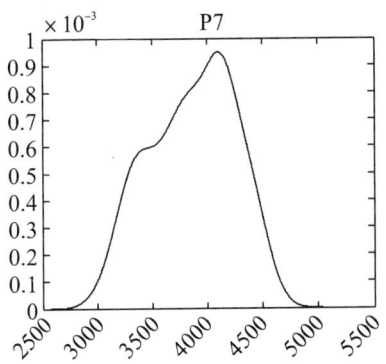

图 6-3（续）

注：P1、P2、P3、P4、P5、P6 与 P7 分别表示河北、江苏、山东、河南、湖北、四川与期货市场的鸡蛋日价格数据序列；图形的横轴表示鸡蛋价格区间，纵轴表示在鸡蛋各个价格点的数据个数，本书中七个日价格序列各模拟 10 万个价格数据。

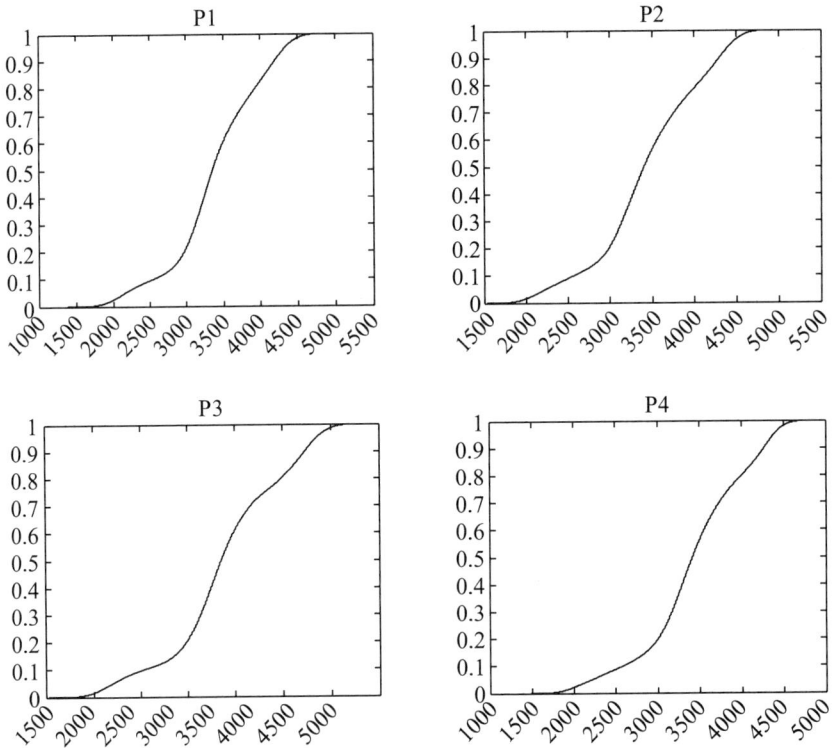

图 6-4　全国六大主产区与期货市场鸡蛋日价格非参数核密度估计的概率分布函数

第六章 农产品"价格保险＋期货"的方案设计与定价

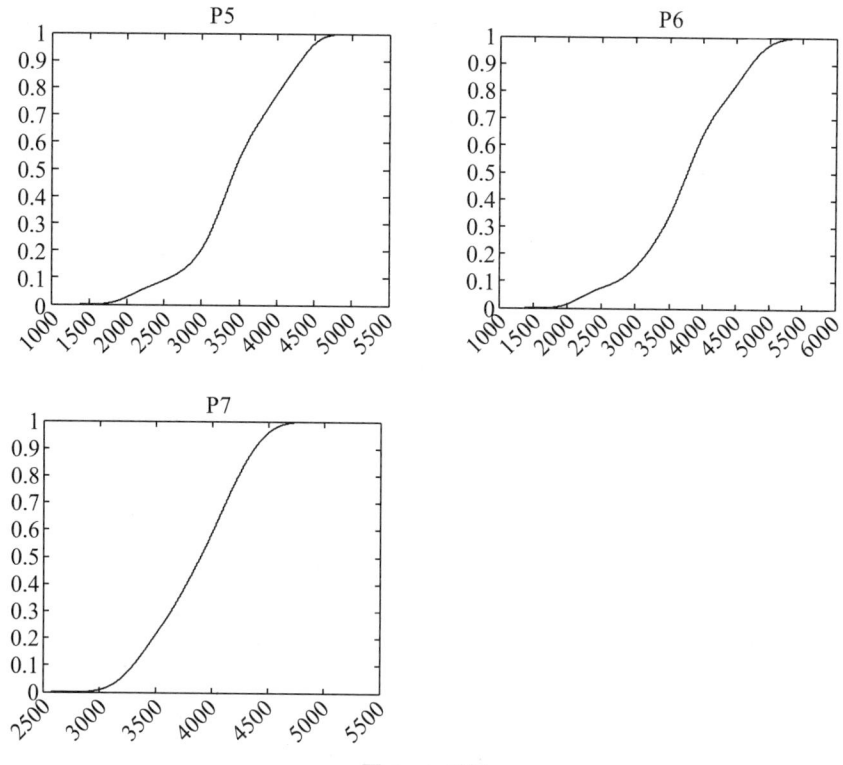

图 6-4（续）

注：P1、P2、P3、P4、P5、P6 与 P7 分别表示河北、江苏、山东、河南、湖北、四川与期货市场的鸡蛋日价格数据序列；图形的横轴表示鸡蛋价格区间，纵轴表示七个价格序列小于某一价格点的累积概率。

（三）定价结果与分析

无风险利率、鸡蛋现货价格保险目标价格及场外看跌期权执行价格的设定与期权定价法相同，鸡蛋现货价格保险保费与场外看跌期权权利金的计算结果见表 6-11。

表6-11 全国六大鸡蛋主产区鸡蛋"价格保险+期货"方案
基于非参数核密度估计的定价结果

地区	保障水平	目标价格	保险保费	保险费率	再保险目标价格	平均历史基差	场外期权执行价格	再保险费	场外期权费
河北	100%	3376.11	237.28	7.03%	3138.83	−490.08	3628.91	138.75	77.73
	95%	3207.31	162.14	5.06%	3045.17	−490.08	3535.25	112.75	52.89
	90%	3038.50	111.14	3.66%	2927.37	−490.08	3417.45	87.96	29.23
	85%	2869.70	78.20	2.73%	2791.49	−490.08	3281.57	66.72	11.96
	80%	2700.89	55.19	2.04%	2645.70	−490.08	3135.79	48.83	3.32
江苏	100%	3437.14	251.14	7.31%	3186.00	−429.06	3615.06	143.85	73.71
	95%	3265.28	172.43	5.28%	3092.84	−429.06	3521.90	116.36	49.79
	90%	3093.42	116.51	3.77%	2976.92	−429.06	3405.97	90.10	27.36
	85%	2921.56	79.96	2.74%	2841.60	−429.06	3270.66	67.25	11.00
	80%	2749.71	54.64	1.99%	2695.07	−429.06	3124.13	47.91	2.95
山东	100%	3392.07	236.39	6.97%	3155.69	−474.12	3629.81	136.25	78.00
	95%	3222.47	159.30	4.94%	3063.17	−474.12	3537.29	110.47	53.37
	90%	3052.87	107.99	3.54%	2944.87	−474.12	3418.99	85.75	29.48
	85%	2883.26	75.47	2.62%	2807.79	−474.12	3281.91	64.51	11.99
	80%	2713.66	52.52	1.94%	2661.14	−474.12	3135.26	46.40	3.31
河南	100%	3427.78	239.88	7.00%	3187.90	−438.41	3626.32	141.79	76.97
	95%	3256.39	164.90	5.06%	3091.49	−438.41	3529.90	115.18	51.64
	90%	3085.00	113.61	3.68%	2971.39	−438.41	3409.80	89.73	27.98
	85%	2913.61	79.68	2.73%	2833.94	−438.41	3272.35	67.47	11.14
	80%	2742.22	55.22	2.01%	2687.00	−438.41	3125.41	48.63	2.99
湖北	100%	3451.37	256.51	7.43%	3194.86	−414.82	3609.68	150.60	72.18
	95%	3278.80	179.87	5.49%	3098.94	−414.82	3513.76	123.10	47.95
	90%	3106.24	124.99	4.02%	2981.25	−414.82	3396.07	96.62	25.82
	85%	2933.67	87.74	2.99%	2845.93	−414.82	3260.75	73.48	10.18
	80%	2761.10	61.73	2.24%	2699.37	−414.82	3114.19	54.16	2.66

第六章 农产品"价格保险＋期货"的方案设计与定价

续表6-11

地区	保障水平	目标价格	保险保费	保险费率	再保险目标价格	平均历史基差	场外期权执行价格	再保险费	场外期权费
四川	100%	3742.58	293.90	7.85%	3448.68	−123.61	3572.29	177.70	62.06
四川	95%	3555.45	214.18	6.02%	3341.28	−123.61	3464.89	146.57	37.76
四川	90%	3368.33	153.93	4.57%	3214.40	−123.61	3338.01	115.90	17.88
四川	85%	3181.20	108.85	3.42%	3072.34	−123.61	3195.95	88.36	5.90
四川	80%	2994.07	75.87	2.53%	2918.19	−123.61	3041.80	65.32	1.17
期货市场	100%	3866.19	167.98	4.34%	3698.22	—	—	—	—
期货市场	95%	3672.88	91.36	2.49%	3581.53	—	—	—	—
期货市场	90%	3479.57	40.67	1.17%	3438.90	—	—	—	—
期货市场	85%	3286.26	12.39	0.38%	3273.88	—	—	—	—
期货市场	80%	3092.96	2.12	0.07%	3090.84	—	—	—	—

注：目标价格为鸡蛋现货价格保险的目标价格；再保险目标价格与再保险费指基于现货市场为鸡蛋现货价格保险提供的再保险的目标价格与再保险费；除保障水平与保险费率之外，表中其余项目的单位统一为元/500千克。

由表6-11可知：①基于非参数核密度估计的鸡蛋"价格保险＋期货"方案的定价费率与期权定价法的费率结果极为接近，且期权定价法的定价费率均高于非参数核密度估计法的定价费率。以河北为例，在100%保障水平下，基于非参数核密度估计的定价结果是7.03%，基于期权定价法的费率为7.38%，期权定价法的费率比非参数核密度估计的费率高0.0035；在80%的保障水平下，期权法的定价费率比非参数核密度估计的费率高0.0011，两种方法的费率差异均小于0.01。②基于非参数核密度估计的六大主产区鸡蛋"价格保险＋期货"方案费率从高到低的排序与期权定价法费率高低的排序一致。综上可知，非参数核密度估计与期权定价法对六大主产区鸡蛋价格波动趋势与波动幅度的估计结果都是一致的，故鸡蛋"价格保险＋期货"基于随机波动率跳跃扩散Bates模型期权定价法的费率厘定结果是稳健可靠的。

三、农产品"价格保险＋期货"三类定价方法的比较

由于农产品"价格保险＋期货"方案中农产品现货价格保险与场外看跌期权的本质是固定执行价格离散算术平均欧亚期权，本书主要运用期权定价法厘

定设计方案的费率。鉴于农产品价格波动的随机性与跳跃性特征，我们选取随机波动率跳跃扩散 Bates 模型模拟农产品的价格路径。随机波动率跳跃扩散 Bates 模型多用来描述标的资产期货价格的波动特征，本书却用其模拟农产品现货价格的波动路径，为确保期权定价法费率厘定结果的准确性，我们分别运用农业保险定价的参数法与非参数法厘定设计方案的费率。随机波动率跳跃扩散 Bates 模型的期权定价法与基于 GARCH 类模型的参数法均拟合农产品日价格对数收益率分布，非参数核密度估计直接拟合农产品的日价格数据。六大鸡蛋主产区、期货市场的对数收益率与价格数据均是日度高频数据，每个序列有 715 个数据，属于大样本数据。由鸡蛋"价格保险＋期货"方案的费率厘定结果可知，参数法与非参数法的费率厘定结果差异较大，由于在大样本条件下非参数法比参数法费率厘定有效，说明基于参数法的 GARCH 模型对鸡蛋现货价格数据的拟合不是很好，应对非参数核密度估计的费率结果与期权法定价结果进行比较分析。由上文分析可知期权定价法与非参数核密度估计的费率厘定结果较为接近，期权定价法的费率厘定结果均略高于非参数核密度估计法的费率厘定结果，但都小于 0.01，可见本书运用随机波动率跳跃扩散 Bates 模型厘定鸡蛋"价格保险＋期货"方案的费率是可行的。

第五节　本章小结

基于美国牲畜"价格保险＋期货"的经验启示、我国农产品"保险＋期货"试点实践的现存问题、农产品"保险＋期货"的政策定位及机制设计，本章设计以保障农户、种植或养殖企业"成本＋基本收益"为目的的农产品"价格保险＋期货"方案。该方案分为保险公司为农户、种植或养殖企业提供农产品现货价格保险、期货公司为保险公司提供场外看跌期权产品作为价格保险的再保险、期货公司在农产品期货市场复制场外看跌期权产品分散价格风险三个环节。尽管本书设计的农产品"价格保险＋期货"方案与现有农产品"价格保险＋期货"试点均采用三个环节的基本运作模式，但本书中设计方案的每个环节的具体内容与现有"价格保险＋期货"试点方案的具体内容差别较大，具有显著降低农户基差风险、保险公司是风险承保主体两大特色。

农产品"价格保险＋期货"方案定价的关键在于保险公司提供的农产品现货价格保险的费率厘定及期货公司提供的场外看跌期权权利金的计算，且农产品现货价格保险与场外看跌期权的本质是固定执行价格离散算术平均欧亚期

第六章 农产品"价格保险＋期货"的方案设计与定价

权,故本书主要运用期权定价模型厘定农产品现货价格保险费率与场外看跌期权的权利金。模拟标的资产价格的亚式期权定价模型包括随机波动率模型、跳跃扩散模型、随机波动率与跳跃扩散相结合的模型三大类。农产品的市场价格受到自然灾害及疫病的冲击,价格波动呈现出明显的随机波动与跳跃特征,故采用随机波动率跳跃扩散 Bates 模型拟合农产品价格波动路径。首先运用基于 M－H 算法的贝叶斯马尔科夫链蒙特卡洛模拟(MCMC)方法估计 Bates 模型的参数,其次运用方差减少技术的蒙特卡洛方法模拟农产品价格波动路径,最后基于固定执行价格离散算术平均欧亚期权定价公式计算得出保费。

本书选取河南、山东、河北、江苏、湖北、四川六大鸡蛋主产区厘定鸡蛋"价格保险＋期货"方案的费率,实证结果发现:基于期货市场价格的鸡蛋价格保险不能满足养殖户价格下跌风险保障的需求;各鸡蛋主产区所面临的价格波动风险各不相同,存在一定的费率差异;保障水平不同时,农户需缴纳的鸡蛋现货价格保险纯保费差异很大;基于现货市场为农户提供价格保险,但运用场外看跌期权为保险公司提供的再保险保障非常有限,远不能满足保险公司分散风险的需求,尤其是不能满足保险公司分散极端风险的需要;设计的鸡蛋"价格保险＋期货"方案中保险公司承担的场外期权对冲风险比现行"价格保险＋期货"试点实践中养殖户承担的基差风险低。

随机波动率跳跃扩散 Bates 模型多用来描述标的资产期货价格的波动特征,本书却用其模拟农产品现货价格的波动路径,为确保期权定价法费率厘定结果的准确性,我们分别运用农业保险定价的参数法与非参数法厘定设计方案的费率。由鸡蛋"价格保险＋期货"方案的费率厘定结果可知,基于参数法与非参数法的费率厘定结果差异较大,由于在大样本条件下非参数法比参数法费率厘定结果有效,故比较分析非参数核密度估计的费率结果与期权法的定价结果。由实证结果可知,期权定价法与非参数核密度估计的费率厘定结果较为接近,期权定价法的费率厘定结果均略高于非参数核密度估计法的费率厘定结果,但费率厘定结果差异都小于 0.01,由此可见,本书运用随机波动率跳跃扩散 Bates 模型厘定鸡蛋"价格保险＋期货"方案的费率是可行的。

第七章 农产品"收入保险+期货"的方案设计与定价

第一节 农产品"收入保险+期货"的方案设计

鉴于美国农作物"收入保险+期货"实践的成功经验、国内农产品"收入保险+期货"试点的现存问题、第五章农产品"保险+期货"在价格调控机制中的政策定位与总体方案,本章设计以保障农户或种植企业"成本+基本收益"为目的的农产品"收入保险+期货"方案。由前文农产品"保险+期货"的总体方案可知,农产品"收入保险+期货"的短期试点与长期运行方案为农户提供的收入保障相同,不同点在于期货公司与构建的再保险机构提供的再保险方案。鉴于目前国内农产品收入保险缺乏再保险分散途径的现实困境,本书设计农产品"收入保险+期货"的短期试点方案,待再保险机构设立之后,仅需在现有期货市场提供再保险方案的基础上设计"收入保险+期货"的长期再保险运行方案。

一、农产品"收入保险+期货"的基本运作模式

(一)三个环节的运作模式

与国内现存农产品"价格保险+期货"试点相同,我国农产品"收入保险+期货"的现存运作模式以期货公司和保险公司为运作主体,基本运作模式包括三个环节:①保险公司向农户提供农产品收入保险,其中,收入保险中的价格指数是农产品期货价格,产量指标是一定年份历史产量的平均值。②期货公司为保险公司提供场外看跌期权,完全转移保险公司的价格风险,部分农产品"收入保险+期货"试点中期货公司甚至承接了部分产量风险转化的价格风险,保险公司仅承担产量风险。保险公司为有效控制产量风险,甚至设定较低

的保障收入。③期货公司通过复制场内期权分散场外看跌期权的价格风险，其与农产品"价格保险＋期货"的操作方式相同。与农产品价格保险相比，收入保险的优势在于农产品价格与产量之间存在负向相关关系，农产品价格保险与产量保险的保费之和大于收入保险的保费。若保险公司基于设定的目标产量将全部价格风险转移给期货公司，实际上过度转移了其承保的价格风险，场外期权费大于保险公司实际承担的价格风险费用。保险公司作为风险承保主体，自身具有一定的风险承担能力，应仅需将自身无法承担的极端价格风险转移出去即可。

鉴于保险公司无法找到合理再保险途径的现实困境及农产品期货市场是价格风险管理的有效工具，本书设计的农产品"收入保险＋期货"方案仍包括三个环节：①保险公司向农户提供农产品收入保险，但收入保险的价格指数是农产品省级现货价格，产量指标是一定年份历史产量的平均值。②保险公司向期货公司购买场外看跌期权产品，但此场外看跌期权产品仅分散保险公司承保的部分价格风险。场外看跌期权产品设计规则与本书设计的农产品"价格保险＋期货"方案相同。③期货公司通过复制场内期权分散场外看跌期权的价格风险。

（二）收入保险类型的设定

由第三章内容可知，美国农作物"收入保险＋期货"产品包括收入保障保险（RP）与区域收入保险（ARH），二者的不同仅在于收入保障保险（RP）的产量指标是个体农场的农产品实际历史平均产量，而区域收入保险（ARH）的农产品产量指标是县级的实际历史平均产量，且收入保障保险（RP）保费收入在农业保险中的占比远高于区域收入保险（ARH）。美国针对个体农场的收入保障保险（RP）之所以如此受推崇，主要原因在于其农业生产以规模化的大农场为经营单位，2012年底美国农场的平均农田规模为1524亩。尽管我国在持续推进农业生产经营的规模化，但现阶段农业生产仍以分散化经营为主、规模化经营为辅，故本书农产品设计的"收入保险＋期货"方案中收入保险采用区域收入保险的形式，以满足广大农户的收入风险保障需求。对于规模化经营的现代农业企业与新型农村合作社，可以本书设计的区域收入保险为基础，将区域农产品产量指标转变为农业企业或新型农村合作社的实际历史产量。

二、农产品"收入保险+期货"方案设计的具体内容

(一) 承保区域与保险期间的选择

农产品"收入保险+期货"方案的目的是保障农作物的"成本+基本收益",故该方案的承保区域为农作物的主产区。如玉米的主产区包括内蒙古、吉林、辽宁、黑龙江、河北、山东与河南等,小麦的主产区包括安徽、湖北、江苏、河北、山西、河南、山东、四川、陕西等。本书设计的农产品"收入保险+期货"方案中收入保险的类型为区域收入保险。单位承保区域较大时,农户面临较大的基差风险,不足以为农户提供充分的收入保障;较小的单位承保区域会增加保险公司的经营管理费用。此外,收入保险的费率厘定对农产品价格与产量保险要求较高,故本书以省级为单位为农户提供收入保险。

农产品"收入保险+期货"方案同时承保农产品的产量与价格风险,保险期间的正确选择既能降低农户或种植企业的保费负担,又能指导农户或种植企业合理规划种植结构,故需依据农作物的实际生长售卖时间设定保险承保期间。保险期间需开始于农作物的播种期,保险期间结束时间取决于农作物储存的难易程度,不易存储农作物的保险结束时间为农作物的收获期,易存储农作物的保险结束时间可依据实际情况适当延长。

(二) 保障价格与产量指标的选择

农产品"收入保险+期货"方案中区域性收入保险是指数保险,指数保险的一大特点是参保农户面临基差风险,且指数的选择直接决定了农户所需承担基差风险的大小。区域收入保险以省级为单位,包括农产品价格与产量两个指数,农产品的产量指标是省级亩均产量。国内现有农产品收入保险产品设计与定价相关文献中价格指数均是农产品期货价格(谢凤杰、王尔大和朱阳,2011[1];吴银毫,2017[2];谢凤杰、吴东立和赵思喆,2017[3];晁娜娜、杨汭华

---

[1] 谢凤杰、王尔大、朱阳:《基于 Copula 方法的作物收入保险定价研究——以安徽省阜阳市为例》,《农业技术经济》,2011 年第 4 期,第 41~49 页。

[2] 吴银毫:《我国经济作物收入保险定价研究——以阿克苏棉花为例》,《金融理论与实践》,2017 年第 1 期,第 102~106 页。

[3] 谢凤杰、吴东立、赵思喆:《基于 Copula 方法的大豆收入保险费率测定:理论与实证》,《农业技术经济》,2017 年第 2 期,第 111~121 页。

第七章 农产品"收入保险+期货"的方案设计与定价

和罗少凡,2017[①];冯文丽、郭亚慧,2017[②];徐婷婷、孙蓉和崔微微,2017[③])。由本书第二章农产品价格波动风险的测度结果可知农产品期货市场的价格波动风险远小于各农产品主产区的价格波动风险,第五章得出农产品现货价格保险再保险与场外看跌期权费用的差异较大,所以以农产品期货价格为指数不能满足农户价格风险保障的实际需求,故本书将农产品价格指数设定为农产品的省级现货价格。

(三)保障收入的设定

农产品"收入保险+期货"方案中区域收入保险保障收入取决于保障价格与产量的选择。依据美国农作物"收入保险+期货"保障产量与国内现有相关文献保障产量的设定方式,本书设计方案中农产品的保障产量由过去三年产量的平均值确定。本书第五章以保障农户"成本+基本收益"为目的,将农产品现货价格保险的目标价格设定为过去三年的历史平均价格,这里仍以此为标准设定区域收入保险的目标价格。可见,保障收入为农产品过去三年的平均价格与平均产量的乘积。同一省级区域内,县级农产品价格的不同主要体现在运输费用上,但农产品产量的不同却与当地农作物的生长环境息息相关,为降低农户面临的基差风险,可设定70%~100%的多种保障水平。农户可依据自身保费负担能力与风险保障需求灵活选择合适的保障水平。

(四)保险理赔规则

由农产品"收入保险+期货"收入保障的设定及农户选择的保障水平,计算可得设计方案的每亩保险金额,则亩均保险金额=省级目标亩均产量×省级目标价格×保障水平。保险合同到期后,农产品的实际亩均收入是省级实际价格与亩均产量的乘积。只要农产品的实际亩均收入低于亩均保险金额,农户即可获得赔付,保险赔款=max(0,(亩均保险金额-亩均实际收入)×承保面积)。

[①] 晁娜娜、杨汭华、罗少凡:《基于Copula模型的棉花收入保险费率测算研究》,《统计研究》,2017年第8期,第92~99页。

[②] 冯文丽、郭亚慧:《基于Copula方法的河北省玉米收入保险费率测算》,《保险研究》,2017年第8期,第19~28页。

[③] 徐婷婷、孙蓉、崔微微:《经济作物收入保险及其定价研究——以陕西苹果为例》,《保险研究》,2017年第11期,第33~43页。

三、农产品"收入保险＋期货"方案设计的特色

（一）保险公司作为单一的风险承保主体

我国农产品"收入保险＋期货"现存试点中保险公司将价格风险完全转移给期货公司，甚至还将部分产量风险转化为价格风险一并转移给期货公司，且现有模式中收入保险多由期货公司设计。保险公司直接与农户签订保险合同，是农户收入损失的最后责任人，即便期货公司违约，保险公司仍需赔付农户损失，其地位极其尴尬。本书设计的农产品"收入保险＋期货"方案中保险公司仅将部分价格风险转移至期货公司，保留了一定的盈利空间，期货公司仅作为价格保险再保险的提供者，保险公司成为该方案中唯一的风险承保主体。

（二）以农产品现货价格为价格指数减少农户的基差风险

与国内现存农产品"收入保险＋期货"试点实践不同，本书设计方案中区域收入保险将农产品省级现货价格作为农产品价格指数。对于价格风险，农户的基差风险由农产品实际售卖价格与期货市场价格之差变为农户实际售卖价格与农产品省级现货价格之差。省级现货价格是省内农产品价格的均值，而期货市场是全国农产品市场现货与期货市场供求的综合反映，可见省级农产品现货价格与农户实际售卖价格更为接近，农户承担的基差风险显著降低。

第二节 农产品"收入保险＋期货"的定价模型

本书设计的农产品"收入保险＋期货"方案中区域收入保险同时承保农作物的价格与产量风险，其定价过程可以分为四个步骤：①计算农产品价格与单产的边际分布；②估计农产品单产与价格的相关性；③运用蒙特卡洛方法模拟农产品价格与单产相关的数据；④计算不同保障水平下的收入保险费率。农业保险定价中常用参数法与非参数法模拟农产品价格与产量风险的分布，可见农产品"收入保险＋期货"定价的关键在于找到能够反映农产品价格与产量之间关系的函数。线性回归法与多元经验分布函数等方法都可以用来描述变量之间的相关关系，但均存在一定的缺陷。线性回归法能反映变量之间的线性关系，不能捕捉变量之间的非线性相关关系；多元经验分布函数法只有在大样本条件下才有效。Copula函数几乎包含了随机变量所有的相关信息，在不确定变量

之间是否仅存在线性相关关系的条件下,Copula 函数能包含更多的变量之间的相关信息(李霞,2014[①])。此外,Copula 函数还可灵活设定边缘分布的函数形式,被广泛应用于收入保险的定价之中。

一、农产品价格与单产风险相关性测度的 Copula 函数

(一) Copula 函数的定义

Copula 是拉丁语,原意是"连接",其概念最早由 Sklar 于 1959 年回答关于多维分布函数与低维边缘分布函数之间的关系时引入。Copula 起初主要用于概率度量空间理论,后被用于度量随机变量之间的相关关系。国外学者 Nelsen 于 1998 年全面详细阐述了 Copula 函数的含义与性质。Copula 函数是把随机变量 X_1, X_2, $\cdots$, X_N 的联合分布函数 $F(x_1, x_2, \cdots, x_N)$ 连接各自的边缘分布函数 $F_{X_1}(x_1)$, $F_{X2}(x_2)$, $\cdots$, $F_{X_N}(x_N)$ 的连接函数,即函数 $C(u_1, u_2, \cdots u_n)$,使得

$$F(x_1, x_2, \cdots, x_N) = C[F_{X_1}(x_1), F_{X2}(x_2), \cdots, F_{X_N}(x_N)] \quad (7.1)$$

本书中区域收入保险的定价主要使用二元 Copula 函数,下面主要介绍二元 Copula 函数的定义与性质。

(1) 二元 Copula 函数是指满足以下性质的函数 $C(u, v)$:

①$C(u, v)$ 的定义域为 $[0, 1] \times [0, 1]$;

②$C(u, v)$ 有零基面,并且是二维递增的;

③对任意的 $u, v \in [0, 1]$,满足 $C(u, 1) = C(1, v) = v$。

假定 $F(x)$ 与 $G(y)$ 是连续的一元分布函数,令 $U = F(x)$ 与 $V = G(y)$,可知 U, V 均服从 $[0, 1]$ 上的均匀分布,则 $C(u, v)$ 是一个边缘分布均为 $[0, 1]$ 上均匀分布的二元联合分布函数,对于定义域内的任一点 (u, v),则有 $0 \leq C(u, v) \leq 1$。

令 $H(x, y)$ 为具有边缘分布 $F(x)$ 与 $G(y)$ 的二元联合分布函数,则存在一个 Copula 函数 $C(u, v)$ 满足

$$H(x, y) = C(F(x), G(y)) \quad (7.2)$$

若 $F(x)$ 与 $G(y)$ 是连续函数,则 $C(u, v)$ 唯一确定;反之,若 $F(x)$ 与 $G(y)$ 为一元分布函数,$C(u, v)$ 是一个 Copula 函数,则由式 (7.2) 确定的

[①] 李霞:《COPULA 方法及其应用》,经济管理出版社,2014 年,第 1 页。

$H(x, y)$ 是具有边缘分布 $F(x)$ 与 $G(y)$ 的二元联合分布函数。

(2) 二元 Copula 函数满足以下性质：

①$C(u, v)$ 关于每一个变量都是单调非降的，即若保持一个变量不变，$C(u, v)$ 会随着另一个变量的增大而增大或不变。

②对于任意的 $u, v \in [0, 1]$，$C(u, 0) = C(0, v) = 0$，$C(u, 1) = u$，$C(1, v) = v$，只要其中一个变量为零，其 Copula 函数值就是 0；若一个变量为 1，其 Copula 函数值就是另一个变量。

③对于任意的 $0 \leqslant u_1 \leqslant u_2 \leqslant 1$ 和 $0 \leqslant v_1 \leqslant v_2 \leqslant 1$，有

$$C(u_2, v_2) - C(u_2, v_1) - C(u_1, v_2) + C(u_1, v_1) \geqslant 0 \quad (7.3)$$

④对于任意的 $u_1, u_2, v_1, v_2 \in [0, 1]$，有 $|C(u_2, v_2) - C(u_1, v_1)| \leqslant |u_2 - u_1| + |v_2 - v_1|$。

⑤对于任意的 $u, v \in [0, 1]$，$\max(u + v - 1, 0) \leqslant C(u, v) \leqslant \min(u, v)$。令 $C^-(u, v) = \max(u + v - 1, 0)$，$C^+(u, v) = \min(u, v)$，则称 $C^-(u, v)$ 和 $C^+(u, v)$ 分别为 Fréchet 的上界与下界，其给出了任一个二元 Copula 函的 $C(u, v)$ 边界。

⑥若 U, V 独立且同服从 $[0, 1]$ 上的边缘分布，则 $C(u, v) = uv$。

(二) Copula 函数的类型

1. 椭圆 Copula 函数

椭圆 Copula 函数是一类具有椭圆形轮廓线分布的函数，其中正态 Copula 函数与 t－Copula 函数应用最为普遍。该类函数具有可以构造不同相依程度的边缘分布的优点，但其分布函数没有封闭表达形式且都是径向对称的。

N 元正态或高斯 Copula 分布函数和密度函数的表达式分别为

$$C(u_1, u_2, \cdots, u_N; \boldsymbol{\rho}) = \Phi_\rho(\Phi^{-1}(u_1), \Phi^{-1}(u_2), \cdots, \Phi^{-1}(u_N)) \quad (7.4)$$

$$c(u_1, u_2, \cdots, u_N; \boldsymbol{\rho}) = \frac{\partial^N C(u_1, u_2, \cdots, u_N; \boldsymbol{\rho})}{\partial_{u_1} \partial_{u_2} \cdots \partial_{u_N}} = |\boldsymbol{\rho}|^{-\frac{1}{2}} \exp\left[-\frac{1}{2}\boldsymbol{\xi}'(\boldsymbol{\rho}^{-1} - \boldsymbol{I})\boldsymbol{\xi}\right] \quad (7.5)$$

其中，$\boldsymbol{\rho}$ 为对角线上的元素全为 1 的 N 阶对称正定矩阵，$|\boldsymbol{\rho}|$ 为矩阵 $\boldsymbol{\rho}$ 的行列式；Φ_ρ 表示相关系数矩阵为 $\boldsymbol{\rho}$ 的 N 元标准正态分布的分布函数，它的边

缘分布均服从标准正态分布，Φ^{-1} 是标准正态分布函数的逆函数；I 为单位矩阵；$\xi' = [\Phi^{-1}(u_1), \Phi^{-1}(u_2), \cdots, \Phi^{-1}(u_N)]$。二元正态 Copula 函数可表示为

$$C^{norm}(u, v; \boldsymbol{\rho}) = \int_{-\infty}^{-\Phi^{-1}(u)} \int_{-\infty}^{-\Phi^{-1}(v)} \frac{1}{2\pi\sqrt{1-\boldsymbol{\rho}^2}} \exp\left[-\frac{s^2 - 2\boldsymbol{\rho}st + t^2}{2(1-\boldsymbol{\rho}^2)}\right] ds\, dt \tag{7.6}$$

N 元 t-Copula 分布函数和密度函数的表达式分别为

$$C(u_1, u_2, \cdots, u_N; \boldsymbol{\rho}, k) = t_{p,k}[t_k^{-1}(u_1), t_k^{-1}(u_2), \cdots, t_k^{-1}(u_N)] \tag{7.7}$$

$$c(u_1, u_2, \cdots, u_N; \boldsymbol{\rho}, k) = |\boldsymbol{\rho}|^{-\frac{1}{2}} \frac{\Gamma\left(\frac{k+N}{2}\right)\left[\Gamma\left(\frac{k}{2}\right)\right]^{N-1}}{\left[\Gamma\left(\frac{k+1}{2}\right)\right]^N} \times \frac{\left(1 + \frac{1}{k}\boldsymbol{\xi}'\boldsymbol{\rho}^{-1}\boldsymbol{\xi}\right)^{-\frac{k+N}{2}}}{\prod_{i=1}^{N}\left(1 + \frac{\xi_i^2}{k}\right)^{-\frac{k+1}{2}}} \tag{7.8}$$

其中，$t_{p,k}$ 表示相关系数矩阵为 $\boldsymbol{\rho}$、自由度为 k 的标准 N 元 t 分布的分布函数；t_k^{-1} 表示自由度为 k 的一元 t 分布的逆函数；$\xi' = [t_k^{-1}(u_1), t_k^{-1}(u_2), \cdots, t_k^{-1}(u_N)]$。二元 t-Copula 函数可表示为

$$C^t(u, v; \boldsymbol{\rho}, k) = \int_{-\infty}^{t_k^{-1}(u)} \int_{-\infty}^{t_k^{-1}(v)} \frac{1}{2\pi\sqrt{1-\boldsymbol{\rho}^2}} \exp\left[1 + \frac{s^2 - 2\boldsymbol{\rho}st + t^2}{k(1-\boldsymbol{\rho}^2)}\right]^{-(k+2)/2} ds\, dt \tag{7.9}$$

2. 阿基米德 Copula 函数

阿基米德 Copula 函数的定义由 Genest 和 Mackay（1986）给出，其表达式为

$$C(u_1, u_2, \cdots, u_N) = \begin{cases} \varphi^{-1}(\varphi(u_1), \varphi(u_2), \cdots, \varphi(u_N)), & \sum_{i=1}^{N} \varphi(u_i) \leqslant \varphi(0) \\ 0, & \text{其他} \end{cases} \tag{7.10}$$

其中，$\varphi(u)$ 为阿基米德 Copula 函数 $C(u_1, u_2, \cdots, u_N)$ 的生成元，满

足 $\varphi(1)=0$,对任意 $u\in[0,1]$,有 $\varphi'(u)<0$,$\varphi''(u)>0$,即生成元 $\varphi(u)$ 是一个凸的减函数。$\varphi^{-1}(u)$ 是 $\varphi(u)$ 的反函数,在区间 $[0,+\infty]$ 上连续并且单调非增。阿基米德 Copula 函数由其生成元唯一确定。

若生成元是 $(-\ln t)^\alpha$,阿基米德 Copula 函数为 Gumble Copula 函数,二元 Gumble Copula 函数的表达式为

$$C(u,v;\alpha)=\exp\{-[(-\ln u)^\alpha+(-\ln v)^\alpha]^{1/\alpha}\} \tag{7.11}$$

若生成元是 $\frac{1}{\theta}(t^{-\alpha}-1)$,阿基米德 Copula 函数为 Clayton Copula 函数,二元 Clayton Copula 函数的表达式为

$$C(u,v;\alpha)=\max[(u^{-\alpha}+v^{-\alpha}-1)^{-1/\alpha},0] \tag{7.12}$$

若生成元是 $\ln\frac{e^{-\alpha t}-1}{e^{-\alpha}-1}$,阿基米德 Copula 函数为 Frank Copula 函数,二元 Frank Copula 函数的表达式为

$$C(u,v;\alpha)=-\frac{1}{\alpha}\ln\left(1+\frac{(e^{-\alpha u}-1)e^{-\alpha v}-1}{e^{-\alpha}-1}\right) \tag{7.13}$$

(三) Copula 函数的参数估计

若选用参数法模拟农产品价格分布,则边缘分布与 Copula 函数中均含有未知参数,需要对其进行参数估计。极大似然估计、分步估计与半参数估计是常用的参数估计方法,本书选用分步估计法估计构建模型中边缘分布的参数 θ_1、θ_2 与 Copula 函数中的参数 α。分步估计法以极大似然估计为基础,故先介绍二元 Copula 函数的极大似然估计。设连续随机变量 X,Y 的边缘分布函数分别为 $F(x,\theta_1)$ 和 $G(y,\theta_2)$,边缘密度函数分别为 $f(x,\theta_1)$ 和 $g(y,\theta_2)$。Copula 函数的密度函数为 $c(u,v;\alpha)=\frac{\partial^2 C(u,v;\alpha)}{\partial u \partial v}$,则 (X,Y) 的联合分布函数为:

$$H(x,y;\theta_1,\theta_2,\alpha)=C[F(x,\theta_1),G(y,\theta_2);\alpha] \tag{7.14}$$

进而可得 (X,Y) 的联合密度函数:

$$h(x,y;\theta_1,\theta_2,\alpha)=\frac{\partial^2 H}{\partial x \partial y}=c[F(x,\theta_1),G(y,\theta_2);\alpha]f(x,\theta_1)g(y,\theta_2) \tag{7.15}$$

可得样本 $(X_i, Y_i)(i=1, 2, \cdots, n)$ 的对数似然函数：

$$\ln L(\theta_1, \theta_2, \alpha) = \sum_{i=1}^{N} \ln c[F(x, \theta_1), G(y, \theta_2); \alpha] + \sum_{i=1}^{N} f(x_i, \theta_1) + \sum_{i=1}^{N} g(y_i, \theta_2)$$
(7.16)

分步估计法先由边缘分布利用最大似然估计法求出参数 θ_1，θ_2 的估计值

$$\hat{\theta}_1 = \text{argmax} \sum_{i=1}^{N} \ln f(x_i; \theta_1) \quad (7.17)$$

$$\hat{\theta}_2 = \text{argmax} \sum_{i=1}^{N} \ln f(x_i; \theta_2) \quad (7.18)$$

然后把 θ_1，θ_2 代入式（7.16）中的第一项，求出 Copula 函数中未知参数 α 的估计

$$\hat{\alpha} = \text{argmax} \sum_{i=1}^{n} \ln c[F(x_i; \hat{\theta}_1) G(y_i; \hat{\theta}_2); \alpha] \quad (7.19)$$

（四）Copula 函数的相关性测度

随机变量间关系的度量方法多种多样，如 Pearson 线性相关系数、Kendall 秩相关系数与 Spearman 秩相关系数和尾部相关系数等，本书运用 Kendall 秩相关系数。

二元正态 Copula 与 t-Copula 的 Kendall 秩相关系数为

$$\tau_{\text{norm}} = \tau_t = \frac{2\arcsin\rho}{\pi} \quad (7.20)$$

二元 Gumble Copula 的 Kendall 秩相关系数为

$$\tau_{\text{Gumble}} = 1 - \frac{1}{\alpha} \quad (7.21)$$

二元 Clayton Copula 的 Kendall 秩相关系数为

$$\tau_{\text{Clayton}} = \frac{\alpha}{2+\alpha} \quad (7.22)$$

二元 Frank Copula 的 Kendall 秩相关系数为

$$\tau_{\text{Frank}} = 1 + \frac{4[D_1(\alpha) - 1]}{\alpha} \quad (7.23)$$

(五) Copula 函数的选择标准

为选择合适的 Copula 函数,我们构建经验 Copula 函数,设取自总体的样本为 $(X_i, Y_i)(i=1, 2, \cdots, n)$,$(X, Y)$ 的经验分布函数分别为 $F_n(x)$ 和 $G_n(y)$,则样本的经验 Copula 函数为

$$\hat{C}_n(u,v;\alpha) = \frac{1}{n}\sum_{i=1}^{n} I_{[F_n(x_i)\leqslant u]} I_{[G_n(y_i)\leqslant v]}, u,v \in [0,1] \quad (7.24)$$

其中,$I_{[\cdot]}$ 为示性函数,当 $F_n(x_i)\leqslant u$ 时,$I_{[F_n(x_i)\leqslant u]}=1$,否则 $I_{[F_n(x_i)\leqslant u]}=0$。由此即可计算二元 Copula 估计函数与经验 Copula 函数的平方欧式距离

$$d^2 = \sum_{i=1}^{n} |\hat{C}_n(u,v;\alpha) - \hat{C}(u,v;\alpha)|^2 \quad (7.25)$$

其中,$\hat{C}(u, v; \alpha)$ 为二元椭圆 Copula 或阿基米德 Copula 模拟原始数据的估计结果,d^2 越小说明模型拟合效果越好。

二、农产品"收入保险+期货"的费率测算过程

本书设计的农产品"收入保险+期货"方案中区域收入保险费率测算的一般过程如下:

(1) 模拟农产品价格与单产的风险分布,获得农产品价格与单产的边际分布分别为 $F(x)$ 和 $G(y)$。由于农产品生产需要特定的气候条件,外加其具有特定的生长周期,多数农产品一年只能种一季,故农产品产量数据多是年度数据。农产品价格数据需与产量数据一一对应,农产品价格与产量的年度数据有限,属于小样本数据,故国内外学者常用参数法模拟农产品价格与单产的分布。国外学者多认为产量风险服从 Weibll 与 Beta 分布(Goodwin 和 Hungerford,2015[①]),价格风险服从 Log-normal 分布。美国收入保障保险(RP)与区域收入保险(ARH)均假设价格风险服从 Log-normal 分布。

(2) 构建农产品价格与单产风险分布的联合分布函数。分别运用 Gauss Copula、t-Copula、Gumbel Copula、Clayton Copula 与 Frank Copula 五种

---

① Barry K Goodwin, Ashley Hungerford: Copula-Based models of systemic risk in U. S. agriculture: implications for crop insurance and reinsurance contracts, American journal of agricultural economics, 2015 (3): 879-896.

Copula 函数构建农产品价格与单产风险的分布,并采用两步估计法估计各种 Copula 函数的参数。分别计算各 Copula 函数假设下的平方欧式距离,平方欧式距离最小的 Copula 函数即为最优选择。

(3) 运用蒙特卡洛模拟获得收入分布序列。依据选定的 Copula 函数 $C(F(x),G(y))$,运用蒙特卡洛模拟方法生成服从[0,1]均匀分布的 N 个农产品价格与单产风险的概率分布函数数据(u,v)。依据公式 $x=F^{-1}(u)$ 与 $y=G^{-1}(v)$ 获得农产品价格与单产风险的数据,再由数据处理过程计算农产品价格与单产数据,二者的乘积即为模拟的农产品收入序列 Y。

(4) 计算区域收入保险保费。依据前文区域收入保险的赔付规则可知,保险合同到期时若农户实际收入高于合同约定保障收入,保险公司无须赔付。设保障收入为 Y,保障水平为 α,则农户实际收入的预期损失 $\bar{Y}$ 为:

$$\bar{Y}=\text{prob}(\dot{Y}<\alpha Y)\times[\alpha Y-E(\dot{Y}|\dot{Y}<\alpha Y)] \tag{7.26}$$

则不同保障水平下区域收入保险的纯费率 r 为:

$$r=\frac{\bar{Y}}{\alpha Y} \tag{7.27}$$

第三节 农产品"收入保险+期货"定价的实证研究:以玉米为例

由于玉米临时收储政策连续实施多年,托市收购价格连年提高,致使国内玉米价格明显高于国际价格,出现玉米进口量与库存量齐高的现象。基于此,国家已于 2016 年 6 月推出玉米生产者补贴制度,实行"市场化收购+亩均定额补贴"的机制。实施几年,尽管玉米生产者补贴制度已取得一定的成效,但仍存在面积核实成本较高、财政压力巨大、补贴标准确定难及种植结构调整难等问题。我国玉米期货上市较早且发展迅速,至 2017 年玉米成交量近 1.3 亿手,成交额达到 21070.91 亿元[①],且部分学者已通过实证研究证明玉米期货

---

① 数据来源于中国期货业协会,http://www.cfachina.org/servicesupport/researchandpublishin/statisticalsdata/monthlytransactiondata/201801/t20180102_8558.html。

农产品"保险+期货"的方案设计与定价
——基于农产品价格调控机制

市场具备价格发现功能（田彩云和郭心义，2006[①]；陈雨生和乔娟，2008[②]；贾兆立、白玫和王海军等，2008[③]；闫云仙，2010[④]）。玉米不仅是我国重要的粮食作物，还是重要的饲料与工业原材料，其价格与单产数据信息相对完善，故以玉米为例进行"收入保险+期货"定价的实证研究。

一、数据来源与处理

本书农产品"收入保险+期货"方案设计以保障农户或种植企业的"成本+基本收益"为目的，故选取河北、内蒙古、辽宁、吉林、黑龙江、山东与河南七大主产区进行玉米"收入保险+期货"定价的实证研究。采用七大主产区1998年至2016年亩均产量数据与平均出售价格[⑤]，各共19个数据。玉米七大主产区的单产数据来源于国家统计局，价格数据来源于历年《全国农产品成本收益资料汇编》。玉米价格与产量数据的时间跨度较大，数据是非平稳的，需对数据进行处理。价格数据转化为反映价格波动风险的数据，首先对数据进行去除通货膨胀因素的处理，再采用 $R_t = \ln S_t - \ln S_{t-1}$ 公式将价格数据转化为年对数收益率数据，其中 S_t 为第 t 年的各主产区玉米的平均出售价格。采用直线法分离七大主产区玉米单产 Y_t 的趋势成分 YT_t 与随机波动成分 e_t，将玉米数据转化为玉米单产波动数据 $y_t = e_t / YT_t$。七大主产区玉米价格与单产数据处理之后的均是平稳序列，ADF平稳性检验结果如表7-1所示。七大主产区玉米价格与单产数据处理之后的描述性统计结果见表7-2与7-3，由Jarque-Bera统计量结果可知，部分玉米主产区的年价格对数收益率与产量波动率不能拒绝服从正态分布的假设。

[①] 田彩云、郭心义：《我国玉米期货市场发现价格功能的实证分析》，《中国农村经济》，2006年第6期，第52~57、71页。

[②] 陈雨生、乔娟：《中国玉米期货市场套期保值功能的实证分析》，《农业技术经济》，2008年第2期，第31~37页。

[③] 贾兆立、白玫、王海军等：《中国玉米期货市场价格发现功能的实证分析》，《数学的实践与认识》，2008年第15期，第81~85页。

[④] 闫云仙：《中国玉米期货市场价格发现功能的实证分析——基于有向无环图的应用》，《中国农村经济》，2010年第7期，第39~46页。

[⑤] 平均出售价格指每50公斤玉米主产品平均出售价格，即玉米指脱粒后粒子的平均出售价格。

第七章 农产品"收入保险+期货"的方案设计与定价

表7-1 全国七大主产区玉米价格和单产数据处理后的 ADF 平稳性检验

检验类型		价格风险			产量风险		
		对数收益率	t-Statistic	Prob.*	波动率	t-Statistic	Prob.*
Augmented Dickey-Fuller test statistic		R1	-4.309240	0.0043	y1	-4.483214	0.0034
		R2	-3.260423	0.0338	y2	-5.507444	0.0005
		R3	-2.855889	0.0716	y3	-5.985932	0.0002
		R4	-2.863056	0.0707	y4	-7.988459	0.0000
		R5	-4.912753	0.0017	y5	-5.652262	0.0005
		R6	-5.267983	0.0007	y6	-4.788199	0.0022
		R7	-4.212214	0.0053	y7	-4.401428	0.0040
Test critical values	1% level			-3.439294			
	5% level			-2.865377			
	10% level			-2.56887			

注：R1、R2、R3、R4、R5、R6 与 R7 分别表示河北、内蒙古、辽宁、吉林、黑龙江、山东与河南七大主产区价格年对数收益率；y1、y2、y3、y4、y5、y6 与 y7 分别表示河北、内蒙古、辽宁、吉林、黑龙江、山东与河南七大主产区单产波动率。

表7-2 全国七大主产区玉米价格处理后的描述性统计

描述性统计量	R1	R2	R3	R4	R5	R6	R7
Mean	0.007999	0.008517	0.012577	0.011077	0.008919	0.007253	0.007397
Median	0.019121	0.027720	0.028814	0.020534	0.026272	0.016038	0.012211
Maximum	0.099074	0.068618	0.085071	0.099831	0.088139	0.087868	0.089364
Minimum	-0.123835	-0.130025	-0.134161	-0.191804	-0.184911	-0.156643	-0.141148
Std. Dev.	0.063582	0.057988	0.060406	0.064770	0.072070	0.064348	0.063945
Skewness	-0.580371	-1.191328	-1.017812	-1.696130	-1.273003	-1.039368	-0.777622
Kurtosis	2.338691	3.403823	3.353743	6.489471	4.172631	3.560237	2.964718
Jarque-Bera	1.338488 (0.512096)	4.380094 (0.111911)	3.201673 (0.201728)	17.76287 (0.000139)	5.892911 (0.052526)	3.476260 (0.175849)	1.815023 (0.403527)
Sum	0.143976	0.153300	0.226381	0.199393	0.160543	0.130562	0.133148
Sum Sq. Dev.	0.068725	0.057165	0.062031	0.071318	0.088299	0.070392	0.069513
Observations	18	18	18	18	18	18	18

注：R1、R2、R3、R4、R5、R6 与 R7 分别表示河北、内蒙古、辽宁、吉林、黑龙江、山东与河南七大主产区价格年对数收益率，() 内为 Jarque-Bera 统计量的 P 值。

表 7-3 全国七大主产区玉米单产数据处理后的描述性统计

描述性统计量	y1	y2	y3	y4	y5	y6	y7
Mean	-0.007641	-0.007474	-0.010262	-0.018606	-0.010745	0.001360	-0.002989
Median	-0.009570	0.006467	0.027408	-0.014634	0.005900	0.014592	0.027877
Maximum	0.053116	0.046119	0.148681	0.182069	0.130080	0.048150	0.087463
Minimum	-0.082442	-0.087473	-0.333635	-0.261390	-0.252939	-0.124836	-0.365096
Std. Dev.	0.038516	0.037067	0.124648	0.102746	0.090090	0.043480	0.108720
Skewness	-0.060027	-0.708788	-1.053992	-0.472468	-0.972562	-1.317192	-2.252820
Kurtosis	2.072121	2.527699	3.626902	3.466830	3.991351	4.803520	7.992421
Jarque-Bera	0.656529 (0.720173)	1.674441 (0.432912)	3.627449 (0.163046)	0.833124 (0.659309)	3.574714 (0.167402)	7.644496 (0.021879)	33.91880 (0.000000)
Sum	-0.137544	-0.134531	-0.184722	-0.334913	-0.193414	0.024487	-0.053805
Sum Sq. Dev.	0.025219	0.023358	0.264131	0.179463	0.137975	0.032138	0.200941
Observations	18	18	18	18	18	18	18

注：y1、y2、y3、y4、y5、y6 与 y7 分别表示河北、内蒙古、辽宁、吉林、黑龙江、山东与河南七大主产区单产波动率，( ) 内为 Jarque-Bera 统计量的 P 值。

二、玉米单产与价格风险分布模型的选择

由于七大主产区玉米价格与单产风险的样本数据个数均小于 20，属于小样本数据，故本书采用参数法模拟价格与单产风险的分布。结合国内外现有收入保险定价文献中价格与单产风险的分布，本书选择 Weibull（3P）、Burr（4P）、Log-Logistic（3P）、Logistic、Lognormal（3P）、Normal 与 Gamma（3P）七类分布分别模拟玉米七大主产区的价格对数收益率与产量波动率数据。分别用 K-S、A-D 与卡方检验三类方法检验七大主产区价格与单产风险分布的合适分布，若三种方法排序不一致时，以 A-D 检验结果为准，检验结果见表 7-4 和 7-5。河北、内蒙古、辽宁、吉林、黑龙江、山东与河南七大主产区价格风险分布分别选择 Weibull（3P）、Burr（4P）、Burr（4P）、Burr（4P）、Weibull（3P）、Weibull（3P）与 Log-Logistic（3P）分布，单产风险分布分别选择 Gamma（3P）、Weibull（3P）、Burr（4P）、Burr（4P）、Burr（4P）、Burr（4P）与 Burr（4P）分布，各分布的参数如表 7-6 所示。

表7-4 全国玉米七大主产区价格风险概率分布的拟合优度检验结果

价格风险	Distribution	Kolmogorov Smirnov		Anderson Darling		Chi-Squared	
		Statistic	Rank	Statistic	Rank	Statistic	Rank
R1	Weibull (3P)	0.10663	1	0.19875	1	0.31489	1
	Burr (4P)	0.10683	2	0.19936	2	0.31789	2
	Log-Logistic (3P)	0.12426	3	0.39903	3	0.85896	5
	Logistic	0.14526	4	0.49399	6	1.76630	7
	Lognormal (3P)	0.15157	6	0.46504	5	0.83636	4
	Normal	0.14783	5	0.41866	4	0.87217	6
	Gamma (3P)	0.16078	7	0.49996	7	0.82753	3
R2	Burr (4P)	0.11220	1	0.44307	1	0.53889	2
	Weibull (3P)	0.11352	2	0.44580	2	0.54612	3
	Log-Logistic (3P)	0.15328	3	0.75527	3	0.48431	1
	Logistic	0.18309	6	0.96160	4	1.35200	4
	Normal	0.18112	4	0.97567	5	2.69980	7
	Lognormal (3P)	0.18276	5	1.01900	6	2.67220	6
	Gamma (3P)	0.19420	8	1.06860	7	2.20670	5
R3	Burr (4P)	0.08323	1	0.20227	2	0.27610	3
	Gamma (3P)	0.16519	7	0.70288	7	0.76755	5
	Log-Logistic (3P)	0.11530	3	0.42015	3	0.11769	2
	Logistic	0.14974	5	0.54949	4	0.11439	1
	Lognormal (3P)	0.14024	4	0.58016	5	0.77822	6
	Normal	0.15047	6	0.58257	6	0.78566	7
	Weibull (3P)	0.08454	2	0.20159	1	0.27819	4

续表7—4

价格风险	Distribution	Kolmogorov Smirnov		Anderson Darling		Chi-Squared	
		Statistic	Rank	Statistic	Rank	Statistic	Rank
R4	Burr (4P)	0.12740	2	0.25957	1	0.86560	2
	Gamma (3P)	0.22726	7	1.03020	7	1.25510	6
	Log-Logistic (3P)	0.12408	1	0.39671	3	1.25120	4
	Logistic	0.19788	5	0.66818	4	1.27930	7
	Lognormal (3P)	0.20661	4	0.86155	6	1.25240	5
	Normal	0.20725	6	0.85297	5	0.17576	1
	Weibull (3P)	0.12808	3	0.25985	2	0.86815	3
R5	Burr (4P)	0.12429	2	0.36274	2	0.15460	3
	Gamma (3P)	0.21830	7	0.86629	7	1.44470	7
	Log-Logistic (3P)	0.13250	3	0.53456	3	0.03605	1
	Logistic	0.19935	4	0.70365	4	1.37120	4
	Lognormal (3P)	0.20973	6	0.80381	6	1.40630	5
	Normal	0.20855	5	0.77122	5	1.41800	6
	Weibull (3P)	0.12100	1	0.33612	1	0.12860	2
R6	Burr (4P)	0.11477	1	0.17077	2	0.27087	3
	Gamma (3P)	0.14883	6	0.61171	7	1.01040	6
	Log-Logistic (3P)	0.11957	3	0.35067	3	0.21321	1
	Logistic	0.15866	7	0.46515	4	1.27830	7
	Lognormal (3P)	0.14774	5	0.56079	6	0.58039	5
	Normal	0.13766	4	0.49328	5	0.56327	4
	Weibull (3P)	0.11691	2	0.16138	1	0.24611	2

续表7-4

价格风险	Distribution	Kolmogorov Smirnov		Anderson Darling		Chi-Squared	
		Statistic	Rank	Statistic	Rank	Statistic	Rank
R7	Burr (4P)	0.13340	3	0.21424	1	1.18910	6
	Gamma (3P)	0.13448	6	0.42329	7	0.21471	1
	Log-Logistic (3P)	0.11977	1	0.30433	3	0.26147	2
	Logistic	0.14476	7	0.37512	4	0.39157	5
	Lognormal (3P)	0.13251	4	0.41599	6	0.30426	4
	Normal	0.12832	2	0.37659	5	0.27735	3
	Weibull (3P)	0.13345	5	0.21436	2	1.19410	7

注：R1、R2、R3、R4、R5、R6 与 R7 分别表示河北、内蒙古、辽宁、吉林、黑龙江、山东与河南七大主产区价格年对数收益率，Rank 指各分布统计量由小到大的排序。

表 7-5 全国玉米七大主产区单产风险概率分布的拟合优度检验结果

单产风险	Distribution	Kolmogorov Smirnov		Anderson Darling		Chi-Squared	
		Statistic	Rank	Statistic	Rank	Statistic	Rank
y1	Burr (4P)	0.15019	6	0.36597	4	0.23321	6
	Gamma (3P)	0.14486	2	0.33790	1	0.25085	7
	Log-Logistic (3P)	0.14790	3	0.37371	6	0.19541	2
	Logistic	0.15925	7	0.45130	7	0.17988	1
	Lognormal (3P)	0.14984	5	0.35886	3	0.23212	5
	Normal	0.14346	1	0.34134	2	0.20209	3
	Weibull (3P)	0.14912	4	0.36652	5	0.22064	4
y2	Burr (4P)	0.14670	2	0.25829	2	0.35070	1
	Gamma (3P)	0.21596	7	0.63913	7	0.57415	6
	Log-Logistic (3P)	0.16857	3	0.47830	3	0.46703	3
	Logistic	0.21261	6	0.58933	6	0.66943	7
	Lognormal (3P)	0.20064	5	0.56279	5	0.56223	4
	Normal	0.19556	4	0.51488	4	0.56666	5
	Weibull (3P)	0.14393	1	0.25543	1	0.35217	2

续表7-5

单产风险	Distribution	Kolmogorov Smirnov		Anderson Darling		Chi-Squared	
		Statistic	Rank	Statistic	Rank	Statistic	Rank
y3	Burr (4P)	0.13072	1	0.35499	1	0.26483	2
	Gamma (3P)	0.19787	7	0.78603	7	0.54240	4
	Log-Logistic (3P)	0.14362	3	0.57757	3	0.09616	1
	Logistic	0.19672	6	0.70218	5	1.34140	7
	Lognormal (3P)	0.18460	4	0.71058	6	0.72495	5
	Normal	0.18672	5	0.69631	4	0.73504	6
	Weibull (3P)	0.13356	2	0.35837	2	0.27041	3
y4	Burr (4P)	0.11052	2	0.15954	1	0.11638	1
	Gamma (3P)	0.16849	7	0.36707	7	0.87655	6
	Log-Logistic (3P)	0.10540	1	0.18397	2	0.17984	3
	Logistic	0.13033	3	0.20972	3	0.90199	7
	Lognormal (3P)	0.14425	5	0.29551	6	0.84712	5
	Normal	0.15071	6	0.28658	5	0.86558	4
	Weibull (3P)	0.13104	4	0.22596	4	0.12086	2
y5	Burr (4P)	0.09434	1	0.20298	1	0.54569	5
	Gamma (3P)	0.16091	4	0.49502	7	0.12350	1
	Log-Logistic (3P)	0.11948	3	0.35243	3	0.84316	7
	Logistic	0.16229	5	0.42454	4	0.21315	4
	Lognormal (3P)	0.16760	7	0.48834	6	0.17583	3
	Normal	0.16282	6	0.45562	5	0.15644	2
	Weibull (3P)	0.09450	2	0.20325	2	0.54652	6

第七章 农产品"收入保险＋期货"的方案设计与定价

续表7—5

单产风险	Distribution	Kolmogorov Smirnov		Anderson Darling		Chi-Squared	
		Statistic	Rank	Statistic	Rank	Statistic	Rank
y6	Burr（4P）	0.13565	1	0.52608	1	1.11490	7
	Gamma（3P）	0.16431	4	0.79663	7	0.00457	1
	Log-Logistic（3P）	0.14746	3	0.62146	3	0.13737	3
	Logistic	0.18460	7	0.70877	4	0.09950	2
	Lognormal（3P）	0.16548	6	0.76081	6	0.16379	5
	Normal	0.16541	5	0.74336	5	0.15533	4
	Weibull（3P）	0.13708	2	0.52682	2	1.11330	6
y7	Burr（4P）	0.14221	1	0.54365	1	0.74050	3
	Gamma（3P）	0.26714	7	1.72290	7	0.45958	2
	Log-Logistic（3P）	0.18236	3	0.85933	3	1.82740	5
	Logistic	0.25224	4	1.36770	4	2.47170	6
	Lognormal（3P）	0.25981	6	1.61960	6	0.06727	1
	Normal	0.25530	5	1.56560	5	4.96990	7
	Weibull（3P）	0.14267	2	0.54460	2	0.74060	4

注：y1、y2、y3、y4、y5、y6 与 y7 分别表示河北、内蒙古、辽宁、吉林、黑龙江、山东与河南七大主产区单产波动率，Rank 指各分布统计量由小到大的排序。

表7—6 全国玉米七大主产区价格与单产风险概率分布函数的参数估计结果

类别	地区	Distribution	α	β	γ	κ
价格风险	R1	18947000.00	934100.00	−934100.00	—	18947000.00
	R2	3254.50	122.65	−122.31	4153.60	3254.50
	R3	1433.90	61.53	−61.14	3664.50	1433.90
	R4	1227.80	54.40	−54.01	2666.10	1227.80
	R5	38396000.00	1860300.00	−1860300.00	—	38396000.00
	R6	174460000.00	8188900.00	−8188900.00	—	174460000.00
	R7	220840000.00	7795300.00	−7795300.00	—	220840000.00

续表7-6

类别	地区	Distribution	α	β	γ	κ
单产风险	y1	99.08	0.00	−0.39	—	99.08
	y2	64236000.00	1785900.00	−1785900.00	—	64236000.00
	y3	765.67	68.84	−68.11	2020.80	765.67
	y4	32074.00	2086.40	−2086.40	1.87	32074.00
	y5	115.14	8.32	−7.91	225.93	115.14
	y6	3854.80	113.00	−113.06	2001.30	3854.80
	y7	6279.80	365.19	−364.66	4742.90	6279.80

注：R1、R2、R3、R4、R5、R6与R7分别表示河北、内蒙古、辽宁、吉林、黑龙江、山东与河南七大主产区价格年对数收益率，y1、y2、y3、y4、y5、y6与y7分别表示河北、内蒙古、辽宁、吉林、黑龙江、山东与河南七大主产区单产波动率。

三、玉米单产与价格风险联合分布的选择

分别用正态 Copula、t-Copula、Gumbel Copula、Clayton Copula 与 Frank Copula 模拟价格与单产风险之间的联合分布，给出 Kendall 秩相关系数的值以判断单产与价格风险之间的关系。为选择最优的联合分布函数，分别给出五种 Copula 函数的平方欧式距离，以欧式距离最小为选择标准，估计结果见表7-7所示。

表7-7 全国玉米七大主产区单产-价格风险联合分布的 Copula 模型估计结果

	Copula 函数	参数 θ	Kendall-τ	平方欧氏距离
河北	Gauss	0.2295	0.1474	1.4068
	t	0.2296	0.1475	1.4069
	Gumbel	1.6526	0.2474	1.4988
	Clayton	0.3718	0.1568	1.3942
	Frank	18.1710	0.1788	1.4351

续表7—7

	Copula 函数	参数 θ	Kendall-τ	平方欧氏距离
内蒙古	Gauss	0.0764	−0.0487	0.9225
	t	−0.0751	−0.0478	0.9227
	Gumbel	1.0000	1.3575E−06	0.9331
	Clayton	1.4509E−06	7.2543E−07	0.9331
	Frank	−0.7456	−0.0824	0.9145
辽宁	Gauss	−0.3121	−0.2021	0.6407
	t	−0.3110	−0.2014	0.6410
	Gumbel	1.0000	1.3575E−06	0.7442
	Clayton	1.4509E−06	7.2543E−07	0.7442
	Frank	−1.8059	−0.1945	0.6405
吉林	Gauss	−0.4142	−0.2719	0.4212
	t	−0.4140	−0.2717	0.4212
	Gumbel	1.0000	1.3575E−06	0.5415
	Clayton	1.4509E−06	7.2543E−07	0.5415
	Frank	−3.0556	−0.3121	0.4045
黑龙江	Gauss	−0.3503	−0.2278	1.1554
	t	−0.3489	−0.2269	1.1561
	Gumbel	1.0000	1.3575E−06	1.3468
	Clayton	1.4509E−06	7.2543E−07	1.3468
	Frank	−2.7737	−0.2872	1.1129
山东	Gauss	0.3198	0.2072	0.9141
	t	0.3234	0.2096	0.9158
	Gumbel	1.5346	0.3484	0.9985
	Clayton	0.4672	0.1894	0.9033
	Frank	2.6768	0.2784	0.9742

续表7-7

	Copula 函数	参数 θ	Kendall-τ	平方欧氏距离
河南	Gauss	-0.0130	-0.0083	0.8534
	t	0.3501	0.2277	1.0903
	Gumbel	1.2862	0.2225	1.0766
	Clayton	1.4509E-06	7.2543E-07	0.8596
	Frank	0.8251	0.0911	0.9387

由平方欧式距离最小原则可知，河北、内蒙古、辽宁、吉林、黑龙江、山东与河南地区价格与单产风险的联合分布函数分别是 Clayton Copula、Frank Copula、Frank Copula、Frank Copula、Frank Copula、Clayton Copula、Clayton Copula 与 Gauss Copula 函数。由估计参数 θ 与 Kendall-τ 可知，河北与山东地区玉米价格与单产风险呈正相关关系，且正相关性较高；内蒙古、辽宁、吉林、黑龙江与河南地区的玉米价格与单产风险呈负相关关系，辽宁、吉林、黑龙江玉米价格与单产风险的负相关性较强，内蒙古、河南玉米价格与单产风险的负相关性较弱。

四、玉米"收入保险+期货"的定价结果与分析

由前文农产品"收入保险+期货"方案设计中保障收入的确定方法，以2014至2016年三年的玉米单产与价格平均值作为区域收入保险的目标价格与目标产量（见表7-8），目标价格与目标产量的乘积即为100%保障水平的保障收入。为减少农户基差风险，本书设计70%、75%、80%、85%、90%、95%与100%共六档保障水平，玉米七大主产区各个保障水平下的保障收入如表7-8所示。

表7-8 全国玉米七大主产区的保障收入

主产区	河北	内蒙古	辽宁	吉林	黑龙江	山东	河南
目标价格	1.90	1.88	1.94	1.84	1.76	1.84	1.82
目标产量	353.49	439.05	384.87	500.56	405.08	428.02	357.37

续表7-8

主产区		河北	内蒙古	辽宁	吉林	黑龙江	山东	河南
保障收入	100%	673.33	825.67	743.77	916.63	713.88	789.83	649.34
	95%	639.66	784.39	706.58	870.8	678.18	750.34	616.87
	90%	605.99	743.1	669.39	824.97	642.49	710.85	584.41
	85%	572.33	701.82	632.2	779.14	606.80	671.36	551.94
	80%	538.66	660.54	595.01	733.30	571.10	631.87	519.47
	75%	504.99	619.25	557.83	687.47	535.41	592.37	487.00
	70%	471.33	577.97	520.64	641.64	499.71	552.88	454.54

注：目标价格的单位为元/公斤，玉米单产的单位为公斤/亩，保障收入的单位为元/亩。

由前文七大主产区玉米价格风险、单产风险、二者联合分布的选择与参数估计结果，我们首先依据玉米七大主产区价格风险与单产风险分布的联合分布函数生成10000个服从[0，1]分布的随机序列；其次将随机序列带入各玉米主产区价格与单产风险分布的反函数，求得价格与单产风险的数据序列；再次依据玉米价格与单产数据的处理过程求得原始价格与单产序列；最后依据收入保险费率厘定公式（7.26）与（7.27）计算保障水平分别为70%、75%、80%、85%、90%、95%与100%的区域收入保险的费率，结果如表7-9所示。

表7-9 全国七大玉米主产区"收入保险+期货"方案的费率测算结果

保障水平	区域收入保险费率						
	河北	内蒙古	辽宁	吉林	黑龙江	山东	河南
100%	12.90%	14.18%	11.74%	14.45%	16.15%	10.21%	10.39%
95%	12.03%	13.33%	10.88%	13.63%	15.32%	9.29%	9.46%
90%	11.15%	12.46%	10.03%	12.79%	14.45%	8.36%	8.54%
85%	10.27%	11.57%	9.20%	11.94%	13.56%	7.45%	7.62%
80%	9.37%	10.67%	8.38%	11.07%	12.64%	6.55%	6.72%
75%	8.47%	9.77%	7.58%	10.19%	11.70%	5.67%	5.84%
70%	7.57%	8.88%	6.80%	9.30%	10.74%	4.82%	5.00%

由表7-8的费率厘定结果，我们发现：①同一保障水平下，不同地区的

区域收入保险费率差异较大。以 100%保障水平为例，黑龙江省的玉米区域收入保险费率高达 16.15%，山东地区的费率最低为 10.21%，两个地区相差近 6 个百分点。由表 7-6 玉米七大主产区所选择的 Copula 联合分布函数的参数及 Kendall-τ 相关系数可知，玉米七大主产区费率高低的排序与各地区价格与产量风险的相关性并无直接相关。黑龙江、吉林、辽宁的玉米价格与单产风险呈较强的负相关关系，其费率反而较高，说明这些地区的价格与产量风险相对于别的地区较高，价格与单产风险的负相关性尽管已降低二者费率之和，但仍高于其他地区。②同一地区不同保障水平下，区域收入保险的费率差异较大。以辽宁省为例，100%保障水平下的费率是 11.74%，而 70%保障水平下的费率仅为 6.8%。

第四节 本章小结

鉴于美国农作物"收入保险+期货"实践的成功经验、国内农产品"收入保险+期货"试点的现存问题、第四章农产品"保险+期货"政策定位与机制设计，本章设计了三个环节的基本运作模式：(1) 保险公司向农户提供农产品收入保险，但收入保险中的价格指数是农产品省级现货价格；(2) 保险公司向期货公司购买分散部分价格风险的场外看跌期权产品；(3) 期货公司通过复制场内期权分散场外看跌期权的价格风险。由于现阶段农业生产仍以分散化经营为主、规模化经营为辅，本章设计的"收入保险+期货"方案中收入保险采用区域收入保险的形式。农产品"收入保险+期货"设计方案的具体内容为：承保区域为农作物的主产区；保险期间需开始于农作物的播种期，保险期间结束时间取决于农作物储存的难易程度；区域收入保险的产量指标是省级亩均产量，价格指标为农产品的省级现货价格；保障收入为农产品过去三年的平均价格与平均产量的乘积；只要农产品的实际亩均收入低于亩均保险金额，农户即可获得赔付。可见设计方案具有保险公司作为单一的风险承保主体、以农产品现货价格为价格指数减少农户的基差风险的特色。

农业保险定价中常用参数法和非参数法模拟农产品价格和产量风险的分布，故本章设计方案定价的关键在于找到能够反映农产品价格与产量之间关系的函数。Copula 函数几乎包含了随机变量所有的相关信息，在不确定变量之间是否仅存在线性相关关系的条件下，能包含更多变量之间的相关信息，故本书选用正态 Copula、t-Copula、Gumbel Copula、Clayton Copula、Frank

第七章 农产品"收入保险＋期货"的方案设计与定价

Copula 模拟价格与单产风险之间的联合分布。玉米不仅是我国重要的粮食作物，还是重要的饲料与工业原材料，我国自 2016 年 6 月推出玉米生产者补贴制度，虽已取得一定的成效，但仍存在面积核实成本较高、财政压力巨大、补贴标准确定难及种植结构调整难等问题，故本书选取河北、内蒙古、辽宁、吉林、黑龙江、山东、河南七大主产区进行"收入保险＋期货"方案定价的实证研究。首先选择 Weibull（3P）、Burr（4P）、Log－Logistic（3P）、Logistic、Lognormal（3P）、Normal 和 Gamma（3P）七类分布分别模拟玉米七大主产区的价格对数收益率与产量波动率数据，以 K－S、A－D 与卡方检验三类方法选取七大主产区价格与单产风险的合适分布。其次以欧式距离最小为选择标准，在五种 Copula 函数中选出最优相关函数。最后依据收入保险费率厘定公式计算保障水平分别为 70％、75％、80％、85％、90％、95％与 100％的区域收入保险的费率。本章费率厘定结果发现：①同一保障水平下，不同地区的区域收入保险费率差异较大，玉米七大主产区费率高低的排序与各地区价格和产量风险的相关性并无直接相关；②同一地区不同保障水平下，区域收入保险的费率差异较大。

第八章 研究结论、政策建议及展望

基于中美农产品"保险+期货"实践方案的比较、农产品"保险+期货"在价格调控机制中的政策定位与总体方案、"价格保险或收入保险+期货"的方案设计与定价的相关研究,本章将言简意赅地对主要结论进行归纳,提出相对具有可操作性的建议,并对未来研究进行展望。

第一节 主要研究结论

一、农产品"保险+期货"是可行的,其相对于农产品期货、期权和价格保险具有比较优势

基于保险学理论,可保风险需满足损失发生的频率低但损失严重、风险标的大量且是独立同分布的、损失的概率和大小可以确定、损失是偶然发生的四个可保条件。农产品价格风险理论上是不可保风险的原因为:①随着农产品市场化改革的不断深入,农产品价格波动频繁,不满足损失频率低的条件;②农产品价格风险具有系统性,不满足保险标的独立同分布的条件;③农产品价格波动呈现出一定的周期性和季节性,不满足损失发生的偶然性条件。部分学者认为不能仅基于传统可保风险理论(满足可保风险条件)就认为农产品"保险+期货"不具有可行性,可保风险是基于保险人的现有技术水平选择可以承保的风险,即不可保风险是保险公司现有的风险管理技术不能有效管理的风险,保险人可通过不断改进自身的技术条件将不可保风险转化为可保风险。农产品"保险+期货"是否可行的关键是能否将赔付风险控制在合理范围之内,从以下几个方面可使农产品"保险+期货"具有可行性:一是选择性地承保农产品价格风险。摒弃频率高、损失低的价格波动,仅承保给农户造成巨大损失的极端价格波动风险,极端价格波动风险频率低且损失较大。二是扩大承保区域,尤其是跨省份承保。三是分别运用 Hodrick-Prescott filter 法(H-P 滤波法)

与 X-12-ARIMA 季节调整法分离农产品价格波动的周期性与季节性波动部分，计算得出价格的随机波动部分，此部分满足损失发生的偶然性条件。综上，尽管农产品价格风险在理论上不属于可保风险，但在现有保险人技术水平下，农产品"保险+期货"仍是可行的。

农产品"保险+期货"既利用了农产品期货、期权在价格风险管理中的优势，又克服了其面临的困境，比较优势明显：一是与农产品期货、期权操作专业性较高相比，我国农业保险覆盖面较广，且产品通俗易懂，农户更容易理解农产品"保险+期货"。二是农产品期货、期权的交易规模较大，农户难以直接利用，而农产品"保险+期货"没有最低承保量要求，小规模农业生产者也可直接购买。三是我国农业保险属于政策性保险，各级财政均给予保费补贴，农户自行承担的保费负担较轻，而农产品期货、期权没有相应补贴，费用较高。与农产品价格保险相比，农产品"保险+期货"具有以下优势：一是基于期货市场的目标价格厘定相对科学。期货市场目标价格不仅包含历史价格信息，还尽可能多地包含未来价格的影响因素。二是价格系统性风险得以有效分散。期货公司为保险公司提供个性化的场外看跌期权产品，系统性价格风险转移至期货市场。三是保险与期货市场的跨界合作，产品支持力度较大。价格保险的参与主体包括政府、保险公司和农户，而期货价格保险的参与主体还包括商品交易所等，期货价格保险得到商品交易所的资金支持，农产品保费压力进一步减轻。

二、我国农产品"保险+期货"试点方案存在诸多问题，运行机制重构势在必行

我国农产品"保险+期货"试点项目虽已取得一定的成效，试点产品范围与规模不断扩大，但三个环节的基本运作模式涉及较多的参与主体，现行试点方案仍存在业务推广难、保费来源匮乏、农户承担较大的基差风险、保险公司"中介"地位尴尬、期货公司对冲风险压力大、保险与期货公司沟通不畅等问题。美国农产品"保险+期货"实践方案的成功经验在于：成熟的农产品期货市场是经营"收入保险+期货"的基础，细分承保品种及公布基差数据为农户提供有效价格保障，公开的费率信息及多样化的保障水平有助于农户做出科学保险规划，保费及经营管理费用补贴降低农户和保险公司的资金负担，完善的再保险体系是推行农产品"保险+期货"的前提，理赔款计算周期较短有助于保障农户实际损失。我们从四个方面深入比较了中美农产品"保险+期货"的实践：①基本运作模式。美国农产品"保险+期货"的基本运作模式由财政资

金支持、商业保险公司运作、联邦农业保险公司提供再保险支持,是典型的农业保险经营模式;国内试点项目均采用"价格保险/收入保险+场外看跌期权+场内期货"基本运作模式。②参与主体。商业保险公司与农户是美国农产品"保险+期货"的直接参与主体,联邦农作物保险公司是其间接参与主体,各主体之间权责清晰,可最大限度地提高该产品的运营效率。国内农产品"保险+期货"试点方案共有交易所、地方政府、期货公司、保险公司与农户五类参与主体,且期货交易所与期货公司是最主要的参与主体,在期货公司不存在违约风险的条件下,保险公司仅起"中介"作用。③产品内容。美国农产品"价格保险+期货"承担养殖业的价格风险,"收入保险+期货"承保种植业的价格风险。尽管其承保的农作物种类繁多,但保险类别仅可分为牲畜价格风险保护保险、牲畜毛利润保险、收入保障保险、区域收入保障保险四类。我国农产品"保险+期货"试点方案类型繁多,不成体系,试点方案的可复制与可推广性不足。④市场环境。美国农产品期货市场运行良好,农业生产者以规模化生产的大农场为主;我国农产品期货市场起步较晚,农业生产仍以分散化经营为主。故我国需加大力度推进农产品期货与期权、农业生产规模化经营的发展,重构农产品"保险+期货"的运行机制。

(三)农产品"保险+期货"在价格调控机制中具有重要作用,其可作为大宗农产品传统价格支持政策的重要补充、大宗农产品现代价格补贴政策的替代、鲜活农产品调控目录制度的重要工具

农产品"保险+期货"在价格调控机制中具有重要作用。在国家方面,其具有推进农业供给侧结构性改革,加快农业现代化进程;推进国家简政放权进度,加快完善国家现代化管理服务功能;减轻国家财政压力,提高社会资金使用效率的作用。在农产品市场方面,其具有完善市场化价格形成机制,可平衡农业种植结构,稳定农产品市场供应,提高农产品期货市场价格发现功能有效性的作用。在农产品生产者与消费者方面,其具有降低农产品市场价格风险、提高农户经营收入、增加消费者福利的作用。在企业方面,其具有加大保险公司农业保险业务范围和规模;提高期货公司产品创新能力,扩大业务规模;降低农产品下游企业的生产成本的作用。粮食是人民生活的基础,粮食安全是国家安全与经济持续健康发展的基础,故应继续坚持在粮食主产区实施粮食最低收购价政策,作为补充可在非粮食主产区探索农产品"保险+期货"试点,既为粮食种植户提供保障,又化解粮食最低收购价政策的困境。与农产品目标价格补贴和生产者补贴政策相比,农产品"保险+期货"在资金来源、实施方

式、操作成本与外部约束方面比较优势明显。农户需承担部分保费,政府的财政资金压力相对较小;保险公司具有完善的农业保险服务体系,运营成本较低,可节省大量的人力、物力与财力;且农产品"保险+期货"属于WTO规则中的绿箱政策。故农产品"保险+期货"可作为大宗农产品现代价格支持政策的替代。鲜活农产品调控目录制度鼓励运用农业保险、期货期权与金融信贷等市场化手段稳定鲜活农产品供应,农产品"保险+期货"作为保险与期货的跨界融合,克服了农产品期货与价格保险的难点,是我国鲜活农产品调控目录制度的重要工具。

四、本书设计的农产品"保险+期货"方案具有显著降低农户基差风险、保险公司是风险承保主体两大特色

现阶段农产品"价格保险+期货"仍无法找到有效的再保险分散途径,故本书设计的"保险+期货"方案需风险对冲功能。该方案分为保险公司为农户、种植或养殖企业提供农产品现货价格或收入保险、期货公司为保险公司提供分散部分价格风险的场外看跌期权产品、期货公司在农产品期货市场复制场外看跌期权产品分散价格风险三个环节。尽管本书设计的农产品"价格保险+期货"方案与现有试点均采用三个环节的基本运作模式,但设计方案每个环节的具体内容与现有"保险+期货"试点方案的具体内容差别较大。现有农产品"保险+期货"试点中农户承担的基差风险为农户实际售卖价格 P_S 与农产品期货市场价格 P_F 之间的差额。设计农产品"保险+期货"方案中农户承担的基差风险为农户实际售卖价格 P_S 与农产品省级现货价格 P_{P_r} 之间的差额。农产品省级现货价格与农产品实际售卖价格虽不完全相同,但两者之间的价格波动趋势与幅度几乎一样,大大减少农户需承担的基差风险。我国农产品"保险+期货"现存试点中保险公司将价格风险完全转移给期货公司,且现有模式中价格保险或收入保险多由期货公司设计。本书设计的农产品"保险+期货"方案中保险公司仅将部分价格风险转移至期货公司,保留了一定的盈利空间,期货公司仅作为价格保险再保险的提供者,保险公司是风险承保主体。尽管本书只设计了农产品"保险+期货"的短期方案,但长期方案仅需在短期方案的基础上设计再保险方案,即将由期货公司提供的场外看跌期权转为再保险公司提供的基于现货市场的再保险方案,可见短期方案已足够说明长期方案的问题。

五、本书设计的农产品"价格保险＋期货"方案中农产品现货价格保险是固定执行价格离散算术平均欧亚期权，选用基于随机波动率跳跃扩散 Bates 模型的期权法厘定该方案的费率是稳健可靠的

农产品现货价格的理赔规则是只要整个承保期内农产品现货价格的均值低于保险合同约定的目标价格，农户即可获得赔偿。该理赔规则与固定执行价格离散算术平均欧亚期权的定义一致，故选用期权定价法厘定设计方案的费率。农产品的市场价格受到自然灾害及疫病的冲击，价格波动呈现出明显的随机波动与跳跃特征，故采用随机波动率跳跃扩散 Bates 模型拟合农产品价格波动路径。为确保期权定价法费率厘定结果的准确性，我们分别运用传统农业保险定价的参数法与非参数法厘定设计方案的费率。由鸡蛋"价格保险＋期货"方案的费率厘定结果可知，参数法与非参数法的费率厘定结果差异较大，在大样本条件下非参数法比参数法费率厘定有效，故选取非参数核密度估计的费率结果对期权法定价结果进行稳健性检验。由实证结果可知期权定价法与非参数核密度估计的费率厘定结果较为接近，期权定价法的费率厘定结果均略高于非参数核密度估计法的费率厘定结果，但都小于 0.01，可见本书运用随机波动率跳跃扩散 Bates 模型厘定鸡蛋"价格保险＋期货"方案的费率是可行的。

六、仅基于期货市场价格的农产品价格保险不能满足养殖户价格下跌风险保障的需求，运用场外看跌期权为保险公司提供农产品现货价格保险的再保险保障非常有限，尤其不能满足保险公司分散极端风险的需要，故需加快建立农业保险再保险机构的步伐

本书选取河南、山东、河北、江苏、湖北、四川六大鸡蛋主产区做鸡蛋"价格保险＋期货"定价的实证研究，发现基于期货市场的价格保险纯费率（4.41%）远小于基于各主产区的鸡蛋现货价格保险纯费率，即期货市场价格风险小于各鸡蛋主产区价格风险（与前文描述性统计结果一致），故仅基于期货市场的鸡蛋价格保险不能有效保障养殖户面临的价格下跌风险，很大可能养殖户在鸡蛋现货市场已遭受损失，而期货市场仍未触发理赔机制。鸡蛋现货价格保险基于现货市场的再保险费均明显高于场外看跌期权的权利金，也即是高于基于期货市场的再保险费，其主要原因在于鸡蛋期货市场的价格波动风险远小于六大主产区的鸡蛋价格波动风险。对于同一主产区，随着保障水平的降低，基于现货市场的鸡蛋现货价格保险再保险费与场外看跌期权的权利金差异加大，主要原因是鸡蛋期货价格下降幅度较大的概率小于鸡蛋现货价格下降幅度较大的概率。可见,如果基于现货市场为农户提供价格保险,但运用场外看跌期权为保险公司提供再保险的保障非常有限,远不能满足保险公司分散风险的需求,尤其是不能满足保险公司分散极端风险的需要。

七、不同地区的农产品"收入保险+期货"费率差异较大,费率高低的排序与各地区价格和产量风险的相关性并无直接关系

本书选取河北、内蒙古、辽宁、吉林、黑龙江、山东与河南七大玉米主产区对玉米"收入保险+期货"方案的定价进行实证研究,发现同一保障水平下,不同地区的区域收入保险费率差异较大。以100%保障水平为例,黑龙江的玉米区域收入保险费率高达16.15%,山东的费率最低为10.21%,两个地区相差近6个百分点。由玉米七大主产区所选择的Copula联合分布函数的参数及Kendall$-\tau$相关系数,可知玉米七大主产区费率高低的排序与各地区价格和产量风险的相关性并无直接相关。黑龙江、吉林、辽宁的玉米价格与单产风险呈较强的负相关关系,其费率反而较高,说明这些地区的价格和产量风险相对于别的地区较高,价格和单产风险的负相关性尽管已降低二者费率之和,但仍高于其他地区。同一地区不同保障水平下,区域收入保险的费率差异较大。

第二节 政策建议

农产品"保险+期货"仍处于试点探索初期,其在农产品价格调控机制中具有重要作用,但现存试点方案却存在诸多问题。本书基于上述研究结论,结合近期政策文件导向,为加快农产品"保险+期货"的发展,提出以下几点政策建议。

一、完善农产品期货、期权市场的发展

完善的农产品期货市场是"保险+期货"运行的基础,美国农产品期货品种达到109种,我国期货合约上市品种有限仅为美国期货品种的1/5。大宗农产品覆盖种类较多,鲜活农产品仅有鸡蛋有期货合约,生猪期货的缺乏导致无法推出生猪"保险+期货",但目前生猪市场行政调控效用不高,生猪价格波动频繁给养殖户和消费者带来很大影响,故应加快推进农产品期货上市。基于我国价格保险再保险缺乏的现实困境,现阶段农产品"保险+期货"需借助场

外期权转移风险,但我国期权上市品种仅有豆粕与白糖,远不能满足保险公司分散风险的实际需求,应加大力度推进农产品期权上市。农产品期货、期权是农产品价格风险管理的重要市场化工具,但由于期货、期权专业化知识要求高,而我国农户文化素质普遍不高,农产品期货、期权难以成为农业生产者管理价格风险的有效工具,故应加大农产品期货、期权教育培训的力度。可以采取如下方式:一是定期组织农业农户,尤其是新型农业生产者参与农产品期货、期权相关知识的培训;二是建立农产品期货、期权网络小课堂,以互联网授课的形式定期向农户发送相关视频。

二、重构农产品"保险+期货"运行机制

由前文研究结论可知,农产品"保险+期货"与大宗农产品现代价格支持政策的运作机制相似,却克服了目标价格补贴与生产者补贴政策财政资金负担重、效率低等问题。现有农产品"保险+期货"项目虽已取得一定的成效,试点产品范围与规模不断扩大,但三个环节的基本运作模式涉及的参与主体较多,相关试点实践仍存在业务推广难、保费来源匮乏、农户承担较大的基差风险、保险公司"中介"地位尴尬、期货公司对冲风险压力大、保险与期货公司沟通不畅等问题。基于此,我们构建由财政部与农业农村部界定推行"保险+期货"项目的农产品范围与实施地区、制定"价格保险+期货"的目标价格或"收入保险+期货"的目标价格与产量;银保监会监管农产品"保险+期货"的运行;商业保险公司负责农产品"保险+期货"方案设计与费率厘定、展业与理赔工作,合理设计农产品"保险+期货"的风险分出方案,向期货公司购买对应场外期权产品;期货公司为保险公司提供费率厘定技术支持与场外期权产品的农产品"保险+期货";由农业农村部与银保监会牵头设立专门的农业保险再保险管理机构为农产品"保险+期货"提供再保险的制度。

三、构建农产品地区价格指数

由本书研究结论可知仅基于期货市场价格的农产品价格保险不能满足养殖户价格下跌风险保障的需求,公开、公正的农产品价格指数是农产品"保险+期货"推行的前提。价格指数不仅是农产品"保险+期货"中理赔款计算的依据,也是其费率厘定的基础,故应建立公开的省级农产品价格体系。我国各省农业厅虽已有农产品价格信息发布专栏,但农产品种类有限、没有细分品种,且大多是一周发布一次价格信息。为更好地促进保险与期货融合,各省农业厅需建立农产品种类丰富、品种细分的日价格发布机制。部分商业机构已建立完

善的农产品价格采集系统，如芝华数据、中国农业大数据等，为节省政府人力、物力，可直接向商业数据机构购买价格数据相关服务。

第三节 研究展望

本书从农产品价格调控机制视角研究"保险+期货"的方案设计与定价。从农产品价格风险管理市场工具的演进历程着手引出农产品"保险+期货"，并基于可保风险理论明确该模式的可行性。通过中美农产品"保险+期货"实践方案的比较分析得出我国现行试点方案存在诸多问题，需重构运行机制。从国家、农产品市场、农产品生产者、消费者及相关企业四个方面分析了农产品"保险+期货"在价格调控机制中的作用，给出其在价格调控机制中的政策定位，进而给出运行机制重构的具体内容。但该研究涉及农业保险、农产品期权与价格调控机制，涉及领域较广，仍有许多问题需要深入探讨。

第一，农产品期货市场容量问题。由于我国缺乏农产品"保险+期货"的再保险途径，现阶段农产品"保险+期货"仍需利用场外看跌期权分散系统性风险。农产品期货市场作为市场化的价格风险管理工具，可通过专业化的操作分散农户的实际生产风险，故即便农业保险再保险机构建立之后，仍需充分利用其风险对冲功能。而农产品期货市场容量问题直接决定了农产品"保险+期货"规模，此问题的详细研究既可以厘清农产品"保险+期货"的业务规模，也便于合理规划农产品"保险+期货"的试点区域。

第二，农产品"保险+期货"对农户作用的实证研究。农产品"保险+期货"试点于2015年8月首次推出，至今已有几年，但相关理论研究仍十分匮乏，以"保险+期货"为检索关键词，中国知网共有31篇文献（截至2018年9月5日），核心期刊文章仅有15篇，其中3篇是作者本人的研究成果。农产品"保险+期货"产生的主要原因是农产品价格保险的局限与农产品期货的进入门槛较高，它是实践的创新产物，故需从具体实践研究相关问题。但由于作者时间与精力有限，本书仅从理论角度分析了农产品"保险+期货"对农户的作用，学者们可尝试从实证角度研究该内容。

参考文献

[1] 安毅，方蕊. 我国农业价格保险与农产品期货的结合模式和政策建议 [J]. 经济纵横，2016（7）：64-69.

[2] 曹冰玉. 我国农产品期货与农村金融工程建设 [J]. 商业研究，2009（4）：192-196.

[3] 曹志广. 金融计算与编程：基于 MATLAB 的应用 [M]. 2版. 上海：上海财经大学出版社，2017：307.

[4] 曾嵘. 农产品期货价格保险研究——以南阳小麦市场为例 [D/OL]. 成都：西南财经大学，2016 [2021-09-26]. https://kns.cnki.net/kcms/detail/detail.aspx?dbcode=CMFD&dbname=CMFD201701&filename=1017019789.nh&uniplatform=NZKPT&v=TEkFbFaze7bKT8Kg54YPn1SwkMEBwN8MyZvAD66gL4hCy05x%25mmd2B8zu%25mmd2BAR%25mmd2FxPKcLNYG.

[5] 晁娜娜，杨汭华，罗少凡. 基于 Copula 模型的棉花收入保险费率测算研究 [J]. 统计研究，2017，34（8）：92-99.

[6] 晁娜娜，原瑞玲，张莹，等. 促进粮食目标价格保险发展的思考——基于庆阳农场、二九零农场的调研 [J]. 农业展望，2016，12（5）：20-24.

[7] 陈波，刘国祥，石燕燕. Merton 推广模型的算术平均亚式期权定价 [J]. 南京师大学报（自然科学版），2010，33（4）：23-27.

[8] 陈海霞. 农产品价格风险成因及其规避分析 [J]. 江苏商论，2010（9）：35-36.

[9] 陈盼盼. 离散算术平均亚式期权定价研究 [D/OL]. 武汉：华中师范大学，2013 [2021-09-26]. https://kns.cnki.net/kcms/detail/detail.aspx?dbcode=CMFD&dbname=CMFD201401&filename=1013276294.nh&uniplatform=NZKPT&v=DDH9lBvJTKMwXb5qEKQxJugmfWIoHLDnlWVNWUs5lpxD5PXVzlj2g%25mmd2FbHho%25mmd2BMxS3I.

[10] 陈雨生，乔娟. 中国玉米期货市场套期保值功能的实证分析 [J]. 农业技术经济，2008（2）：31-37.

[11] 道格拉斯·B 莱尼. 信息经济学 [M]. 曹雪会，扈喜林，朱琼敏，译. 上海：上海交通大学出版社，2020：79-93.

[12] 邸玉玺，崔永红. 对产区附近农产品价格的波动分析——以杨凌农业示范区大蒜价格为例 [J]. 农业经济，2012（6）：125-126.

[13] 丁少群. 农作物保险费率厘定问题的探讨 [J]. 西北农业大学学报，1997（S1）：104-108.

[14] 丰雪，吕杰，刘宪敏. 农作物单产的最大熵分布及在费率厘定上的应用 [J]. 运筹与管理，2014，23（3）：197-201.

[15] 丰雪，吕杰. 基于信息熵方法的作物产量保险定价研究——以辽宁省新民市为例 [J]. 农业技术经济，2013（4）：77-82.

[16] 丰雪，吕杰. 作物保险非参数纯费率的调整及实证研究 [J]. 系统工程，2013，31（4）：84-89.

[17] 冯文丽，郭亚慧. 基于 Copula 方法的河北省玉米收入保险费率测算 [J]. 保险研究，2017（8）：19-28.

[18] 冯文丽. 农业保险理论与实践研究 [M]. 北京：中国农业出版社，2008：47.

[19] 伏虎. 农产品目标价格保险对农户技术决策行为的影响——基于倾向评分匹配的研究 [J]. 财会月刊，2016（20）：113-116.

[20] 付宗平. 农产品价格风险的评价模型及应用 [J]. 统计与决策，2014（3）：70-72.

[21] 高传华. 我国农产品目标价格保险面临的困境与对策 [J]. 价格理论与实践，2017（5）：113-116.

[22] 高帆. 中国农业弱质性的依据、内涵和改变途径 [J]. 云南社会科学，2006（3）：49-53.

[23] 古宏玲. 论农产品价格风险调控 [J]. 中国农村经济，1992（7）：53-55.

[24] 谷政，江惠坤，褚保金. 农业保险费率厘定的小波——非参数统计方法及其实证分析 [J]. 系统工程，2009，27（8）：39-43.

[25] 郭静，葛梦瑶. 中国蔬菜价格保险试点工作分析 [J]. 农业展望，2015，11（10）：25-28.

[26] 郭静. 基于 COX 模型的农户大蒜价格保险支付意愿研究 [D/OL]. 大连：东北财经大学，2016 [2021-9-26]. https://kns.cnki.net/kcms/detail/detail.aspx?dbcode=CMFD&dbname=CMFD201601&filename=1016047140.nh&uniplatform=NZKPT&v=BqyN0qZgy9cHSwFIDUUm

JqJ1w006ySSm38G19QYAToRc2xHJmbMCAOYDYUuxUcRs.

[27] 郭兴旭，陶建平，曾小艳. 湖北省油菜保险纯费率比较研究——基于不同单产分布下的实证研究［J］. 保险研究，2010（1）：65-72.

[28] 贺伟，朱善利. 我国粮食托市收购政策研究［J］. 中国软科学，2011（9）：10-17.

[29] 黄尧，高志强. 湖南省农产品目标价格保险的可行性分析与建议［J］. 湖南农业科学，2015（6）：120-124.

[30] 吉瑞. 农产品价格保险对农产品价格风险调控的影响及启示——以上海市蔬菜价格保险为例［J］. 中国财政，2013（12）：48-50.

[31] 纪建强. 算术平均亚式期权定价的研究［D/OL］. 长沙：国防科学技术大学，2005［2021-09-26］. https://kns.cnki.net/kcms/detail/detail.aspx? dbcode=CMFD&dbname=CMFD0506&filename=2006126828.nh&uniplatform=NZKPT&v=6N5jg7oiLGQhgK3TxY9h2gvSW2rlpm1rmUJLut%25mmd2BnNwLKnBJqE71%25mmd2Bz%25mmd2Bom4xOJ6AmG.

[32] 加尔布雷思. 不确定的时代［M］. 刘颖，胡莹，译. 南京：江苏人民出版社，2009：35-47.

[33] 贾月梅，张翠翠. 间接广泛利用期货市场：农民增收的有效途径［J］. 现代财经（天津财经大学学报），2008（6）：18-21.

[34] 贾兆立，白玫，王海军，等. 中国玉米期货市场价格发现功能的实证分析［J］. 数学的实践与认识，2008（15）：81-85.

[35] 江良，林鸿熙. 随机波动率Hull-White模型参数估计方法［J］. 系统工程学报，2016，31（5）：633-642.

[36] 姜太碧，郑景骥，杨武云. 论农业的弱质性［J］. 经济论坛，2002（23）：22-23.

[37] 金雪军，王利刚. 地区专产性小品种农产品价格风险规避机制的演变——基于浙贝交易模式的案例分析［J］. 农业经济问题，2004（12）：50-54.

[38] 鞠光伟，王慧敏，陈艳丽，等. 我国生猪目标价格保险实践的效果评价及可行性研究——以北京、四川、山东为例［J］. 农业技术经济，2016（5）：102-109.

[39] 康萌，李金璐. 基于期货价格的鸡蛋保险费率厘定研究［J］. 河北企业，2017（2）：25-26.

[40] 科斯. 财产权利与制度变迁：产权学派与新制度学派译文集［M］. 刘守

英，译. 上海：格致出版社，1991：96-287.

[41] 李斌，何万里. 一种寻找 Heston 期权定价模型参数的新方法 [J]. 数量经济技术经济研究，2015，32（3）：129-146.

[42] 李聃，查贵勇. 上海市淡季绿叶菜成本价格保险效应分析 [J]. 现代农业科技，2013（10）：346-348.

[43] 李福忠，张彪，王玉梅. 水稻目标价格保险试点效果分析 [J]. 上海保险，2015（7）：51-53.

[44] 李国祥. 玉米价格与生产者收益关系的研究——基于我国玉米收储制度改革背景下的思考 [J]. 价格理论与实践，2016（4）：53-58.

[45] 李国祥. 全球农产品价格上涨及其对中国农产品价格的影响 [J]. 农业展望，2008（7）：32-35.

[46] 李华，张琳. "保险+期货"：一种服务国家农业现代化的新模式 [J]. 中国保险，2016（7）：33-36.

[47] 李华. "保险+期货"与中国农产品价格市场化改革 [N]. 中国保险报，2016-02-02（8）.

[48] 李杰义，白庆华. 农业产业链管理对农产品价格风险规避效应的分析 [J]. 价格理论与实践，2006（6）：33-34.

[49] 李凯，张传奇，马俊宇，等. 我国鸡蛋期货与现货价格关系的实证研究 [J]. 价格理论与实践，2014（6）：99-101.

[50] 李文芳，刘锐金，方伶俐. 基于分层贝叶斯模型的农作物区域产量保险费率厘定研究 [J]. 生态经济，2009（7）：40-42.

[51] 李霞. COPULA 方法及其应用 [M]. 北京：经济管理出版社，2014：1.

[52] 李亚茹，孙蓉. 农产品期货价格保险及其在价格机制改革中的作用 [J]. 保险研究，2017（3）：90-102.

[53] 李耀跃. 我国农产品价格保险的地方实践与制度完善 [J]. 价格理论与实践，2016（8）：137-140.

[54] 李永，孙越芹，夏敏. 小麦保险费率厘定：基于小波分析与非参数估计法 [J]. 预测，2011，30（4）：55-59.

[55] 李裕奇，赵联文，王沁，等. 非参数统计方法 [M]. 成都：西南交通大学出版社，2010：1.

[56] 李志博，王寒笑，安玉发. 大宗农产品销地价格波动影响因素的模糊综合评价——基于农产品批发市场经销商视角 [J]. 价格理论与实践，

2013 (4): 73-74.

[57] 梁来存. 核密度法厘定我国粮食保险纯费率的实证研究 [J]. 南京农业大学学报 (社会科学版), 2009, 9 (4): 28-34.

[58] 廖楚晖, 温燕. 农产品价格保险对农产品市场的影响及财政政策研究——以上海市蔬菜价格保险为例 [J]. 财政研究, 2012 (11): 16-19.

[59] 廖杉杉, 鲁钊阳. 农产品价格风险的成因及规避机制研究 [J]. 农村经济, 2013 (3): 27-30.

[60] 廖杉杉. 国外农产品价格调控的经验及其对我国的启示 [J]. 广东农业科学, 2013, 40 (12): 219-222.

[61] 刘凤芹, 吴喜之. 随机波动模型参数估计的新算法及其在上海股市的实证 [J]. 系统工程理论与实践, 2006 (4): 27-31.

[62] 刘慧, 秦富, 赵一夫, 等. 玉米收储制度改革进展、成效与推进建议 [J]. 经济纵横, 2018 (4): 99-105.

[63] 刘慧, 赵一夫. 农产品价格调控的国际借鉴及启示 [J]. 经济纵横, 2014 (7): 105-108.

[64] 刘建平, 王雨琴. 季节调整方法的历史演变及发展新趋势 [J]. 统计研究, 2015, 32 (8): 90-98.

[65] 刘金全, 李楠, 郑挺国. 随机波动模型的马尔可夫链-蒙特卡洛模拟方法——在沪市收益率序列上的应用 [J]. 数理统计与管理, 2010, 29 (6): 1026-1035.

[66] 刘金霞, 顾培亮. 利用农产品期货市场防范农产品价格风险 [J]. 价格理论与实践, 2003 (9): 46-47.

[67] 刘金霞. 农业风险管理理论方法及其应用研究 [D/OL]. 天津: 天津大学, 2004 [2021-09-26]. https://kns.cnki.net/kcms/detail/detail.aspx?dbcode=CDFD&dbname=CDFD9908&filename=2006050125.nh&uniplatform=NZKPT&v=N78tf%25mmd2BDCB5m8gPGdYJhklwmjJNlaKfyijznLoOBHFf208Kzo2nSZ39KLcFevfkO1.

[68] 刘晶, 葛颜祥, 王爱丽, 等. 我国农产品价格风险及其防范研究 [J]. 农业现代化研究, 2004 (6): 438-441.

[69] 刘丽丽. 对算术平均亚式期权的定价分析 [D/OL]. 北京: 清华大学, 2014 [2021-09-26]. https://kns.cnki.net/kcms/detail/detail.aspx?dbcode=CMFD&dbname=CMFD201502&filename=1015039300.

nh&uniplatform = NZKPT&v = 9eggoJVWgg8Au1FsEN1HL1qgAHeOT0qqtlRp％25mmd2B％25mmd2Bm％25mmd2FXWXnqxGm2zacyq RkHiL％25mmd2FJYMx.

[70] 刘锐金, 凌远云, 李文芳. 运用时空模型厘定湖北省县级水稻产量保险的纯费率[J]. 数理统计与管理, 2012, 31(3): 546-555.

[71] 刘锐金, 凌远云, 王成丽. 不同产量分布下湖北省县级水稻产量保险的纯费率厘定[J]. 统计与决策, 2010(13): 75-78.

[72] 刘睿辰, 刘国祥, 叶伟. 一类跳扩散过程下期权定价公式的参数估计[J]. 南京师大学报(自然科学版), 2014, 37(3): 36-38, 47.

[73] 刘树杰. 农产品价格调控: 政策目标与目标价格[J]. 中国物价, 1997(10): 24-25.

[74] 刘武兵, 刘艺卓. 农产品价格形成机制: 欧盟的经验教训[J]. 中国党政干部论坛, 2014(5): 90-93.

[75] 刘小微. "保险+期货"扩大试点须先解决好外部问题[N]. 金融时报, 2016-04-13(10).

[76] 刘岩, 于左. 美国利用期货市场进行农产品价格风险管理的经验及借鉴[J]. 中国农村经济, 2008(5): 65-72.

[77] 刘智华, 李时银. 跳跃扩散型离散算术平均亚式期权的近似价格公式[J]. 数学的实践与认识, 2003(8): 42-47.

[78] 刘中显. 国际农产品价格调控的新动向及其启示[J]. 价格理论与实践, 2013(4): 49-50.

[79] 刘总理, 李养生. 农产品价格风险及其防范[J]. 理论导刊, 2007(4): 76-78.

[80] 龙文军. 农业风险管理与农业保险[M]. 北京: 中国农业出版社, 2009: 14-15.

[81] 龙文军. 上海的绿叶菜成本价格保险[J]. 中国保险, 2014(7): 42-44.

[82] 卢凌宵, 刘慧, 秦富, 等. 我国农产品目标价格补贴试点研究[J]. 农业经济问题, 2015, 36(7): 46-51, 111.

[83] 陆刚. 农产品期货价格联动性实证研究——基于中美玉米期货日收盘价数据[J]. 系统科学与数学, 2015, 35(2): 181-192.

[84] 罗锋, 牛宝俊. 国际农产品价格波动对国内农产品价格的传递效应——基于VAR模型的实证研究[J]. 国际贸易问题, 2009(6): 16-22.

[85] 吕惠明, 蒋晓燕. 我国大宗农产品价格波动的金融化因素探析——基于

SVAR 模型的实证研究 [J]. 农业技术经济, 2013 (2): 51-58.

[86] 吕建兴, 曾寅初. 我国大宗农产品进口价差变动与调控空间 [J]. 农业现代化研究, 2015, 36 (4): 528-533.

[87] 马改艳, 周磊. 美国生猪价格保险的经验及对中国的启示 [J]. 世界农业, 2016, (12): 32-37.

[88] 马静. 蔬菜价格风险及其指数保险探究 [D/OL]. 成都: 西南财经大学, 2016 [2021-09-26]. https://kns.cnki.net/kcms/detail/detail.aspx?dbcode=CMFD&dbname=CMFD201701&filename=1017019612.nh&uniplatform=NZKPT&v=KP14Sn36YDvVJzVT1Uzou8SJq8BynkOMGZRLMxUZZCmDCbTrk9isV3rXO8vfO9qL.

[89] 马骏川. 我国推广特色农产品价格指数保险可行性研究 [D/OL]. 济南: 山东大学, 2015 [2021-09-26]. https://kns.cnki.net/kcms/detail/detail.aspx?dbcode=CMFD&dbname=CMFD201601&filename=1016027081.nh&uniplatform=NZKPT&v=XLP0O1Gu22hRkyVCzdplXkXmejA7D9SJhujh%25mmd2Bso2qxksEsR6TxLwFox%25mmd2BFm6FUN%25mmd2Bs.

[90] 马克思. 资本论 [M]. 何小禾, 译. 重庆: 重庆出版社, 2014: 276-281.

[91] 马龙龙. 中国农民利用期货市场影响因素研究: 理论、实证与政策 [J]. 管理世界. 2010 (5): 1-16.

[92] 马骁. 亚式期权的渐近展开定价及与其他方法比较 [D/OL]. 武汉: 华中师范大学, 2015 [2021-09-26]. https://kns.cnki.net/kcms/detail/detail.aspx?dbcode=CMFD&dbname=CMFD201601&filename=1015444201.nh&uniplatform=NZKPT&v=pM6qtIw6T631vQdsQIl8jvysTLYxwoN4xtXTolBq1L5R53kf%25mmd2Bo8kTWqQnFJIKT2n.

[93] 马歇尔. 经济学原理: 第1册 [M]. 朱志泰, 译. 北京: 商务印书馆, 1964: 33-37.

[94] 毛学峰, 曾寅初. 中国农产品价格政策干预的边界确定——基于产品属性与价格变动特征的分析 [J]. 江汉论坛, 2014 (11): 52-57.

[95] 孟利锋, 张世英, 何信. SV 模型参数估计的经验特征函数方法 [J]. 系统工程, 2004 (12): 92-95.

[96] 孟扬. 我国主要农产品价格的波动分析与对策思考 [J]. 价格月刊, 2013 (12): 41-44.

[97] 牟爱州. 美国、日本农产品价格调控机制分析及经验借鉴 [J]. 世界农业, 2016 (5): 110-114, 158.

[98] 聂建亮, 叶涛, 王俊, 等. 基于双尺度产量统计模型的农作物多灾种产量险费率厘定研究 [J]. 保险研究, 2012 (10): 47-55.

[99] 宁威. 农业保险定价方式创新研究——农产品价格保险期权定价方法探析 [J]. 价格理论与实践, 2016 (10): 38-41.

[100] 农业部农产品贸易办公室, 农业部农业贸易促进中心. 中国农产品贸易发展报告 (2016) [M]. 北京: 中国农业出版社, 2016: 11.

[101] 彭超. 美国农业目标价格补贴: 操作方式及其对中国的借鉴 [J]. 世界农业, 2013 (11): 68-73.

[102] 彭建林, 徐学荣. 我国农业指数保险的探索研究——兼论对美国的经验借鉴 [J]. 价格理论与实践, 2014 (7): 92-94.

[103] 彭美秀. 小宗农产品价格风险的成因及防范 [J]. 价格理论与实践, 2010 (9): 13-14.

[104] 齐皓天, 徐雪高, 王兴华. 美国农产品目标价格补贴政策演化路径分析 [J]. 中国农村经济, 2016 (10): 82-93.

[105] 祁民. 国际视野下的农产品价格风险管理研究 [D/OL]. 上海: 华东师范大学, 2008 [2021-09-26]. https://kns.cnki.net/kcms/detail/detail.aspx?dbcode=CDFD&dbname=CDFD0911&filename=2009187665.nh&uniplatform=NZKPT&v=QE2D0wg6B%25mmd2BqayXc0txFNp%25mmd2BDjYt0UXiAIzm3JdT8NnwpFMtis8ekhz W8cTBC1agr7.

[106] 钱克明. 进一步加强和完善农产品价格调控体系 [J]. 中国经贸导刊, 2010 (6): 9-10.

[107] 秦中春. 引入农产品目标价格制度的理论、方法与政策选择 [M]. 北京: 中国发展出版社, 2015: 218.

[108] 任柏桐. 从"保险+期货"看我国保险业服务"三农"新模式 [J]. 上海保险, 2017 (2): 34-37.

[109] 萨缪尔森, 诺德豪斯. 经济学 [M]. 12版. 萧琛, 译. 北京: 中国发展出版社, 1992: 78-92.

[110] 施虹. 论农业的弱质性 [J]. 农业经济, 1997 (5): 20-21.

[111] 斯密. 国民财富的性质和原因的研究: 下 [M]. 郭大力, 王亚南, 译. 北京: 商务印书馆, 1974: 152-197.

[112] 宋淑婷. 北京市鸡蛋价格风险及价格保险研究 [D/OL]. 北京: 中国

农业科学院，2013 [2021-09-26]. https://kns.cnki.net/kcms/detail/detail.aspx?dbcode=CMFD&dbname=CMFD201401&filename=1013357500.nh&uniplatform=NZKPT&v=nPTRF13XHc6okaso8oNEDpt7DfAsF1TydfdGqTb288eaFkXrbyd7xmAkOMGQXFdt.

[113] 孙金文，王常健. 鲜活农产品供应链价格风险生成机理与管理机制研究 [J]. 商业经济研究，2015 (21)：24-26.

[114] 孙凯. 跷跷板难题与钉状震荡：美国农产品价格调控机制及借鉴 [J]. 农村经济，2014 (2)：121-124.

[115] 孙凯. 印度农产品价格调控机制评介 [J]. 农业经济，2014 (4)：113-114.

[116] 孙蓉，兰虹. 保险学原理 [M]. 成都：西南财经大学出版社，2015：106.

[117] 孙蓉，李亚茹. 农产品期货价格保险及其在国家粮食安全中的保障功效 [J]. 农村经济，2016 (6)：89-94.

[118] 孙蓉，杨立旺. 农业保险新论 [M]. 成都：西南财经大学出版社，1994：20-26.

[119] 孙占刚. 2011年上海蔬菜价格保险的调查及思考 [J]. 中国蔬菜，2012 (1)：5-7.

[120] 孙志华. 非参数与半参数统计 [M]. 北京：清华大学出版社，2016：9-11.

[121] 谈正达，胡海鸥. 短期利率跳跃-扩散模型的非参数门限估计 [J]. 中国管理科学，2012，20 (1)：8-15.

[122] 谭砚文，曾华盛. 美国农业目标价格补贴政策的演变及对中国的启示 [J]. 农村经济，2015 (9)：125-129.

[123] 唐甜，单树峰，胡德雄. 价格保险在农产品风险管理中的应用研究——以上海蔬菜价格保险为例 [J]. 上海保险，2015 (6)：18-22.

[124] 陶群山. 欧盟农业保护政策的演变及启示 [J]. 经济纵横，2010 (5)：110-113.

[125] 田彩云，郭心义. 我国玉米期货市场发现价格功能的实证分析 [J]. 中国农村经济，2006 (6)：52-57，71.

[126] 田聪颖，肖海峰. 农产品目标价格补贴政策的国际比较与启示 [J]. 经济纵横，2016 (1)：123-128.

[127] 田辉. 我国发展农产品价格保险的难点及原则 [J]. 经济纵横，2016 (6)：62-69.

[128] 涂圣伟，蓝海涛. 中国重要农产品价格波动与调控新机制 [M]. 北京：

中国计划出版社，2015：2-5.

[129] 涂圣伟，蓝海涛. 我国重要农产品价格波动、价格调控及其政策效果 [J]. 改革，2013 (12)：41-51.

[130] 涂圣伟，蓝海涛. 重要农产品价格调控机制亟待完善 [J]. 中国发展观察，2013 (9)：50-53.

[131] 庹国柱，朱俊生. 关于农产品价格保险几个问题的初步探讨 [J]. 保险职业学院学报，2016，30 (4)：26-31.

[132] 庹国柱，朱俊生. 论收入保险对完善农产品价格形成机制改革的重要性 [J]. 保险研究，2016 (6)：3-11.

[133] 王超，鲍锋. 新一轮农产品价格波动的成因及对策 [J]. 经济纵横，2011 (4)：38-41.

[134] 王洪会，张肃，林杰. 市场失灵视角下的美国农业保护与支持政策 [M]. 长春：东北师范大学出版社，2015：22-23.

[135] 王佳元，蓝海涛，涂圣伟. 部分省份对重要农产品价格波动的调控实践及建议 [J]. 宏观经济管理，2012 (11)：48-51.

[136] 王克，张峭，肖宇谷，等. 农产品价格指数保险的可行性 [J]. 保险研究，2014 (1)：40-45.

[137] 王克，张峭，张旭光，等. 猪周期、逆选择和我国生猪价格指数保险的发展 [J]. 中国食物与营养，2016，22 (11)：42-45.

[138] 王克，张峭. 农作物单产风险分布对保险费率厘定的影响——以新疆3县（市）棉花单产保险为例 [J]. 中国农业大学学报，2010，15 (2)：114-120.

[139] 王克，张旭光，张峭. 生猪价格指数保险的国际经验及其启示 [J]. 中国猪业，2014，9 (10)：17-21.

[140] 王锐，陈倬. "十一五"期间我国农产品价格波动的影响因素分析——基于协整和向量自回归模型的实证研究 [J]. 财经论丛，2011 (3)：8-13.

[141] 王文涛，张秋龙，聂挺. 大豆目标价格补贴试点政策评价及完善措施 [J]. 价格理论与实践，2015 (7)：28-30.

[142] 王文涛，张秋龙. 美国农产品目标价格补贴政策及其对我国的借鉴 [J]. 价格理论与实践，2015 (1)：70-72.

[143] 王孝松，谢申祥. 国际农产品价格如何影响了中国农产品价格？[J]. 经济研究，2012，47 (3)：141-153.

[144] 王勇. 农产品价格风险的调控机制 [J]. 价格月刊，1992 (12)：8-9.

[145] 王玉刚, 余方平. 推广农业"保险＋期货"试点 落实农村金融改革政策 [J]. 吉林农业, 2016 (10): 52.

[146] 王玉刚. 黑龙江省开展农产品期货价格保险政策研究 [J]. 农场经济管理, 2016 (8): 25-26.

[147] 王志刚, 李腾飞, 孙云曼. 日本蔬菜价格稳定制度探析 [J]. 现代日本经济, 2013 (5): 20-26.

[148] 王朱莹. "保险＋期货"新模式精准扶贫在路上 [N]. 中国证券报, 2018-01-11 (A8).

[149] 魏书光. 期货业备战新一轮"保险＋期货"资金投入将创新纪录 [N]. 证券时报, 2018-01-16 (A005).

[150] 魏宇, 高隆昌. 基于有偏胖尾分布的随机波动模型估计及其检验 [J]. 系统管理学报, 2008 (3): 266-272.

[151] 温施童, 叶明华. 中国农产品进口的价格风险与应对策略——以大豆进口为例 [J]. 价格月刊, 2015 (5): 70-75.

[152] 温施童. 中国农产品收入保险及定价研究——以黑龙江省大豆为例 [D/OL]. 上海: 华东师范大学, 2016 [2021-09-26]. https://kns.cnki.net/kcms/detail/detail.aspx?dbcode=CMFD&dbname=CMFD201602&filename=1016126715.nh&uniplatform=NZKPT&v=zD61AmetNA9cC3QDqNAJ1OZRDS253IMAc9xqWpPPipwijLLcTEUh5IFsi3h3DIAM.

[153] 温燕. 农产品价格对农业保险投保及道德风险的影响: 一个理论框架及政策建议 [J]. 保险研究, 2013 (9): 18-30.

[154] 邬松涛, 杨红强. 标准仓单质押组合的价格风险——基于中国农产品期货规范市场的实证研究 [J]. 技术经济, 2014, 33 (10): 98-105.

[155] 吴婉茹, 陈盛伟. "农产品价格保险＋期货"运作机制分析——基于对新湖瑞丰等案例的研究 [J]. 金融教育研究, 2017, 30 (1): 63-69.

[156] 吴鑫育, 周海林, 汪寿阳, 等. 基于 EIS 的杠杆随机波动率模型的极大似然估计 [J]. 管理科学学报, 2013, 16 (1): 74-86.

[157] 吴银毫. 农作物保险费率精算模型的比较及选择——来自阿克苏市棉花保险的证据 [D/OL]. 乌鲁木齐: 新疆财经大学, 2013 [2021-09-26]. https://kns.cnki.net/kcms/detail/detail.aspx?dbcode=CMFD&dbname=CMFD201402&filename=1014007515.nh&uniplatform=NZKPT&v=LbKUA5fzOLfJCXehEQAlNFWES5Tc1wQOH%25mmd2Bg8HsB2L22grk031os%25mmd2FLIONqCyL9ICM.

[158] 吴银毫. 我国经济作物收入保险定价研究——以阿克苏棉花为例 [J]. 金融理论与实践, 2017 (1): 102-106.

[159] 夏益国, 刘艳华, 傅佳. 美国联邦农作物保险产品: 体系、运行机制及启示 [J]. 农业经济问题, 2014, 35 (4): 101-109.

[160] 肖芸茹. 精算数学与实务 非寿险精算部分 [M]. 天津: 南开大学出版社, 2007: 8-12.

[161] 谢凤杰, 王尔大, 朱阳. 基于 Copula 方法的作物收入保险定价研究——以安徽省阜阳市为例 [J]. 农业技术经济, 2011 (4): 41-49.

[162] 谢凤杰, 吴东立, 赵思喆. 基于 Copula 方法的大豆收入保险费率测定: 理论与实证 [J]. 农业技术经济, 2017 (2): 111-121.

[163] 谢杰, 李鹏. 我国生猪目标价格保险试点经验回溯与政策思考 [J]. 中国畜牧杂志, 2015, 51 (12): 21-24.

[164] 熊巍, 祁春节. 基于 VaR 的果蔬农产品价格的风险度量 [J]. 统计与决策, 2013 (21): 126-130.

[165] 休谟. 人性论 [M]. 关文运, 译. 北京: 商务印书馆, 2016: 336-352.

[166] 徐程兴. 关于运用金融衍生工具规避农产品价格风险的探讨 [J]. 价格理论与实践, 2002 (5): 32-33.

[167] 徐婷婷, 孙蓉, 崔微微. 经济作物收入保险及其定价研究——以陕西苹果为例 [J]. 保险研究, 2017 (11): 33-43.

[168] 徐雪高, 沈贵银, 翟雪玲. 我国大豆目标价格补贴研究 [J]. 价格理论与实践, 2013 (3): 34-35.

[169] 徐振宇, 沈友东. 我国农产品价格调控难点分析兼析政策运行逻辑 [J]. 商业时代, 2013 (23): 20-22.

[170] 徐志刚, 习银生, 张世煌. 2008/2009 年度国家玉米临时收储政策实施状况分析 [J]. 农业经济问题, 2010, 31 (3): 16-23, 110.

[171] 许聪聪, 许作良. 随机波动模型下算术亚式期权的 Monte Carlo 模拟定价 [J]. 数学的实践与认识, 2015, 45 (21): 114-121.

[172] 许经勇. 论农产品价格风险与农产品期货交易 [J]. 学习与探索, 1992 (6): 71-75.

[173] 薛绯. 美国农产品价格管理机制研究 [J]. 世界农业, 2013 (4): 55-57, 159.

[174] 薛淑珍, 王保忠. 当前我国农产品价格上涨原因及对策分析 [J]. 价格理论与实践, 2008 (8): 30-31.

[175] 闫云仙. 中国玉米期货市场价格发现功能的实证分析——基于有向无环图的应用 [J]. 中国农村经济, 2010 (7): 39-46.

[176] 杨芳. 美国农产品价格风险管理的经验及借鉴 [J]. 农村经济, 2010 (2): 125-129.

[177] 杨汭华, 王丽红, 鲜祖德. 农作物产量损失风险水平实证及影响因素分析——基于第二次全国农业普查数据的探讨 [J]. 保险研究, 2009 (10): 102-108.

[178] 杨晓煜, 鞠荣华, 杨汭华, 等. 河南省小麦保险费率厘定研究 [J]. 中国农业大学学报, 2012, 17 (3): 171-177.

[179] 杨洋. 基于期货市场的农产品价格保险机制研究 [J]. 吉林金融研究, 2017 (1): 16-19.

[180] 杨悦, 陈铸新, 廖宜静. 我国鸡蛋期货价格发现功能的实证研究 [J]. 山西农业大学学报（社会科学版）, 2015, 14 (6): 627-632.

[181] 姚宜兵. "保险+期货"服务"三农"更贴心 [N]. 期货日报, 2018-01-10 (2).

[182] 姚宜兵. 辽宁两个玉米"保险+期货"项目完成理赔 [N]. 期货日报, 2017-12-06 (1).

[183] 姚宜兵. 重庆玉米收入险试点赔付农户逾106万元 [N]. 期货日报, 2018-01-04 (1).

[184] 叶明华, 丁越. 农作物保险的他国镜鉴与启示 [J]. 改革, 2015 (12): 94-103.

[185] 叶明华. 农产品目标价格保险的政策定位与发展策略 [J]. 中州学刊, 2015 (12): 45-49.

[186] 于光. 农产品价格风险及其规避策略研究 [J]. 价格月刊, 2014 (10): 28-30.

[187] 于冷, 吕新业. 大宗农产品价格调控的目标与措施研究 [J]. 农业经济问题, 2012, 33 (9): 32-36.

[188] 于洋. 我国政策性农业保险差别化费率厘定的可行性分析——基于辽宁省盘锦市水稻保险的实证 [J]. 江苏农业科学, 2013, 41 (12): 413-416.

[189] 余方平, 王玉刚. 浅谈农产品期货价格保险（上）[N]. 中国保险报, 2016-03-15 (6).

[190] 袁祥州. 中国粮农风险管理与收入保险制度研究 [D/OL]. 武汉: 华

中农业大学，2016［2021-09-26］. https：//kns. cnki. net/kcms/detail/detail. aspx？dbcode=CDFD&dbname=CDFDLAST2017&filename=1016155459. nh&uniplatform=NZKPT&v=TiN3DrA33R％25mmd2Fi6％25mmd2BPcX2Mvil3Kt7OL8vZtx1V％25mmd2FCF2Aos％25mmd2FVNYjZ7LIcqXlmvUjxjAwh.

［191］翟雪玲，李冉. 价格补贴试点与政策匹配：例证棉花产业［J］. 改革，2015（10）：89-100.

［192］翟雪玲，徐雪高，谭智心，等. 农产品金融化概念、形成机理及对农产品价格的影响［J］. 中国农村经济，2013（2）：83-95.

［193］张东，鹿长余，安玉娥. 延期算术平均亚式期权价格的一个近似封闭公式［J］. 吉林大学学报（理学版），2008（3）：443-447.

［194］张建光. 重庆地区玉米收入险试点：非主产区的"三农"服务创新抓手［N］. 粮油市场报，2018-07-14（8）.

［195］张杰，杜珉. 新疆棉花目标价格补贴实施效果调查研究［J］. 农业经济问题，2016，37（2）：9-16，110.

［196］张竞怡. "期货+保险"服务"三农"新模式［N］. 国际金融报，2016-02-01（10）.

［197］张立中. 完善我国农产品价格调控政策的对策［J］. 经济纵横，2013（9）：32-35.

［198］张利静. 辽宁两个玉米"保险+期货"项目实现理赔［N］. 中国证券报，2017-12-06（A13）.

［199］张林. 诺思的制度经济思想评析［J］. 思想战线，1999（5）：15-19.

［200］张峭，汪必旺，宋淑婷. 北京市鸡蛋价格保险产品设计研究［J］. 农业展望，2013，9（11）：46-50，57.

［201］张峭，汪必旺，王克. 我国生猪价格保险可行性分析与方案设计要点［J］. 保险研究，2015（1）：54-61.

［202］张峭，王克，李越，等. 中国主粮作物收入保险试点的必要性及可行方案——以河北省小麦为例［J］. 农业展望，2015，11（7）：18-24.

［203］张峭，王克. 中国农业风险综合管理［M］. 北京：中国农业科学技术出版社，2015：8-14.

［204］张峭. 基于期货市场的农产品价格保险产品设计与风险分散［J］. 农业展望，2016，12（4）：64-66，80.

［205］张峭. 双管齐下分散农产品价格风险［N］. 金融时报，2015-12-16（9）.

[206] 张雯丽, 龙文军. 蔬菜价格保险和生产保险的探索与思考 [J]. 农业经济问题, 2014, 35 (1): 66-71, 111.

[207] 张璋. 论期货市场在规避农产品价格风险中的作用 [J]. 安徽农业科学, 2005 (7) 1308-1309.

[208] 张卓元. 政治经济学大辞典 [M]. 北京: 经济科学出版社, 1998: 43.

[209] 中华人民共和国农业部. 中国农业年鉴 (2016) [M]. 北京: 商务印书馆, 2017: 159-161.

[210] 赵建军, 蒋远胜. 基于 APH 法的水稻区域产量旱灾保险费率厘定研究——以四川省为例 [J]. 保险研究, 2012 (6): 64-69.

[211] 赵林如. 市场经济学大辞典 [M]. 北京: 经济科学出版社, 1999: 326.

[212] 赵瑞莹, 杨学成. 农产品价格风险预警模型的建立与应用——基于 BP 人工神经网络 [J]. 农业现代化研究, 2008 (2): 172-175.

[213] 赵文琦, 于璐. 当前我国农产品价格波动的原因与对策 [J]. 西安财经学院学报, 2012, 25 (3): 88-91.

[214] 赵玉, 祁春节. 大宗农产品价格风险评估——基于小波神经网络-Bootstrap 方法的实证研究 [J]. 技术经济, 2014, 33 (3): 75-79.

[215] 郑大豪. 农业弱质性的成因、影响和对策 [J]. 农业技术经济, 1995 (4): 2-6.

[216] 郑玉秀. 美国订单农业发展经验及借鉴 [J]. 世界农业, 2013 (5): 23-26, 154.

[217] 只升敏, 周智高. 关于加强小品种农产品价格调控监管的思考 [J]. 价格理论与实践, 2010 (8): 10-11.

[218] 中共中央政策研究室, 农业部农村固定观察点办公室. 全国农村固定观察点调查数据汇编 (2010—2015 年) [M]. 北京: 中国农业出版社, 2017: 35-48.

[219] 中国农业经济学会委托课题组, 宋洪远. 农产品价格波动: 形成机理与市场调控 [J]. 经济研究参考, 2012 (28) 28-37.

[220] 中国人民银行调查统计司. 时间序列 X-12-ARIMA 季节调整——原理与方法 [M]. 北京: 中国金融出版社, 2006: 123-126.

[221] 中国证券监督管理委员会, 中国期货业协会. 中国期货市场年鉴 (2016) [M]. 北京: 中国财政经济出版社, 2019: 236.

[222] 中国证券监督管理委员会, 中国期货业协会. 中国期货市场年鉴

(2018) [M]. 北京：中国财政经济出版社，2019：2-12.

[223] 钟卫稼. 我国农产品价格波动、调控体系改进与调控研究 [J]. 价格月刊，2016 (7)：33-37.

[224] 周林洁，徐丽艳. 农产品价格的基本构成及其控制主体 [J]. 农村经济，2011 (12)：58-62.

[225] 周敏丹，金建华. 新形势下我国农产品价格上涨原因探析和对策建议 [J]. 湖南社会科学，2011 (4)：134-136.

[226] 卓志，王禹. 生猪价格保险及其风险分散机制 [J]. 保险研究，2016 (5)：109-119.

[227] 宗序平，费绍金，赵俊，等. 数理统计学及其应用：使用 MATLAB [M]. 北京：机械工业出版社，2016：32-47.

[228] 俎文红. 发达国家稳定猪肉价格的主要经验及其启示 [J]. 价格理论与实践，2016 (9)：101-103.

[229] 左金隆. 诺斯制度变迁理论方法论探析：修正的新古典经济学范式 [J]. 经济经纬，2005 (6)：7-9.

[230] 蔡瑞胸. 金融时间序列分析 [M]. 3 版. 王远林，王辉，潘家柱，译. 北京：人民邮电出版社，2015：475-478.

[231] AHMED O，SERRA T. Economic analysis of the introduction of agricultural revenue insurance contracts in Spain using statistical copulas [J]. Agricultural economics，2015，46 (1)：69-79.

[232] AIHARA S I，BAGCHI A，SAHA S. On parameter estimation of stochastic volatility models from stock data using particle filter-application to AEX index [J]. International journal of innovative computing，information and control，2009，5 (1)：17-27.

[233] AIT SAHALIA Y. Testing continuous-time models of the spot interest rate [J]. The review of financial studies，1996，9 (2)：385-426.

[234] AKERLOF G A. Themarket for "lemons"：quality uncertainty and the market mechanism [J]. The quarterly journal of economics，1970，84 (3)：488-500.

[235] ALEXANDER C，WYETH J. Cointegration and market integration：an application to the Indonesian rice market [J]. The journal of development studies，1994，30 (2)：303-334.

[236] ALEXANDRATOS N. Food price surges：possible causes，past

experience, and longer term relevance [J]. Population and development review, 2008, 34 (4): 663-697.

[237] ANDERSON K. Agricultural price distortions: trends and volatility, past, and prospective [J]. Agricultural economics, 2013, 44 (S1): 163-171.

[238] APERGIS N, REZITIS A. Food price volatility and macroeconomic factors: evidence from GARCH and GARCH-X estimates [J]. Journal of agricultural and applied economics, 2011, 43 (1): 95-110.

[239] ASPLUND N M, FORSTER D L, STOUT T T. Farmers' use of forward contracting and hedging [J]. Review of futures markets, 1989, 8 (1): 24-37.

[240] BARRETT C. On price risk and the inverse farm size-productivity relationship [J]. Journal of development economics, 1996, 51 (2): 193-215.

[241] BATES D S. Jumps and stochastic volatility: exchange rate processes implicit in Deutsche Mark options [J]. The review of financial studies, 1996, 9 (1): 69-107.

[242] BATOR F M. The anatomy of market failure [J]. The quarterly journal of economics, 1958, 72 (3): 351-379.

[243] BAYAZIT D, UZUNOGLU B. Simplex optimization for particle filter joint parameter estimation of electricity prices with jump diffusion [J]. Journal of financial and economic practice, 2013, 13 (2): 1-14.

[244] BELLEMARE M F. Rising food prices, food price volatility, and social unrest [J]. American journal of agricultural economics, 2015, 97 (1): 1-21.

[245] BLACK F, SCHOLES M. The pricing of options and corporate liabilities [J]. Journal of political economy, 1973, 81 (3): 637-654.

[246] BORMAN J I, GOODWIN B K, COBLE K H, et al. Accounting for short samples and heterogeneous experience in rating crop insurance [J]. Agricultural finance review, 2013, 73 (1): 88-101.

[247] BOTTS R R, BOLES J N. Use of Normal-Curve theory in crop insurance ratemaking [J]. Journal of farm economics, 1958, 40 (3): 733-740.

[248] BOZIC M, NEWTON J, THRAEN C S, et al. Mean-reversion in income over feed cost margins: evidence and implications for managing margin risk by US dairy producers [J]. Journal of dairy science, 2012, 95 (12): 7417-7428.

[249] BOZIC M, NEWTON J, THRAEN C S, et al. Tails curtailed: accounting for nonlinear dependence in pricing margin insurance for dairy farmers [J]. American journal of agricultural economics, 2014, 96 (4): 1117-1135.

[250] BROWN A, ORTMANN G F, DARROCH M A G. Factors affecting the use of price risk management tools by large commercial maize producers in South Africa [J]. South African journal of economic and management sciences, 2000, 3 (1): 75-96.

[251] BURDINE K H, KUSUNOSE Y, MAYNARD L J, et al. Livestock Gross Margin-Dairy: an assessment of its effectiveness as a risk management tool and its potential to induce supply expansion [J]. Journal of agricultural and applied economics, 2014, 46 (2): 245-256.

[252] BUSH R. Food riots: poverty, power and protest [J]. Journal of agrarian change, 2010, 10 (1): 119-129.

[253] CAPE J, DEARDEN W, GAMBER W, et al. Estimating Heston's and Bates' models parameters using Markov chain Monte Carlo simulation [J]. Journal of statistical computation and simulation, 2015, 85 (11): 2295-2314.

[254] CHRISTOFFERSEN P, HESTON S, JACOBS K. The shape and term structure of the index option smirk: why multifactor stochastic volatility models work so well [J]. Management science, 2009, 55 (12): 1914-1932.

[255] COASE R H. The nature of the firm [J]. Economica, 1937, 4 (16): 386-405.

[256] DAWE D, TIMMER C P. Why stable food prices are a good thing: lessons from stabilizing rice prices in Asia [J]. Global food security, 2012, 1 (2): 127-133.

[257] FIELDS D, GILLESPIE J. Beef producer preferences and purchase decisions for livestock price insurance [J]. Journal of agricultural and

applied economics, 2008, 40 (3): 789−803.

[258] FIGIEL S, HAMULCZUK M. Measuring price risk in commodity markets [J]. Olsztyn economic journal, 2010, 5 (2): 380−394.

[259] GALLAGHER P. U. S. soybean yields: estimation and forecasting with nonsymmetric disturbances [J]. American journal of agricultural economics, 1987, 69 (4): 796−803.

[260] GALLANT A R, HSIEH D, TAUCHEN G. Estimation of stochastic volatility models with diagnostics [J]. Journal of econometrics, 1997, 81 (1): 159−192.

[261] GONZÁLEZ-RIVERA G, HELFAND S M. The extent, pattern, and degree of market integration: a multivariate approach for the Brazilian rice market [J]. American journal of agricultural economics, 2001, 83 (3): 576−592.

[262] GOODWIN B K, HUNGERFORD A. Copula-Based models of systemic risk in U. S. agriculture: implications for crop insurance and reinsurance contracts [J]. American journal of agricultural economics, 2015, 97 (3): 879−896.

[263] GOODWIN B K, KER A P. Nonparametric estimation of crop yield distributions: implications for rating group−risk crop insurance contracts [J]. American journal of agricultural economics, 1998, 80 (1): 139−153.

[264] GOODWIN B K, SCHROEDER T C. Human capital, producer education programs, and the adoption of forward−pricing methods [J]. American journal of agricultural economics, 1994, 76 (4): 936−947.

[265] HARVEY A, RUIZ E, SHEPHARD N. Multivariate stochastic variance models [J]. The review of economic studies, 1994, 61 (2): 247−264.

[266] HAYEK F A. The use of knowledge in society [J]. The American economic review, 1945, 35 (4): 519−530.

[267] HEADEY D D. The impact of the global food crisis on self−assessed food security [J]. The world bank economic review, 2013, 27 (1): 1−27.

[268] HESTON S L. A closed−form solution for options with stochastic volatility with applications to bond and currency options [J]. The

review of financial studies, 1993, 6 (2): 327-343.

[269] HULL J, WHITE A. The pricing of options on assets with stochastic volatilities [J]. The journal of finance, 1987, 42 (2): 281-300.

[270] IRWIN S H, SANDERS D R. Index funds, financialization, and commodity futures markets [J]. Applied economic perspectives and policy, 2011, 33 (1): 1-31.

[271] JACQUIER E, POLSON N G, ROSSI P E. Bayesian analysis of stochastic volatility models with fat-tails and correlated errors [J]. Journal of econometrics, 2004, 122 (1): 185-212.

[272] JORDAAN H, GROVE B, JOOSTE A, et al. Measuring the price volatility of certain field crops in South Africa using the ARCH/GARCH approach [J]. Agrekon, 2007, 46 (3): 306-322.

[273] JORDAAN H, GROVÉ B. Factors affecting maize producers adoption of forward pricing in price risk management: the case of vaalharts [J]. Agrekon, 2007, 46 (4): 548-565.

[274] JUST M, ŚMIGLAK-KRAJEWSKA M. Extreme price risk on the market of soybean meal [J]. Problems of world agriculture, 2015, 15 (30): 80-88.

[275] KER A P, COBLE K. Modeling conditional yield densities [J]. American journal of agricultural economics, 2003, 85 (2): 291-304.

[276] KER A P, GOODWIN B K. Nonparametric estimation of crop insurance rates revisited [J]. American journal of agricultural economics, 2000, 82 (2): 463-478.

[277] KOU S G. A jump-diffusion model for option pricing [J]. Management science, 2002, 48 (8): 1086-1101.

[278] LEMMENS D, LIANG L Z J, TEMPERE J, et al. Pricing bounds for discrete arithmetic Asian options under Lévy models [J]. Physica A: statistical mechanics and its applications, 2010, 389 (22): 5193-5207.

[279] LI H, WELLS M T, YU C L. A Bayesian analysis of return dynamics with Lévy jumps [J]. Review of financial studies, 2008, 21 (5): 2345-2378.

[280] MARK T B, BURDINE K H, HALICH G. How sensitive are the frequencies and magnitudes of MPP-Dairy indemnities? [J]. Journal of agribusiness, 2014, 32 (2): 145-164.

[281] MCWILLIAMS N, SABANIS S. Arithmetic Asian options under stochastic delay models [J]. Applied mathematical finance, 2011, 18 (5): 423-446.

[282] MEHRDOUST F, SABER N. Pricing arithmetic Asian option under a two-factor stochastic volatility model with jumps [J]. Journal of statistical computation and simulation, 2015, 85 (18): 3811-3819.

[283] MEHRDOUST F. A new hybrid Monte Carlo simulation for Asian options pricing [J]. Journal of statistical computation and simulation, 2015, 85 (3): 507-516.

[284] MELINO A, TURNBULL S M. Pricing foreign currency options with stochastic volatility [J]. Journal of econometrics, 1990, 45 (1-2): 239-265.

[285] MERTON R C. Option pricing when underlying stock returns are discontinuous [J]. Journal of financial economics, 1976, 3 (1-2): 125-144.

[286] MITRA S, BOUSSARD J M. A simple model of endogenous agricultural commodity price fluctuations with storage [J]. Agricultural economics, 2012, 43 (1): 1-15.

[287] MORGAN W, COTTER J, DOWD K. Extreme measures of agricultural financial risk [J]. Journal of agricultural economics, 2012, 63 (1): 65-82.

[288] MOSS C B, SHONKWILER J S. Estimating yield distributions with a stochastic trend and nonnormal errors [J]. American journal of agricultural economics, 1993, 75 (4): 1056-1062.

[289] MUDZIMBABWE W, PATIDAR K C, WITBOOI P J. A reliable numerical method to price arithmetic Asian options [J]. Applied mathematics and computation, 2012, 218 (22): 10934-10942.

[290] MUSSER W N, ECKMAN P. Risk and grain marketing behavior of large-scale farmers [J]. Review of agricultural economics, 1996, 18 (1): 65-77.

[291] NELSON C H, PRECKEL P V. The conditional beta distribution as a stochastic production function [J]. American journal of agricultural economics, 1989, 71 (2): 370-378.

[292] NEWTON J, THRAEN C. Livestock gross margin insurance for dairy: the other dairy safety net solution [J]. Farmdoc daily, 2014 (4): 110.

[293] NILSSON C. A simulationstudy comparing MCMC, QML and GMM estimation of the stochastic volatility model [D]. Lund: Lund University, 2016.

[294] NORTH D C. Location theory and regional economic growth [J]. Journal of political economy, 1955, 63 (3): 243−258.

[295] NORWOOD B, ROBERTS M C, LUSK J L. Ranking crop yield models using out−of−sample likelihood functions [J]. American journal of agricultural economics, 2004, 86 (4): 1032−1043.

[296] OZAKI V A, GOODWIN B K, SHIROTA R. Parametric and nonparametric statistical modelling of crop yield: implications for pricing crop insurance contracts [J]. Applied economics, 2008, 40 (9): 1151−1164.

[297] OZAKI V A. Pricing farm−level agricultural insurance: a Bayesian approach. Empirical economics, 2009, 36 (2): 231−242.

[298] POP L N, BAN I M. Comparative approach of measuring price risk on Romanian and international wheat market [J]. International journal of economics and management engineering, 2011, 5 (5): 536−541.

[299] RAMIREZ OA, MCDONALD T U, CARPIO C E. A flexible parametric family for the modeling and simulation of yield distributions [J]. Journal of agricultural and applied economics, 2010, 42 (2): 303−319.

[300] SAMUELSON P A. Diagrammatic exposition of a theory of public expenditure [J]. The Review of economics and statistics, 1955, 37 (4): 350−356.

[301] SAMUELSON P A. The pure theory of public expenditure [J]. The review of economics and statistics, 1954, 36 (4): 387−389.

[302] SARTWELLE J, O'BRIEN D, TIERNEY W, et al. The effect of personal and farm characteristics upon grain marketing practices [J]. Journal of agricultural and applied economics, 2000, 32 (1): 95−111.

[303] SCOTT L O. Option pricing when the variance changes randomly: theory, estimation, and an application [J]. Journal of financial and

quantitative analysis, 1987, 22 (4): 419-438.

[304] SENDHIL R, AMIT K, MATHUR V C, et al. Price volatility in agricultural commodity futures—an application of GARCH model [J]. Journal of the Indian society of agricultural statistics, 2014, 68 (3): 365-375.

[305] SHAPIRO B I, BRORSEN B W. Factors affecting farmers' hedging decisions [J]. North central journal of agricultural economics, 1988, 10 (2): 145-153.

[306] SIMON S, GOOVAERTS M J, DHAENE J. An easy computable upper bound for the price of an arithmetic Asian option [J]. Insurance: mathematics and economics, 2000, 26 (2-3): 175-183.

[307] STEIN E M, STEIN J C. Stock price distributions with stochastic volatility: an analytic approach [J]. The review of financial studies, 1991, 4 (4): 727-752.

[308] TAYLOR C R. Two practical procedures for estimating multivariate nonnormal probability density functions [J]. American journal of agricultural economics, 1990, 72 (1): 210-217.

[309] VALVEKAR M, CABRERA V E, GOULD B W. Identifying cost-minimizing strategies for guaranteeing target dairy income over feed cost via use of the Livestock Gross Margin dairy insurance program [J]. Journal of dairy science, 2010, 93 (7): 3350-3357.

[310] VALVEKAR M, CHAVAS J P, GOULD B W, et al. Revenue risk management, risk aversion and the use of Livestock Gross Margin for dairy cattle insurance [J]. Agricultural systems, 2011, 104 (9): 671-678.

[311] VANMAELE M, DEELSTRA G, LIINEV J, et al. Bounds for the price of discrete arithmetic Asian options [J]. Journal of computational and applied mathematics, 2006, 185 (1): 51-90.

[312] WANG H H, HANSON S D, MYERS R J, et al. The effects of crop yield insurance designs on farmer participation and welfare [J]. American journal of agricultural economics, 1998, 80 (4): 806-820.

[313] WILLIAMSON O E. The new institutional economics: taking stock, looking ahead [J]. Journal of economic literature, 2000, 38 (3): 595-613.

[314] WOLF C A, NOVAKOVIC A M, STEPHENSON M W, et al. Indicators of dairy farm financial condition as policy triggers [J]. Journal of agribusiness, 2014, 32 (2): 127−144.

[315] WOODARD J D, PAULSON N D, VEDENOV D, et al. Impact of copula choice on the modeling of crop yield basis risk [J]. Agricultural economics, 2011, 42 (S1): 101−112.

[316] WOODARD J D, SHERRICK B J, SCHNITKEY G D. Actuarial impacts of loss cost ratio ratemaking in U. S. crop insurance programs [J]. Journal of agricultural and resource economics, 2011, 36 (1): 211−228.

[317] ZENG P, KWOK Y K. Pricing bounds and approximations for discrete arithmetic Asian options under time − changed Lévy processes [J]. Quantitative finance, 2016, 16 (9): 1375−1391.

[318] ZHU Y, GOODWIN B K, GHOSH S K. Modeling yield risk under technological change: dynamic yield distributions and the U. S. crop insurance program [J]. Journal of agricultural and resource economics, 2011, 36 (1): 192−210.